A Bahia no século XVIII
Poder político local e atividades econômicas

A Bahia no século XVIII
Poder político local e atividades econômicas

Avanete Pereira Sousa

alameda

Copyright© 2012 Avanete Pereira Sousa

Grafia atualizada segundo o Acordo Ortográfico da Língua Portuguesa de 1990, que entrou em vigor no Brasil em 2009.

Publishers: Joana Monteleone/Haroldo Ceravolo Sereza/Roberto Cosso
Edição: Joana Monteleone
Editor assistente: Vitor Rodrigo Donofrio Arruda
Projeto gráfico, capa e diagramação: Sami Reininger/Vitor Rodrigo Donofrio Arruda
Assistente de produção: Eliezer Abrantes Rodrigues
Revisão: Ana Paula Marchi Martini

Imagens
da capa: No alto à esquerda: *Elevação em prospectiva das fortalezas na entrada da Barra da Bahia...* (1775-1800). Original do Arquivo Histórico do Exército;

No alto à direita: *Imagem sem título [Área do Morgado de Santa Bárbara]* (1764-1785). Original manuscrito do Arquivo do Estado da Bahia;

Abaixo: *Elevasam e Fasada...*, de Carlos Julião. Gabinete de Estudos Arqueológicos da Engenharia Militar, Lisboa, 1779.

CIP-BRASIL. CATALOGAÇÃO-NA-FONTE
SINDICATO NACIONAL DOS EDITORES DE LIVROS, RJ

S696b

Sousa, Avanete Pereira
A BAHIA NO SÉCULO XVIII: PODER POLÍTICO LOCAL E ATIVIDADES ECONÔMICAS
Avanete Pereira de Sousa.
São Paulo: Alameda, 2012.
296 p.

Inclui bibliografia
ISBN 978-85-7939-066-1

1. Salvador (BA) – História – Século XVIII. 2. Salvador (BA) – Política e governo – Século XVII. 3. Poder (Ciências sociais). 4. Brasil – História – Período colonial, 1500-1822. I. Título.

10-6186.   CDD: 981.42
CDU: 94(813.8)

023234

ALAMEDA CASA EDITORIAL
Rua Conselheiro Ramalho, 694, Bela Vista
CEP: 01325-000 – São Paulo – SP
Tel. (11) 3012-2400
www.alamedaeditorial.com.br

Sumário

PREFÁCIO   7

INTRODUÇÃO   13

CIDADE, MERCADO E PODER LOCAL: 21
SALVADOR AO LONGO DO SÉCULO XVIII

Para além dos *muros* e das *portas*: a evolução urbana de Salvador   25

Mercadorias, mercados e mercadores: aspectos socioeconômicos   35

O governo dos "homens bons": agentes e dinâmica do poder local   53

FINANÇAS PÚBLICAS MUNICIPAIS E ADMINISTRAÇÃO CAMARÁRIA   107

Estado português e finanças régias no Brasil colonial   111

"Teres e "haveres": natureza, características e dinâmica   130
das finanças municipais

PODER LOCAL, ATIVIDADES ECONÔMICAS E CONTROLE SOCIAL   189

Instrumentos e práticas de controle das atividades econômicas   200

Os principais agentes econômicos e a regulamentação camarária   226

Infrações e infratores   253

CONSIDERAÇÕES FINAIS   265

FONTES E BIBLIOGRAFIA   273

Prefácio

Vera Lucia Amaral Ferlini[1]

Ao final do século XVI, ainda pequena e sem muros, Salvador já pulsava ao ritmo do açúcar, com cerca de quatro mil habitantes, empregados nos trabalhos do porto, do comércio e da administração.[2] Nos seiscentos, a crise geral que afetou a colônia atingiu fortemente Salvador, Ao final do século, porém, o impulso da mineração e certa estabilização dos preços do açúcar, novamente estimularam o comércio e a cidade voltou a crescer e exibir os signos de prosperidade. Para William Dampier, aventureiro inglês, em 1699 era a mais importante cidade do Brasil fosse por seu tamanho, pela beleza de seus edifícios, ou por seu comércio e sua renda.

Ao longo do XVIII, o açúcar manteve sua força e sua importância na Bahia: mesmo com as quedas de preço, mas usufruindo de conjunturas de guerras que afetavam a produção antilhana, o certo é que permaneceu como o mais valioso artigo do comércio brasileiro. Em 1759, a Bahia contava 122 engenhos. Em 1798, já eram 260 e em 1820, o número de moendas estava em torno de 500.[3] Era uma grande

---

1   Professora Titular da Universidade de São Paulo.

2   Gabriel Soares de Souza. *Tratado Descritivo do Brasil*, 4ª ed. São Paulo: Nacional/Edusp, 1971, p. 133-134.

3   Vera Lucia Amaral Ferlini. *Açúcar e Colonização*. São Paulo: Alameda, 2010 e *Terra, Trabalho e Poder*. São Paulo: Brasiliense, 1988. p, 61; Stuart Schwartz. *Segredos Internos*.

cidade, com seus 60.000 habitantes, menor, no Império Português, apenas que Lisboa, com suas 180.000 almas.[4] Mantinha ainda sua grandeza e, para Humboldt, em 1803, devia "contar-se entre as mais formosas que os europeus fundaram em ambos os hemisférios."[5]

Uma grande praça mercantil, redistribuidora de mercadorias, ponto de convergência e irradiação de rotas comerciais terrestres e marítimas, a cidade abrigava um dos portos mais movimentados do Atlântico Sul, base fundamental das trocas do Império português: porto do Brasil, assinalavam os cronistas, como se outro não houvesse em toda a costa.[6]

A partir de 1763, privada de seu papel de sede da Colônia, era ao comércio que se debitava o vigor da cidade e de seu porto. Mais que nunca, cidade do açúcar, pois as últimas décadas do século haviam sido um período de crescimento, com sua produção prosperando e presidindo a longa pauta de exportações da Bahia, seguido do tabaco e do algodão, que ocupavam papel de destaques na produção e nos negócios: tabaco, que além do papel no comércio de escravos[7], ganhava cada vez mais mercado, e algodão, agora requisitado pela nascente indústria europeia. [8]As importações eram muitas, a satisfazer as necessidades da região e das áreas com

---

Trad. port. São Paulo: Companhia das Letras, 1988. p. 342 e ss.

4   István Jancsó. *Na Bahia Contra o Império*. São Paulo: Hucitec, 1996, p. 57. Lindley, no início do XIX, arrolava para Salvador e seu entorno, mais de cem mil habitantes, dos quais, apenas trinta mil brancos. Thomas Lindley. *Narrativa de uma Viagem ao Brasil (1805)*. Trad. port. São Paulo: Nacional, 1969.

5   A. Von Humboldt. *Voyage aux Régimes Equinociales du Nouveau Continent*. Paris: Librairie Grecque-latine, 1824. Citado por István Jancsó. *Na Bahia Contra o Império*, *op. cit.*

6   Cf. José Roberto do Amaral Lapa. *A Bahia e a Carreira das Índias*. São Paulo: Nacional: 1976, p. 1, ressalta que, embora alguns argumentem ter a designação se tornado usual após 1621, com a criação do estado do Maranhão, documentos anteriores já assim se referiam a Salvador.

7   Sobre a relação entre tabaco e escravos ver Pierre Verger. *Flux e Reflux de la Traite des Nègres entre le Golfe de Bénin et de Bahia de Todos os Santos du XVII au XIX siècles*. Paris: Mouton, 1968; e mais recentemente Manolo Florentino. *Em Costas Negras*. Rio de Janeiro: Arquivo Nacional, 1995 e Luiz Filipe de Alencastro. *O Trato dos Viventes*. São Paulo: Companhia das Letras, 1999.

8   Cf. José Jobson de Andrade Arruda. *O Brasil no Comércio Colonial*. São Paulo: Ática, 1980, p. 189-192.

que Salvador mantinha comércio. Era, sobretudo porto de escravos, dinâmico das atividades coloniais.

Acompanhando o ritmo do comércio internacional, as trocas com outras partes do Brasil e do Império seguiam vigorosas. Notável o intercâmbio com o Rio Grande do Sul, para onde, como anota Vilhena, ia muito sal, gêneros vindos da Europa, açúcar e escravos.[9] Os negócios com Minas haviam entrado em diminuição, em favor do Rio de Janeiro, mas deles ainda restavam algumas ligações.[10]Centro nervoso da produção açucareira e concentradora de grande população, Salvador e seu recôncavo demandavam gêneros e uma ampla rede de subsistência espraiava-se na região.: carne e farinha, alimentos de substância, mais uma infinidade de frutas e verduras, de que nos dá conta Lindley, ao descrever o mercado de Salvador. De Pirajá, Matoim, Cotegipe, Itaparica e Paripe, e de vilas como São Francisco do Conde,Santo Amaro, Cachoeira, Maragogipe, Muritiba e Nazaré, vinham açúcar e tabaco. As localidades de Jaguaripe, Maragogipe, Campinhos, Saubara, Capanema e Nazaré especializaram-se na produção de farinha de mandioca, comercializadas nas própriasvilas e, principalmente, em Salvador. Em barcos e saveiros, chegavam a Salvador cereais, legumes e frutas para abastecer a cidade.

O século XVIII, sem dúvida, assinalara o amadurecimento político, social e econômico de Salvador no contexto da ordem colonial escravista. A cidade desenvolveu-se em suas funções mercantis e políticas, ao tempo em que o espaço físico também se ampliara, impulsionado pelas mudanças socioeconômicas e pelo crescimento demográfico.

Discussões polarizadas sobre a economia colonial têm enfatizado ou o peso do mercado externo ou a importância do mercado interno na estruturação nacional. Cada uma dessas abordagens, por sua vez, acentua o papel dos grupos sociais envolvidos nesse processo, apontando seu papel na configuração do mando.

O peso das necessidades internas, e de seu abastecimento, não pode, sem dúvida, ser subestimados. O processo *"sui generis"* da ocupação portuguesa na América

---

9   "A Bahia mantinha intenso comércio intercolonial, abastecendo se escravos outras capitanias. Com o Rio Grande do Sul desenvolvia um ativo comércio de carne-seca, couros, sebo e farinha. O número de escravos integrados nesse comércio não era superado nem mesmo pelos barcos que faziam a ligação com Lisboa." José Jobson de Andrade Arruda. *O Brasil no Comércio Colonial, op. cit.,* p. 191. Lindley faz um relato minucioso do comércio com o Rio Grande, *op. cit.,* p. 171. Veja-se ainda Luiz dos Santos Vilhena, *Recopilação de Notícias Soteropolitanas (1801).* Bahia: Imprensa Official Do Estado, 1921, p. 54-55.

10   Vilhena. *Recopilação, op. cit.,* p. 50 e ss.

estabeleceu, desde o início, o papel fundamental da presença substantiva de colonos, capazes de defender a terra e responder por sua administração, constituindo-se naquilo que Florestan Fernandes chamou de "face visível da metrópole". Já nos primórdios da colonização, portanto, estabelecia-se a necessidade do abastecimento dessa população, responsável pelo domínio português. A atração dos que rumavam para o ultramar estava, porém, ligada às riquezas que os negócios do açúcar, principalmente, ofereciam.

A importância do ganho propiciado pelo comércio externo tendeu, assim, a colocar em segundo plano a produção para o suprimento interno e sua deficiência constituiu sempre preocupação. As carestias de carne, farinha e outros gêneros pontuam relatos desde o princípio da colonização, agravadas pelas secas e pelas guerras. No âmbito local, a regulação desse provimento cabia às Câmaras e em sua documentação é possível aferir o papel desses órgãos na articulação entre os diversos interesses.

O caso de Salvador, no século XVIII, com seu rico comércio, imperial, regional e local, é o objeto privilegiado da análise deste livro. Através do estudo de sua economia, de sua realidade social e política, pode-se perceber a complexidade das relações entre a produção e o comércio de abastecimento e as dinâmicas mercantis da produção de exportação.

Tendo no horizonte essa dupla face da colonização portuguesa no Brasil, acentuada no século XVIII pela corrida às minas e pelo incremento das exportações, Avanete Pereira Souza embrenhou-se na complexa documentação da Câmara Municipal de Salvador e nos manuscritos do Arquivo Histórico Ultramarino. Após anos de pesquisa em Portugal, coletando e classificando a documentação da Bahia para o Projeto Resgate, sistematizou dados referentes ao papel daquela edilidade no abastecimento da cidade, do Recôncavo e, mesmo, das Capitanias da região.

Ao apresentar os mecanismos através dos quais certos grupos sociais mantinham o controle do poder político local, representado pela Câmara, e como esta instituição organizava e geria as atividades econômicas no contexto colonial, desvenda seu papel enquanto *locus* de intermediação e de controle das relações produtivas e comerciais travadas no espaço urbano. O poder municipal configurava-se como importante estrutura de suporte do Estado português metropolitano: instrumento burocrático que, através de mecanismos específicos, administrava e regulamentava as diversas esferas da vida cotidiana, sobretudo a econômica.

Para além do quadro econômico, político e fiscal da administração municipal, a autora apresenta o papel da Câmara no contexto social, em *"defesa do bem comum"* e como, com esse propósito, concentrava a regulação e autorização de bens e serviços e o tabelamento de preços. A partir daí, traça denso quadro da sociedade soteropolitana, elencando os agentes econômicos, suas atividades e as reações ao controle camerário.

Na tradição do clássico trabalho de Katia Queiroz Mattoso, sobre a Bahia do século XIX, a autora revela, para o XVIII, o papel estratégico cidade: centro de poder, fortaleza e mercado, nervo vital das conexões do Império Português[11]. Ao analisar, através da ação da Câmara, as relações entre os corpos sociais, os níveis políticos e suas funções econômicas, no contexto da estrutura colonial, este trabalho inovador revela, para o período, a íntima conexão entre o que se convencionou chamar "externo" e as dinâmicas ditas internas do Antigo Sistema Colonial.

---

[11] Kátia M. de Queirós Mattoso – *Bahia, a Cidade do Salvador e seu mercado no século XIX*. São Paulo: Editora Hucitec/Salvador: Departamento de Assuntos Culturais, Secretaria Municipal de Educação e Cultura, Prefeitura Municipal de Salvador, 1978.

Introdução

A cidade de Salvador há muito vem sendo objeto privilegiado de nossos estudos. Entretanto, a cidade que temos investigado não é a Salvador contemporânea, característica das abordagens geográficas e sociológicas, nem a cidade do século XIX, marco da produção historiográfica baiana dos últimos vinte/trinta anos, mas a cidade colonial cujo apogeu político e econômico-administrativo foi alcançado no decorrer do século XVIII. O que desperta o nosso interesse é a possibilidade de aprofundar a compreensão do papel estratégico da soterópolis, de modo especial, da sua dinâmica interna e das relações entre os seus corpos sociais, as instituições políticas locais e as funções econômicas que desempenhou no contexto global da estrutura colonial. Para isso, elegemos como foco de análise o Senado da Câmara na tentativa de observar os mecanismos operantes da lógica do poder local na cidade a partir de uma de suas instituições político-administrativas basilares.

As câmaras, enquanto poderes locais citadinos foram, durante quase três séculos, os únicos organismos responsáveis pelo funcionamento administrativo das cidades e vilas do Império português mantendo, por conta disto, uma relação permanente de diretividade, mediação e troca com instâncias superiores do Estado e com a população local. Assim, o estudo do poder municipal e de sua articulação com a vida econômica e social da cidade e de seus moradores é de extrema relevância para a compreensão de aspectos fundamentais da História do Brasil. A atualidade do tema é também elemento relevante. No Brasil contemporâneo, a presença das instituições do poder político se verifica em todos os níveis da vida coletiva, forjando uma existência cotidiana coibida e ditada pelos seus mecanismos de atuação. Isto torna ainda mais emergente a necessidade de se estudar os fundamentos e os modos operantes da câmara municipal, enquanto instituição secular e estruturante do todo social e, ainda hoje, um dos organismos responsáveis pelos assuntos cotidianos das cidades, de modo que se possa esclarecer a dinâmica dos interesses sociais, políticos e econômicos que eram expressos em seu interior.

Nessa direção, motivaram-nos, por um lado, a existência de inúmeros arquivos e acervos documentais praticamente inexplorados, a exemplo do Arquivo Municipal de Salvador e, por outro, as lacunas deixadas pela historiografia sobre a Bahia relativamente à importância do *poder local* enquanto instância fundamental para o funcionamento do Estado português moderno na colônia, sobretudo naquela que foi, por mais de duzentos anos, a *Cidade-sede, Cabeça do Estado do Brasil*.

A história da Bahia e, particularmente, da cidade de Salvador tem sido escrita sob várias óticas e abrange discursos, desde os registros de observadores e testemunhos oculares de épocas e episódios específicos, as narrativas e descrições factuais bem documentados, que procuram oferecer quadros evolutivos do seu passado, até elaborações acadêmicas sistematizadas conforme os padrões da produção historiográfica contemporânea. No interior dessas elaborações, cabe destacar alguns autores que contribuíram, particularmente, para a compreensão da história da cidade, de sua evolução e transformação ao longo dos séculos. Isso, porém, não significa desconhecer inúmeras pesquisas e estudos que tem a Bahia como substrato espacial no qual se situam objetos pesquisados, ou como evidência empírica parcial de temas mais abrangentes.

Um primeiro conjunto de registros históricos compõe-se de descrições de acontecimentos e episódios circunstanciais, sem o estabelecimento de conexões, bem como sem a tentativa de recriação de uma história integral.[1]

---

1   José Honório, Rodrigues. *História da História do Brasil: historiografia colonial.* São Paulo: Ed. Nacional; Brasília: INL, 1979, p. 425. Cf. as obras de Pero de Magalhães Gândavo, *História da Província de Santa Cru.* Belo Horizonte: Itatiaia; São Paulo: Edusp, 1980; Gabriel Soares de Sousa, *Tratado descritivo do Brasil em 158.* São Paulo: Companhia Editora Nacional/Edusp, [1971]; Frei Vicente do Salvador, *História do Brasil: 1500-1627.* São Paulo: Melhoramentos; Brasília: INL, 1975; [Diogo de Campos Moreno], *Livro que dá razão ao Estado do Brasil.* Rio de Janeiro: Instituto Nacional do Livro, 1968, Ed. fac-similar.

A BAHIA NO SÉCULO XVIII   15

Em autores como Sebastião da Rocha Pita,[2] e, principalmente, José Antônio Caldas[3] e Luís dos Santos Vilhena,[4] já no século XVIII, Salvador passou a ser objeto de atenção bem mais acurada. Rocha Pita, em trabalho publicado em 1730, dedicou parte significativa de seus escritos à *cidade da Bahia*, "suas prerrogativas e excelências", além de relatar todo o processo de sua construção e de sua organização político-administrativa. Imagens parciais do meio urbano revelaram-se ainda no interior da abordagem cronológica de governos e governantes da Bahia colonial e de seus respectivos feitos. Na versão de Caldas, escrita em 1759, a cidade de Salvador constituía-se como entidade territorial onde as características política, administrativa, econômica, jurídica e religiosa confluíam, sem, contudo, formar um todo orgânico. Por isso mesmo, tais aspectos foram apenas descritos de maneira simples e sequencial, ou seja, de forma não analítica, limitados a referências nominais, quantitativas e aleatórias, sem vínculo que indicasse a existência de uma dinâmica urbana.

A nosso juízo, Vilhena foi quem melhor traduziu, em extenso trabalho, a Salvador do século XVIII. As quatro primeiras *Cartas*, das vinte e quatro que compõem a obra, trataram quase que exclusivamente da cidade. Nestas, a Salvador retratada por Vilhena era a cidade governante, embora já não fosse a capital da colônia, e governada, protetora e protegida, frágil e soberana. Foi descrita como unidade orgânica, cujos aspectos geográficos, sociais, econômicos, políticos, demográficos e institucionais interagiam no processo de formação da malha urbana.

As descrições de viajantes estrangeiros na Bahia trazem informações, de caráter eventual, fruto de percepções breves, subjetivas, particulares, e expressas de forma impressionista, calcadas em sensações passageiras. Nem por isso deixaram de conter referências "adjetivas" sobre a cidade: o seu perfil geográfico-espacial, as instituições político-administrativas, as formas e estratégias de defesa, os meios de transporte urbano, o rico comércio, a religiosidade e a maneira de ser dos habitantes.[5]

---

2   Sebastião da Rocha Pita, *História da América portuguesa*. Belo Horizonte: Itatiaia; São Paulo: Edusp, 1976.

3   José Antônio Caldas, *Notícia geral de toda esta capitania da Bahia desde o seu descobrimento até o presente ano de 1759*. Salvador: Tipografia Beneditina, 1951, Ed. fac-similar.

4   Luís dos Santos Vilhena, *A Bahia no século XVIII*. Salvador: Itapuã, 1969.

5   Cf. Johann Gregor Aldenburgk, *Relação da conquista e perda da cidade do Salvador pelos holandeses em 1624-25*, Brasiliensia Documenta, s.n.t; François Froger, *Relation d'un voyage fait en 1695, 1696 e 1697 aux Côtes d'Afrique, Détroit de Magellan, Brésil, Cayenne e Isles Antilles*. Paris: Michel Brunet, 1968; Amedée François Frézier, *Rélation du voyage de la mer du sud aux cotes du Perou fait pendant les années 1712, 1713 e 1714, par M. Frézier, ingénieur ordinaire du Roy*. Paris: P. Berger, 1967; John Turnbull, *A voyage round*

Para o século xx, um já clássico estudo sobre a cidade de Salvador é de autoria de Teodoro Sampaio. Em *História da fundação da cidade do Salvador*,[6] de forma sistemática, erudita e documentada, Sampaio traçou um panorama da geografia da capitania da Bahia antes da fundação da cidade de Salvador, em 1549, enfatizando os aspectos socioambientais e humanos que preconizaram a instalação da cidade. Em seguida, registrou os caracteres determinantes da formação do meio urbano; o aparato político, administrativo e religioso, bem como o perfil dos primeiros colonos. O autor construiu sua abordagem sobre a cidade de Salvador numa perspectiva abrangente e, ao mesmo tempo, limitada. Abrangente, ao maximizar os pressupostos, detendo-se naquilo que mais importava: a visão global do meio (geográfico e humano) em que a cidade foi edificada e as razões pelas quais isto se deu. Limitada, devido ao fato de não ter se estendido sobre a cidade enquanto organismo de movimento próprio e individual, mesmo subjugada a fatores em princípio determinantes.

Seguindo a mesma linha temática de Sampaio, Alberto Silva – em uma trilogia, *A cidade de Tomé de Souza, A cidade de El-Rey* e *A primeira cidade do Brasil*[7] – procurou resgatar eventos e fatos importantes da história da soterópolis. No conjunto, são estudos mais elásticos, sobretudo no que diz respeito à cronologia, que vai da fundação da cidade à independência política da Bahia. A atenção de Silva se concentra em aspectos fragmentados da vida urbana e de personalidades diversas, na relação destas com o poder central, bem como na evocação de seus mais significativos feitos.

A fundação da cidade tornou-se, também, tema privilegiado de outros importantes trabalhos, como nos de Pedro Calmon[8] e Edison Carneiro.[9] No primeiro, a fundação de Salvador inseria-se no contexto da história da instituição da capitania da Bahia como alternativa frente à necessidade de centralização político-administrativa

---

the world in the years 1800, 1801, 1802, 1803 and 1804; in which the author visited Madeira, the Brazils, Cape of Good Hope, the English Settlements at Botany Bay and Norfolk Islands in the Pacific Ocean; with a continuation of their History to the Present period by J. T Second editin, London: A. Maxwell, 1813; Thomas Lindley. *Narrativa de uma viagem ao Brasil*. São Paulo: Companhia Editora Nacional, 1968.

6   Teodoro Sampaio, *História da fundação da cidade do Salvador*. Salvador: Tipografia Beneditina, 1949.

7   Alberto Silva, *A cidade de Tomé de Souza*. Rio de Janeiro: Irmãos Pongetti, 1949; *A cidade de El-rey: aspectos seculares*. Salvador: Prefeitura Municipal, 1953; *A primeira cidade do Brasil: aspectos seculares*. Salvador: Câmara Municipal, 1953.

8   Pedro Calmon, *História da fundação da Bahia*. Salvador: Museu do Estado, 1949.

9   Edison Carneiro, *A cidade do Salvador, 1549: uma reconstituição histórica*. Rio de Janeiro: Civilização Brasileira, 1980.

de um amplo território. Tanto assim que, dela, só os aspectos político-institucionais são enfatizados pelo autor. Não há nada que possa indicar o movimento citadino, ele próprio, nem sequer a análise da relação entre a cidade e os processos econômicos e políticos locais que a condicionaram. Em Carneiro, a cidade, realidade material, complexa e totalizadora, criada para servir de suporte político-administrativo para a coroa portuguesa na colônia, teve sua função imediata gradativamente extrapolada. Partindo do esboço do desenho urbano e de seus caracteres mais significativos, complementados pelo registro de aspectos referentes ao labor cotidiano de seus habitantes e à sua reprodução econômico-social, Carneiro elaborou uma verdadeira sociografia da vida da cidade nos primeiros tempos de sua fundação.

Procedimento distinto adotou Wanderley Pinho, em sua *História social da cidade do Salvador*.[10] Nesta obra, circunscrita aos séculos XVI e XVII, a cidade foi apreendida a partir de uma visão panorâmica, sem vínculos ou articulações com os processos mais gerais da colonização portuguesa. Também não foram exploradas questões relacionadas à dinâmica interna da vida urbana, mesmo nos primeiros tempos de sua formação. Apenas os três últimos capítulos fazem menção, quase aleatória, de elementos definidores da economia e da sociedade, vistos individualmente e sem muita relação entre si.

Autor inovador do ponto de vista do nosso objeto de estudo é Affonso Ruy posto enfatizar em *História política e administrativa da cidade de Salvador* e *História da Câmara Municipal da cidade do Salvador*,[11] a evolução e o papel das instituições político-administrativas em momentos que marcaram a história da cidade, da época colonial à republicana. Para este autor, Salvador, nos dois primeiros séculos, configurava-se num conjunto de instituições políticas estratégicas para o domínio colonial, ou, em outras palavras, o centro de onde o poder real, através dos poderes periféricos, exercia a sua soberania. Lugar privilegiado de lutas e de disputas institucionais, Salvador tinha nelas a sua dinâmica. A cidade era tão somente o espaço onde grupos sociais disputavam o controle político. A política, e não a função econômico-social, é que conferia à cidade o seu *status quo* e determinava a sua condição no interior do império.

---

10   Wanderley Pinho, *História social da cidade do Salvador (1549-1650)*. Salvador: Beneditina, 1968.

11   Affonso Ruy, *História política e administrativa da cidade do Salvador*. Salvador: Beneditina, 1949; *História da Câmara Municipal da cidade do Salvador*. Salvador: Câmara Municipal, 1953.

Enquanto em Ruy o processo político constituiu-se no viés determinante, em Thales de Azevedo[12] foi o povoamento que fomentou as múltiplas funções e atividades que dinamizaram a cidade ao longo dos séculos XVII-XX.

Em *A Bahia e a Carreira da Índia*, José Roberto do Amaral Lapa[13] partiu do estudo do comércio marítimo de Portugal como recurso para a demonstração da importância histórica de Salvador, descrevendo, pormenorizadamente, as características físicas do seu porto e enfatizando, sobretudo, as suas funções estratégicas para as trocas coloniais e o seu papel geopolítico ao longo dos primeiros séculos da colonização.

A cidade, e suas transformações econômicas e sociais entre os séculos XVII e XVIII, foi pano de fundo na obra de Russel-Wood,[14] focada na Santa Casa de Misericórdia da Bahia. Mais recentemente, em tese de doutoramento, Maria José Rapassi deu-nos uma ampla visão da estrutura social da cidade a partir da abordagem sobre a elite colonial e os níveis e formas de manifestação da riqueza em Salvador entre 1760 e 1808.[15]

Como se pode ver, a maioria desses trabalhos não está temporalmente centrada no século XVIII. Com "certa" exceção de *História da Câmara*, de Affonso Ruy, ao se falar da configuração interna da cidade, isto é, do seu cotidiano político e socioeconômico, os enfoques recaíram sobre os mais dispersos e amplos elementos e não se elegeu como objeto específico e nem se deu a devida relevância ao *determinante* papel desempenhado pelo *poder local*.

A nossa tentativa é, justamente, a de explorar os indícios e as pistas presentes nesses estudos sobre a história da cidade, buscando compreender as formas de estruturação e de funcionamento do poder político local e sua articulação com os processos econômicos responsáveis pela manutenção e reprodução da vida cotidiana urbana e, ainda, enquanto intermediador das relações mercantis internas, à cidade, à capitania e à colônia, e externas, no quadro das práticas ditadas pela metrópole.

No contexto dessa temática, buscamos desvendar os mecanismos através dos quais determinados grupos sociais mantinham o controle do poder político local representado pela Câmara e como esta instituição organizava e geria as atividades econômicas na dinâmica das relações coloniais.

---

12   Thales de Azevedo, *Povoamento da cidade de Salvador*. Salvador: Itapuã, 1969.

13   José Roberto do Amaral Lapa, *A Bahia e a carreira da Índia*. São Paulo: Companhia Editora Nacional, 1968.

14   A. J. R. Russel-Wood, *Fidalgos e filantropos: a Santa Casa de Misericórdia da Bahia, 1550-1755*, Trad. Sérgio Duarte. Brasília: Ed. Universidade de Brasília, 1981.

15   Maria José Rapassi Mascarenhas, *Fortunas coloniais: elite e riqueza em Salvador, 1760-1808*. São Paulo: FFLCH/USP, 1998 (tese de doutorado).

Assim, o foco recaiu nos dispositivos do *poder local*, na sua caracterização e no seu papel enquanto *locus* de intermediação e de controle das relações produtivas e comerciais travadas no espaço urbano. Esse tipo de abordagem implicou em analisar a instituição política eminentemente local, o Senado da Câmara de Salvador, seguindo orientação de duplo sentido: interpretá-lo como instância de poder com sua própria dinâmica local e com as particularidades que o individualizavam nas relações com o governo central, mesmo configurando-se em importante estrutura de suporte do Estado português metropolitano; e, principalmente, em sua dinâmica sociofuncional, como um instrumento burocrático que, através de mecanismos específicos, administrava e regulamentava as diversas esferas da vida cotidiana, sobretudo a econômica.

Os estudos para compreender as origens históricas e evolução do *poder local* em Salvador, na dimensão proposta, só foram possíveis devido à existência, ainda que em estado não plenamente satisfatório de conservação, de *corpus documental* relativamente organizado oriundo das atividades legislativas e executivas da própria Câmara no período colonial, existente no Arquivo Municipal de Salvador. Essas fontes expressam, principalmente, o caráter político-administrativo da municipalidade, como os livros de *Atas da Câmara*, de *Cartas do Senado*, de *Ofícios ao Governo*, de *Provisões* e de *Portarias*; e, elucidam e qualificam a ação do *governo econômico camarário*, como os livros de *Posturas, Arrematações das Rendas da Câmara*, de *Receitas e Despesas*, de *Aferições*, de *Citações/Correições/Condenações*.

Os acervos de outros Arquivos, que explorados de forma acessória e complementar se tornaram importantes para a elucidação de variadas questões da nossa investigação, também merecem destaque. Vale lembrar diversos fundos documentais do Arquivo do Estado da Bahia, *Ordens Régias, Cartas ao Governo, Provisões do Governo, Inventários e Testamentos,* da Biblioteca Nacional do Rio de Janeiro, sessão de manuscritos, e do Arquivo Histórico Ultramarino de Lisboa, Catálogo Castro e Almeida e a Série Bahia-avulsos.

Em sua exposição final, o nosso estudo ficou estruturado em três capítulos. No primeiro, procuramos situar a cidade de Salvador no contexto da política colonial portuguesa, bem como sua evolução e configuração urbanas ao longo dos séculos XVII-XVIII. Em seguida, procuramos demonstrar a importância e o papel econômico desse núcleo urbano, no âmbito da capitania da Bahia e de outras capitanias, a partir da descrição e análise das relações mercantis e produtivas desenvolvidas no interior da *urbe* e de seu termo. A caracterização do governo da cidade, enfocado a partir do estudo de seus agentes e da dinâmica do poder local camarário, demarcou a temática, *cidade e poder local*, subjacente e implícita ao longo dos outros temas e assuntos expostos. Nessa direção, priorizamos os aspectos relativos ao funcionamento da Câmara e o exame da natureza das funções desempenhadas por seus membros, sobretudo no concernente às atividades econômicas. Buscamos também identificar e caracterizar o Senado da Câmara não apenas enquanto instância possuidora de dinâmica própria, mas ainda no seu relacionamento com outros órgãos, nomeadamente com a corregedoria e a provedoria. E, por fim, arriscamo-nos, dentro do possível, a traçar o perfil socioeconômico da elite dirigente local, com o intuito de melhor compreender o seu papel no exercício dos ofícios municipais.

O segundo capítulo é dedicado ao estudo da forma de gestão financeira do município. Procuramos evidenciar a natureza, os procedimentos tributários e a destinação funcional das finanças da Câmara, através da análise das receitas e de sua aplicação. Por outro lado, estabelecemos, ainda, relações entre a estrutura econômico-fiscal do poder local em Salvador e a sua capacidade para intervir na organização/controle das atividades mercantis.

No terceiro e último capítulo, descrevemos de maneira minuciosa os mecanismos e as práticas de ordenamento, de regulação e de controle das atividades econômicas pela Câmara Municipal. Isto é, procuramos explicitar a envergadura da intervenção do poder local na vida econômica da cidade e seu termo. As posturas municipais, elementos fundamentais nesse ponto da pesquisa, possibilitaram determinar o peso e a importância que a edilidade conferia aos diversos *fazeres* econômicos do meio urbano e rural. A investigação sobre as atribuições e trajetórias dos diversos agentes em suas relações com a municipalidade se tornou valiosa para a nossa análise. Examinando a ação desses indivíduos em suas funções cotidianas procuramos verificar a correlação entre as normas e os regulamentos camarários e a eficácia e incidência sobre a realidade.

Mesmo tendo caráter pronunciadamente monográfico e delimitado, com ênfase em descrições e análises de evidências empíricas particulares, nosso trabalho insere-se em um esforço mais amplo para melhor compreender as multifacetadas formas e os mecanismos de estruturação da colonização portuguesa nas Américas.

CIDADE, MERCADO E PODER LOCAL: SALVADOR AO LONGO DO SÉCULO XVIII

A política portuguesa de exploração dos novos territórios conquistados com a expansão ultramarina ficou limitada às ações iniciais de implantação de feitorias comerciais e do sistema de capitanias.[1] A crescente necessidade de posse, defesa e aproveitamento econômico implicou a montagem de estruturas jurídico-institucionais e administrativas, de relações de produção e mercantis, bem mais complexas, e a consequente estimulação para a emergência de núcleos urbanos. Entretanto, a modificação substantiva desta política, conforme observou Luís Filipe Thomas, deu-se lentamente: de feitorias fortificadas a pequenos aglomerados populacionais, por vezes num breve espaço de tempo, mas, daí, até uma clara conformação de cidades ou centros urbanos característicos, com extensão e domínio efetivamente territorial, só bastante mais tarde e em muito menor número de casos.[2]

---

1   Foram essas as modalidades mais experimentadas em toda a costa ocidental africana e nas ilhas atlânticas, bem como no Brasil, enquanto a Índia se mantinha como principal fonte de exploração mercantil. Cf. Walter Rossa, *Cidades indo-portuguesas: contribuições para o estudo do urbanismo português no Hindustão Ocidental*. Lisboa: Comissão Nacional para as Comemorações dos Descobrimentos Portugueses, 1997, p. 14.

2   Luís Filipe F. R. Thomaz, *De Ceuta a Timor*. Lisboa: Difel, 1994, p. 167. Cf., ainda, Walter Rossa, *Cidades indo-portuguesas...*, p. 17.

Nas ilhas atlânticas, território anexado ao domínio português desde a primeira metade do século xv e verdadeiras bases de apoio do comércio ultramarino, o desenvolvimento da malha urbana só ocorreu no século xvi, com a fundação de cidades e vilas: Funchal (1508), na Ilha da Madeira; Angra (1534), e Ponta Delgada (1546), nos Açores.[3] Na costa ocidental da África, foram fundadas as cidades de Ribeira Grande (1533), em Cabo Verde; São Tomé (1535), na ilha do mesmo nome e, bem posteriormente, Luanda (1576), em Angola.[4]

Mesmo Portugal, espaço milenarmente povoado, não possuía, naqueles primeiros tempos da expansão ultramarina, uma rede urbana extensa e consolidada. O censo de 1527-1532 evidencia o caráter embrionário e restrito da urbanização. Havia, no conjunto do território lusitano, dezessete centros urbanos, dos quais apenas três se situavam acima dos 2.000 fogos. Lisboa, a mais povoada, chegava aos 13.000, seguida de muito longe pelo Porto, com cerca de 3.000, e por Évora, terceira maior cidade do país, com 2.813. Santarém e Elvas oscilavam entre os 1.600 e os 2.000; Coimbra, Távira, Guimarães, Lagos, Setúbal, Portalegre, Beja e Olivença situavam-se entre os 1.600 e os 1.000 fogos. Abaixo dos 1.000 apareciam Aveiro, Estremoz, Viana e Vila do Conde. Lisboa, com uma população de 60.000 mil pessoas, distinguia-se do conjunto de pequenas cidades. Em quase todo o território, predominavam *lugares, vilarejos e povoados* com pouco mais de 100 vizinhos, separados uns dos outros por grandes espaços vazios, apresentando uma baixa concentração populacional com índices reduzidos de habitantes por km².[5]

Na América portuguesa, a instituição de um governo geral (1548) e a fundação da cidade de Salvador, para ser a sua sede (1549), assinalaram as mudanças de atitude do poder metropolitano no tocante ao papel dos núcleos urbanos enquanto instrumentos fundamentais para uma nova estratégia de ocupação, de domínio e de exploração das terras *brasílicas*.[6] Tal organização político-administrativa não implicou o imediato

---

3   Ilídio do Amaral, "Cidades coloniais portuguesas: notas preliminares para uma geografia histórica", *Povos e Culturas,* Lisboa, nº 2, p. 198.

4   José Carlos Venâncio, "Espaço e dinâmica populacional em Luanda no século xviii", *Revista de História Econômica e Social,* Lisboa, nº 14, p. 68, jul./dez. 1984.

5   Tereza Ferreira Rodrigues, "As estruturas populacionais", In: Joaquim Romero Magalhães (coord.), *História de Portugal (no alvorecer da modernidade, 1480-1620).* Lisboa: Editorial Estampa, 1997, p. 206.

6   Até então existiam algumas poucas vilas criadas, na maioria das vezes, pelos próprios capitães donatários, a exemplo de São Vicente (1532) e Porto Seguro (1535), nas capitanias do mesmo nome, Olinda (1537), na capitania de Pernambuco, Ilhéus (1536) e Santo Amaro (1538), na capitania de Ilhéus.

desenvolvimento e extensão da malha urbana, que, lentamente no século XVII e com mais intensidade no XVIII, viria a constituir-se.[7]

Nesse período, emergiram cidades e vilas que passaram a exercer papel fundamental do ponto de vista econômico e político-administrativo como Belém (1616), São Luís do Maranhão (1639), Vila Boa de Goiás (1726) e Vila Rica (1711).[8] Outras foram erguidas apenas para agrupar núcleos populacionais dispersos e facilitar a arrecadação tributária a favor da Fazenda Régia, mas não deixaram, nem por isso, de incorporar outras funções, tornando-se igualmente expressão do poder monárquico e de sua política mercantilista e colonizadora.[9]

---

7   As três cidades criadas ainda na segunda metade do século XVI foram: Rio de Janeiro (1565), Filipeia de Nossa Senhora das Neves (1584), atual João Pessoa, e S. Cristóvão de Sergipe (1590). Na capitania da Bahia, de 1549 a 1699, foram fundadas três únicas vilas: Jaguaripe (1697), Nossa Senhora do Rosário do Porto de Cachoeira e São Francisco da Barra do Sergipe do Conde (1698). Na vizinha capitania de Ilhéus surgiram as vilas de Camamu, Cairu e Boipeba (1565). Em outras partes do Brasil, foram instituídas as vilas de Piratininga (hoje São Paulo), em 1558; a de Campos e Parati (na antiga capitania do Rio de Janeiro), em 1630 e 1660, respectivamente. Cf. Paul Singer, *Desenvolvimento econômico e evolução urbana: análise de evolução econômica de São Paulo, Blumenau, Porto Alegre, Belo Horizonte e Recife.* São Paulo: Nacional, 1974, p. 81-86; Sylvio C. Bandeira de Mello e Silva *et al., Urbanização e metropolização no Estado da Bahia: evolução e dinâmica.* Salvador: Centro Editorial e Didático da UFBA, 1989, p. 43-53.

8   A importância de vilas como Belém e São Luís justificou-se muito mais pela necessidade de defesa da região amazônica, mas, também, pelas atividades econômicas ali desenvolvidas.

9   Sobre evolução urbana do Brasil colonial, vide: Nestor Goulart Reis Filho, *Contribuição ao estudo da evolução urbana do Brasil (1500-1720).* São Paulo: Livraria Pioneira Editora/ Edusp, 1968; *Imagens de vilas e cidades do Brasil colonial.* São Paulo: Edusp/Imprensa Oficial do Estado/Fapesp, 2000; Nelson Omegna, *A cidade colonial,* Brasília: Embrasa, 1971; Renata M. de Araújo, *As cidades da Amazônia no século XVIII: Belém, Macapá e Mazagão.* Lisboa: Universidade Nova de Lisboa, 1992. (dissertação de mestrado); Murilo Marx, *Cidade brasileira.* São Paulo: Melhoramentos/Edusp: 1980; *Nosso chão: do sagrado ao profano.* São Paulo: Edusp, 1988; Luiz Ricardo Michaelsen Centurião, *A cidade colonial no Brasil.* Porto Alegre: EDIPUCRS, 1999; Paulo Santos, "Formação de cidades no Brasil colonial", *Anais do V Encontro de Estudos Luso-Brasileiro,* Coimbra, 1968; Roberta Marx Delson, *Novas vilas para o Brasil-colônia: planejamento espacial e social no século XVIII,* Brasília: Ed. Alva/CIORD, 1997; Brasil Pinheiro Machado, "Problemática da cidade colonial brasileira", *História: Questões e Debates,* Curitiba, 6 (10): 2-33, 1985; Cláudia Damasceno Fonseca, "Pouvoir et espace urbain: Le Minas Gerais du "cicle de

24 AVANETE PEREIRA SOUSA

A política de controle do território, efetivada pela ação urbanizadora, intensificou-se, na segunda metade do século XVIII, sob a direção do marquês de Pombal, então à frente da Secretaria de Estado dos Negócios do Reino. Com esta nova orientação, a coroa objetivava a reorganizar político, administrativa e economicamente o Brasil, a delimitar e reforçar as fronteiras, bem como manter a unidade territorial, diretriz que implicaria uma série de medidas dentre as quais a fundação de vilas e cidades. Providência incisiva nesse sentido foi a concessão de liberdade aos indígenas (1758) e a elevação de suas aldeias à condição de vilas e povoados, disposição que atingiu, principalmente, a região Norte (capitanias de Maranhão e Grão-Pará), onde os índios permaneciam sob acirrada disputa entre senhores de escravos e jesuítas. Também no Sul, onde a questão fronteiriça era mais delicada, adotou-se a mesma estratégia para proteção da região.[10]

O projeto de alargamento da rede urbana, proposto pelo governo pombalino para o Brasil e para as demais partes do Império, demandou o estabelecimento de estruturas burocrático-administrativas responsáveis pela sua concretização. No Brasil, foi instituído o Tribunal do Conselho de Ultramar, órgão sediado em Salvador, destinado a promover e superintender a criação de vilas a partir de povoações indígenas já existentes. Ouvidores, corregedores e juízes de fora foram encarregados de fornecer informações detalhadas de cada região e sobre a execução do plano de fundação desses núcleos urbanos. Nas capitanias da Bahia, Ilhéus e Porto Seguro, as duas últimas incorporadas à primeira, em 1754 e 1759, respectivamente, ergueram-se cerca de treze vilas, além de inúmeras paróquias e freguesias.[11]

---

l'or" (Brésil, XVIIIe – XIX siècle)", *Cahiers du Centre de Recherches Historiques,* Paris, nº 17, octobre, 1996, p. 59-60.

10 Maria Helena Ochi Flexor, "A rede urbana brasileira setecentista. A afirmação da vila regular". *Cursos da Arrábida: a construção do Brasil urbano,* Arrábida, Portugal, 2000, p. 1-5.

11 As freguesias eram divisões eclesiásticas, mas que, na prática, assumiam funções civis. Foram criadas as vilas de Olivença, Barcelos e Santarém (na antiga capitania de Ilhéus, em 1758); Trancoso, Vila verde (1759), Prado (1764), Belmonte (1765), Vila Viçosa (1768), Portalegre (1769) e Alcobaça (1772), na antiga capitania de Porto Seguro; Nova Abrantes (1758), Soure (1759) e Nazaré (1761), na capitania da Bahia. Cf. *idem,* Ibid, p. 6-8. Cf. ainda, Maria Helena Ochi Flexor, *Os núcleos urbanos planejados do século XVIII: Porto Seguro e São Paulo.* Salvador: Centro de Estudos Baianos da UFBA, 1989; Sylvio C. Bandeira de Mello e Silva *et al., op. cit.,* p. 94-100; Maria Helena Ochi Flexor, "Cidades e vilas pombalinas no Brasil do século XVIII", In: Helder Carita e Renata Araújo (coord.), *Universo urbanístico português (1415-1822).* Lisboa: Comissão Nacional para as Comemorações dos Descobrimentos Portugueses, 1998, p. 261.

As cidades e vilas coloniais portuguesas no Brasil foram criadas à imagem das suas congêneres metropolitanas. Assemelhavam-se na forma do traçado urbanístico e nas finalidades políticas, administrativas e econômicas, pois pretendiam exercer prioritariamente as funções de entrepostos e de controle comerciais, a exemplo de Salvador, Olinda, Rio de Janeiro e São Luís do Maranhão.[12]

Para além dos *muros* e das *portas*: a evolução urbana de Salvador

Os motivos que levaram à fundação de Salvador estiveram também presentes na criação de diversas outras cidades do Império: a ocupação do território, a defesa, a administração e a exploração comercial das terras conquistadas.[13]

As representações iniciais da cidade, manifestas nas visões de muitos cronistas do período e repetidas por estudiosos de diferentes épocas, representavam-na como um espaço estreito, bastante fortificado, expressão da necessidade de defesa e salvaguarda contra os inimigos internos e externos.[14]

---

12 Cf. Ronald. Raminelli, "Simbolismos do espaço urbano colonial", In: Ronaldo Vainfas (org.), *América em tempo de conquista*. Rio de Janeiro: Zahar, 1992, p. 165-168; Orlando Ribeiro, "Cidades", In: Joel Serrão (dir.), *Dicionário de história de Portugal*. Porto: Livraria Figueirinhas, s/d., p. 60- 66.

13 Cf. Nestor Goulart Reis Filho, *Contribuição ao estudo...*; José Carlos Venâncio, *op. cit.;* José de Almeida. Santos, *Das origens dos municípios portugueses aos primeiros tempos da Câmara Municipal de Luanda*, [Luanda]: Edição do Centro de Informação e Turismo de Angola, 1965; Boies Penrose, *Goa – Rainha do Oriente*. Lisboa: Ed. Comemorativa do v Centenário do Infante D. Henrique, 1960, p. 36-38; José-Augusto França, *Lisboa pombalina e o iluminismo*. Lisboa: Bertrand, 1987, p. 21-23.

14 Vide: Gabriel Soares de Sousa, *Tratado descritivo do Brasil em 1587.* São Paulo: Companhia Editora Nacional/Edusp, [1971]. Frei Vicente do Salvador, *História do Brasil: 1500-1627.* São Paulo: Melhoramentos; Brasília: INL, 1975; Pero de Magalhães Gandavo, *História da Província de Santa Cruz*. São Paulo: Melhoramentos, 1921;Teodoro Sampaio, *História da fundação da cidade de* Salvador. Salvador: Tipografia Beneditina, 1949; Thales de Azevedo, *Povoamento da cidade de Salvador*. Salvador: Itapuã, 1969; Edison Carneiro, *A cidade do Salvador- 1549: uma reconstituição histórica; A conquista da Amazônia*. Rio de Janeiro: Civilização Brasileira; Brasília: INL,1980. Pedro Calmon, *História da fundação da* Bahia. Salvador: Museu do Estado da Bahia, 1949 e outros.

Na parte alta, onde hoje estão a Praça Municipal, a igreja de Nossa Senhora da Ajuda, a Praça da Sé e o Terreiro de Jesus, erguia-se o primeiro centro político-administrativo, descrito por Gabriel Soares de Sousa em 1587:

> Está no meio desta cidade uma honesta praça [...], na qual estão da banda do sul umas nobres casas, em que se agasalham os governadores, e da banda do norte as casas de negócio da fazenda, alfândega e armazéns e da parte de leste tem a casa da Câmara, cadeia e outras casas de moradores, com que fica esta casa em quadro e o pelourinho no meio dela, a qual da banda do poente está desabafada com grande vista para o mar; onde estão assentadas algumas peças de artilharia grossa, donde a terra vai muito a pique sobre o mar; ao longo do qual é tudo rochedo mui áspero [...].[15]

Muralhas, valas, tranqueiras, baluartes e fortes, símbolos da vigília e da defesa, estavam presentes em quase todas as vilas e cidades, posto que na identidade de planos e atos normativos, inerentes à institucionalização dessas aglomerações urbanas, calcava-se a unidade da política urbanizadora metropolitana para as áreas coloniais.[16]

Em Salvador, o estreito espaço intramuros dos primeiros tempos, condição que lhe conferia relativa segurança, logo foi rompido. Já na época da fundação, a cidade apresentava-se bem povoada em relação aos padrões vigentes. Contava com mais de 1500 habitantes, comparando-se a importantes cidades do reino, como Guimarães, Lagos, Setúbal e Beja, cuja população, no mesmo período, oscilava entre 1000 e 1600 almas.[17] Por volta de 1583, Salvador possuía cerca de "três mil vizinhos portugueses, oito mil índios cristãos e três ou quatro mil escravos da Guiné", incluindo todo o termo e arredores, como atestou Fernão Cardim.[18] Nesse período, existiam oito

---

15 Gabriel Soares de Sousa, *op. cit.*, p. 134.

16 Segundo Nestor Duarte, esta política foi, sobretudo, aplicada na fundação das cidades reais onde a assistência recebida de engenheiros denota a preocupação com a regularidade do traçado. Cf. Nestor Goulart Reis Filho, *Contribuição...*, p. 72; Nelson Omegna, *op. cit.*, p. 3-9.

17 Cf. Teodoro Sampaio, *op. cit.*, p. 178, 199; Tereza Rodrigues, "As estruturas populacionais...", p. 206.

18 Fernão Cardim. *Tratados da terra e gente do Brasil*. São Paulo: Nacional; Brasília:INL, 1978, p. 175.

aldeias indígenas, instituídas pelos jesuítas, todas elas situadas em volta da cidade nos lugares hoje denominados Carmo, São Bento, Piedade, Gamboa, Rio Vermelho, Brotas e Plataforma.[19]

O perímetro total da cidade, propriamente dito, abrangia o núcleo urbano, composto por 10 freguesias (Cf. quadro 1), e o seu termo, demarcado na época da fundação e pouco modificado até o século xix. A divisão interna do espaço rural compunha-se de onze freguesias (Cf. quadro 2), incluindo duas na Ilha de Itaparica e uma na Ilha de Maré. A distribuição geográfica das freguesias denota o contorno e extensão do território, que se projetava por áreas onde hoje estão os municípios de S. Sebastião do Passé e Mata de São João.[20]

QUADRO 1 – **Relação das freguesias de Salvador situadas no perímetro urbano (Séculos XVI-XVIII)**

Freguesias da Cidade	Fundação
São Salvador da Sé	1552
Nossa Senhora da Vitória	1561
Nossa Senhora da Conceição da Praia	1623
Santo Antônio Além do Carmo	1646
São Pedro Velho	1679
Santana do Sacramento	1679
Santíssimo Sacramento da Rua do Passo	1718
Nossa Senhora de Brotas	1718
Santíssimo Sacramento do Pilar	1720
Nossa Senhora da Penha	1760

Fonte: Anna Amélia Vieira Nascimento, *Dez freguesias...*, p. 34-40.

---

19   Monte Calvário (Carmo); São Sebastião (São Bento); Santiago (Piedade); Simão (Gamboa); São Paulo (Brotas); Rio Vermelho (Rio Vermelho); São Lourenço (Rio Vermelho); São João (Plataforma). Sylvio C. Bandeira de Mello e Silva *et al.*, *Urbanização e metropolização...*, p. 44-6.

20   Superintendência de Estudos Econômicos e Sociais da Bahia, *Evolução territorial e administrativa do Estado da Bahia: um breve histórico*. Salvador: SEI, 2001, p. 23-37, 81; Kátia M. de Queirós Mattoso, *Bahia, século XIX: uma província no Império*. Rio de Janeiro: Nova Fronteira, 1992, p. 100-103; Ana Amélia Vieira Nascimento, *Dez freguesias...*, p. 34-40.

28 AVANETE PEREIRA SOUSA

QUADRO 2 – Relação das freguesias de Salvador situadas no termo-área rural (Séculos XVII-XVIII)

Freguesias do termo da cidade	Fundação
São Bartolomeu em Pirajá	1608
Nossa Senhora do Ó em Paripe	1608
São Miguel em Cotegipe	1608
Santo Amaro de Ipitanga[1]	1608
Nossa Senhora da Encarnação em Passé	1608
Nossa Senhora da Piedade em Matoim	1609
Nossa Senhora de Santana da Ilha de Maré	16...
Senhor do Bonfim na Mata	17...
Santa Vera Cruz em Itaparica	17...
Santo Amaro em Itaparica	17...
São Pedro no Sauípe da Torre	17...

Fonte: Luís dos Santos Vilhena, *op. cit.*, p. 460-461. Kátia M. de Queirós Mattoso, *Bahia, século XIX...* p. 100-103.

Durante a primeira metade do século XVII, a dinamização da economia açucareira no Brasil, tendo o Recôncavo baiano como o mais importante centro produtor, com todas as suas implicações, fez de Salvador uma das mais promissoras cidades do Império português.[21] A exportação de açúcar, a importação de escravos da África e a condição de entreposto mercantil, intermediando produtos vindos do reino e a produção colonial, conferiram-lhe, no âmbito do espaço imperial, papel estratégico e fundamental, cumprindo o que Braudel denominava de função primordial das cidades no contexto da economia mundial.[22]

Nessa época, o espaço extramuros cresceu de tal forma que à única freguesia distante do núcleo administrativo central, a freguesia da Vitória, criada em 1561,

---

21 Cf. Roberto C. Simonsen, *História econômica do Brasil (1500-1820)*. São Paulo: Companhia Editora Nacional, 1977.

22 Fernand Braudel, *Civilização material e capitalismo: rumos do mundo*. Lisboa: Cosmos, 1970, p. 424.

somaram-se mais quatro.[23] Nos arredores e no restante do termo, os índices de ocupação e povoamento se repetem, sendo fundadas, entre 1608 e 1609, várias freguesias (Cf. quadro 2). A freguesia de Nossa Senhora da Conceição da Praia ampliou o seu papel comercial, ligado à exportação e importação, destacando-se, segundo Pyrard de Laval, "uma grande e bela rua com mais de um quarto de légua de comprido, bem guarnecida de toda espécie de lojas e oficinas".[24] Ademais, registrou-se, naquela localidade, um incremento na incipiente indústria de construção naval, que se tornou, no século XVIII, uma das mais importantes de todo o reino, especializada na manufatura de construção, montagem e recuperação de navios e equipamentos náuticos.[25]

Entretanto, se o crescimento urbano foi o marco desse período, destaques semelhantes tiveram as investidas na defesa e proteção da cidade, sobretudo a partir de 1624, quando a invasão holandesa deixou evidente a fragilidade do sistema defensivo português para o centro político-administrativo mais importante do território conquistado. Em pouco mais de dez anos (entre 1625 e 1637), sete fortalezas foram edificadas em pontos geograficamente estratégicos, visando a evitar novas incursões estrangeiras. Datam dessa época as construções dos Fortes de São Diogo e Santa Maria, na Barra; de São Bartolomeu da Passagem, para proteção do esteiro de Pirajá; do Rosário, em Água de Meninos; de Santo Antônio Além do Carmo; do Barbalho e de São Pedro.[26]

Mesmo intensamente atingida pela crise geral que afetou a colônia, e a produção açucareira da Bahia, em especial, a partir dos meados do século XVII, Salvador não parou de crescer, embora em ritmo mais lento. A organicidade entre as cidades alta e baixa, núcleo populacional e centro-cívico e zona comercial e de serviços, respectivamente, estreitou-se cada vez mais. Além das várias ladeiras já existentes, que faziam a interligação entre ambas, foi aberta a da Misericórdia, para facilitar o fluxo

---

23 Cf. Anna Amélia Vieira Nascimento, *Dez freguesias da cidade do Salvador: aspectos sociais e urbanos do século XIX*. Salvador: Fundação Cultural do Estado da Bahia, 1986, p. 65; Maria Raquel Mattoso Mattedi *et al.*, "Salvador: o processo de urbanização", In: Bahia. Secretaria do Planejamento, Ciência e Tecnologia. Fundação de Pesquisas-CPE, Salvador, 1979, p. 347.

24 Pyrard de Laval, *Viagem de Pyrard de Laval*. Porto: Livraria Civilização, 1944, p. 244-255.

25 José Roberto do Amaral Lapa, *A Bahia e a carreira da Índia*. São Paulo: Nacional, 1968, p. 51-60.

26 Universidade Federal da Bahia, *Evolução física. da cidade de Salvador*. Salvador: Faculdade de Arquitetura da UFBA/Fundação Gregório de Matos, 1998, p. 76.

de mercadorias e de pessoas de um local para o outro, e construído o Guindaste dos Padres, no Colégio dos Jesuítas, com a mesma finalidade comercial.[27] No final dessa centúria, a estabilidade econômica decorrente do controle da produção e comércio do açúcar, bem como o advento da mineração, ensejou novo vigor à cidade, que retomou certo dinamismo econômico e demográfico. Nesse momento, Salvador já abrigava aproximadamente 20 mil habitantes, enquanto o Rio de Janeiro não chegava a ter 12 mil almas.[28] Na antiga Vila Velha ou Povoação do Pereira, cristalizaram-se três núcleos de povoação: a Barra, a Vitória e a Graça. As áreas laterais à Baía de Todos os Santos, a exemplo de Água de Meninos, Paripe, Aratu e Itaparica continuaram sendo ocupadas.[29] O desenvolvimento urbano foi marcado pela recuperação e construção de obras monumentais, destinadas às funções políticas, econômicas e cívicas: o Palácio dos Governadores e a Alfândega, reconstruídos em 1690 e 1696, respectivamente; o convento de São Francisco (1686), o Solar do Ferrão (1690) e tantas outras novas edificações, mas, também, pela atenção dispensada, pelo poder público local, à melhoria da infraestrutura citadina.[30] A criação da escola de artilharia e arquitetura militar, em 1699, cujo propósito visava a difundir certos cânones arquitetônicos no momento de edificação de moradias e outras construções civis particulares, coroou o período.[31]

---

27   Idem, ibidem, p. 92.

28   Maria Raquel Mattoso Mattedi et al., op. cit., p. 345-7; Sérgio Buarque de Holanda (org.), História geral da civilização Brasileira: a época colonial. São Paulo: DIFEL, 1973/76, vol. 2, p. 9-13.

29   Universidade Federal da Bahia, Evolução física..., p. 76.

30   Robert Smith, "Arquitetura colonial", In: Prefeitura Municipal de Salvador, História das artes na cidade do Salvador. Salvador: Prefeitura Municipal, 1967, p. 7; Pedro de Almeida Vasconcelos, "Salvador colonial: do século XVI ao século XVIII". In: Nino Padilha (org.), Cidade e urbanismo, história, teoria e práticas. Salvador: mestrado em Arquitetura e Urbanismo da FA/UFBA, 1998, p. 106. Houve, nessa época, um imposto provisório, instituído pela Câmara, sobre a comercialização da carne, exclusivamente destinado à conservação das vias públicas e à construção de fontes e praças. Cf. AMS, Atas da Câmara, 1684-1700, fl. 38v, 43.

31   Francisco Adolfo de Varnhagen, História geral do Brasil. São Paulo: Melhoramentos, 1978, vol. 3, p. 335. Inicialmente a Academia de Salvador contava apenas com três professores. Em 1713, acrescentaram-se outros três ao seu quadro docente. Destes, o mais importante, ou o mais conhecido, foi o Engenheiro José Antônio Caldas, procurador da Câmara em 1763 e autor de Notícia geral de toda esta capitania da Bahia desde o seu

Durante o século XVIII, a cidade continuou a expandir-se e ganhou novas configurações, mas sem que fosse alterado o núcleo original.[32] O centro político-administrativo permaneceu na Praça do Palácio e o espaço religioso e cultural no Terreiro de Jesus e no Cruzeiro de São Francisco. As características atuais do que hoje se denomina de Pelourinho, situado entre o Terreiro de Jesus e as Portas do Carmo, já estavam delineadas. As conexões entre as cidades alta e baixa foram melhoradas com a construção da ladeira da Água Brusca. Fora das Portas do Carmo estendia-se a freguesia de Santo Antônio e para além das Portas de São Bento o traçado urbano alcançava o forte de São Pedro, com algumas ruas claramente delineadas.[33] A cidade baixa, antes circunscrita a uma única rua onde estavam localizadas casas comerciais, trapiches e armazéns, passou por sucessivos prolongamentos de aterros, financiados pela Câmara e por particulares, que possibilitaram a ocupação residencial e a ampliação de instalações e das atividades mercantis.[34] A população de Salvador crescia em ritmo acelerado para os padrões da época, passando de 21.601 habitantes, em 1706, para mais de 40 mil, em 1759. Já a capitania da Bahia, em meados do século, contava com cerca de cem mil habitantes.[35]

Frente ao novo contorno do espaço urbano de Salvador e ao crescimento populacional, coube à Câmara por em prática, através da edição de um conjunto de posturas, normas e mecanismos capazes de garantir a urbanização da cidade em padrões e exigências pouco ou nunca observados. A análise das Atas da Câmara e dos registros de Termos de Alinhamentos e Vistorias indica que problemas antigos foram reexaminados; e potencializadas as ações da municipalidade para resolvê-los,

---

descobrimento até o presente ano de 1759, s.n.t. Instituições semelhantes foram criadas no Rio de Janeiro, em Pernambuco e no Maranhão.

32   A cidade descrita por Caldas evidencia tal expansão: "Salvador se estendia pelo poente, ia da Preguiça até a Jequitaia, em uma continuada de soberbas casas que se comunicavam para o alto da montanha onde estavam também eminentes algumas ruas, grandes sobrados, casarões, solares, igrejas e casas públicas". Cf. José Antônio Caldas, *op. cit.,* p. 20.

33   Maria Raquel Mattoso Mattedi *et al.*, *op. cit.*, p. 347-348.

34   Marcos P. de Arruda Câmara, *Conceição e Pilar: freguesias seculares do centro econômico e do porto de Salvador no século XIX*, dissertação de mestrado em arquitetura e urbanismo, Salvador, UFBA, 1988, p. 106.

35   Thales de Azevedo, *op. cit.*, p. 150-190; Sylvio C. Bandeira de Mello e Silva *et al.*, *op. cit.*, p. 78.

como a construção e consertos de fontes, o calçamento e alinhamento de ruas; de praças e casas; a abertura de passagens públicas e a edificação de pontes.[36]

Essa nova orientação pode ser percebida a partir da década de trinta do século XVIII, quando a Câmara começou a investir em inúmeras obras civis de caráter utilitário e urbanístico, qualificando e ampliando os espaços e a paisagem urbana da cidade. As evidências estão na construção de novas fontes, no conserto das existentes, bem como na instalação de praças públicas. Ás fontes localizadas dentro da cidade e em seus arredores, como a dos Padres, a do Gabriel, a do Caminho Velho, a do Pereira e a de Água de Meninos, somaram-se mais seis, a dos Sapateiros, a do Gravatá, a Fonte Nova, a de Santo Antônio, a de Queimados e a das Pedras.[37] Além disso, concluiu-se a obra da Praça da Piedade, tida por Vilhena como "a mais espaçosa da Bahia"[38] e iniciaram-se a pavimentação e reformas de ruas e ladeiras da cidade alta e da baixa. Reparos especiais foram feitos na Rua do Passo, na do Jenipapeiro, nas Ladeiras da Misericórdia e do Taboão, nas Ruas do Trapiche do Azeite e da Boiada, no Terreiro de Jesus, além de várias outras vias de serventia pública.[39]

Entretanto, todo esse dinamismo econômico, populacional e urbanístico não foi suficiente para fazer com que Salvador mantivesse a condição de *Cabeça de Estado*, lugar de onde a metrópole melhor exercia o controle sobre o território colonial. Escolhida para abrigar o governo-geral em 1549, Salvador foi a sede político-administrativa até 1763, quando o Rio de Janeiro assumiu essa função. Ao longo de mais de duzentos anos em que permanecera como principal centro administrativo, político, militar e econômico do Brasil, ultrapassou a condição de um pequeno povoamento, cercado por fortes e muros, viu ampliar o seu espaço e multiplicar em muitas vezes os seus moradores. Mas, em meados do século XVIII, já não conseguia cumprir totalmente o papel para o qual fora criada. Passara a experimentar outra situação, sem perder, contudo, as características que lhe conferiram o posto de principal cidade portuguesa nas Américas.

O avanço demográfico de outras cidades, o incremento de novas atividades econômicas a exemplo da exploração mineral, nas Minas Gerais, e da criação de gado no Sul, bem como a necessidade de defesa das fronteiras desta região,

---

36 AMS, *Atas da Câmara*, 1731-50/1750-65/1765-76/1776-87/1787-1801; *Termos de Alinhamentos e Vistorias*, 1724-46/1746-70/1755-91/1775-1800/1777-85.

37 AMS, *Atas da Câmara*,1731-50, fl. 135/1750-65, fl.97/1765-76, fl.15.

38 Luís dos Santos Vilhena, *A Bahia no século XVIII*. Salvador: Itapuã, 1969, vol. 1, p. 45.

39 AMS, *Atas da Câmara*,1731-50, fl.132/1776-87, fl.183/1787-1801, fl. 63,110,101 e 109.

constantemente ameaçada pelos espanhóis, impuseram a redefinição de estratégias geopolíticas, por parte da coroa portuguesa, para que se pudesse acompanhar mais de perto o conjunto do espaço colonial americano. De forma particular, a preocupação régia voltava-se, sobretudo, para o Rio de Janeiro, que se transformara na porta de saída das mercadorias produzidas nas regiões Centro-Oeste e Sudeste, principalmente o ouro e os metais preciosos extraídos em Minas Gerais.

Todavia, a transferência da capital não implicou, necessariamente, no abandono dos planos de organização do espaço urbano, que há muito vinham sendo traçados e experimentados pelos órgãos da administração central e local. Persistiram os esforços para tornar Salvador uma das mais estruturadas cidades da colônia. Afinal, o seu papel econômico permanecia significativo no contexto do Império.[40]

Dessa forma, continuaram sendo acionados mecanismos administrativos-legais para disciplinar a urbanização da cidade, sobretudo no que dizia respeito ao enquadramento de construções particulares aos padrões definidos pela Câmara nas posturas. Esforço visível nessa matéria foi a publicação de um prospecto oficial para a edificação de "casas de morada", elaborado, por solicitação dos camaristas, pelos principais engenheiros de Salvador, entre os quais o célebre engenheiro José Antônio Caldas.[41]

De acordo com o texto oficial, concluído em 1766, as moradias, intra e extra-muros deveriam obedecer ao seguinte projeto:

> [...] do plano da rua até o invigamento do primeiro sobrado, terá de altura quinze palmos e meio e para a cornija dois palmos e meio e querendo fazer segundo andar ou sobrado será com altura proporcionada, conforme delinear o mestre das obras do Conselho. No primeiro andar não farão sacadas e sim janelas divididas e estas não sairão para fora mais de palmo e quando muito palmo e meio com grades de ferro ou de pau pintados [...]. As janelas do segundo andar serão de

---

40 Sobre a importância de Salvador no interior do Império, cf.: A. J. R. Russell-Wood, "A projeção da Bahia no Império português", *Anais do IV Congresso de História da Bahia*. Salvador: Instituto Geográfico e Histórico da Bahia/Fundação Gregório de Matos, 2001, p. 81-122. Para maiores informações sobre o processo de crescimento urbano de Salvador, ver: Affonso Ruy, *História política e administrativa da cidade do Salvador*. Salvador: Tipografia Beneditina, 1949; A. J. R. Russell-Wood, *Fidalgos e filantropos: a Santa Casa da Misericórdia da Bahia,1550-1755*. Brasília: UNB, 1981; Kátia M. de Queirós Mattoso, *Bahia, século XIX: uma província no império*. Rio de Janeiro: Nova Fronteira, 1992.

41 AMS, *Atas da Câmara, 1765-1776*, fl.111-112.

> parapeito e não excedendo estes de quatro palmos. As portas terão de largura cinco palmos e meio e de altura na ombreira ou pé direito dez palmos e serão de volta ou sem ela fazendo aquela figura no ornato que for da vontade e melhor gosto dos donos. Isto deverá ser observado também em casos de reedificação e concertos de casas [...].[42]

A ideia de complementar as orientações gerais, já prescritas nas posturas, relativas ao tipo de edificação que se deveria construir na cidade, com a elaboração de um minucioso e detalhado manual de arquitetura privada, decorreu da maturidade e da experiência adquiridas pela Câmara, enquanto gestora da vida local. Se é verdade que as características de cidadela militar, de espaço geoeconômico e político-cultural já estavam largamente impregnadas em Salvador desde o princípio da colonização, o seu refinamento era preocupação permanente da coroa. Daí as melhorias e ampliações de obras de caráter funcional, a exemplo dos fortes, igrejas, instalações públicas e portuárias, que se sucederam ao longo dos tempos.

No dealbar do século XIX, Salvador ainda não havia perdido a característica de "metrópole colonial, cidade intermediária, entreposto de mercadorias e ponto avançado do capitalismo internacional".[43] Ao contrário, firmara-se enquanto espaço de concentração de recursos financeiros, econômicos, sociais e políticos propulsores da sua grandeza.[44] O crescimento da população, que quase dobrara em 94 anos, saindo de 21.601 para quase 60 mil em 1800, se refletiu tanto no crescimento quanto na complexidade das funções urbanas, embora nos marcos de configurações já assentadas historicamente como a intensificação da ocupação dos Bairros de Nazaré, Barbalho e, em menor grau, da Vitória. Ainda assim, a divisão geoespacial legalmente estabelecida não acompanhou a expansão demográfica, permanecendo sem maiores alterações até 1871, quando a fundação da freguesia dos Mares elevou de dez para onze o número de freguesias urbanas até então existente. Não houve qualquer mudança no número de freguesias rurais que, juntas, possuíam, em 1801, 2.091 (dois mil e noventa e um) fogos e 16.093 (dezesseis mil e noventa e três) moradores.[45]

---

42 *Idem, ibidem.*

43 Kátia M. de Queirós Mattoso, *Bahia: a cidade do Salvador e seu mercado no século XIX*. São Paulo: Hucitec; Salvador: Secretaria Municipal de Educação e Cultura, 1978, p. 112.

44 *Idem, ibidem*, p. 115-6.

45 Anna Amélia Vieira Nascimento, *Dez freguesias da cidade do Salvador: aspectos sociais e urbanos do século XIX*. Salvador: Fundação Cultural do Estado da Bahia, 1986, p. 65. Convém ressaltar, como o faz a própria autora, que os resultados de censos realizados

Podemos, assim, considerar que Salvador, no início do Oitocentos, conservava, com poucas alterações, as feições físico-urbanísticas adquiridas ao longo dos séculos XVII e XVIII.[46] As marcas da cidade colonial, com todas as implicações socioculturais que o conceito carrega, estavam definitivamente inscritas na paisagem física do primeiro centro metropolitano da América portuguesa.

Mercadorias, mercados e mercadores: aspectos socioeconômicos

A colonização do Brasil, a partir da segunda metade do século XVI, teve na produção de gêneros tropicais para exportação seu elemento dinâmico.[47] O açúcar, naquele momento, constituiu-se no excedente regular a ser prontamente incorporado às atividades comerciais até então desenvolvidas pela coroa portuguesa.[48] A Bahia tornou-se um dos mais bem sucedidos exemplos de exploração econômica nos moldes citados e seu Recôncavo a região agrícola mais significativa.[49]

Se a fundação de Salvador foi motivada pela necessidade de implantação de um centro político-administrativo capaz de cumprir com certa eficácia o papel unificador de defesa da colônia, já em meados do século XVII sua função econômica sobressaía. Como observou Thales de Azevedo, com o desenvolvimento da exportação de açúcar, do tabaco, do algodão, do couro e de madeira, a cidade passou de

---

durante o século XVIII não correspondem a uma verdadeira média da população da cidade, mas a números aproximados.

46   Vide descrição da cidade feita por L. F. de Tollenare, *Notas dominicais tomadas durante uma viagem em Portugal e no Brasil em 1816,1817 e 1818*. Salvador: Livraria Progresso Editora, 1956, p. 281-282.

47   Sobre a natureza e características da colonização do Brasil, Cf. Fernando Novais, *Portugal e Brasil na crise do antigo sistema colonial (1777-1808)*. São Paulo: Hucitec, 1979; Florestan Fernandes, *Circuito fechado*. São Paulo: Hucitec, 1977; Vera Lúcia Amaral Ferlini, *Terra, trabalho e poder: o mundo dos engenhos no Nordeste colonial*. São Paulo: Brasiliense, 1988; *Açúcar e colonização (da América portuguesa ao Brasil: ensaios de interpretação)*. São Paulo: FFLCH/USP, 2000(tese de livre docência).

48   Cf. Luís Felipe de Alencastro, *O trato dos viventes: formação do Brasil no Atlântico Sul, séculos XVI e XVII*. São Paulo: Companhia das Letras, 2000, p. 29.

49   Kátia M. de Queirós Mattoso, *Bahia: a cidade do Salvador e seu mercado*, p. 26.

pólo simplesmente administrativo a forte núcleo de homens de negócio,[50] ou melhor, de homens e negócios, de gente e de coisas.

Ponto convergente, metrópole regional de vários espaços econômicos, Salvador foi, até meados do século XVIII, a base político-administrativa de extenso território, mas, principalmente, durante todo o período colonial, pólo receptor e distribuidor de produtos diversos, quer oriundos do interior da capitania, quer de outras regiões e, nomeadamente, da metrópole.[51]

Do Recôncavo, de lugares pertencentes ao termo de Salvador, a exemplo de Pirajá, Matoim, Cotegipe, Itaparica e Paripe, e de vilas como São Francisco do Conde, Santo Amaro, Cachoeira, Maragogipe, Muritiba e, já no final do XVIII, Nazaré, vinham açúcar e tabaco que seguiam para a Europa, através do porto da cidade da Bahia.[52] Mas, não só do Recôncavo chegavam caixas de açúcar. Havia a produção de Ilhéus, de Porto Seguro e, também, a da capitania de Sergipe, ao norte, computada como parte da balança comercial baiana.[53]

Se o açúcar e o tabaco eram a riqueza maior do Recôncavo, esses produtos não esgotavam a vocação agrícola do rico entorno da Bahia de Todos os Santos. As localidades de Jaguaripe, Maragogipe, Campinhos, Saubara, Capanema e Nazaré especializaram-se na produção de farinha de mandioca, comercializadas nas próprias vilas e, principalmente, em Salvador. Centenas de barcos e saveiros chegavam semanalmente a Salvador trazendo grande variedade de cereais, legumes e frutas para abastecer a cidade.[54]

A plantação do tabaco não estava limitada ao Recôncavo, espalhando-se por outras zonas de povoamento, até mesmo certas áreas do agreste baiano, sobretudo para lugares onde hoje estão situadas as cidades de Feira de Santana (antigamente, São José das Itapororocas), Ipirá, São Gonçalo dos Campos, Inhambupe, Pedrão e Água Fria.[55] A produção fumageira tinha como ponto de convergência a cidade de

---

50 Thales de Azevedo, *op. cit.*, p. 167.

51 Pinto de Aguiar (ed.), *Aspectos da economia colonial*. Salvador: Progresso, 1957, p. 6 (introdução à obra de autor anônimo).

52 Nestas localidades operavam, em 1711, 146 engenhos de vários tipos, que produziram, entre 1736 e 1766, 173 mil caixas de açúcar e, entre 1778-1789, 144 mil caixas. Cf. Sylvio C. Bandeira de Mello *et al.*, *op. cit.*, p. 87-88.

53 Stuart B. Schwartz, *Segredos internos: engenhos e escravos na sociedade colonial*. São Paulo: Companhia das Letras, 1988, p. 90, 91e 93.

54 *Idem, ibidem*, p. 85; Kátia M. de Queirós Mattoso, *A Bahia e seu mercado...*, p. 26.

55 Sylvio C. Bandeira de Mello Silva *et al.*, *op. cit.*, p. 88.

Cachoeira, importante porto fluvial e centro beneficiador e exportador do fumo, além de dinâmico entreposto comercial, pois para ela afluíam caminhos e estradas que iam e vinham de todas as direções, inclusive para os sertões da Bahia e de outras capitanias. Segundo Schwartz, por volta de 1697 havia em Cachoeira quatro armazéns onde se guardavam os rolos de fumo que seriam transportados em pequenos barcos até o cais de Salvador. Depois seguiam para Portugal e também para a África, sobretudo para o golfo de Benin, onde o tabaco funcionava como meio de troca na compra de escravos.[56]

A diversidade produtiva do Recôncavo comportava também a presença significativa de rebanho bovino destinado ao consumo e utilizado, também, como força motriz do sistema manufatureiro do açúcar. As primeiras cabeças de gado da Bahia vieram de São Vicente, provavelmente, antes mesmo da instalação do governo geral. As zonas de criação estabeleceram-se nos arredores de Salvador, ainda no século XVI, com a construção de vários currais, em Itapagipe, Itapuã e Tatuapara (praia do Forte), de propriedade de Garcia D' Ávila.[57] Estendendo-se mais tarde por lugares onde havia "largueza de campo" e "água sempre manante de rios ou lagoas", como bem observou Antonil, as fazendas de gado ocuparam os vales dos principais rios da capitania, sobretudo do São Francisco.[58]

Além de Salvador e dos engenhos, a pecuária abastecia, ainda, as áreas fumageiras e mineiras. Indispensável na embalagem dos rolos de tabaco exportados, a quantidade de couro consumida para tal finalidade era de difícil mensuração.[59] Por outro lado, a carne tornara-se alimento indispensável à dieta dos moradores da cidade, das vilas, dos povoados e das fazendas do Recôncavo e do sertão, sustentando-se todos, "nos dias não proibidos, da carne do açougue [público], e da que se vende nas freguesias e vilas".[60]

---

56   Stuart B. Schwartz, *Segredos internos...*, p. 85.

57   Thales de Azevedo, *op. cit.*, p. 320-321. ...

58   André João Antonil, *Cultura e opulência do Brasil*. São Paulo: Melhoramentos; Brasília: INL, 1976, p. 199; Thales de Azevedo, *op. cit.*, p. 321-323. No limiar do século XVIII, este mesmo autor supunha existirem mais de 500 currais e um rebanho que extrapolava as 500.000 cabeças, sendo esta região a principal fornecedora de gado para a capital da colônia e para Pernambuco. *Idem, ibidem.*

59   Estima-se que a Bahia exportava em média, em fins do XVII, 25.000 rolos de tabaco de oito arrobas/ano. Não se sabe quanto couro era necessário para acondicionar cada rolo, mas apenas o seu custo, que ficava em torno de 1.300 réis. Cf. Thales de Azevedo, *op. cit.*, p. 158, 201.

60   Thales de Azevedo, *op. cit.*, p. 201.

Em Salvador, a comercialização da carne e a exportação do couro demandaram a instalação de rede de serviços especializados, capaz de atender aos principais agentes sociais envolvidos nessa atividade: o criador, o negociante, ou o marchante, e o consumidor. A existência de dois currais, um em São Bento e outro no Carmo, posteriormente transferidos para Santo Antônio, e vários açougues espalhados pela cidade e termo, todos sob a administração camarária, procurava garantir a regularidade do abastecimento e tornava lucrativo o comércio.[61]

O gado que vinha do sertão para abastecer a cidade e o Recôncavo concentrava-se na feira de Capuame, o mais importante mercado de gado da Bahia no século XVIII. Situada a cinco léguas de Salvador (no lugar onde hoje é a cidade de Dias D'Ávila), ocorria todas as quartas-feiras.[62] Era grande a demanda de carne em Salvador. A média anual comercializada, entre 1791 e 1811, elevou-se a mais de 18 mil cabeças e, mesmo assim, a falta do produto nos açougues traduzia-se em uma das principais queixas da população às autoridades locais.[63]

Se a bovinocultura, através desse processo, foi a principal responsável pela abertura e consolidação de vários caminhos e estradas ligando os sertões ao litoral, as atividades auríferas e mineradoras também ajudaram nas comunicações entre regiões distantes. As áreas de mineração formavam espaços geográficos restritos e economicamente concentrados. Os dois únicos núcleos mineradores da Bahia, Jacobina e Rio de Contas, situavam-se na encosta e na parte meridional da Chapada Diamantina, respectivamente. As minas existentes nestas localidades produziram, de fins do século XVII a meados do XVIII, quantidade significativa de ouro. A existência, por volta de 1725, de 700 bateias em Jacobina e 830 em Rio de Contas e a criação, no ano subsequente, de duas Casas de Fundição nas referidas vilas, testemunharam o peso econômico das jazidas ali encontradas para as receitas metropolitanas, embora não tivessem parâmetro com a produção das Minas Gerais.[64]

Na Bahia, a mineração ocasionou a abertura de estradas de conexões internas e externas à capitania. Com estes caminhos por terra, viu-se, de um lado, o incremento das relações com as zonas pastoris e com Salvador, o que facilitou o ir e vir

---

61   *Atas da Câmara*, 1641-1749, fl.115,330.

62   Luiz R. B. Mott, "Subsídio à história do pequeno comércio no Brasil", *Revista de História*. São Paulo: USP, 1976, vol. LIII, n° 105, p. 88. O autor faz referência a outra feira de gado que ocorria na freguesia de Mata de São João.

63   AMS, *Livro de Registro da Renda e Despesa do Matadouro, 1791-1811*, fl. 63ss.

64   Das bateias de Jacobina e do Rio de Contas foram exportadas para o reino, entre 1729 e 1732, através da Casa da Moeda da Bahia, cerca de 75 mil oitavas de ouro. Cf. Sylvio C. Bandeira de Mello Silva *et al.*, *op. cit.*, p. 90.

da população e a circulação e comercialização de produtos. Por outro lado, as cabeceiras do rio de Contas acabaram por tornar-se o principal ponto de bifurcação das vias de comunicação para a capitania de Minas Gerais, e, internamente, para Jacobina, Vale de São Francisco e Salvador.[65]

Desses espaços econômicos provinham os gêneros que faziam diferenças e qualificavam, em termos de rendimentos para a coroa, as exportações da Bahia no período colonial. Dos produtos enviados para Portugal, bem como para a Ásia e a África, e que movimentavam o porto de Salvador e conferiam à cidade o título de cidade mercantil, bradado por cronistas e viajantes da época, destacavam-se o açúcar, o tabaco, couramas, a aguardente, o melado, o algodão, o arroz, o cacau, o café, madeira e azeite de baleia.[66] Da compra e venda desses produtos viviam grandes e médios negociantes, "tanto dessa praça, como daquela corte", como bem afirmou Caldas, ressaltando os ganhos metropolitanos com "os direitos e contratos", que emanavam, nomeadamente, do comércio do açúcar e do tabaco.[67]

Ao tempo em que, de Salvador, se exportavam as mercadorias mencionadas, de Portugal importavam-se[68] gêneros manufaturados, como tecidos, louças, ferragens, pólvora, chumbo, alcatrão, farinha de trigo, vinho, vinagre e azeite de oliva; da Índia, tecidos e especiarias e, da África, escravos e cera.[69]

---

65   Cf. Sylvio C. Bandeira de Mello Silva *et al.*, *op. cit.*, p. 91.

66   AHU, Bahia-Catálogo Castro e Almeida, docs. 2320-2321; 13.037-13059; 13144-13146; 9724-9725; 9730-9731.

67   José Antônio Caldas, *op. cit.*, p. 220.

68   Muito antes das incursões ultramarinas, a coroa portuguesa já apoiava o comércio internacional fazendo com que para Portugal convergissem mercadorias de diversas partes. Lisboa tornara-se centro de uma rede de redistribuição de gêneros oriundos de toda a Europa, bem como "de empórios orientais como o golfo Pérsico, a Índia, a Indonésia, a China e o Japão". As descobertas marítimas antes marcaram um tempo caracterizado pelo aumento do volume, de disponibilidade, de variedade e de menor custo de tais mercadorias do que, propriamente, inauguraram uma nova era de afluxo de produtos totalmente desconhecidos para os portugueses. A. J. R. Russell-Wood, *Um mundo em movimento: os portugueses na África, Ásia e américa (1415-1808)*. Lisboa: Difel, 1998, p. 194. Vide ainda: Vitorino Magalhães Godinho, *Os descobrimentos portugueses e a economia mundial*. Lisboa: Editorial Presença, 1991, 4 vols.

69   AHU, Bahia-Catálogo Castro e Almeida, docs. 18296-18315; 20521-20526. José Jobson de A. Arruda, *O Brasil no comércio colonial*. São Paulo: Ática, 1980, p. 189-192; Sanjay Subrahmanyam, *O império asiático português, 1500-1700: uma história política e econômica*. Lisboa: Difel, 1995, p. 258-266. Sobre a importância da Bahia, mais precisamente

A magnitude das frotas que aportavam na Baía de Todos os Santos não passou despercebida pelos inúmeros viajantes que estiveram em Salvador, entre os séculos XVII e XVIII, como Froger, em 1695, Dampier, em 1699, e Gentil de La Barbinais, em 1717. Todos foram unânimes ao registrar a diversidade e a riqueza das frotas que, anualmente, vinham de Lisboa para a Bahia, trazendo tecidos, mercadorias manufaturadas e produtos comestíveis e levava ouro, açúcar, tabaco e madeira.[70]

As mercadorias importadas, principalmente escravos, eram desembarcadas no porto de Salvador e distribuídas para outras capitanias, gerando intensas trocas inter-regionais, que empregavam navios e outras embarcações em número superior aos que faziam conexão com Lisboa.[71] De outro modo, gêneros europeus e, com grande incidência, subprodutos semiprocessados da agricultura americana, como o tabaco e a cachaça, movimentavam o comércio direto e específico entre a Bahia e a África, que se dinamização ainda mais a partir da entrada gradual, porém definitiva, no decorrer do século XVIII, de comerciantes baianos e portugueses, fixados na Bahia, no tráfico de escravos.[72] Da Bahia, saíam, anualmente, para a África, onde, segundo Francisco Pyrard de Laval, as pessoas eram muito ávidas de ferro e de toda sorte de quinquilharias,[73] mais de doze embarcações, carregadas de fazendas, da Índia e da Europa, de aguardente, e de outros gêneros da terra. No retorno traziam escravos e cera.[74] Merece, ainda, registro o comércio entre a Bahia e outras partes

---

do porto de Salvador para a Carreira da Índia vide: José Roberto do Amaral Lapa, *A Bahia e a Carreira da Índia*. São Paulo: Companhia Editora Nacional/Edusp, 1968.

70 Cit. por: Pierre Verger, *Fluxo e refluxo: do tráfico de escravos entre o Golfo do Benin e a Bahia de Todos os Santos (dos séculos XVI a XIX)*. São Paulo: Corrupio, 1987, p. 81-85.

71 AHU, Bahia-Catálogo Castro e Almeida, docs. 20521-20526. José Jobson de A. Arruda, *op. cit.*, p. 191.

72 Pierre Verger, *op. cit.*, p. 22-24. Sobre as relações comerciais entre Brasil e África durante o período colonial vide: Luís Felipe de Alencastro, *op. cit.;* Selma Pantoja e José Flávio Saraiva (orgs.). *Angola e Brasil nas rotas do Atlântico Sul*. Rio de Janeiro: Bertrand Brasil, 1999.

73 Fransicsco Pyrard de Laval, *Viagem*. Porto: Livraria Civilização, 1944. vol. 2, p. 225.

74 José Antônio Caldas, *op. cit.*, p. 229. Muitos negociantes, em determinadas transações comerciais, costumavam fazer o registro público da carga de suas embarcações a exemplos de Manoel Álvares Pereira, Pedro Mendes Monteiro, Manoel Rodrigues, João Batista Gomes, José Francisco da Cunha, Miguel Francisco, Domingos Álvares Viana, que declararam mercadorias enviadas para Angola, Costa da Mina e Benin, entre 1667-1733. APEB, *Livro de Notas*, n° 39, fl. 3v, 26v, 210; n° 41, fl. 12, 13, 62v, 175v, 182v; n° 46, fl.188; n° 50, fl. 6v; n° 52, fl. 175. Em um manuscrito anônimo, provavelmente de fins

do império português, a exemplo da Ilha da Madeira, donde geralmente se trocava açúcar por vinho, aguardente e bacalhau.[75]

A supremacia comercial de Salvador foi facilitada pela localização estratégica da Baía de Todos os Santos. Na percepção de Russell-Wood, a cidade era o "eixo mais ocidental para o Império atlântico português, que englobava possessões na África do Norte, na África Central e Ocidental, assim como os arquipélagos ao Norte e ao Sul do Equador". Para este autor, além de importância singular no comércio bifronte entre colônia e metrópole, Salvador acabou por tornar-se imprescindível ao comércio triangular Europa-África-Brasil, assim como ponto de articulação e destino para uma rede atlântica de comércio que não passava necessariamente pela Europa e que incluía Angola, São Tomé, Príncipe, Cabo Verde, Açores e Madeira.[76]

Não há dúvidas quanto à projeção comercial de Salvador no contexto do Império ultramarino português. Além disso, internamente, conforme já mencionado, o comércio de cabotagem entre Salvador e cidades e vilas situadas no interior e ao longo do litoral brasileiro não era menos proeminente, aspecto pouco enfatizado, até recentemente, pela historiografia regional.

A pujança deste comércio pode ser verificada pela circulação anual de mais de 40 navios de Salvador para o Rio de Janeiro, levando tabaco, escravos e tecidos da

---

do século XVIII, seu autor, em capítulo intitulado "Do comércio ativo e passivo daquela dita comarca e cidade do Salvador", fazendo alusão ao comércio Bahia/África, refere-se inclusive a uma entrecortada relação comercial entre Salvador e Moçambique, registrando licenças reais, de 1750 a 1760, em 1764, 1773, 1774 e 1785, concedidas por solicitação de certos comerciantes que venderam lá toda a sua carga e retornaram à Bahia com escravos, buzios e caril, sendo que este último gênero teve pouca aceitação na Bahia. "Discurso preliminar, histórico, introdutivo com natureza de descrição econômica da comarca e cidade do Salvador". In: Pinto de Aguiar. (Int.) *Aspectos da economia colonial.* Salvador: Progresso Editora, 1957, p. 145-147; BNRJ, II, 33, 29, 60.

75 AHU, Bahia-Catálogo Castro e Almeida, docs. 18296-18315; Ana Amélia Vieira Nascimento, *Letras de risco e carregações no comércio colonial da Bahia, 1660-1730,* Salvador Centro de Estudos Baianos/UFBA, 1977, p. 23, 33.

76 A. J. R. Russell-Wood, "A projeção da Bahia no Império Ultramarino português, In: *Anais do IV Congresso de História da Bahia.* Salvador: Instituto Geográfico e Histórico da Bahia; Fundação Gregório de Matos, 2001, p. 84, 105. De acordo com Vilhena, no final do século XVIII, o comércio entre Salvador e as Ilhas dos Açores e Madeira consistia na "importação de vinho, aguardente, louça inglesa de pó de pedra, algum pano de linho curado, linhas e pouca carne de porco" e na "exportação de açúcar e aguardente de cana". Cf. Luís dos Santos Vilhena, *op. cit.,* p. 59.

Índia e trazendo farinha, milho, feijão, arroz e toucinho.[77] Igualmente significativo, em termos de fluxo de mercadorias e de embarcações,[78] sobretudo a partir do século XVIII, era o comércio entre a Bahia e a capitania do Rio Grande de São Pedro do Sul, atual Rio Grande do Sul, para onde se enviavam roupas, tecidos, sal, açúcar, doces e escravos, recebendo-se, em troca, farinha de trigo, courama, queijos, sebo, velas, milho e, principalmente, carne seca e salgada.[79]

Até o final do século XVII a capitania do Ceará constituía-se na grande fornecedora deste último produto à Bahia, posição que, devido às constantes secas naquela localidade, foi ocupada pelo Rio Grande de São Pedro do Sul. Do Ceará seguia, ainda, para Salvador farinha, couro e algodão, que eram trocados por mercadorias manufaturadas, como fazendas brancas e de cor, ferragens, pólvora, chumbo e breu.[80]

Importante volume de comércio era realizado com outras capitanias do Sudeste e do Sul. Da Bahia, exportavam-se para São Paulo, através do porto de Santos, escravos, roupas, tecidos e objetos de prata, e, de Santos, se traziam farinha de trigo, milho, toucinho e legumes. Para o Rio da Prata e a Nova Colônia, Salvador enviava tabaco, tecidos, ferragens, ferramentas e madeira e importava prata e couros.[81]

O comércio com as Minas Gerais revestia-se, para a Bahia, entre os mais rentáveis, embora tivesse sido dificultado pelas leis e proibições régias. De fato, natural mercado abastecedor das Gerais, condição advinda da sua posição geográfica, da facilidade de comunicações terrestres e, ainda, fluviais, com o São Francisco e seus afluentes, para aquela localidade eram enviados gêneros alimentícios, tecidos, objetos e artigos

---

77 AHU, Bahia-Catálogo Castro e Almeida, docs. 20521-20526; Wanderley Pinho, *História de um engenho do Recôncavo*. São Paulo: Editora Nacional; Brasília: INL, 1982, p. 349. Ana Amélia Vieira Nascimento, *Letras de risco...*, p. 34; Corcino Medeiros dos Santos, *Relações comerciais do Rio de Janeiro com Lisboa (1763-1808)*. Rio de Janeiro: Tempo Brasileiro, 1980.

78 Cerca de 40 a 50 embarcações vindas do Rio Grande frequentavam anualmente o porto de Salvador. AHU, Bahia-Catálogo Castro e Almeida, docs. 20521-20526.

79 Ana Amélia Vieira Nascimento, *op. cit.*, p. 39; Luís dos Santos Vilhena, *op. cit.*, p. 57; BNRJ, II, 33, 29, 54.

80 DH, vol. 87, p. 216-217; Luís dos Santos Vilhena, *op. cit.*, p. 58.

81 APEB, *Livro de Notas*, nº 39, fl. 210; nº 46, fl. 188; nº 57, fl. 290; DH, vol. 40, p. 129; vol. 42, p. 223-224; Luís dos Santos Vilhena, *op. cit.*, p. 58.

de luxo, móveis de jacarandá, ferramentas e, sobretudo, escravos e gado.[82] Pela rota conhecida como *Caminho dos Currais do Sertão* transportavam-se tais mercadorias, em um percurso "efetuado pelas margens do rio São Francisco até o entroncamento com o rio das Velhas, de onde se seguia para Sabará",[83] muito embora o Regimento das Minas, em 1702, houvesse proibido, inutilmente, o comércio direto da Bahia com as Minas, facultando-o apenas à comercialização de gado.[84]

De qualquer sorte, pôde a Bahia, nomeadamente a cidade de Salvador, com as crescentes e intensas trocas comerciais com as Gerais, usufruir da opulência do ouro, ornando suas igrejas, enriquecendo seus negociantes e dando trabalho a artífices e artesãos.[85]

No entanto, em fins do século XVIII, essa relação comercial parecia se encontrar em franco declínio, devido à abertura do *Caminho Novo* (concluído em 1725), que ligou o Rio de Janeiro às Minas. A decadência desse comércio chegou a ser enfaticamente mencionada em uma das *cartas* escritas por Vilhena a seu fictício amigo Filopono. Nela, a situação era explicitada da seguinte forma:

> O comércio hoje desta praça para Minas Gerais é muito diminuto, depois que o comum dos mineiros começaram a frequentar o Rio de Janeiro, distante 80 léguas da sua capital, quando a Bahia lhes distava 300 com pouca diferença. Consiste este na exportação de bastantes escravos que o Rio não pode subministrar-lhes com a precisa abundância; fazendas brancas, e algumas de cor; armas, e ferragens, pólvora, chumbo; alguns molhados, chapéus, e algumas outras bagatelas, e quinquilharias; a maior parte porém deste comércio é com Minas Novas, e Jacobina [...].[86]

As dificuldades do comércio baiano com as Gerais, quer em virtude do fortalecimento dos laços comerciais desta região com o Rio de Janeiro, quer motivadas pela própria crise da mineração, no último quartel do Setecentos, acabaram por redirecionar os investimentos de produtores e negociantes para a lavoura de cana e tabaco, o que tornou

---

82   Mafalda P. Zemela, *O abastecimento da capitania das minas gerais no século XVIII*. São Paulo: Hucitec, 1990, p. 69-81.

83   Cláudia Maria das Graças Chaves, *Perfeitos negociantes: mercadores das minas setecentistas*. São Paulo: Annablume, 1999, p. 83.

84   Mafalda P. Zemela, *op. cit.*, p. 71.

85   *Idem, ibidem*, p. 80.

86   Luís dos Santos Vilhena, *op. cit.*, p. 57.

a Bahia uma das responsáveis pela conjuntura de prosperidade que marcara o comércio entre a colônia e a metrópole no período subsequente.[87]

Não diretamente ligado à economia exportadora/importadora, mas também significativo, era o comércio entre Salvador e outras áreas dentro da própria capitania da Bahia, sobretudo as de produção alimentar. À medida em que aumentava a população da cidade e do Recôncavo, crescia a demanda por alimentos. Produtos facilmente perecíveis eram cultivados, segundo Gabriel Soares de Sousa, "a uma e duas léguas à roda" da cidade, "cujas terras estão quase todas ocupadas com roças, que são como os casais de Portugal, onde se lavram muitos mantimentos, frutos e hortaliças [...] a cuja praça se vai vender [...]".[88]

A mandioca, o arroz, o feijão, o milho e, bem depois, café e cacau, vinham, uns e outros, do oeste e sul do Recôncavo, bem como das capitanias de Ilhéus e Porto Seguro, transformadas em núcleos de abastecimento de Salvador e das zonas açucareiras.[89]

Na cidade, a plantação de mandioca abarcava, por volta de 1698, áreas que iam do Rio Vermelho até Itapuã, concentrando-se, tempos depois, em outros termos e vilas do Recôncavo, como Campinhos, Saubara, Capanema, Maragogipe, Jaguaripe e, finalmente, vindo a firmar-se, nas últimas décadas do século XVIII, em Nazaré.[90] No entanto, era da vila de Camamu, na capitania de Ilhéus, que se originava a maior parte da produção enviada para Salvador, nos séculos XVII e XVIII, donde saía tanta farinha de mandioca que a área era conhecida como "a Sicília da Bahia".[91] Esta e outras vilas

---

87   Sobre economia acucareira e conjunturas coloniais, ver: Vera Lúcia Amaral Ferlini, *Terra, trabalho e poder: o mundo dos engenhos no Nordeste colonial*. São Paulo: Brasiliense, 1988. Sobre a posição das regiões brasileiras no comércio colonial em fins do século XVIII e início do XIX, vide: José Jobson de A. Arruda, *op. cit.*, p. 125-192. Com regiões mais próximas, como Alagoas e Sergipe, Salvador mantinha relações comerciais através da revenda de mercadorias europeias e da compra de farinha, feijão, arroz, legumes, porcos e galinhas. APEB, *Livro de Notas*, nº 39, fl. 210; nº 46, fl. 188; nº 57, fl. 290; DH, vol. 40, p. 129; vol. 42, p. 223-224; Luís dos Santos Vilhena, *op. cit.*, p. 58.

88   Gabriel Soares de Sousa, *op. cit.*, p. 139.

89   Sylvio C. Bandeira de Mello Silva *et al.*, *op. cit.*, p. 91.

90   DH, vol. 87, p. 12; vol. 41, p. 47; BNRJ, II, 33, 21, 64.

91   Stuart B. Schwartz, *op. cit.*, p. 86. Sobre a produção/comércio de farinha na Bahia, vide: Francisco Carlos Teixeira da Silva, *Morfologia da escassez crises de subsistência e política econômica no Brasil colônia (Salvador e Rio de Janeiro, 1680-1790)*. Niterói: Universidade Federal Fluminense, 1990 (tese de doutoramento); BNRJ, II, 33, 21, 91; B. J. Barickman, *Um contraponto baiano: açúcar, fumo, mandioca e escravidão no Recôncavo, 1780-1860*. Rio de Janeiro: Civilização Brasileira, 2003.

da redondeza, a exemplo de Cairu, atraíam contrabandistas de diversos lugares da colônia, que enchiam suas embarcações de farinha e iam vender no Rio de Janeiro, em Pernambuco, na Paraíba, nas Alagoas, em Porto Calvo, no Ceará, e em São Vicente, em São Paulo.[92] A vila de Camamu, a partir da segunda metade do século XVIII, passou também a exportar café para Salvador, enquanto a vila de Cairu, além de farinha e café, exportava arroz.[93] Não obstante, à relativa variedade de gêneros provenientes da comarca de Ilhéus, à farinha coube principal destaque, potencializada com o aumento da produção e a incorporação de novas áreas a exemplo de Maraú e Barra do Rio de Contas, atual Itacaré.[94] Em Caravelas, no sul da Bahia, e em Rio de Contas também foram expressivas as plantações de mandioca; enquanto de Belmonte, Canavieiras e Una, capitania de Porto Seguro, o arroz era o mantimento que chegava ao porto de Salvador, embora em pequena quantidade.[95] Nas culturas de mandioca e arroz, predominava a mão de obra familiar, mas a relação de trabalho compulsório tinha certa expressão, sobretudo no cultivo da mandioca na qual se registrava um número elevado de escravos negros.[96]

A pesca constituía-se, obviamente, atividade alimentar de idêntica importância para o comércio local. Em Porto Seguro e na Baía de Todos os Santos concentravam-se as zonas pesqueiras de maior magnitude, consolidadas a partir da existência de inúmeras aldeias de pescadores. Da primeira localidade chegava semanalmente a Salvador mais de dez embarcações trazendo garoupas e meros salgados.[97] Já o entorno de Salvador, em particular, Itapuã e a Ilha de Itaparica, notabilizou-se pela pesca da baleia, monopólio real, até 1798, que englobava atividades pesqueiras e manufatureiras, pois mobilizava vários agentes sociais no fabrico do azeite, utilizado para iluminação, e nos arsenais para "reboque de barcos e navios".[98] A pesca da

---

92   DH, vol. 40, p. 129; vol. 87, p. 214-217; vol. 41, p. 47; vol. 88, p. 182-183.

93   Na Segunda metade do século XVIII, tais produtos ocupavam posições significativas no rol das exportações para a Metrópole. AHU, Bahia-Catálogo Castro e Almeida, docs. 18296-18315.

94   Em Barra do Rio de Contas, por volta de 1799, existiam lavradores com roças de 50 a 80 mil covas, em atividade que envolvia todo a gente da vila e seu termo e que rendera 30 mil alqueires de farinha enviados para Salvador nesse mesmo ano. Cf. Sylvio C. Bandeira de Mello Silva *et al.*, *op. cit.*, p. 92.

95   *Idem, ibidem*; BNRJ, Sessão de manuscritos, II, 34, 6, 21.

96   Stuart B. Schwartz, *op. cit.*, p. 86.

97   DH, vol. 54, p. 71.

98   Luís dos Santos Vilhena, *op. cit.*, p. 58.

baleia e a extração do azeite na Bahia intensificaram-se no decurso do governo de Diogo Botelho (1602-1608), sob o comando de Pedro Urecha, que trouxe da Biscaia barcos e gente com prática do ofício. Antes disso, Gabriel Soares já havia previsto o sucesso de tal empreendimento, devido à quantidade de baleias que afluíam regularmente ao mar da Baía de Todos os Santos.[99] Afora isso, convém registrar que a pesca era uma atividade amplamente praticada, em pequena escala, por quase todos os moradores que viviam espalhados pela Baía de Todos os Santos e pelos principais povoados litorâneos. Em geral, destinada à sobrevivência das pequenas comunidades, havia sempre um pequeno excedente comercializável nos mercados e locais apropriados, animando o comércio da cidade.

A dinâmica e a potencialidade comerciais de Salvador tornaram-se, ao longo dos séculos XVI-XVIII, referência obrigatória nos relatos de viajantes e cronistas.[100] Mesmo em testemunhos oficiais, preocupados em registrar outros aspectos da vida da cidade, o seu caráter mercantil era frequentemente ressaltado, como na correspondência entre José da Silva Lisboa, futuro visconde de Cairu, e Domingos Vandelli, Diretor do Real Jardim Botânico de Lisboa, em 1781. Em extensa carta, Silva Lisboa dizia ser

> [...] o comércio na Bahia [...] amplo e variado, tanto o interior, como o exterior. É uma coisa bela ver aportar ao cais da Bahia mais de 40 embarcações pequenas cada dia, carregadas de víveres e de tudo o necessário para o uso da cidade [...].[101]

A vocação comercial de Salvador ganhara, em princípios do século XIX, tamanha expressividade que o comércio interno merecera, por parte de Thomas Lindley, a denominação de "realmente espantoso".[102] Perspicaz observador, Lindley notara que mais de

> [...] oitocentas lanchas e sumacas de vários tamanhos, [traziam] diariamente sua contribuição para o comércio com a

---

99 Gabriel Soares de Sousa, *op. cit*, p. 139. Sobre a pesca da baleia no Brasil, consulte-se: Míriam Ellis, *A baleia no Brasil colonial*. São Paulo: Melhoramentos, 1969.

100 Moema Parente Augel, *Visitantes estrangeiros na Bahia oitocentista*. São Paulo: Cultix, 1980, p. 3-26.

101 AHU, Bahia-Catálogo Castro e Almeida, doc. 10.907.

102 Thomas Lindley, *Narrativa de uma viagem ao Brasil*. São Paulo: Companhia Editora Nacional, 1969, p. 171.

capital: fumo, algodão, drogas diversas, de Cachoeira; o maior sortimento de louça comum, de Jaguaripe; aguardente e óleo de baleia, de Itaparica; farinha e peixe salgado de Porto Seguro; algodão e milho, dos rios Real e São Francisco; açúcar, lenha e legumes, de todos os lugares. Uma riqueza em grau desconhecido na Europa, [era] assim posta em circulação.[103]

De fato, como assinala Amaral Lapa, a expansão colonial portuguesa teve na cidade de Salvador lugar estratégico, tanto do ponto de vista náutico, como militar e comercial. O porto de Salvador sobressaía-se tanto que, segundo este autor, fora denominado de "Porto do Brasil, como se não houvesse outro ancoradouro em toda a colônia".[104]

É bem verdade, como afirmou Kátia Mattoso, que o "mercado de trocas, a nível internacional, [dominava] de longe todas as atividades comerciais e financeiras da Bahia", viabilizando lá fora o consumo de produtos primários e trazendo "para o mercado consumidor interno bens aqui não produzidos, quer seja manufaturados ou mesmo alimentício".[105] De maneira geral, a vida cotidiana dos moradores girava em torno da atividade mercantil, como argumentou Maria José Rapassi Mascarenhas em estudo sobre elite e riqueza em Salvador, entre 1760 e 1808.[106] A tal constatação há muito havia chegado Vasco Fernandes César de Menezes, vice-rei do Brasil, ao afirmar, em 1723, "que eram poucos os moradores que não negociassem para umas e outras praças" dentro e fora da colônia.[107] A observação dos dados levantados por Mascarenhas sugere a existência de gente de condição variada aventurando-se na atividade comercial. Certamente, uns eram mais conhecedores da *vida mercantil*, dominando totalmente o exercício do ne-

---

103 *Idem, ibidem*, p. 170-171. Essas embarcações atracavam nos dois principais cais da cidade, o da Lixa e o do Sodré. As mercadorias trazidas eram comercializadas no próprio local ou transportadas para os trapiches situados na Praia. Cf. APEB, *Cartas do Senado à sua Majestade, 1731-1742*, fls. 112v.

104 José Roberto do Amaral Lapa, *op. cit.*, p. 1.

105 Kátia M. de Queirós Mattoso, *A Bahia e seu mercado...*, p. 239-240.

106 Através da pesquisa em 322 inventários de residentes em Salvador no período citado, Maria José Rapassi Mascarenhas comprovou que mais de cem pessoas dentre os inventariados exercia algum tipo de atividade diretamente vinculada ao comércio. *Fortunas coloniais: elite e riqueza em Salvador, 1760-1808*. São Paulo: FFLCH/USP, 1998 (tese de doutoramento), p. 138.

107 APEB, *Provisões*, vol. 56, fl. 127.

gócio, outros foram apenas iniciantes e havia aqueles que pareceram estar sempre tentando sem, no entanto, terem logrado muito êxito.

Pode-se dizer que o comércio na Bahia seguia, em linhas gerais, a dinâmica e as formas de funcionamento idênticas ao restante do território colonial.[108] Tal identidade pode ser verificada nos tipos de relações comerciais realizadas, na estruturação interna e externa dos mercados e das redes mercantis, na relativa homogeneidade da oferta e da procura, na designação do vocabulário social, na codificação do estatuto dos negociantes e, sobretudo, nas características do conjunto dos agentes envolvidos na atividade comercial.[109]

Assim, no que diz respeito ao comércio no interior da colônia e com a metrópole, do qual a cidade de Salvador foi um dos centros mais ativos, verificava-se uma estrutura social relativamente subdividida. Na base da pirâmide estavam os pequenos e médios mercadores de loja aberta, ou seja, revendedores, no varejo, dos produtos importados; os comissários volantes, que vendiam pelos termos e vilas; os vendedores ambulantes, aos quais juntavam-se, quase sempre em melhor condição, os denominados mercadores de arribação, que sobreviviam das carregações vindas de Lisboa com mercadorias para serem trocadas por produtos da terra. Estes, geralmente, agiam por conta própria, "correndo o risco de perder dinheiro no negócio" caso não conseguissem vender ou trocar o que haviam trazido.[110]

No nível intermediário, ficavam os comerciantes que vinham com cargas consignadas por grandes negociantes de Lisboa, dos quais eram, em geral, caixeiros e recebiam por comissão, obtendo, por conta disso, uma certa segurança nas

---

108 Estrutura mercantil que reproduzia, guardadas as devidas proporções, a vigente na metrópole. Sobre a comunidade dos comerciantes de Lisboa veja-se o denso estudo de: Jorge Miguel de Melo Viana Pedreira, *Os Homens de negócio da praça de Lisboa...,*. Sobre comércio e comerciantes na Bahia vide: Rae Jean Dell Flory, *Bahia Society in the Mid Colonial Period: The Sugar Planters, Tobacco Growers, Merchantes, and Artisans of Salvador and the Recôncavo, 1680-1725*. University of Texas at Austin, 1978 (Thesis Ph.D); Catherine Lugar, *The merchant community of Salvador, Bahia, 1780-1830*. Ann Arbor, 1980. Sobre comerciantes de Lisboa e da Bahia, veja: David Grant Smith, *The mercantile class of Portugal and Brasil in the seventeenth century: a socioeconomic study of the merchants of Lisboa and Bahia, 1620-1690*, University of Texas at Austin, 1975 (Thesis Ph.D).

109 Vejam-se os trabalhos de: Júnia Ferreira Furtado, *Homens de negócio: a interiorização da metrópole e do comércio nas Minas setecentistas*. São Paulo: Hucitec, 1999; Cláudia Maria das Graças Chaves, op. cit...

110 Maria José Rapassi Mascarenhas, op. cit., p. 145.

transações. Se vitoriosos na empreitada, ser-lhes-ia ampliada a responsabilidade e competência, o que lhes possibilitaria negociar em praças distantes (África ou o Prata, em geral). No topo da escala, estavam aqueles que usavam seus próprios cabedais na exportação dos produtos primários para os mercados internacionais dos quais importavam bens manufaturados, produtos de subsistência e escravos, além dos que se estabeleciam efetivamente na praça na condição de correspondentes.[111] Nesta condição, podiam chegar ao ápice da vida comercial, quando passavam a negociar a compra de açúcar, com os senhores de engenho, e a venda, no atacado, de produtos importados. Em Salvador, Frutuoso Vicente Viana, Luís Coelho Ferreira, Antônio Cardoso dos Santos, dentre outros, figuravam na lista dos que se autodenominavam gente que "na cidade da Bahia tem casas com a formalidade de homens de negócio".[112] Balthazar Álvares de Araújo, João Gomes Batista e Francisco Gomes do Rego, foram importantes correspondentes de Francisco Pinheiro, um dos mais ricos comerciantes do reino, na primeira metade do século XVIII.[113]

No tocante ao comércio de "grosso trato", a *grande escola* parecia ser mesmo a carreira iniciada como simples auxiliar – caixeiro – de alguma casa comercial importante em Lisboa,[114] ou de algum grande comerciante, em outras partes do Império. Jorge Pedreira, discutindo os padrões de recrutamento e as trajetórias pessoais dos homens de negócio da praça de Lisboa, de 1755 a 1822, alude ao fato de a maioria dos comerciantes daquela cidade, cerca de 40% do total, oriundos de outras regiões de Portugal, ter passado pelo Brasil e, muitos outros, especialmente os lisboetas, também pelas Ilhas, Ásia e África. Antes de partirem para o ultramar, podiam exercer transitoriamente um ofício mecânico ou um emprego de caixeiro.[115] Refere-se, também, a tantos outros que tiveram percursos idênticos e que aprenderam com parentes, ou com comerciantes da relação destes, a "arte de negocear".

---

111 Kátia M. de Queirós Mattoso, *A Bahia e seu mercado...*, p. 248.

112 José Antônio Caldas, *op. cit.*, p. 316.

113 Luís Lisanti Filho, *Negócios coloniais: uma correspondência comercial do século XVIII*, Brasília: Ministério da Fazenda; São Paulo: Visão Editorial, 1973, vol. 1, p. 7-128.

114 *Idem, ibidem*, p. CXLVIII.

115 Jorge Pedreira cita o exemplo de Antônio Martins Pedra que saiu do termo de Barcelos para Lisboa, onde serviu como caixeiro, e depois foi para o Rio de Janeiro, aprender o negócio em casa de um primo, que, por sua vez, já tinha ido para a companhia de um irmão. Enriqueceu e tornou a Lisboa, onde, aproveitando os conhecimentos que fizera no ultramar, manteve um tráfego volumoso, em que empregava o seu próprio navio. Jorge Miguel de Melo Viana Pedreira, *Os homens de negócio...*, p. 218, 221, 235, 239.

Pedreira advoga a tese de que a família constituía o principal suporte da formação das redes sociais que propiciavam o início de uma carreira no comércio.[116]

Na Bahia, dois exemplos, entre tantos outros, retratam bem a situação acima mencionada, indicando condições similares às do reino, no concernente à ascensão do grupo mercantil. As trajetórias pessoais de Custódio Rodrigues da Rocha e Domingos da Costa Braga, importantes negociantes de grosso trato de Salvador, na primeira e segunda metades do século XVIII, respectivamente, reiteram a tese citada. Custódio, natural da Freguesia de São Salvador do Passo de Sousa, no Porto, antes de ir para a Bahia já havia trabalhado na "loja de fazendas brancas e de cores" de um tio, na própria cidade do Porto. Seguiu para Salvador para trabalhar com um primo, conseguindo, tempos depois, montar o seu próprio negócio e ainda trazer o irmão, Inácio Rodrigues da Rocha, a quem ensinara a profissão e mantivera sociedade até a sua morte, em 1759.[117] Domingos, natural de Braga, descendia de família de negociantes que fizera fortuna na Bahia. Primeiro vieram do reino, precisamente de Braga, tios e primos[118] que, uma vez estabelecidos, iniciaram no ofício seus irmãos, Miguel e José da Costa Braga, e estes, por fim, trouxeram-no quando ainda jovem. Amparado por laços de parentesco que lhe asseguraram condições favoráveis ao desenvolvimento da atividade mercantil, Domingos tornara-se um dos mais ricos comerciantes de Salvador setecentista, com negócios que iam do tráfico de escravos às carregações, vindas sobretudo do Porto. Possuía seus próprios navios e costumava financiar certos negociantes em suas transações comerciais, por meio de empréstimos a juros. Por ocasião de sua morte, possuía mais créditos que débitos na praça. Deixara como único herdeiro o sobrinho, João de Oliveira Braga, menor, filho de um de seus irmãos, a quem já havia passado os conhecimentos elementares da profissão.[119] Nesse particular, Domingos da Costa Braga ilustra e confirma

---

116 De acordo com este autor, "[...] as solidariedades familiares forneciam uma base natural para o desenvolvimento da organização comercial [...]. Assim, as ligações entre pais e filhos, tios e sobrinhos, entre irmãos e primos conformavam, em parte, a tessitura de relações por intermédio da qual se processava o negócio por grosso". Cf. *Idem, ibidem*, p. 216, 220, 231, 242.

117 APEB, *Testamentos e Inventários,* doc. 03/1022/1491/08.

118 Os tios, João da Costa Braga e Domingos Rodrigues da Costa Braga, e o primo, Manoel Fernandes da Costa, em 1759, já figuravam na relação dos principais comerciantes da cidade de Salvador. Vide: José Antônio Caldas, *op. cit.,* p. 316.

119 À fortuna de Domingos da Costa Braga há que se acrescentar herança deixada pelos irmãos mortos dos quais foi testamenteiro. Ao que parece, além da parte que lhe coube da referida herança, Domingos usufruiu ainda do quinhão que cabia ao seu irmão

as constatações de Catherine Lugar sobre o comportamento social de negociante que, solteiros e sem filhos, tinham sempre um protegido, na maioria das vezes os próprios sobrinhos, aos quais faziam questão de ensinar a comerciar, quando não os deixavam como herdeiros.[120]

A par dos requisitos e condições de acesso ao exercício da atividade comercial, seja na metrópole seja em suas colônias do ultramar, em Salvador, o mais importante centro do comércio colonial até os últimos anos do século XVIII, o que se pôde perceber foi o desenvolvimento de um expressivo grupo mercantil afinado com as práticas recomendáveis ou aceitáveis para o exercício da profissão e que se distinguia, sobretudo no plano econômico, da elite produtora local.[121]

Embora seja difícil precisar o número exato de pessoas envolvidas com o comércio em Salvador, ao longo do período colonial, estima-se que desde os primeiros tempos de fundação da cidade fosse já significativo. Entretanto, convém lembrar, como o fez Lisanti referindo-se ao Brasil, que "quanto mais recuado for o período, menos se conhece a atividade comercial [...] e menos ainda o seu agente – o comerciante".[122]

Os principais estudos sobre a comunidade mercantil de Salvador entre 1620 e 1725 indicaram a existência de quase 100 comerciantes de grande e médio porte atuando na cidade.[123] Para 1648, especificamente, Smith arrolou 76 negociantes, sendo 26 mercadores de sobrado, ligados à exportação e importação, e 50 mercadores de loja, isto é, os que cuidavam da revenda e distribuição de produtos importados.[124]

Para meados do século XVIII, tem-se uma relação dos mais importantes comerciantes, feita por Caldas, em 1759, bem como dos tipos de negócios realizados e com quais localidades. Do total de 121 pessoas referidas, 61 faziam transações comerciais

---

Manuel da Costa Braga, morador da freguesia de Santa Maria de Ferreiros, extramuros de Braga, dívida que deixou registrada em testamento. APEB, *Testamentos e Inventários*, doc. 04/1575/2044/02.

120 Catherine Lugar, *op. cit.*, p. 226-234. A tendência para o celibato parece ter sido uma constante, em todo o Brasil, entre os negociantes do fim do período colonial, como atesta Maria Beatriz Nizza da Silva em *Vida privada e quotidiano no Brasil na época de D. Maria I e D. João VI*. Lisboa: Editorial Estampa, 1996, p. 105.

121 David Grant Smith, *op. cit.*, p. 276. Do ponto de vista social, os comerciantes integravam-se à sociedade estamental da época, marcada pelo símbolo da nobreza e da honra, através da posse de terras, engenhos e escravos.

122 Luís Lisanti Filho, *op. cit.*, p. CXXV.

123 Rae Jean Dell Flory, *op. cit.*, p. 84 ss; David Grant Smith, *op. cit.*, p. 273-290.

124 David Grant Smith, *op. cit.*, p. 282-283.

com Portugal, importando e exportando mercadorias; 22 com a Costa da Mina e 8 com Angola, certamente no tráfico negreiro; 4 com as Minas; 11 para "várias partes" não especificadas. 34 trabalhavam como comissários; 9 com "dinheiro a avanços", ou seja, a juros; 3 como administradoras de contratos; 21 estavam identificadas apenas como mercadores ou donos de lojas e 2 como negociantes de "várias coisas".[125] Convém esclarecer que, dos comerciantes elencados por Caldas, 54 tiveram seus nomes registrados mais de uma vez, por estarem apontados pelo autor como envolvidos simultaneamente em mais de um ramo de atividade.

Entre 1760 e 1808, através de minuciosa pesquisa em inventários, Mascarenhas conseguiu arrolar cerca de 163 comerciantes em Salvador, entre grandes, médios e pequenos mercadores.[126] Destes negociantes, 48 estavam diretamente envolvidos com a atividade mercantil externa, inclusive com o comércio de escravos africanos; 12 atuavam no comércio interno, entre capitanias, quer em rotas marítimas ou terrestres; 18 agiam sobre o mercado local, com as comarcas da costa e do interior da capitania; 12 eram donos de armazéns e trapiches, nos quais os grandes comerciantes depositavam suas mercadorias antes do embarque; 34 eram lojistas de secos e molhados vendidos a retalho; e 39 possuíam escravos de ganho, que exerciam a função de vendedores ambulantes.[127] Segundo John Norman Kennedy, em 1800, eram em número de 100 os negociantes da Bahia devidamente registrados na Real Junta de Comércio de Lisboa.[128]

Certamente a quantidade de comerciantes, referida acima pelos autores, em nenhum momento correspondeu à realidade de uma cidade do porte de Salvador. Este número indica apenas o que foi possível computar nas fontes disponíveis. Todavia, mesmo não se chegando a uma precisão em termos quantitativos, os dados arrolados demonstram que havia um grupo mercantil de relativa consistência socioeconômica. Elucidam ainda o nível e os liames das relações comerciais com Portugal, bem como o lugar ocupado pelo tráfico de escravos no comércio geral

---

125 José Antônio Caldas, *op. cit.*, p. 316-321.

126 Entre os grandes mercadores, cinco já haviam sido relacionados por Caldas em 1759, quais foram: Jacome José de Seixas, cujo inventário data de 1762; Manoel Dantas Barbosa (1768); Domingos dos Santos Pereira (1770); Manoel João Viana (1761); e José Vieira Torres (1793).

127 Maria José Rapassi Mascarenhas, *op. cit.*, p. 139-146.

128 John Norman Kennedy, "Bahian elites, 1750-1822", *Hispanic American Historical Review* (1973), p. 420, *apud*: F. W. O. Morton, *The conservative revolution of independence: economy, society and politics in Bahia (1790-1840)*. Oxford: University of Oxford, 1974 (Thesis Ph.D), p. 48.

de mercadorias. Ademais, refletem o dinamismo comercial da cidade de Salvador, reafirmando a sua condição de *cidade mercado*,[129] *"porto do Brasil"*,[130] ponto comum de expedição de rotas mercantis marítimas e terrestres.

O governo dos "homens bons": agentes e dinâmica do poder local

A cidade de Salvador, no período colonial, evoluiu, gradativamente, de um precário assentamento humano, para revestir-se em um espaço estratégico no qual se concretizavam manifestações gerais e processos específicos da colonização portuguesa no Brasil. De fato, enquanto palco privilegiado de exercício do poder político, administrativo e econômico da coroa, Salvador tornara-se peça chave para a reprodução da política administrativa e mercantil metropolitana para toda a colônia. Além de abrigar as instituições do macrocontrole geopolítico colonial, na sua ambiência continha toda uma estrutura de organização político-administrativa para o exercício do poder local – representado pela Câmara – incumbido de implantar, regulamentar, superintender e controlar um conjunto de atividades da vida cotidiana, inclusive as econômicas.

Como princípio governativo, a colonização portuguesa implicou, num primeiro momento, a transplantação, para os territórios conquistados, das instituições jurídico-administrativas em vigor na sociedade portuguesa metropolitana. Não poderia ser diferente, ao menos nessa fase inicial da aventura lusitana para tornar-se Império mundial, com a incorporação de inúmeros territórios, sociedades e culturas recém-contactados. No âmbito da organização política local, caracterizada por espaços geopolíticos que abrangiam vilas e cidades, o modelo implantado foi aquele vigente na metrópole, consubstanciado em concelhos.[131]

De acordo com Monteiro, não havia um só espaço do território sede da monarquia portuguesa que não estivesse "coberto por concelhos, designados em documentos oficiais, simultaneamente, como cidades, vilas, concelhos, coutos e honras, sem

---

129 Lembrando Braudel ao afirmar que "toda a cidade, seja ela qual for, é em primeiro lugar um mercado"[...] e que, "se este falta, não pode haver cidade". Fernand Braudel, *Civilização material e capitalismo; rumos do mundo...*, p. 423.

130 José Roberto do Amaral Lapa, *A Bahia...*, p. 1.

131 Joaquim Romero Magalhães, "Reflexões sobre a estrutura municipal portuguesa e a sociedade colonial brasileira, *Revista de História Económica e Social*, nº 16, Coimbra, jul-dez., 1985 (17-29) (p. 17).

54 AVANETE PEREIRA SOUSA

que dessas distintas designações resultassem significativas diferenças".[132] Esses concelhos eram, administrativamente, dirigidos por uma câmara, composta, na maioria dos casos, por um juiz-presidente (ordinário, se eleito dentre os habitantes da localidade; de fora, se de nomeação régia); e por pelo menos dois [ou três] vereadores e um procurador. Estes cargos integravam o corpo diretivo básico de funcionários da burocracia do Estado português, conforme as Ordenações Filipinas. Os seus ocupantes eram denominados de oficiais, entre os quais se incluíam os membros da governança, da Justiça ou Casa Real, juízes dos diversos feitos, desembargadores, procuradores e, também, os vereadores das câmaras.[133]

Em princípio, os oficiais da câmara não percebiam qualquer remuneração. Eram eleitos de forma indireta a partir da indicação, pelos *homens bons*,[134] de uma espécie de colégio eleitoral[135] responsável pela elaboração de três listas com os nomes dos escolhidos para concorrerem aos referidos cargos.

Destas listas extraíam-se, através da compatibilização dos nomes dos mais votados, três róis definitivos (para cada ofício) que eram confinados em bolas de cera, denominadas *pelouros*. Em dezembro de cada ano, uma criança menor de sete anos sorteava os *pelouros* com as listas dos que exerceriam os mandatos camarários no ano seguinte.[136] Assim determinavam as Ordenações do Reino.[137] Entretanto, uma ordem régia datada de 22 de julho de 1605 revogou os dispositivos constantes nas Ordenações referentes à escolha dos camaristas. Passou ao corregedor da comarca a competência pela escolha de três pessoas, das mais nobres e antigas que costumavam andar na governança, às quais competia relacionar os que tinham qualidade e

---

132 Nuno Gonçalo Monteiro, "Os concelhos e as comunidades", In: António Manuel Hespanha (coord.), *História de Portugal (O Antigo regime, 1620-1807)*. Lisboa, Editorial Estampa, 1997, vol. 4, p. 270.

133 Luiz Antônio Cunha, "Aspectos sociais da aprendizagem de ofícios manufatureiros no Brasil colônia", *Forum,* Rio de Janeiro, 2(4): 31-65, out./dez., 1978, p. 32-33.

134 Os principais da terra, os mais ricos, os mais poderosos. Os que andavam na governança, ou seja, os membros das famílias que costumavam ocupar os cargos municipais.

135 Era em número de seis os eleitores escolhidos pelos homens bons.

136 Nuno Gonçalo Monteiro, "Os concelhos…, p. 71-72.

137 *Ordenações Filipinas*, livro I, título 67. Convém ressaltar que o método da eleição por pelouro era empregado apenas nos lugares onde havia juiz ordinário. No caso da existência de juiz de fora, as listas elaboradas pelos eleitores eram enviadas para o Desembargo do Paço, onde eram apuradas, ou seja, onde eram escolhidos, para cada ano, os que haviam de servir na câmara.

condição para o exercício dos ofícios camarários. Dentre os relacionados, apenas seis eram incumbidos de elaborar três pautas com os nomes dos que deviam servir durante os próximos três anos. Estas pautas eram enviadas pelo corregedor para Lisboa e, depois de apuradas, comunicavam-se anualmente às câmaras, através do Desembargo do Paço, os nomes dos nomeados.[138] Quanto mais importante fosse a cidade ou vila, mais restritivo e centralizado era o processo eleitoral, vigorando costumes locais diferentes em lugares de menor importância.[139]

Com raízes que remontam à época medieval, as câmaras portuguesas do Antigo Regime expressavam o *modus operandi* de uma comunidade política mais homogênea e relativamente similar em suas funções, embora tenham subsistido, como afirmou Hespanha, no interior de uma estrutura política cujo

---

138 Maria Helena da Cruz Coelho e Joaquim Romero Magalhães, *O poder concelhio: das origens às cortes constituintes. Notas da história social*, Coimbra, Edição do Centro de Estudos e Formação Autárquica, 1986, p. 44.

139 Cf. António Manuel Hespanha, *As vésperas do Leviathan...*, p. 162. Convém destacar o caso da câmara de Lisboa, completamete diferente do restante das câmaras do Império português. Talvez mesmo sem qualquer comparação possível. A singularidade do provimento dos cargos da administração municipal de Lisboa data do reinado de D. Sebastião, quando o lugar de presidente da câmara passa a ser exercido por um fidalgo da Casa Real. Em Lisboa não havia róis de elegíveis, nem pautas camarárias. Os vereadores eram nomeados, de forma vitalícia, diretamente pelo rei, tendo seu número oscilado entre três e seis. A partir de 1765 a função de vereador passou a ser obrigatoriamente exercida por desembargadores da Casa da Suplicação, nomeados para mandato de três anos, improrrogável. Em 1778 o cargo voltou a ser de nomeação vitalícia, mas o tipo de recrutamento permaneceu o mesmo. Cf. Paulo Jorge Fernandes, *As faces de Proteu: elites urbanas e o poder municipal em Lisboa de finais do século XVIII a 1851*. Lisboa: Arte e História, 1999, p. 21-25. A falta de documentação para períodos anteriores a 1625 dificulta a compreensão de como se davam as eleições em Salvador, mas é quase certo que também entre nós a ordem régia de 1605 tenha sido posta em prática. Essa hipótese se baseia em algumas evidências posteriores que indicavam a presença do ouvidor geral nas eleições camarárias, presidindo a abertura dos pelouros. Além disso, vinha do Desembargo do Paço o alvará de nomeação dos oficiais camarários. Na ata da câmara de 20 de dezembro de 1747 há mesmo indícios de que ao ouvidor competia *limpar* a pauta, escolhendo os eleitos dentre o rol dos elegíveis. Essa tendência centralista e absolutista do Estado era uma realidade. Entretanto, há que se ressaltar que a ação do ouvidor esbarrava na amplitude das competências camarárias, previstas e garantidas nas leis do reino, nas quais se incluía a elaboração das pautas a partir de critérios definidos e selecionados no interior do próprio grupo da governança local Cf. AMS, *Atas da Câmara, 1625-1640*, p. 123; *1641-1649*, p. 293. AMS, *Atas da Câmara, 1731-1750*, fl. 360.

poder estava pulverizado em uma série de corpos inferiores de uma sociedade já com certa complexidade.[140] Isto quer dizer que as câmaras, nos séculos XVI-XVIII, configuravam-se em instituições jurídico-políticas e organismos administrativos que exprimiam o poder de diversos outros órgãos e grupos sociais e de diferentes estruturas corporativas, das quais merecem destaque as ordenanças e as misericórdias.[141] No entanto, jamais deixaram de ser o mais legítimo e válido instrumento de interlocução do poder central e de sua intervenção no plano local.[142] Funções idênticas, todavia menos incisivas, cumpriram instituições similares em outras partes da Europa, a exemplo de *L' assemblée générale/Le conseil politique/Le corps de ville*,[143] na França, e dos *Ayuntamientos/Cabildos*,[144] na Espanha.

Em síntese, para se compreender a estrutura de poder político e o dinamismo socioeconômico que davam sustentação à sociedade portuguesa da Época Moderna, há que se procurar conhecer a diversidade e anatomia das instituições mais relevantes que a compunham e como se articulavam entre si no cumprimento de suas funções. Há, sobretudo, que se destacar o lugar e a importância dos concelhos locais,

---

140   *Idem, ibidem*, p. 220.

141   Sobre as ordenanças e as misericórdias, cf. Nuno Gonçalo Monteiro, "As ordenanças", In: César Oliveira (dir.), *História dos municípios e do poder local: dos finais da Idade Média à União Europeia*, Lisboa, Círculo de Leitores, 1996, p. 47-49; Isabel dos G. Sá, "As confrarias e as misericórdias", In: César Oliveira (dir.), *op. cit.*, p. 55-60; Isabel dos G. Sá, *Quando o rico se faz pobre: misericórdias, caridade e poder no Império português (1500-1800)*. Lisboa, Comissão Nacional para as comemorações dos Descobrimentos Portugueses, 1997. Em "Elites locais e mobilidade social em Portugal nos fins do Antigo Regime", Monteiro destaca o papel das misericórdias no plano assistencial, e enquanto fonte de crédito, e das ordenanças como veículo de nobilitação, sobretudo os postos de capitão-mor e sargento-mor. In: *Análise Social*, vol. 32 (141). Lisboa, 1997, p. 342. Especificamente sobre a Santa Casa da Misericórdia da Bahia, consulte-se: A. J. R. Russell-Wood, *Fidalgos e filantropos: a Santa Casa da Misericórdia da Bahia, 1550-1755*, Brasília, UNB, 1981.

142   Luís Vidigal, *Câmara, nobreza e povo: poder e sociedade em Vila Nova de Portimão (1735-1834)*, Portimão, Câmara municipal, 1993, p. 7 e 104.

143   Cf. M. Bordes, *L' administration provinciale e municipale en France au XVIIIe siècle*, Paris, SEDES, 1972; George Durand, *États et institutions XVIe – XVIIIe siècle*, Paris, Armand Colin, 1974.

144   Cf. António Domingues Ortiz, *Sociedad y Estado en el siglo XVIII españõl*, Barcelona, [s.n.t.], 1976.

como parte significativa do *todo* que era o reino, porque repositórios de tradições e de práticas políticas inerentes e necessárias à reprodução e manutenção dos mecanismos do Estado monárquico, principalmente nas áreas coloniais e distantes do poder central.[145]

No ultramar, embora os condicionamentos socioculturais do processo de colonização e povoamento tenham gerado evoluções distintas ou paralelas, certo é que as inúmeras câmaras existentes em todo o território português conquistado guardavam semelhanças com as suas congêneres metropolitanas. Ademais, as instâncias municipais tornaram-se imprescindíveis ao aparelho de Estado Absolutista, naquele momento ímpar da implantação da estrutura colonizadora. A criação de câmaras no Brasil colonial pode ser compreendida como uma adaptação das instituições políticas metropolitanas a uma realidade bastante específica com a qual se defrontara o Estado imperial português.[146]

Do ponto de vista da coroa, era necessário colonizar, não apenas para conter as incursões estrangeiras contra o território, mas, também, para montar um sistema econômico capaz de gerar riquezas para a Metrópole, já em crise por causa da inflexão comercial com as Índias. A natureza da empresa colonizadora implicava ocupar, povoar, desenvolver atividades produtivas e administrar todos os aspectos da vida colonial, o que requeria a implantação de um aparato capaz de representar e defender os interesses do poder colonizador. De outra forma, por parte do Estado português, enraizar-se no extenso território colonial submetido ao seu jugo significava ter que se utilizar de instâncias intermediárias entre as práticas cotidianas, os súditos e os níveis mais elevados e centralizados da esfera estatal.

Foi nesse contexto que, na colônia, a criação de municípios teve como base a organização e administração local a partir das câmaras. Neles, na opinião de Zenha, concentrava-se a força estatal que a metrópole "desviava para cá".[147] Os municípios, além de não gerarem ônus para a coroa, podiam funcionar com estrutura fácil de ser montada e, o mais importante, representar uma fração, mesmo que pequena, do poder do Estado, suficiente para manter aceso o sentido de posse e emblemática a presença da autoridade do soberano. Isto só foi possível

---

145 Nuno Gonçalo Monteiro, "A sociedade local e os seus protagonistas", In: César Oliveira (dir.), *op. cit.,* p. 29.

146 Mitchell Gurfield, *Estrutura das classes e poder político no Brasil colonial.* João Pessoa: Edições UFPB, 1983, p. 116.

147 Edmundo Zenha, *O município no Brasil, 1532-1700.* São Paulo: Progresso Editorial, 1948, p. 26-27.

e viável em decorrência dos tipos de relações sociais e econômicas engendradas no processo de colonização, centrado na monocultura, no latifúndio e no sistema de sesmarias. A instituição municipal adaptava-se, naquele momento, aos objetivos socioeconômicos da metrópole, à conquista e à colonização da nova terra; articulava-se com a lógica geral do processo de acumulação capitalista e adequava-se ao tipo de relação que a metrópole manteria, a partir de então, com a sua colônia.

De acordo com Faoro, o expediente utilizado pela coroa portuguesa parecia conter um aparente paradoxo: "para dominar as populações dispersas fixou-se o estatuto do governo local", no sentido de garantir o povoamento e promover o controle e disciplina dos moradores, mas revigorava-se, na colônia, um velho instrumento português de luta do rei contra a nobreza.[148] Assim, durante muitos anos, as câmaras foram as únicas instâncias administrativas locais da colônia, o que contribuiu para que alcançassem certos níveis de poder e de autonomia.

Salvador, concelho de grande extensão territorial, possuía estrutura político-administrativa e características semelhantes aos dos mais importantes municípios portugueses do Antigo Regime. A sua Câmara, que em 1641 passou a ter os mesmos estatutos e privilégios que a do Porto,[149] não ficou imune às investidas centralizadoras da coroa, sobretudo no decorrer da segunda metade do século XVII. A nomeação de juízes de fora, a partir de 1696, é considerada como a maior intromissão do poder central nas câmaras locais.[150] Entretanto, há que se

---

148 Raimundo Faoro, *Os donos do poder: formação do patronato político brasileiro*, São Paulo/Porto Alegre: Editora Globo/Universidade de São Paulo; 1975, vol. 1, p. 146-147.

149 Ter os mesmos privilégios que a Câmara do Porto implicava que os cidadãos da cidade de Salvador (pessoas naturais do concelho, que nele possuíam domicílio, bens de raiz e que desempenhavam cargos, funções ou ofícios públicos (*Ordenações,* L. 2, tit. 56)), gozassem de várias prerrogativas, tais como: não serem presos e nem submetidos a tormentos, senão nas mesmas condições em que o podiam ser os fidalgos, e portarem armas, quer de noite quer de dia. Cf. *Privilégios dos cidadãos da cidade do Porto* (Introdução de Armando de Castro). Lisboa: Imprensa Nacional – Casa da Moeda, 1987, p. XII.

150 Sobre o assunto vide, dentre outros: Afonso Ruy, *História da Câmara Municipal da Cidade do Salvador.* Salvador: Câmara Municipal, 1996, p. 37-64; Raimundo Faoro, *op. cit.,* p. 146-153; Dauril Alden, *Royal Government in colonial Brazil: with special reference to the administration of the Marquis of Lavradio, viceroy, 1769-1779,* Berkeley/Los Angeles: University of California Press, 1968, p. 422-434; Edmundo Zenha, *op. cit.,* p. 25-28; Odair Rodrigues Alves, *O município: dos romanos à Nova República.* São Paulo: Editora Nacional, 1986, p. 58-60.

A BAHIA NO SÉCULO XVIII   59

relativizar a abrangência e efetividade das ações dos órgãos régios e não apenas do juiz de fora, sobre as câmaras, inclusive sobre a Câmara de Salvador.[151] Assim, não se pode dizer, como o fez Affonso Ruy, que desde a instituição do cargo de juiz de fora a Câmara de Salvador tenha se tornado apenas simulacro de instância executiva, passando a simples colaboradora do governo geral.[152] A crescente complexidade e a ampliação das funções da municipalidade, que acompanharam o desenvolvimento da cidade e que se traduziam no reforço dos instrumentos de intervenção econômico-financeira, na elitização dos ofícios camarários, cada vez mais restritos a poucas famílias da *governança local*, são indicativos da proeminência do papel da Câmara, não obstante a propalada ingerência do poder metropolitano. Essa projeção, conquistada e exercida no interior do sistema e sem divergir dos ditames monárquicos, resguardava e atendia os interesses dos grupos dirigentes locais.

Assim, a Câmara de Salvador reproduzia os laços, contraditórios, de dependência recíproca, de intermediação e de delegação de poderes que marcaram as relações entre poderes centrais e poderes periféricos, em Portugal no Antigo Regime. Era, sem dúvida, uma relação marcada por articulações conflituosas, muitas vezes tensas, sem, portanto, simbolizar meras imposições e passividade no contexto dos entrecruzamentos na vida metropolitana e colonial.[153]

---

151   Trabalhos recentes têm procurado demonstrar que, não obstante as ingerências do poder central nos negócios municipais, algumas câmaras mantiveram relativa autonomia em inúmeras esferas. Cf. particularmente, para o Rio de Janeiro: Maria Fernanda Baptista Bicalho, *A cidade e o Império...* e, Maria de Fátima Gouvêa, "Poder, autoridade e o Senado da Câmara do Rio de Janeiro, c.a. 1780-1820", *Tempo*, vol. 7, nº 13, julho, 2002, p. 111-155. Para Salvador, consulte-se: Avanete Pereira Sousa, *Poder local e vida cotidiana: a Câmara de Salvador no século XVIII*. Salvador: UFBA, 1996 (dissertação de mestrado). Cf. também: Maria Aparecida de Menezes Borrego, *Códigos e práticas: o processo de constituição urbana de Vila Rica colonial (1702-1748)*. São Paulo: FFLCH/USP, 1999 (dissertação de mestrado).

152   Affonso Ruy, *op. cit.*, p. 43.

153   Sobre a relação entre poder central e poderes periféricos em Portugal do Antigo Regime, vide: António Manuel Hespanha, *As vésperas do Leviatthan: instituições e poder político- Portugal, século XVII*. Coimbra, Almedina, 1994, sobretudo o capítulo II. Também do mesmo autor, "Centro e periferia nas estruturas administrativas do Antigo Regime", *Ler História*, nº 8, Lisboa, 1986; Joaquim Romero Magalhães, *O Algarve econômico, 1600-1773*, Lisboa, Editorial Estampa, 1988, p. 324. Sobre o mundo luso-brasileiro, confira: A. J. R. Russell-Wood, "Centro e periferia no mundo luso-brasileiro, 1500-1800", *Revista Brasileira de História*, 18:36, São Paulo, 1998, p. 187-249.

As inúmeras demandas da Câmara ao rei, referentes ao seu papel como agência reguladora de múltiplas dimensões do cotidiano, denotavam o desejo e a necessidade de se beneficiar do favorecimento régio e de alcançar os pleitos solicitados.[154] Internamente, os agentes sociais que dirigiam o processo político procuravam manter, se possível através do consenso, a ordem vigente e aquilo a que Durand denominou de a *eficácia do poder*, protegendo e delimitando o seu próprio campo de ação e a sua própria parcela de mando.[155]

A nossa investigação encontrou inúmeras evidências da imbricação e articulação entre o poder monárquico, seus organismos periféricos e a instituição camarária em Salvador. O relacionamento entre essas instâncias de poderes manifestava-se em variados planos, a exemplo da defesa, da justiça comum e, sobretudo, da gestão e do disciplinamento e controle econômico do meio urbano. O prestígio da Câmara diante dos órgãos centrais ficava visível no fato de todos a reconhecerem como *cabeça desse povo e Estado*, expressão largamente utilizada em documentos oficiais,[156] e como sede jurisdicional de uma circunscrição que extrapolava a cidade e o termo a ela correspondentes.[157]

Nesse aspecto, a proeminência da Câmara de Salvador pode ser dimensionada através da relação de ascendência direta e indireta face às diversas outras câmaras da capitania. Tal sujeição das câmaras vizinhas à da capital expressava-se de várias formas e em momentos específicos. À Câmara de Salvador coube fixar valores e administrar a arrecadação de fintas e donativos régios das câmaras do Recôncavo, do sertão e das vilas das capitanias anexas, como os donativos da paz de Holanda e da reconstrução de Lisboa.[158] Reveladora era também a relação

---

154 Uma rápida consulta aos códices de registro das *Cartas do Senado à Sua Majestade*, existentes no Arquivo Municipal de Salvador pode comprovar, por si só, a assertiva. Se, no entanto, nos detivermos também na correspondência entre a Câmara de Salvador e o Conselho Ultramarino, veremos que a relação Coroa/Câmara regia-se por símbolos e códigos muito mais complexos.

155 George Durand, *op. cit.*, p. 39.

156 APEB, *Cartas do Senado a Sua Majestade, 1742-1823*, nº, 132, fl.70.

157 DH, vol. 87, p. 106; vol. 95, p. 260.

158 DH, vol. 88, p. 236-237; AHU_ACL_CU_005, cx.94, D.7544. A contribuição da capitania da Bahia e capitanias anexas foi estipulada pela câmara em três milhões de cruzados, pelo período de trinta anos, a cem mil por ano. O tributo incorreu sobre cinco importantes gêneros: carne de vaca, azeite de oliva, azeite de peixe, aguardente da terra e escravos. A cada localidade coube certa quantia, a ser arrecadada pelas câmaras, distribuída da seguinte forma: *Salvador*, 29.176.666 réis; *Cachoeira*, 1.800.000 réis; *Maragogipe*, 666.666

entre o poder municipal de Salvador e as Câmaras das vilas de Camamu, Cairu e Boipeba no concernente ao denominado *conchavo das farinhas*, ou seja, na questão do provimento das tropas, na qual, geralmente, a Câmara de Salvador fazia valer as suas determinações.[159] Aos vereadores de Salvador, cabia, também a eleição dos escrivães de diversos registros de gado, ou seja, dos postos fiscais onde se cobrava direitos de entrada, na capitania. Esta incumbência que, em princípio, deveria ser dos vereadores das vilas onde se situavam os referidos registros, certamente concentrava-se na Câmara por ser ela a maior interessada no controle do efetivo abastecimento de carne em Salvador.[160]

Além de múltiplos papéis, e, talvez por isso mesmo, o poder local, representado pela Câmara assumiu características ambíguas e, não raramente, contraditórias com o que, formalmente, apontava ser os seus objetivos. Na prática, erigiu-se de forma tensionada enquanto espaço de representação da população urbana, expressando suas demandas perante níveis superiores do poder monárquico. Além disso, não abdicou, nem atenuou o papel de suporte e instrumentalização das orientações e determinação do poder régio. Tal situação institucional e sociopolítica impunha-lhe a assunção de papel mediador, exercendo a necessária articulação entre os interesses dos grupos sociais locais e aqueles oriundos do núcleo central do poder monárquico.

---

réis; *Jaguaripe*, 466.666 réis; *São Francisco do Conde*, 450.000 réis; *Santo Amaro*, 800.000 réis; *Camamu*, 400.000 réis, *Cairu*, 166.666 réis; *Boipeba*, 53.330 réis; *Jacobina*, 500.000 réis; *Rio de Contas*, 400.000 réis; *Porto Seguro*, 120.000 réis; *Ilhéus*, 173.333 réis; *Abadia*, 133.333 réis; *Água Fria*, 333.333 réis; *Itapicurú*, 150.000 réis; *Minas Novas*, 120.000 réis e *Urubú*, 200.000 réis. AMS, *Atas da Câmara,1751-1765*, fl. 173-178. A jurisdição da câmara de Salvador sobre outras câmaras, pelo menos no tocante à imposição de tributos, às vezes, tornava-se motivo de conflitos e queixas. Sobre o assunto, vide reclamações da Câmara de Camamu, em relação ao valor a ser pago pelos habitantes da vila, determinado pela municipalidade de Salvador, para o donativo da paz de Holanda. AHU_ACL_CU_005, CX.31, D. 2778.

159 Aos produtores de farinha dessas vilas competiam fornecer o produto para sustento da Infantaria, através de contrato firmado entre as câmaras das referidas vilas e a Câmara de Salvador. AMS. *Cartas do Senado aos Governos das Vilas e Capitanias, 1686-1805*. fl. 3.

160 AMS, *Atas da Câmara, 1751-1765*, fl. 178v, 179.

Os "homens bons" e o governo econômico da cidade

A riqueza, a linhagem, a inserção na comunidade local, a ocupação de cargos na *República*, o serviço ao rei e à monarquia, e uma série de outros requisitos, eram atributos qualificadores dos homens que administravam a cidade. A essas prévias exigências se somariam outras habilidades para o desempenho do governo local implicando o fazer cotidiano, a organização, o gerenciamento e o controle do espaço urbano, potencializando a conquista do território e fazendo das cidades e vilas seu mais importante suporte. Encarregados do funcionamento da vida econômica municipal, juízes, vereadores, procuradores e almotacés tornavam-se, de fato, nos principais agentes desse processo, porque lhes competiam a definição dos meios e das formas de gestão em questões que, por costume ou delegação régia, dependiam diretamente das câmaras.[161]

As normas dominantes em matéria de administração econômica variavam de concelho para concelho, refletindo o maior ou menor grau de autonomia e de influências dos grupos locais. Ainda assim, a diversificação das atribuições não excluíam o imperativo da regulamentação econômica prevista pelo poder central. Esse movimento dúbio, porém harmonioso, indicava que os mecanismos finalizadores das atividades econômicas emanavam de um único quadro institucional e demarcavam laços e interesses comuns entre os diversos níveis da burocracia estatal.

Em Salvador, assim como nas cidades mais importantes do Reino, as ações sobre a vida econômica envolviam o conjunto dos agentes camarários. A especialização de funções, destinadas a tal finalidade, acentuaram-se no decorrer do século XVIII e formaram o que Russell-Wood denominou de *estruturas administrativas dependentes da principal*, compostas, nesse caso, por sujeitos e organismos sociais encarregados de cumprir as determinações da Câmara.[162] Este aparato institucional-burocrático – fruto do crescimento populacional, do dinamismo econômico e, sobretudo, da necessidade da elite dirigente local de intensificar os dispositivos de controle das atividades econômicas urbanas, administradas segundo seus particulares e heterogêneos interesses – resultava, na maioria das vezes, em justaposições de jurisdições, atribuições e níveis de autoridade, conforme constatado por

---

161 Luís Vidigal, *O municipalismo em Portugal no século XVIII*. Lisboa: Livros Horizonte, 1989, p. 67.

162 A. J. R. Russell-Wood, "O governo local na América portuguesa: um estudo de divergência cultural", *Revista de História*, São Paulo, vol. 55, nº 109, jan./mar., 1977, p. 30.

A BAHIA NO SÉCULO XVIII   63

Russell-Wood para Vila Rica.[163] Mesmo assim, permanecia com os juízes de fora, vereadores, procuradores e almotacés a grande maioria das atribuições relativas à administração econômica local e suas práticas terminariam por definir quais nuanças e contornos prevaleceriam. Para um melhor entendimento do funcionamento desses cargos, seus lugares no organograma do poder local e sua efetividade burocrático-política, faremos uma descrição e análise de suas funções, do seu funcionamento, e dos pré-requisitos de sua ocupação.

O **juiz de fora**, tal como a própria designação indica, diferentemente do juiz ordinário, era indivíduo exógeno à cidade, mas nela deveria permanecer durante o mandato de três anos para ocupar as funções de juiz presidente na administração camarária. Letrado, nomeado pelo rei e pago pelos cofres municipais, ele contrastava com o grupo de vereadores e outros oficiais por ser magistrado de carreira. Na prática, no entanto, exercia as mesmas funções desincumbidas pelos juízes ordinários no exercício da presidência da Câmara e no seio da comunidade.[164] Segundo Hespanha, foram expressivos os reflexos da progressiva instituição de juízes letrados no mundo jurídico local, pois eles representavam a aplicação do direito oficial e erudito em contraposição ao direito costumeiro e às tradições, geralmente observadas pelos juízes ordinários na aplicação da justiça.[165]

A instituição de juízes de fora, nas cidades e vilas de Portugal e de seu Império, teve origem na necessidade de se impor, às aglomerações urbanas, o cumprimento das leis gerais do reino, no curso de uma preocupação política recentralizadora na gestão do Estado e de suas instituições orgânicas.[166] No cerne dessa iniciativa estava também a provável falta de isenção dos juízes ordinários no julgamento de casos que envolvessem o poder real e determinados grupos, pessoas ou segmentos da comunidade diretamente vinculados à sua circunscrição. Essa provável tensão po-

---

163   *Idem, ibidem*, p. 65.

164   Ana Sílvia Albuquerque de Oliveira Nunes, *História social da administração do Porto (1700-1750)*, Porto, Universidade Portucalense, 1999, p. 28. Francisco Ribeiro da Silva, *O Porto e seu termo (1580-1640): os homens, as instituições e o poder*, Porto, Câmara Municipal do Porto, 1988, vol. 1, p. 381. José Damião Rodrigues, *Poder municipal e oligarquias urbanas: Ponta Delgada no século XVII*, Ponta Delgada, Instituto Cultural, 1994, p. 63-4.

165   António Manuel Hespanha, "Sábios e rústicos: a violência doce da razão jurídica", *Revista Crítica de Ciências Sociais*, nº 25/26, Lisboa, dezembro, 1988, p. 48-50.

166   Teresa Fonseca, *Relações de poder no Antigo Regime: a administração municipal em Montemor-o-Novo (1777-1816)*, Montemor-o-Novo: Câmara Municipal, 1995, p. 28. Sendo este o motivo, nem por isso foi de todo concretizado no século XVIII.

deria ser superada com a indicação de um magistrado de fora do círculo de relações de parentesco e apadrinhamento que circundava a sociedade local e, por isso, teoricamente, imune às "paixões e ódios" que esse tipo de convivência ocasionava.[167]

A designação pioneira de juízes régios, em Portugal, ocorreu durante o reinado de D. Dinis (1279-1325). No intuito de potencializar a aplicação da justiça, o rei nomeou magistrados de sua confiança para os concelhos onde os juízes da terra, ou ordinários, não estavam desempenhando bem suas funções e nem possuíam *status* condizente com suas competências.[168]

A recorrência a juízes de fora tornou-se mais frequente em períodos posteriores, tendo esses ministros se transformado em importante instrumento da política centralizadora, em curso, apesar da oposição das comunidades locais. Durante a administração pombalina a nomeação destes delegados da coroa adquiriu maior impulso em todo o Império, sem, contudo, chegar a abarcar a totalidade das cidades e vilas. Na Espanha, idêntico fenômeno se verificou, mas a presença de juízes letrados foi observada apenas em regiões densamente povoadas.[169]

Eram amplas as incumbências administrativas desse oficial, consignadas nas Ordenações. Ele empossava os vereadores e almotacés eleitos; despachava junto à câmara, participando regularmente das suas sessões; deliberava, com os vereadores, sobre assuntos atinentes à vida cotidiana dos moradores; representava judicialmente contra os que cometiam crimes no termo de sua jurisdição e executava atividades concernentes aos juízes dos órfãos, em localidades onde não houvesse estas autoridades.[170]

A indicação do primeiro juiz de fora de Salvador data de 1696. Ao longo do século XVIII, foram nomeados 22 magistrados para servirem no cargo. Alguns deles, entretanto, permaneceram na função por quase o triplo do tempo previsto nas Ordenações (Cf. quadro 3), como Francisco Pereira Botelho, de 1709 a 1716, João Ferreira Bittencourt e Sá, de 1755 a 1763, e Joaquim José Ferreira da Cunha, que serviu de 1779 a 1787.[171]

---

167 *Ordenações Filipinas*, L. 1, tit. 65; Stuart B. Schwartz, *Burocracia e sociedade...*, p. 204-205.

168 Cf. Marcelo Caetano, *História do direito português*. Lisboa: Verbo, 1985, p. 279.

169 Teresa Fonseca, *Absolutismo e municipalismo: Évora, 1750-1820*. Lisboa: Edições Colibri, 2002, p. 142-143.

170 *Ordenações Filipinas*, L.1, tit.65.

171 Affonso Ruy, *História da Câmara...*, p. 347-355.

QUADRO 3 – Relação de Juizes de fora de Salvador (1700-1800)

Nomes	Ano/nomeação
André Leitão de Melo	1700
Fernando Pereira de Vasconcelos	1705
Francisco Pereira Botelho	1709
Veríssimo Manuel Roballo	1716
Inácio Barbosa Machado	1720
Venceslau Pereira da Silva	1726
Manuel Correia de Mesquita	1729
Manuel Gonçalves de Carvalho	1732
Antônio Pereira Corte Real	1736
José Camelo de Sá	1738
Manuel Ferreira de Oliveira	1742
José Jorge da Rocha	1747
Jorge Luís Pereira	1751
João Ferreira Bitencourt e Sá	1755
Antônio José Cabral de Almeida	1763
Sebastião Alves da Fonseca	1766
Antônio Gomes Ribeiro	1769
Sebastião José Pires Barroso	1774
Joaquim José Ferreira da Cunha	1779
Nicolau Pedro Vitória de Mendonça	1787
Antônio Morais Silva	1790
Francisco Antônio Maciel Monteiro	1795
João da Costa Carneiro Oliveira	1800

Fonte: Affonso Ruy, *História da Câmara...*, p. 347-355.

O fato de o tempo de permanência de um juiz de fora em Salvador ultrapassar o previsto nas *Ordenações do Reino* pode ser explicado pela dificuldade de provimento do cargo. Por questões particulares, nem todos os magistrados régios se dispunham a servir em terras distantes.[172]

---

172 Situação similar foi identificada por José Damião Rodrigues no caso de municípios açorianos Cf. José Damião Rodrigues, *Poder municipal e oligarquias urbanas: Ponta Delgada no século XVII*. Ponta Delgada: Instituto Cultural, 1994, p. 65. Sobre as difi-

O exercício do cargo de juiz de fora era uma espécie de pré-requisito para a aquisição de outros cargos em instâncias superiores. Segundo Schwartz, os magistrados nomeados para o Tribunal da Relação da Bahia, por exemplo, possuíam, em média, quinze anos de experiência em outras funções. Normalmente, os integrantes do judiciário exerciam atividades diversas. Iniciavam na burocracia reinol com a idade de vinte e seis a vinte e oito anos, em geral, no cargo de juiz de fora em alguma cidade portuguesa provinciana.[173] Portanto, os indivíduos que serviram como juiz de fora em Salvador, no século XVIII, eram, na sua maioria, magistrados em princípio de carreira, e, provavelmente, desprovidos de situação político-social estável, o que poderia significar maior empenho no exercício da função.

Através da documentação consultada, as *Atas da Câmara*, as *Cartas* e as *Provisões do Senado*,[174] pode-se perceber que, para além das atividades judiciárias, o juiz de fora de Salvador assumiu papel considerável nas questões de ordem econômico-financeira, dividindo com os vereadores a responsabilidade no julgamento das coimas aplicadas pelos almotacés que não excedessem 6 mil réis; vigiando a ação dos alcaides e dos almotacés, quando das vistorias relativas ao comércio local; presidindo as sessões de arrematação das rendas concelhias; participando das correições camarárias efetuadas na cidade e em seu termo; regulamentando a arrecadação de impostos e contribuições, inclusive fintando os moradores, quando necessário, "à medida das posses e fazendas de cada um".[175]

No tocante à vida econômica e financeira dos municípios, o papel dos juízes, ordinários ou de fora, perece ter sido semelhante em todo o Império. Em Vila Rica, o juiz ordinário, ressalvadas as peculiaridades locais, tinha, nesse aspecto, papéis semelhantes aos exercidos pelos juízes de fora em Salvador, por exemplo.[176]

---

culdades inerentes à carreira de magistrado, ver: Stuart B. Schwartz, *Burocracia e sociedade...*, p. 223-250.

173 *Idem, ibidem*, p. 234-235.

174 AMS, *Atas da Câmara, 1700-1800; Cartas do Senado, 1700-1730; Provisões do Senado, 1700-1800*.

175 *Ordenações Filipinas*, L 1, tit. 65.

176 Segundo Russell-Wood, "Na área fiscal, o juiz [de Vila Rica] era o responsável pela sondagem da posição financeira dos fiadores para o posto de carcereiro municipal e de decretar fiança nos casos de prisão daqueles que deixavam de obter licença de comércio [...]. [...] O juiz era o responsável pelos contratadores municipais que falhassem no cumprimento de suas obrigações devendo processá-los. [...] acompanhado pelos vereadores visitava todas as áreas da cidade e arredores [...] decidindo sobre a disponi-

A BAHIA NO SÉCULO XVIII   67

Os procedimentos para a arrematação das rendas da Câmara de Salvador eram sempre marcados pela intervenção dos juízes de fora, impondo critérios importantes aos arrematadores como a apresentação de fiador confiável, a antecipação de parte do valor oferecido e, sobretudo, a habilitação do candidato a concorrer à renda específica.[177]

O fato de juízes de fora acumularem feitos judiciais de várias ordens só reforçava o seu poder. Considere-se ainda que pelo menos três deles, durante o século XVIII, foram corregedores e provedores da comarca ao mesmo tempo em que ocupavam o cargo. Nessa situação estiveram Fernando Pereira de Vasconcelos, nomeado juiz de fora em 1705 e corregedor em 1707; Antônio José Cabral de Almeida, nomeado juiz de fora e provedor da comarca em 1763, passando a ser unicamente provedor a partir de 1766 e Antônio Gomes Ribeiro, que exerceu os ofícios de provedor e juiz de fora de 1769 a 1771, continuando no cargo de juiz de fora até 1774, mesmo depois do fim do mandato de provedor.[178]

Diferentemente do que talvez fosse a pretensão da Coroa, a nomeação de indivíduos para o cargo de juiz de fora de origem externa às redes de convivência locais não indicam o hipotético distanciamento dessas autoridades dos dramas e interesses cotidianos da cidade. Ao contrário, uma vez sanadas as vicissitudes iniciais, que envolviam a sua instalação na cidade e o domínio da dinâmica e procedimentos da administração da Câmara, a permanência relativamente longa no cargo favoreceu o seu envolvimento com a comunidade e, por vezes, o estabelecimento de laços de natureza econômica e relações familiares e de compadrio. Por conseguinte, foi comum a inserção, mais ou menos imediata, desse personagem nas principais instâncias da sociedade local, como as irmandades, fomentando o entrecruzamento de laços religiosos e familiares, abrindo canais para a montagem de relações e laços de proteção e privilégios entre seus membros. O estabelecimento desses laços inaugurava o processo que atenuava o fator de exterioridade, que inicialmente o diferençava dos demais cidadãos da terra e culminava, não raramente, na aquisição indireta

---

bilidade de água, construções sem licença, estabelecimentos comerciais ilícitos, abusos fiscais [...]". A. J. R. Russell-Wood, "O governo local..., p. 40.

177   Em 1741, José Camelo de Sá, juiz de fora nomeado em 1738, questionou a arrematação do talho da quaresma por Miguel de Sousa, pelo montante de 560 réis, pelo fato de ser o pretendente homem pardo e não apresentar, no ato da arrematação, a sua carta de liberdade. AMS, *Arrematações das Rendas da Câmara, 1738-1750*, sn/fl.

178   AMS, *Provimento dos Corregedores, 1696-1738; Provimento do Provedor da Comarca, 1739-1826.*

de parentesco com membros da elite baiana, por meio do matrimônio.[179] Como exemplo revelador dessa última situação temos o caso de Inácio Barbosa Machado, português de Almada, nomeado juiz de fora em 1720 para servir na Câmara e cidade de Salvador. Uma vez instalado na terra, tornou-se membro da Irmandade da Misericórdia e casou-se com D. Mariana Francisca de Menezes e Aragão, cunhada do coronel Gonçalo Ravasco Cavalcante, tendo ingressado, dessa forma, numa das famílias mais importantes da capitania.[180]

Toda esta trama põe em dúvida a presumível imparcialidade do juiz de fora, enquanto tal, para impor um comportamento correto e isento de interesses por parte dos vereadores. É bem provável que, efetivamente, o juiz de fora tenha introduzido mais rigor, disciplina e conduta ilibada para os que exerciam mandatos na Câmara. Também deve ter contribuído para a valorização e legitimação desta instituição. Todavia, o que se percebe em várias evidências documentais é que havia muito mais cumplicidade tácita entre este delegado do poder central e os representantes das camadas dominantes locais. De qualquer sorte, existem aspectos da atuação desse magistrado que necessitariam de uma maior investigação como, por exemplo, o caráter de sua superintendência sobre o conjunto da vida político-administrativa da cidade, que, no reino, segundo Hespanha, foi exercida, na maioria dos casos, na forma de tutela e não na condição de poder hierárquico.[181]

Muito mais atuantes que os juízes de fora, do ponto de vista da administração econômica da cidade, eram, certamente, os **vereadores**. Para estes, as Ordenações do Reino designavam amplas competências. Antes de qualquer coisa, fazia-se necessário que tomassem conhecimento pormenorizado de todos os bens móveis e imóveis pertencentes à Câmara e cuidassem para que fossem bem aproveitados, mediante o aforamento de terras e edificações e a utilização comum dos baldios. Cabia-lhes, ainda, regular diversos aspectos da vida citadina, elaborando e aprovando posturas e acórdãos em reuniões ampliadas nas quais tomavam parte representantes da nobreza e do povo. Nessas competências estavam inclusos os mecanismos para garantir o abastecimento da cidade; a concessão de licenças comerciais; o tabelamento de preços; a verificação de pesos e medidas; a regulamentação das ati-

---

179 Os juízes de fora Joaquim José Ferreira da Cunha, Nicolau Pedro Vitória, Sebastião Alves Fonseca eram irmãos da irmandade de Santana. Cf. AIS, *Livro de Irmãos, 1781-1823*, s/no. fl.

180 Pedro Calmon, *Introdução e notas ao catálogo genealógico das principais famílias de Frei Jaboatão*. Salvador: Empresa Gráfica da Bahia, 1985, v 2, p. 307.

181 António Manuel Hespanha, *As vésperas do Leviathan...*, p. 201.

vidades produtivas e comerciais direcionadas ao suprimento da população urbana; atividades artesanais e o comércio a retalho, feito por vendeiros e ambulantes.[182]

Correições, devassas e vistorias periódicas incluíam-se entre os principais instrumentos de controle do Senado da Câmara sobre as relações econômicas locais, as quais abrangiam as múltiplos atividades produtivas, comerciais e de serviços responsáveis pela reprodução e sobrevivência material da urbis. Às leis e às normas, que orientavam o exercício deste controle, todos os agentes econômicos deveriam se submeter ou, de outro modo, transgredi-las, expondo-se aos funcionários camarários e sujeitando-se às punições legais.[183]

Em se tratando da gestão econômico-financeira, a administração das receitas e despesas consistia na mais eminente tarefa imputada aos vereadores. A gestão das finanças implicava em "meter todas as rendas do concelho em pregão e as fazerem arrematar", procedendo, para tal, à assinatura de contratos com os rendeiros ou, de outra forma, fazendo a arrecadação das rendas municipais por sua própria conta.[184]

Longe de ser uma função exclusivamente financeira, o processo de arrecadação das rendas camarárias, nas quais estavam arrolados impostos, abarcava direta ou indiretamente, práticas administrativas de feições muito mais complexas e abrangentes. Traduziam-se em atos que envolviam movimentos e formas diversas de intervenção sobre espaços e sujeitos econômicos, numa tentativa de enquadramento de condutas sociais que interferiam na organização e na dinâmica da vida cotidiana da cidade.[185]

Ainda no campo das finanças públicas, entre os deveres dos vereadores, impunha-se o empenho na maximização das receitas, embora, como examinaremos no capítulo seguinte, a parte mais significativa dos rendimentos camarários fosse captada de maneira indireta, através da intermediação de terceiros. Em casos de déficit nas receitas, o que poderia inviabilizar ações estratégicas da Câmara, podiam os vereadores, mediante autorização régia, lançar fintas e taxas à população local, destinadas geralmente a gastos extraordinários com a defesa e obras públicas. Assim ocorreu em 1646, quando, para a construção do Forte de São Pedro, planejado como proteção contra novos ataques holandeses, instituiu-se em câma-

---

182 *Ordenações Filipinas,* liv. 1, tit. 67. São competências facilmente observadas em rápidas consultas às principais fontes documentais legadas pela própria câmara, quais sejam, as Atas (1625-1822) e as Cartas do Senado (1640-1822).

183 Vide capítulo 3.

184 *Ordenações Filipinas,* liv. 1, tit. 67, &12. Cf., ainda, AMS, *Arrematações das Rendas da Câmara* (1625-1711).

185 Estas afirmativas são melhor explicitadas nos capítulos 2 e 3.

70 AVANETE PEREIRA SOUSA

ra uma taxa, incidindo sobre lavradores e senhores de engenho, de meio tostão por tarefa de cana cultivada.[186]

Outra função essencial era a do **procurador**. Incumbido de dividir com os vereadores a guarda dos bens do concelho, competia-lhe, ainda, cuidar para que as obras de uso comum, como pontes, fontes e calçadas não fossem danificadas. Ademais, cabia-lhe fiscalizar o cumprimento das posturas, denunciando os transgressores, bem como acompanhar o processo de arrematação e arrecadação das rendas, exigindo dos rendeiros a apresentação de fiadores no ato de assinatura dos contratos. A existência do cargo de tesoureiro, em Salvador, isentava o procurador da cobrança e guarda do dinheiro das rendas camarárias e das terças régias, previstas nas Ordenações,[187] permitindo que o ofício pudesse ser exercido por membros da elite local.[188] Fazia ainda parte das atribuições do procurador estar atento a situações de entraves ao abastecimento regular da cidade, levando os problemas para discussão e resolução em sessão da Câmara. Assim o fez Miguel de Passos Dias, em 1724, quando denunciou, em vereação, a ação de soldados que atravessavam mantimentos no porto da cidade, praticamente obrigando os lancheiros a lhes repassar as mercadorias, e registrou o fato de muitos produtos comercializados pelos vendeiros não terem sido devidamente taxados causando, em ambos os casos, grande prejuízo ao consumidor.[189]

A tarefa de racionalização e controle do funcionamento da economia local desdobrava-se em níveis mais concretos e operacionais, mediante a intervenção dos **almotacés**, cujas atribuições assemelhavam-se àquelas legalmente delegadas aos vereadores, e adquiria expressiva ressonância na sociedade.

Remanescente de antigas instituições do mundo islâmico, o ofício de almotacé foi gradativamente incorporado, com alterações, à forma de organização da vida municipal dos reinos da península Ibérica. No caso de Portugal, foi adotado como modelo e se estendeu por todo o território. Logo deixou de estar diretamente vinculado à estrutura administrativa régia e passou a ser um componente essencial da organização burocrática da cidade, cabendo às câmaras o privilégio de eleger e nomear aqueles que exerceriam tais funções. Já o foral de 1179, concedido por D. Afonso Henriques a Lisboa, Santarém e Coimbra, assim dispunha.[190] Como nos

---

186   AMS, *Atas da Câmara, 1641-1649*, fls. 109.

187   AMS, *Atas da Câmara, 1690-1700*, fls. 51; *Ordenações Filipinas*, liv. 1, tit. 69.

188   AMS, *Cartas do senado, 1684-1692*, fls.99.

189   AMS, *Atas da Câmara, 1718-1731*, fls. 125v.

190   Sobre as origens do ofício de almotacé e a sua incidência no Império português, confira trabalho, quase único, de Magnus Roberto de Mello Pereira, "Almuthasib

A BAHIA NO SÉCULO XVIII 71

informa Marcelo Caetano, esse foral foi o primeiro a reconhecer como parte da autonomia concelhia as questões da almotaçaria ou *polícia econômica*.[191]

Em Salvador, a eleição dos almotacés se processava pelo método dos pelouros, mesmo quando este não mais vigorava para a escolha de mandatos de vereadores e procuradores. O pleito ocorria no início de cada ano, quando os vereadores escolhiam os indivíduos que, aos pares, exerceriam o mandato pelo período de dois meses.[192]

Polícia econômica, agente controlador das relações de mercado e zeloso observador das normas municipais compunham a agenda dos principais encargos dos almotacés, amplamente delineados nas Ordenações Manuelinas e Filipinas.[193] Nessa missão, sobressaíam-se as prerrogativas de gerir e fiscalizar o abastecimento e a distribuição de víveres; fazer cumprir as posturas, aplicando a devida penalização aos transgressores; controlar e conferir o aferimento de pesos e medidas usados pelos vendeiros, feito pelo afilador da câmara duas vezes ao ano; vigiar as atividades de comerciantes e oficiais mecânicos; fazer correições na cidade e seu termo; e fiscalizar, diariamente, a venda da carne nos açougues.[194]

A taxação de preços de vários produtos era estabelecida nas reuniões da Câmara e nas posturas municipais. No entanto, no contato diário com vendedores e consumidores, podiam os almotacés tornar flexível o cumprimento dessas normas, quando assim julgassem necessário para o bem comum.[195] Das penas pecuniárias aplicadas pelos almotacés, decorrentes do desrespeito às posturas, os infratores podiam recorrer ao juiz de fora e aos vereadores ou mesmo ao Tribunal da Relação. No entanto, geralmente, essas instâncias confirmavam as decisões desses oficiais, como no caso de Manoel da Silva Ribeiro, marchante autorizado a concorrer à arrematação dos talhos/açougues públicos, que, em 1781, foi surpreendido vendendo fora do local estipulado e, portanto, penalizado em seis mil réis. Recorrendo à Câmara, teve não só a confirmação da infração e da taxa a ela correspondente, como ainda foi severamente advertido pelos vereadores.[196]

– Considerações sobre o direito de almotaçaria nas cidades de Portugal e suas colônias", *Revista Brasileira de História*, vol. 21, n° 42, São Paulo, 2001, p. 365-395.

191 Marcelo Caetano, *A administração municipal de Lisboa durante a 1.ª dinastia (1179-1383)*. Lisboa: Livros Horizonte, 1990, p. 17.

192 Affonso Ruy, *História da Câmara...*, p. 357.

193 *Ordenações Filipinas*, liv. 1, tits. 49 e 68.

194 *Idem, ibidem*; AMS, *Atas da Câmara, 1751-1765*, fls. 207.

195 AMS, *Atas da Câmara, 1641-1649*, fls. 125v.

196 AMS, *Condenações feitas pelos Almotacés, 1777-1785*, sn/fl.

As ações dos almotacés, a depender do menor ou maior empenho dos ocupantes dos cargos em determinados períodos, às vezes chegavam a alcançar níveis iguais ou superiores às dos vereadores. Assim, de acordo com Torres, seria mais adequado classificá-los como coordenadores de fazeres econômicos diversificados, do que como simples *polícias do comércio interno*.[197]

Pela descrição do conjunto desses cargos fica explicitada a relevância do **juiz de fora**, dos **vereadores**, do **procurador** e dos **almotacés** para o processo político-administrativo de organização e controle das atividades necessárias à reprodução da vida cotidiana da cidade. Também fica claro o papel que exerciam essas autoridades na sustentação da máquina burocrática da Câmara, sendo os principais agentes responsáveis pelos mecanismos de fiscalização e arrecadação das finanças públicas. Mas, tudo isso só seria viabilizado com a interveniência de outros prepostos da burocracia camarária.

Os agentes auxiliares do poder local

Embora Salvador possuísse uma população aparentemente pequena (40 e poucos mil habitantes em fins do XVIII), vista a partir das dimensões atuais, era rica em problemas, impondo à Câmara uma agenda funcional que incorporava novos agentes, papéis e mecanismos administrativos, além dos já delineados nas leis metropolitanas capazes de dar conta do controle e da organização da vida da cidade em suas múltiplas dimensões.

Na execução das tarefas administrativas da burocracia camarária, e no encaminhamento de questões relativas à vida local, juiz de fora, vereadores, procurador e almotacés contavam com um conjunto de funcionários quase sempre providos e com ordenados pagos pela própria Câmara. As principais funções eram as de escrivão e de tesoureiro. Em muitas localidades, a exemplo de Ponta Delgada, na Ilha dos Açores, o exercício destes ofícios podia facilitar o acesso a cargos maiores, como os de vereador e procurador, pois eram sempre ocupados por indivíduos incluídos entre os *notáveis locais*.[198] Em Salvador, tal possibilidade só acontecia no caso do cargo de almotacé.

O **escrivão** era um personagem imprescindível à administração pública municipal, cujo poder e importância estavam nos pré-requisitos do cargo que incluíam o domínio da habilidade da escrita e o relativo conhecimento da legislação portuguesa.

---

197 Rui de Abreu Torres, "Almotacé", In: Joel Serrão (dir.), *Dicionário de História de Portugal...*, vol. 1, p. 121.

198 José Damião Rodrigues, *Poder municipal...*, p. 72-89.

A forma de provimento deste ofício, em Salvador, durante o século XVIII, parece ter seguido o princípio da vitaliciedade e hereditariedade. A partir de 1678, o ofício pertenceu, de forma vitalícia, ao licenciado João de Couros Carneiro, oriundo de família nobre, mas de parcos recursos. Nomeado por provisão régia, mediante proposta dos vereadores, exerceu a função até 1720, quando, acometido por graves doenças, solicitou renúncia em favor do seu primogênito homônimo. Em 1762, já ocupante do ofício devido à morte de seu pai, João de Couros Carneiro, o filho, também ficou adoentado, sendo substituído, intermitentemente, por várias pessoas, entre as quais destacavam-se Pedro Lemos Ferreira, João Jacome de Magalhães, Manoel Rodrigues de Souza, Ignácio de Araújo Lassos de Melo e, seu próprio genro, Jerônimo Sodré Pereira. Em 1765, Jerônimo Sodré Pereira reivindicou para si a vitaliciedade no referido ofício, alegando o fato de ser casado com a filha mais velha de João de Couros Carneiro, que havia morrido naquele ano sem deixar herdeiros do sexo masculino. O requerimento, feito diretamente ao rei, foi deferido sem muita demora e sua nomeação apresentada, no ano seguinte, à Câmara local.[199]

As atribuições do escrivão, como dos demais componentes da Câmara, estavam inscritas nas *Ordenações*. Competia-lhe registrar, minuciosamente, as receitas e despesas do concelho; lavrar, em livro apropriado, as atas das reuniões camarárias, os acordos, mandados, alvarás, termos de obrigação e de fianças e outros documentos da competência dos vereadores; escrever cartas testemunháveis e requerimentos feitos aos edis; apossar-se de uma das chaves da arca do concelho onde se guardavam as escrituras, os forais e papéis importantes do município. Devia, ainda, na primeira sessão de cada mês, dar conhecimento aos vereadores e almotacés do conteúdo dos seus respectivos regimentos.[200]

É provável que, no âmbito de cada localidade, as tarefas do escrivão, na prática fossem além daquelas previstas nas Ordenações. Em Salvador, por exemplo, o *Regimento para as propinas e salários dos oficiais do Senado da Câmara da cidade da Bahia,* de 1709, delegava-lhe a responsabilidade por uma série de atividades específicas. Deveria encarregar-se do registro dos contratos dos vinhos, azeites e aguardentes; cuidar da arrematação do contrato das bebidas da terra; do contrato do donativo do tabaco; do donativo do gado, dos currais, dos talhos e das balanças e de qualquer obra ordenada pelo Senado; anotar os termos de trespasso de contrato ou obra arrematada pelo Senado, de fianças, de juramento e de posse dados na Câmara aos capitães de Ordenanças e aos almotacés; copiar a correspondência oficial e particular endereçada à Câmara; transcrever as provisões de juízes e

---

199 AMS, *Provisões Reais, 1761-1780,* sn/fl.

200 *Ordenações Filipinas,* L. I, tit.71.

escrivão pedâneo, bem como as cartas de exame de oficiais mecânicos; redigir normas, acórdãos e posturas emanadas das vereações; registrar as licenças passadas aos vendeiros e acompanhar o provedor da saúde nas visitas às embarcações vindas da África; anotar o resultado das medições das obras [feitas pela Câmara] e das vistorias feitas pelos aferidores de pesos e medidas. Era também obrigado a participar das correições camarárias, redigindo as atas e condenações; elaborar, em nome do Senado, proclamas, avisos, bandos e editais, bem como mandar afixá-los em lugares de maior movimento.[201]

Tão amplas atribuições conferiam ao escrivão o controle sobre parcela significativa da atividade camarária, o que o tornava pessoa das mais influentes na administração municipal, reverenciada e respeitada por todos. Tais características parecem ter sido comuns a escrivães de outras câmaras do Império português, como ressaltaram diversos autores.[202]

Em Salvador, os escrivães que exerceram o ofício no decorrer do século XVIII foram considerados pessoas *de qualidade e confiança* pela municipalidade. Inquiridos pelo rei sobre a transmissão, por herança, do ofício de escrivão a Jerônimo Sodré Pereira, conforme pleiteado pelo próprio, os vereadores responderam afirmativamente, ressaltando a *fidelidade com que aquela família sempre servira à República.*[203]

Além das qualidades funcionais, a longa permanência no cargo, ao menos durante o século XVIII, foi mais um fator que diferenciava os escrivães da Câmara de Salvador dos demais funcionários municipais. Acrescente-se o fato de que, como notou Fonseca para o caso de Évora, a assistência cotidiana às reuniões e atividades camarárias e a outros procedimentos administrativos conferia àqueles oficiais um profundo conhecimento dos assuntos locais, tornando-os principais depositários da memória do poder municipal. Isso lhes possibilitava estabelecer um elo de ligação entre as sucessivas vereações, transmitindo às subsequentes os feitos das anteriores e os procedimentos usuais da instituição camarária. Tanto no reino como nas colônias ultramarinas, a eles devemos parte significativa do conhecimento das funções

---

201 APEB, *Ordens Régias, 1702-1714,* vol. 8, sn/fl.

202 Cf. Francisco Ribeiro da Silva, *O Porto e seu termo...*, vol. 1, p. 496-502; José Damião Rodrigues, *Poder municipal...*, p. 78-80; Avelino de Freitas de, *Os Açores nas encruzilhadas de setecentos (1740-1770),* Ponta Delgada: Universidade dos Açores, 1993, vol. 1, p. 159-163; Maria Virgínia Coelho, *Perfil de um poder concelhio. Santarém durante o reinado de D. José.* Lisboa: Universidade Nova de Lisboa, 1993, tese de doutorado, p. 21-30.

203 AMS, *Ofícios ao Governo, 1761-1775,* sn/fl.

das câmaras perpetuadas à posteridade, o que contribui para a reconstituição da história da administração municipal.[204]

O ofício de **tesoureiro** é um dos que menos se tem referência na documentação produzida pela Câmara. Entretanto, a sua importância no quadro da administração da cidade estava implícita na responsabilidade das tarefas inerentes ao cargo, essencialmente vinculadas à gestão financeira do município. Competia aos vereadores a escolha do tesoureiro do Senado e ao rei a sua nomeação, para exercer a função por um período de três anos consecutivos. Seus afazeres sempre corresponderam ao determinado nas Ordenações e, diferentemente do que ocorria em relação ao escrivão, não houve atividades nem incumbências suplementares àquelas, mesmo porque cabia aos vereadores o total controle dos rendimentos e despesas da Câmara.

A principal atribuição do tesoureiro consistia em receber as rendas do concelho e fazer, sob prévia autorização dos edis, os pagamentos devidos, bem como proceder à arrematação de todos os contratos. Imputava-se ao tesoureiro qualquer irregularidade na execução de tais deveres, que culminasse em prejuízo ou perdas financeiras para o município, devendo arcar por isso com seus próprios bens e recursos. Também era comum o tesoureiro emprestar dinheiro aos cofres públicos, como o fez Miguel Domingues Braga, em 1752, diante das dívidas contraídas com a reedificação do caminho que ia da bica do Rosário para a Rua dos Caldeireiros.[205] Fatos dessa natureza fizeram com que a escolha desse oficial quase sempre recaísse em pessoa abonada e que apresentasse fiador capaz e idôneo.[206]

Durante o século XVII, esse funcionário contava, para o desempenho de suas funções, com a ajuda e coordenação do contador do Senado, ofício exercido pelo vereador mais velho, incumbido de analisar as rendas com o tesoureiro e avaliar a parte que se destinava ao sustento da infantaria e o montante recolhido das vilas para tal finalidade. Entretanto, a partir de 1702, "resolveu-se que o vereador mais velho não mais faria isso por ser obrigação de toda a mesa", passando, assim, o tesoureiro a prestar contas, diretamente, ao conjunto da vereação.[207]

Dos cargos complementares, o de síndico e o de solicitador se assemelhavam aos de escrivão e de tesoureiro, tanto pela condição social dos seus ocupantes quanto pelo *status* que possuíam no seio do grupo dirigente. Para o bom desempenho desses ofícios, as principais exigências, e quase exclusivas, consistiam na habilitação acadêmica,

---

204 Cf. Sobre os escrivães da câmara de Évora: Teresa Fonseca, *Absolutismo...*, p. 227-232.

205 MAS, *Livro de Credores do Senado da Câmara, 1779-1795*, sn/fl.

206 AMS, *Portarias, 1710-1725*, sn/fl.

207 AMS, *Cartas do Senado, 1699-1710*, fl. 44.

na capacidade de oratória e no grau de conhecimento das leis,[208] pois ambos executavam tarefas relativas ao "aconselhamento dos vereadores em negócios e despachos, realizados", bem como requeriam as causas do Senado e defendiam processos movidos contra este. Estas duas últimas atribuições eram de obrigação do solicitador, entretanto não raras foram as vezes, especialmente durante a primeira metade do século XVIII, que o síndico assumiu esse encargo.[209] Devido à qualificação do trabalho, essas funções foram sempre exercidas por licenciados e bacharéis em direito. Numa única situação em que ocorreu de outra forma, Francisco Gomes, síndico, eleito em 1790, foi imediatamente destituído do ofício, apesar de conhecer a escrita. Segundo os camaristas, a deposição se verificou por "estar pouco pronto no despacho das causas do Senado do que outros que se habilitaram com estudos acadêmicos". Naquela ocasião, nomeou-se o bacharel Antônio Alves de Figueiredo, considerado mais apto ao exercício da função.[210] Essa ocorrência parece demonstrar não só o zelo do grupo dirigente local no cumprimento das leis do Reino, mas, do mesmo modo, a preocupação que tinha em preservar os seus próprios interesses materiais e sociais. Afinal, as oportunidades para seus membros ingressarem e pertencerem à burocracia estatal, fonte de *status* e prestígio, não eram assim tão abundantes.

Nas Ordenações e Leis do Reino não estava prevista a figura do **síndico** do Senado. A bibliografia que aborda os aspectos administrativos da Câmara também não faz muita referência a essa função. Todavia, alguns indícios importantes podem ser identificados na documentação manuscrita da Câmara de Salvador, a partir de princípios do século XVII, sendo possível, através dela, recompor as características gerais desse cargo.[211] Sabe-se ao certo que o Regimento para os oficiais da Câmara, de 1709, fazia alusão à referida função, instituindo as propinas que lhe eram devidas.[212] O ofício constava, ainda, na lista, datada de 1795, de ordenados pagos pela Câmara, na qual aparecia recebendo a importância de 96 mil réis anuais, nada insignificante para a época.[213]

Na composição administrativa dos municípios de colonização espanhola, o ofício de síndico estava previsto na legislação vigente, situando-se hierarquicamente abaixo dos regedores e alcaides. Suas principais atribuições contemplavam a de-

---

208 AMS, *Atas da Câmara, 1731-1750*, fl.169/*1787-1801*, fl.73v.

209 AMS, *Atas da Câmara, 1700-1750*, fl.54.

210 AMS, *Atas da Câmara, 1787-1801*, fl.73v.

211 AMS, *Atas da Câmara,. 1625-1641*, p. 54.

212 APEB, *Ordens Régias, 1702-1714*, vol. 8, s/nº fl.

213 APEB, *Cartas ao Governo, 1795*, s/nº fl. doc. avulso.

A BAHIA NO SÉCULO XVIII · 77

fesa dos interesses dos moradores, a sistematização das queixas e dos desejos da população e apresentação nas reuniões do conselho, atuando assim como porta-voz dos cidadãos.[214]

Também nas cidades francesas esta instituição era relativamente conhecida. O síndico usufruía a condição de membro efetivo do corpo camarário e, não raras vezes, acumulava o ofício de tesoureiro.[215]

Além das tarefas anteriormente citadas, nas atividades do síndico estavam a defesa judicial das demandas camarárias e a assessoria técnica da vereação, fazendo com que os vereadores e procurador eleitos a cada ano passassem a compreender o que significava dar provisão, como se fazia e qual a funcionalidade das posturas, das citações, dos acordãos e das condenações.[216] Ou seja, orientava-os na doutrina e no desempenho da parte burocrática e processual inerente ao cargo. Assim como no Porto,[217] também as questões de condenações protestadas, foros e taxas locais sonegadas, dívidas de rendeiros não satisfeitas e qualquer matéria relativa à jurisprudência da administração municipal estavam sob responsabilidade deste funcionário. O síndico, na verdade, podia ser hoje designado de procurador jurídico da câmara, incumbido de defender os seus direitos e privilégios. Eleito pelos vereadores e pelo procurador para o mandato de um ano, na maioria das vezes, o mesmo indivíduo era reconduzido ao cargo por anos consecutivos, tornando a função quase vitalícia e, em certos casos, com características de hereditariedade.[218]

No caso do ofício de **solicitador**, ocorria o mesmo procedimento. Conforme o já explicitado, este oficial atuava como requerente e defensor das causas da Câmara, recebendo, por isso, pagamento anual de 32 mil réis. Em termos hierárquicos, si-

---

214 Reinhard Liehr, *op. cit.*, p. 155.

215 M. Bordes, *L'administration provinciale e municipale en France au XVIIIe siècle*. Paris: SEDES, 1972, p. 216-218.

216 AMS, *Atas da Câmara, 1787-1801*, fls. 73-74.

217 Cf. Francisco Ribeiro da Silva, *O Porto e seu termo...*, vol. 2, p. 595-605.

218 Vide o caso de Antônio Correa Ximenes que ocupou o cargo por mais de vinte anos, sendo, após sua morte, substituído por seu filho Francisco Ximenes. Cf. AMS, *Atas da Câmara, 1700-1708*, fl.173; *1718-1731*, fl. 208v. José de Beça Teixeira e Leandro Álvares de Sá também exerceram o ofício por longos anos, sem serem, no entanto, substituídos por parentes, indicando que tais fatos não se constituíam regra. Cf. AMS, *Atas da Câmara, 1731-1750*, fl. 290v.

tuava-se logo abaixo do síndico auxiliando-o em suas competências e executando tarefas ordenadas por ele e pela vereação no âmbito da cidade e seu termo.[219]

Outros funcionários menos qualificados também integravam o quadro de pessoal da Câmara de Salvador. Eram cargos que deveriam ser ocupados por "cidadãos pobres, mas honrados, que na sua ocupação achasse remédio a sua pobreza e na honra tivesse mui honroso estímulo para a verdade", conforme qualificativo proposto por um vereador na época.[220] Esses ofícios menores estavam, pois, reservados ao universo social dos pequenos comerciantes, pequenos lavradores, vendeiros e oficiais mecânicos, de onde saíam os que preencheriam os cargos de porteiro/guarda livros, de carcereiro, alcaide, arruador/medidor, quadrilheiro, e de almotacé da limpeza. Destes, alguns constavam das Ordenações, como os ofícios de porteiro, carcereiro, alcaide, e de quadrilheiro.[221] Outros, como o os de arruador/medidor e de almotacé da limpeza, nem sequer foram mencionados em Leis e Regimentos, mas as atas das reuniões camarárias, deixam entrever da sua concreta existência.[222]

Em se tratando do ofício de **porteiro** da Câmara, em Salvador ocorreu uma variante. Até o início do século XVIII, ao indivíduo que o exercesse cabia as tarefas de fazer penhoras e apregoar, nos locais públicos de maior circulação, as decisões camarárias cujo conteúdo se fazia necessário dar conhecimento a todos os habitantes; afixar editais; fazer convocatórias, notificações e embargos em nome do Senado e, pelo costume, zelar e guardar, diariamente, os livros e documentos municipais. Adicionalmente, pelo Regimento de 1709, devia, também, selar as pipas de vinho, vinagre, azeite e aguardente e aferir pesos e medidas. No final do século, em 1790, por decisão dos vereadores, lhe foi excluída a tarefa de apregoar as resoluções da Câmara, sendo nomeados dois oficiais para este fim, denominados de 1º e 2º pregoeiros.[223]

Ao que parece, também com o ofício de porteiro ocorreu o princípio de vitaliciedade, ou, se não, da longa permanência no posto. Durante o século XVIII a ocupação do cargo não passou por mais que sete indivíduos: Amaro de Araújo Lima e Caetano da Silva Soares, entre 1700 e 1739; Luís de Sousa Pereira, entre 1740 e 1751;

---

219 AMS, *Atas da Câmara, 1731-1750*, fl.169; APEB, *Cartas ao Governo, 1795*, s/no. fl. doc. avulso.

220 APEB, *Cartas do Senado, 1742-1823*, s/no. fl.

221 *Ordenações Filipinas*, L. I, tits.72, 73, 75,77 e 87.

222 APEB, *Cartas do Senado, 1742-1823*, s/no. fl.; AMS, *Atas da Câmara, 1776-1787*, fl. 197.

223 *Ordenações Filipinas*, liv. 1, tit.87.

João Álvares de Almeida Neves, de 1752 a 1762; Inácio Ribeiro da Costa Furtado, de 1763 a 1781; e Manoel José de Melo, genro deste último.[224]

Os ofícios de **carcereiro** e **alcaide** possuíam um ponto em comum: ambos se encarregavam de fazer cumprir as determinações da Câmara no concernente à aplicação da justiça. Assim, as ocupações do carcereiro se resumiam em manter reclusa a pessoa condenada e levar os presos às audiências com os juízes e já o alcaide cuidava do policiamento diário da cidade e de diligências para efetuar prisões a mando de autoridades competentes.[225] Integrava, ainda, o Tribunal da Saúde, composto pelo vereador mais novo e pelo médico da Câmara e participava das visitas aos açougues, às embarcações, casas, vendas e ruas, fazendo a execução da pena quando esta indicava a destruição de alimentos estragados, ou qualquer produto que ameaçasse a saúde pública. Cuidava, também, de ações de vigilância sanitária tanto em relação às condições gerais da cidade quanto à vida privada das pessoas doentes. Esta atribuição ficou ilustrada numa visita feita à casa de um tísico, cuja ordem do provedor da saúde fora queimar as roupas e móveis do doente, ação coordenada e executada pelo alcaide.[226]

Cargo peculiar era o de **avaliador do Senado**, responsável pela fiscalização das obras públicas e particulares. Em contato direto e constante com a população local, devia ser requisitado sempre que se pretendesse projetar uma nova construção na cidade, para que verificasse, emitisse parecer e procedesse à orientação devida. Entretanto, caso a obra fosse feita à sua revelia, o que não raro ocorria, e não estivesse de acordo com os padrões da Câmara, portando "sacadas muito extensas, impedindo a passagem ou diminuindo a largura da rua", sua competência alcançava a fiscalização e qualquer irregularidade constatada seria punida até mesmo com a destruição da obra, como aconteceu com Bento Ramos Chaves, em 1736, obrigado a desmanchar, por sua conta, um muro, considerado pelo arruador, Manoel Antunes Lima, fora do alinhamento estipulado pela Câmara e "tão largo que atrapalhava a passagem".[227] Esse ofício, antes denominado "ofício de medidor", responsabilizava-se, num primeiro momento, pela avaliação das obras públicas. Com o crescimento e evolução da cidade fez-se necessário organizar e controlar, também, as edificações particulares, a exemplo de casas de morada e de estabelecimentos comerciais. Assim, na segunda década do século XVIII, possivelmente entre 1723-1727, o medi-

---

224 AMS, *Atas da Câmara, 1700-1708*, fl.268; *1731-1750*, fl. 163, *1751-1765*, fl.328-331/*1787-1801*, fl.189; *Provisões Reais, 1761-1780*, fl. 28/*1788-1798*, fl. 82.

225 *Idem, ibidem*, L 1, tit. 75 e 77; AMS, *Atas da Câmara, 1787-1801*, fls. 41 e 88.

226 AMS, *Termos de Visitas da Saúde, 1776-1803*, s/no. fl.

227 AMS, *Termos de Alinhamentos e Vistorias, 1724-1746*, s/no. fl.

dor da Câmara passou a assumir também esse papel, tornando-se conhecido como arruador e medidor do Senado, ofício geralmente exercido por um mestre-pedreiro. Ao que tudo indica, se tratava de uma função remunerada, embora não tenha sido possível identificar o valor pago pela Câmara ao ocupante do cargo.[228]

De resto, cabe menção aos ofícios de *quadrilheiro* e de *almotacé da limpeza*. O primeiro, previsto nas Ordenações Filipinas, foi instituído em Salvador, por iniciativa da Câmara, desde os princípios do século XVII. Todavia, só foi regulamentado, de fato, nos anos vinte do século XVIII, quando o Senado achou conveniente dividir as freguesias por quadras e eleger quadrilheiros a fim "de se evitar furtos e outros distúrbios". Auxiliado por um capataz, o quadrilheiro deveria "correr toda a sua quadrilha diariamente, de dia e de noite, examinando as ruas e acudindo a todos os distúrbios que nelas ocorressem e prendendo os malfeitores".[229] O capitão de cada quadrilha, bem como o seu capataz, era escolhido dentre pessoas da população local, que aceitava "mais ou menos espontaneamente, os encargos da vigilância e punição",[230] por um período de três anos, quando os vereadores nomeavam outras pessoas para os cargos. A esses oficiais, que não percebiam qualquer tipo de remuneração, concediam-se determinados privilégios, como "a posse das armas que apreendessem nas vigílias e a isenção do serviço nas tropas de linha e nas ordenanças".[231] Em Salvador, foram sempre vendeiros e oficiais mecânicos que exerceram essas funções, a exemplo de "Matias Gonçalves Viana, vendeiro, quadrilheiro do Guindaste dos Padres, Carmo até o Arco e João Luís, torneiro, quadrilheiro do bairro da Preguiça", ambos moradores do próprio lugar.[232]

O ofício de almotacé da limpeza foi instituído pela Câmara de Salvador em 1672, pressionada pelo estado de calamidade em que se encontrava a saúde pública na cidade.

---

228 *Idem, ibidem*. Essa documentação é extensa e vai até 1800, mas a leitura de poucos documentos é suficiente para se perceber o papel e funções do arruador.

229 *Ordenações Filipinas*, L.1., tit.73; AMS, *Atas da Câmara, 1731-1750*, fl.122-124.

230 Jurandir Freire Costa, *Ordem médica e norma familiar*. Rio de Janeiro: Graal, 1979, p. 21.

231 AMS, *Atas da Câmara, 1731-1750*, fl.122.

232 Esta forma de policiamento de ruas é remanescente da sociedade medieval, quando as forças de polícia das cidades eram escolhidas entre a população local pelo sistema de rodízio. "Em Londres, no século XVII, um dispositivo municipal determinou que mais de mil guardas deveriam estar constantemente de serviço na cidade, do poente ao nascer do sol, e que cada habitante deveria tomar parte". Lewis Munford, *A cidade na história: suas origens, transformações e perspectiva*. São Paulo: Martins Fontes, 1982, p. 299. Em Portugal, tais determinações estavam previstas nas Ordenações e Leis do Reino, seguindo um costume medievo.

A BAHIA NO SÉCULO XVIII 81

As suas competências, que não constavam de leis e regimentos, foram definidas pelos próprios vereadores, no ato de criação do cargo, e se resumiam em fiscalizar a limpeza de ruas, fontes, quintais e praças, geralmente executada pelos próprios moradores.[233]

Convém acrescentar que todos os ocupantes dos ofícios citados eram escolhidos e nomeados temporariamente pela Câmara, podendo ser demitidos a qualquer momento, desde que não desempenhassem bem a função. Entretanto, conforme já explicitado, parece ter imperado o princípio de vitaliciedade e da hereditariedade, sobretudo em relação aos ofícios de maior importância.

A hereditariedade na transmissão de funções públicas em Portugal e seu Império, pouco teve a ver com o processo de venalidade de ofícios, ocorrido em maior ou menor grau por quase toda a Europa a partir do século XVI. Ao contrário do que aconteceu em países como França e Espanha, onde a venda de cargos e honras tornou-se expediente de finanças públicas fundamental,[234] em Portugal, embora tivessem acontecido casos de venalidade explícita e, também, dissimulada, a falta de tradição e a interferência do Estado contiveram a generalização de tal procedimento. Tanto a vitaliciedade quanto a hereditariedade em Portugal relacionavam-se muito mais a benefícios e reconhecimento de serviços prestados do que a ascensão ao cargo mediante sua compra. Ademais, a sucessão não era automática, mas decorrente de solicitação do interessado e prévia avaliação das suas reais capacidades para assumir o posto pleiteado.[235] Essas práticas explicam a existência de uma verdadeira dinastia de oficiais ocupando as mais variadas funções no interior do Estado, tanto na administração central como periférica, tanto no reino como nos territórios conquistados, segundo atestam inúmeros autores. Eram também a expressão, nas microestruturas, das características patrimoniais da administração pública, cuja dificuldade de superação reforçava as autonomias locais, em detrimento dos projetos centralistas e unificadores do Estado, e das

---

233 *Atas da Câmara, 1669-1684*, fl.78-79.

234 Na França, o sistema tornou-se legal e a criação da taxa denominada *Paulette* regularizou, desde 1604, a transmissão de cargos via o fator da hereditariedade. Cf. Emanuel Le Roy Ladurie, *op. cit.,* p. 27. Segundo Anderson, a venda de cargos não se constituiu apenas em um estratagema econômico, tinha também uma função política que era a de impedir a formação de redes clientelísticas dos nobres dentro do Estado, dependentes não de equivalentes impessoais em numerário, mas das ligações pessoais e do prestígio de um grande senhor e de sua Casa. Cf. Perry Anderson, *Linhagens...*, p. 56.

235 Cf. Teresa Fonseca, *Absolutismo e municipalismo...*, p. 280-281.

práticas costumeiras das câmaras, baseadas nas alianças entre a elite governante e sua fiel clientela de funcionários e subordinados.[236]

A Câmara e as instâncias periféricas do poder central: corregedores e provedores

É fato corrente que à autoridade legal da câmara não se superpunha nenhuma jurisdição de outra instituição corporativa. Uma cidade/vila sede de comarca, ou de provedoria, era apenas o espaço de assistência de magistrados régios (corregedores ou provedores) que possuíam competências específicas sobre um território composto por diversos núcleos urbanos, mas sem ter sob sua dependência, ou subjugação direta, outros organismos locais.[237] Isto não significa dizer que as câmaras ficassem imunes aos esforços centralizadores implementados pela coroa portuguesa ao longo dos séculos XVI-XVIII.[238] Ao contrário, de maneira geral, a historiografia sobre o Estado absolutista moderno é quase unânime quanto à uma de suas principais características: a supressão ou redução dos poderes locais, embora reconheça que

---

236 Cf. Francisco Ribeiro da Silva, *O Porto e seu termo...*, p. 957-966; Teresa Fonseca, *Absolutismo e municipalismo...*, p. 280-281; Raimundo Faoro, *Os donos do poder...*, vol. 1, p. 15-22.

237 Nuno Gonçalo Monteiro, "Elites locais e mobilidade social". *Análise Social*, vol. 32 (141). Lisboa, 1997 (2º), p. 33.

238 Sobre o absolutismo português, vide: Jorge Borges de Macedo, "Absolutismo", In: Joel Serrão (dir.), *Dicionário de história de Portugal*, vol. 1. Porto: Livraria Figueirinhas, s/d, p. 8-14. Do mesmo autor e na mesma obra, confira o verbete "Centralização política", vol. 2, p. 39-41. A temática é tratada, de maneira geral em: António Manuel Hespanha, *As vésperas do Leviathan. Instituições e poder político, Portugal, séc. XVII*. Coimbra: Almedina, 1994, e "Para uma teoria de história institucional do Antigo Regime", In: António Manuel Hespanha (org.), *Poder e instituições na Europa do Antigo Regime*. Lisboa: Fundação Calouste Gulbenkian, 1984, p. 9-89. Cf., ainda, Ângela Barreto Xavier e António Manuel Hespanha, "A representação da sociedade e do poder", In: António Manuel Hespanha (coord.), *História de Portugal. O Antigo Regime (1620-1807)*, vol. 4. Lisboa: Editorial Estampa, 1998, p. 113-140. As características econômico-fiscais do Estado e das instituições do Antigo Regime português podem ser acompanhadas em: Vitorino Magalhães Godinho, "Finanças públicas e estrutura do Estado", In: Joel Derrão (dir.), *Dicionário...*, vol. 3, p. 20-40. Cf., especificamente, António Manuel Hespanha, *As vésperas...*, p. 472-498.

A BAHIA NO SÉCULO XVIII   83

isto nunca tenha chegado a se efetivar totalmente.[239] Assim aconteceu em França, onde, dentre outras coisas, a atividade governativa municipal passou a ser fiscalizada pelos intendentes e a eles diretamente subordinada, bem como na Espanha, cuja intervenção do Estado sobre as instituições locais se efetivou através da ampliação do poder dos corregedores.[240] Dessa forma, a nomeação de magistrados para ocupar postos chaves na periferia do sistema de poder – de modo a constituírem, na compreensão de Fonseca, uma espécie de instância do poder central e paralelo ao das instituições locais, capaz de neutralizar, ou, pelo menos, moderar as suas práticas autonomistas – foi ação comum às monarquias europeias no período de consolidação do absolutismo.[241]

A extemporaneidade portuguesa no processo de centralização territorial e política não significou, de imediato, no que se refere ao fortalecimento e supremacia do poder monárquico, uma correspondente superação e controle dos *micropoderes*, manifestos em diferentes e diversificadas instituições políticas secundárias e em *corpus* particulares, conforme assegura Hespanha.[242]

Análise semelhante fizera Borges de Macedo, para quem a impossibilidade de contrapor-se radicalmente à lei moral e religiosa, aos direitos particulares consagrados e aos usos e costumes tradicionais, havia dado margem à construção de um centralismo político que, não obstante a sua autenticidade, apresentava-se mal definido e instável. Na opinião dos autores citados, essa situação só sofreu alterações (e não completamente) no tempo do marquês de Pombal, quando a autoridade real passara a sobrepor-se à quaisquer leis e o direito público deixou de ser também radicado em mãos de particulares. Até aí, explicita Hespanha, apesar das Ordenações proferirem as competências naturais e essenciais da realeza e proclamar a origem

---

239   Cf., entre outros: Perry Anderson, *Linhagens do Estado absolutista,*(trad. telma Costa). Porto: Edições Afrontamento, 1984; Emanuel Le Roy Ladurie, *O Estado monárquico, França: 1460-1610* (trad. Maria Lúcia Machado). São Paulo: Companhia das Letras, 1994.

240   Cf. Maurice Bordes, *L'administration provinciale e municipale en France au XVIIIe siècle.* Paris: SEDES, 1972; Pierre Deyon, *L'Europe du XVIII siècle.* Paris: Hachette, 1995; Eloy Benito Ruano, "Origen y evolucion medieval del municipio Castellano-Leones", *Actas das Jornadas sobre o municipio na península Ibérica (sécs.XII a XIX),* Santo Tirso, Câmara Municipal, 1988, p. 63-73.

241   Teresa Fonseca, *Absolutismo...*, p. 499.

242   Cf., especificamente, António Manuel Hespanha, *As vésperas...*, p. 472-498.

real de toda a jurisdição, acreditava-se que o rei teria que respeitar a generalidade das concessões feitas por seus antecessores.[243]

O período pombalino projetou-se enquanto marco do absolutismo português. Entretanto, foram os esforços centralistas anteriores que, sem dúvida, lhe possibilitaram tamanho vigor. Bethencourt atribui à ampliação e ao reforço da autoridade do poder central a processos, desencadeados de forma mais contundente ao longo do século XVI, que passaram sobretudo pela reorganização da coroa, através do desenvolvimento da burocracia régia; pela reforma religiosa; por novas formas de articulação entre senhorios e concelhos e pela difusão de organizações sociorreligiosas, como as misericórdias, confrarias e capelas.[244]

Assim, às autonomias do poder local, em importantes áreas da atividade político-administrativa, aos particularismos corporativos e à persistência de corpos políticos tradicionais, fazia-se necessário impor a autoridade régia em todos os níveis de poder. Durante os dois séculos posteriores, as mudanças políticas e econômicas empreendidas pelo Estado continuaram no sentido de aprofundar a centralização administrativa e unificação jurídica, de modo a minimizar o poder das instâncias locais, principais contrapontos do viés centralizador, retirando-lhes antigas e costumeiras competências e pondo-as sob a vigilância de delegados régios, cujos poderes foram alargados.[245] No âmbito da intervenção sobre a estrutura político-administrativa concelhia, a coroa apostou na superposição dos poderes e funções de juízes de fora, corregedores e provedores sobre os domínios jurisdicionais camarários, reforçando a sua condição de representantes do rei na vida local.

Os juízes de fora têm sido retratados pela historiografia portuguesa e brasileira tradicional como os principais agentes da centralização monárquica no que se refere ao controle das municipalidades. O argumento central dessa tese é o de que, sendo uma autoridade de nomeação régia e totalmente estranha à terra, não se deixaria envolver nas redes locais de poder, podendo, assim, melhor verificar e controlar as práticas camarárias e dos grupos sociais dominantes. Segundo Hespanha, não há dúvidas de que os juízes de fora representavam um elemento perturbador da ordem e dos arranjos políticos locais, entretanto, nem por isso asseguravam o fortalecimento do poder real. Antes, agiam como fator de

---

243 Jorge Borges de Macedo, "Absolutismo"..., p. 9; "Centralização política"..., p. 39; António Manuel Hespanha, "Para uma teoria da história institucional do Antigo Regime"..., p. 62.

244 Francisco Bethencourt, "Os equilíbrios sociais do poder", In: Joaquim Romero Magalhães (coord.), *História de Portugal. No alvorecer da modernidade (140-1620)*, vol. 3. Lisboa: Editorial Estampa, 1997, p. 139.

245 Jorge Borges de Macedo, "Absolutismo"..., p. 10-12.

enfraquecimento das estruturas locais e de robustecimento da própria estrutura burocrática da qual faziam parte, juntamente com corregedores e provedores, e que filtravam toda a comunicação entre o centro e a periferia. Ou seja, no jogo de interesses locais demarcavam seu próprio espaço.[246] Monteiro alude ao fato de alguns autores, referindo-se à dinâmica político-administrativa de diversos concelhos do reino, afirmarem que a presença desses oficiais letrados não resultou na alteração das tendências oligárquicas e autonomistas do poder municipal, posto não raro os juízes de fora, às vezes impulsionados pela longa permanência no cargo, se integrarem ao panorama político local e até mesmo agirem a serviço dos interesses estabelecidos.[247] No que se refere ao Brasil, Bicalho acredita serem válidas algumas proposições da historiografia portuguesa acerca do papel e da função do juiz de fora. Porém, ressalta que a criação do cargo na América portuguesa, que data de fins do século XVII, atendeu a demandas que extrapolavam às verificadas para o reino, e que eram específicas da realidade colonial. Assim, afirma que, dentre outras razões, a instituição do ofício de juiz de fora na colônia, sobretudo nas cidades marítimas, pautou-se na necessidade da coroa em intervir nas funções administrativas e financeiras das câmaras, de forma a garantir que as rendas coloniais fossem efetivamente destinadas à Fazenda Real.[248]

Do papel que esses magistrados régios desempenharam junto à Câmara de Salvador já nos ocupamos anteriormente e, portanto, não retornaremos ao assunto. Quanto aos corregedores e provedores, assim como os juízes de fora, eram todos nomeados pelo rei e também intervinham nas municipalidades em questões que, a nosso ver, podiam afetar mais profundamente a autonomia municipal, como a escolha dos oficiais e a fiscalização da contabilidade camarária.

A criação do cargo de corregedor remonta ao século XIV, ainda no começo da política centralizadora da administração pública. Esse magistrado detinha funções jurisdicionais especiais, atuando sempre por delegação extraordinária, encarregando-se de aplicar a justiça nos lugares onde fossem verificadas desordens e perturbações. Seu poder foi reforçado durante o reinado de D. Afonso IV (1325-1357) e suas competências, até então confinadas à área judicial, foram ampliadas à administração local, passando a cuidar também de inúmeras questões relativas ao concelho. No decorrer dos séculos, o ofício tornou-se ordinário

---

246 António Manuel Hespanha, *As vésperas...*, p. 198-199.

247 Nuno Gonçalo Monteiro, "Os concelhos e as comunidades", In: António Manuel Hespanha, *História de Portugal...*, p. 269-283. Cit. por Maria Fernanda Baptista Bicalho, *A cidade e o império...*, p. 330.

248 Maria Fernanda Baptista Bicalho, *A cidade e o Império...*, p. 330-331.

e a eficácia da sua atividade enquanto inspetor da administração e da justiça foi maximizada, reforçando o seu papel de representante do rei na vida local.[249]

De acordo com Hespanha, o principal núcleo de atribuições dos corregedores dizia respeito ao campo da justiça, mas tinham igualmente atribuições no domínio político. Em matéria judiciária, competia-lhes, dentre outras coisas, defender o Estado e a ordem pública; devassar sobre certos crimes; inspecionar as prisões; julgar, em segunda instância, os recursos dos juízes locais; sentenciar, em primeira instância, os feitos cujos réus eram fidalgos ou pessoas influentes. No domínio político, cabia-lhes tutelar o governo dos concelhos, inclusive no que dizia respeito à administração financeira; verificar a legalidade das eleições; fiscalizar as posturas e o seu cumprimento, bem como propor ao rei a reforma daquelas que considerasse indevidas; autorizar fintas; e inspecionar as atividades dos oficiais camarários.[250]

A partir da segunda metade do século XVIII, com a intensificação da centralização político-administrativa encetada por Pombal, a figura deste magistrado régio adquiriu maior relevância e prestígio. Tornou-se elemento fundamental no processo de reforço do papel político da camada burocrática, sobretudo quando, conforme explica Hespanha, o conhecimento mais detalhado do território português passara a ser condição premente para o seu efetivo controle.[251]

Outro agente da administração real periférica de suma importância no interior dos municípios eram os provedores. A data da instituição do cargo, de acordo com Teresa Fonseca, não é de fácil precisão, mas tudo indica que foi em período bastante posterior à criação do ofício de corregedor e anterior ao reinado de D. Afonso V.[252]

Nas Ordenações Filipinas as funções desses magistrados já apareciam bem sistematizadas e definidas, destacando-se como competências primordiais a fiscalização das disposições testamentárias, a tutela dos interesses cujos titulares não esti-

---

249 Cf. Marcelo Caetano, *A administração municipal de Lisboa durante a 1ª dinastia (1179-1383)*. Lisboa: Livros Horizonte, 1990, p. 131-154; António Manuel Hespanha, *História das instituições: épocas medieval e moderna*. Coimbra: Livraria Almedina, 1982, p. 252ss; *As vésperas do Leviathan...*, p. 199-206; Teresa Fonseca, *Absolutismo e municipalismo...*, p. 425ss.

250 António Manuel Hespanha, *As vésperas...*, p. 200.

251 *Idem, ibidem*, p. 203.

252 Teresa Fonseca, *Absolutismo e municipalismo...*, p. 484.

vessem em condições de administrá-los e as matérias relativas a finanças, sobretudo o arrendamento das rendas reais.[253]

Dentre as atribuições que a Ordenações do Reino destinavam ao provedor, a que mais diretamente dizia respeito à administração municipal era o poder de fiscalizar e controlar a contabilidade camarária, de modo a garantir a eficiente arrecadação da *terça régia*. Essas tarefas tinham sido inicialmente da competência dos corregedores. Porém, a necessidade de controle mais eficaz sobre o erário público fez com que a coroa as transferissem, em meados do século XVI, para a alçada dos provedores.[254]

Em Salvador e sua comarca, durante o século XVIII, o exercício dos ofícios de corregedor e provedor concentravam-se na mesma pessoa e sempre com a alçada também de ouvidor.[255] Esse modelo de gestão administrativa conferia a seus agentes o total domínio sobre a condução da vida local ao tempo em que os elevava ao *status* de principal representante do poder central junto à Câmara, sobrepondo-se inclusive ao juiz de fora.

Ao longo do Setecentos, atuaram como corregedor/provedor em Salvador cerca de 22 magistrados, o que perfaz uma média de 3.4 anos de mandato, superior ao período de um triênio estabelecido por lei. Alguns dos ocupantes do cargo chegaram mesmo a dobrar ou triplicar o tempo normal e legal de exercício dos ofícios, como foi o caso dos provedores Luís Freire de Veras e Antônio Manoel de Morais Sarmento que ocuparam o cargo por longos nove e seis anos, respectivamente (Cf. quadro 4).[256]

---

253 *Ordenações Filipinas*, liv. I, tit. 62.

254 Teresa fonseca, *Absolutismo e municipalismo...*, p. 484.

255 Maria Fernanda Baptista Bicalho explica que no reino havia clara distinção entre as competências dos corregedores e dos ouvidores – os primeiros eram funcionários régios e os segundos atuavam na esfera senhorial –, mas, no ultramar, essa diferença esvaiu-se subsistindo a figura do ouvidor a quem se somava a alçada de corregedor. Cf. *A cidade e o império...*, p. 332, nota 31. Em Salvador, o ofício de corregedor de comarca foi criado em 1696, com alçada de provedor e ouvidor, o que significava a multiplicidade de funções. Cf. AMS, *Provimento dos Corregedores, 1696-1738; Provimento do Provedor da Comarca, 1739-1826*. A acumulação, na mesma pessoa, dos cargos de corregedor e provedor foi também verificada no reino. Teresa Fonseca cita o caso de Évora e Hespanha o de Ourique. Cf. Teresa Fonseca, *Absolutismo...*, p. 485, António Manuel Hespanha, *As vésperas...*, p. 209.

256 AMS, *Provimento dos Corregedores, 1696-1738; Provimento do Provedor da Comarca, 1739-1826*.

Na Bahia, a alçada de corregedor possibilitava ao ouvidor geral imiscuir-se nas eleições do concelho, como demonstrado anteriormente. O mesmo ocorria com o provedor com alçada de corregedor e ouvidor. É certo que a presença desse magistrado assegurou a constância, disciplina e legalidade dos processos eleitorais, realizados regularmente em dezembro de cada ano. Entretanto, não há indícios de que suas ações tivessem sido determinantes para a flexibilização ou modificação da forma de recrutamento dos indivíduos que ocupavam cargos camarários.[257]

QUADRO 4 – Relação de Corregedores e Provedores de Salvador (1700-1800)

Nomes	Duração/mandatos
João Vieira Macedo	1700-1703
Miguel Manço Preto	1704-1706
Fernando Pereira de Vasconcelos	1707-1709
João Barbosa Teixeira Maciel	1710-1714
Manoel Gomes de Oliveira	1715-1718
José da Cunha Cardoso	1719-1723
Pedro Gonçalves Cordeiro Pereira	1724-1728
José de Carvalho Martins	1729-1732
José dos Santos Varjão	1733-1734
Domingos Vaz Leite	1735-1740
António Manoel de Morais Sarmento	1741-1747
José Monteiro	1748-1750
Dionísio Gonçalves Branco	1751-1753
Luís Freire de Veras	1754-1763
António José Cabral de Almeida	1764-1768
António Gomes Ribeiro	1769-1770
Domingos João Viegas	1771-1776
Faustino da Costa Valente	1777-1779
Francisco Vicente Viana	1780-1783

257 Vide o caso de Domingos da Costa Guimarães que teve seu nome indicado pelo corregedor, José da Cunha Cardoso, para compor a *pauta de elegíveis*, inclusive com a anuência régia, e foi rechaçado pela elite camarária. Cf. AMS, *Portarias,1710-1725*, fl. 26ss.

Joaquim Manoel de Campos	1787-1792
Joaquim António Gonzaga	1793-11797
Faustino Fernandes de Castro Lobo	1798-1800

Fonte: AMS, *Provimento dos Corregedores (1696-1738);Provimento do Provedor da Comarca (1739-1826)*

Noutros casos, o exercício do cargo de provedor, ou de algum outro que exercesse idêntica competência, imprimia aos seus ocupantes o dever de fazer correições anuais nas câmaras das vilas sob sua jurisdição, verificando e fiscalizando as contas municipais com claro objetivo de garantir os interesses econômicos da coroa.[258] Além da coleta das *terças*,[259] os provedores cobravam e recolhiam inúmeros outros impostos régios.[260]

Embora não fosse integrante efetivo da administração local, o corregedor/provedor não deixava de ter influência indireta na sua conduta, seja porque acabava se enveredando nas teias de relações político-sociais locais, seja em atitudes pessoais no julgamento e encaminhamento de feitos da Câmara.

A leitura atenta da documentação disponível indica que, não obstante os poderes inerentes ao cargo, a ação dos corregedores e provedores em Salvador – no desempenho de suas atribuições fiscalizatórias e de controle – restringia-se à execução de atos rotineiros que visavam apenas cumprir com as formalidades que a posição de tais oficiais requeria. Isto ficava evidente na efetivação de um dos instrumentos mais incisivos de acompanhamento da atividade camarária: as audiências de correição. Nestas, quase nunca realizadas anualmente, como preceituava o regimento, o corregedor deveria ouvir os camaristas, questionando sobre a ação da Câmara no âmbito de sua jurisdição. As inquirições obedeciam sempre a uma mesma lógica, seguindo a formulação de quesitos. As perguntas mais comuns diziam respeito à justeza das posturas, à realização periódica de correições camarárias, à observância do padrão de pesos e medidas, à fiscalização das atividades comerciais, à frequência dos vereadores nas sessões da Câmara, às eleições de almotacés e, de maneira mais contundente, sobretudo durante o período pombalino, sobre a arrematação das rendas.[261]

---

258 AMS, *Provimento do Provedor da Comarca, 1739-1826.*

259 Terça parte do total das rendas/receitas municipais que deviam ser destinadas à Coroa.

260 Luís Vidigal, *O municipalismo em Portugal no século XVIII*, Lisboa, Livros Horizonte, 1989, p. 41.

261 AMS, *Provimento dos corregedores, 1696-1738; Provimento do Provedor da Comarca, 1739-1826.*

AVANETE PEREIRA SOUSA

A análise dos livros de *Provimento dos Corregedores, 1696-1738* e *Provimento do Provedor, 1739-1826*, nos permitiu constatar que as atitudes dos corregedores e provedores perante a Câmara não foi de controle e ingerência, mas de colaboração. Ao que parece, não houve orientações contenciosas e impositivas, resultantes de questionamentos sobre as práticas administrativas dos membros do Senado, como a aplicação das receitas da Câmara, a administração dos bens concelhios, a reformulação de posturas, mesmo sobre a intervenção no cotidiano da cidade, em aspectos como abastecimento, saúde e obras.[262] Ao contrário, o elogio mútuo enlaçava esses magistrados régios com o poder camarário, sendo os conflitos jurisdicionais resolvidos sem que houvesse recorrência a tribunais superiores.[263]

De acordo com a legislação régia, o poder dos provedores deveria ser decisivo e traduzir-se em medidas efetivas e orientações precisas para a utilização e aplicação racional dos réditos camarários. Isto, porém, pode não ter acontecido em Salvador setecentista. A responsabilidade pela arrecadação das *terças* imputava ao provedor o dever de cuidar para que as receitas municipais, provenientes de impostos e do aforamento de bens concelhios, fossem bem administradas. Entretanto, não constatamos a presença desse magistrado régio nos atos de arrematação das rendas da Câmara e nem nas vistorias nos livros de registro das referidas adjudicações. Também nesse plano parece transparecer certa autonomia da municipalidade, que, afora a "obrigação" do pagamento das *terças régias*, cuidava, com certa liberdade e sem a intervenção de outros organismos e instituições do poder central, dos rendimentos provenientes dos impostos locais.[264]

Um aspecto que interferia negativamente na atividade desses magistrados régios em Salvador residia no fato de terem que atender a todos os municípios da comarca, executando uma série de tarefas de natureza variada, o que nem sempre lhes permitiam atuar de maneira mais contundente junto às câmaras, fiscalizando-lhes as ações. Ademais, não era incomum, como oficiais representantes do poder central sediados na capital da colônia e, a partir de 1763, da capitania da Bahia, terem que socorrer colegas de outras comarcas, sobretudo em matéria de justiça.[265]

---

262 *Idem, ibidem.*

263 AMS, *Provimento dos Corregedores, 1696-1738*, fl. 39ss.

264 Mesmo o pagamento das *terças* constituindo-se uma obrigatoriedade por parte da Câmara, não raras foram as vezes em que se deixou de cumprir ou prorrogar tal compromisso. Noutros casos, houve ainda, mediante solicitação dos vereadores, autorização régia para que as *terças* fossem aplicadas na melhoria da infraestrutura urbana. AMS, *Provimento do Provedor da Comarca, 1739-1826*, sn/fl.

265 Cf. AMS, *Carta do Senado aos Governos das Vilas e Capitanias, 1686-1805*, sn/fl., onde há referências sobre a ação do corregedor da comarca da Bahia, Luís freire de Veras, na

De outro modo, como afirma Maxwell, quaisquer medidas adotadas para o Brasil, fossem em que plano fossem, seriam sempre "modificadas, moldadas e subvertidas pelas circunstâncias locais".[266] Em se tratando do controle e da intervenção na administração das câmaras, instâncias desde sempre assentadas numa aristocracia local representada pelas principais famílias da terra, havia ainda que se defrontar com o que esse mesmo autor denominou de "barreiras da tradição".[267] Ora, ao entrincheirar-se nas instituições municipais, nomeadamente nas câmaras, essa elite local dirigente constituiu-se quase sempre num forte elemento de resistência ao Estado absolutista vigente, mantendo os seus privilégios e regalias, não obstante às diversas tentativas do governo de combater a concentração do poder camarário em mãos de meia dúzia de notáveis e nobres locais.[268] No caso da ingerência de organismos periféricos do poder central na vida local, como os corregedores, provedores e juízes de fora, tais circunstâncias significaram, quase sempre, dificuldade ou total impossibilidade de cumprir com o seu papel. Ainda assim, identificados, pela sua formação acadêmica e cultural, com o lado esclarecido da política absolutista, estes magistrados constituíram-se em agentes importantes no processo de consolidação do Estado Moderno.

comarca de Jacobina.

266 Kenneth Maxwell, *Marquês de Pombal: paradoxo do iluminismo*. Rio de Janeiro: Paz e Terra, 1996, p. 139.

267 *Idem, ibidem.*

268 O Alvará de 4 de setembro de 1774 que proíbe os vereadores mais velhos de servirem de juízes pela Ordenação (na ausência do juiz de fora) devido, segundo o referido Alvará, aos "intoleráveis abusos" por estes praticados, e os impede de dar "o final conhecimento de todas as causas, assim cíveis, como criminais", foi uma das principais medidas restritivas impostas às vereações. Cf. António Delgado da Silva, *op. cit., 1763-1774*, p. 828-829. Em Salvador, não raras foram as vezes em que o vereador mais velho serviu de *Juiz pela Ordenação*, podemos citar o caso de Luís de Melo de Vasconcelos, em 1707, quando o então juiz de fora, Fernando Pereira de Vasconcelos, foi servir como provedor e ouvidor geral da comarca. Luís de Melo de Vasconcelos ficou no cargo por um ano, sendo em seguida substituído, na mesma condição, pelo também vereador mais velho Sebastião da Rocha Pita, que ocupou o ofício por todo o ano de 1708. Até julho de 1709 o posto de juiz de fora na Bahia foi ocupado por vereadores mais velhos (José Pires de Carvalho e Pedro Fernandes Aranha), visto que só nesta ocasião chegou à cidade Francisco Pereira Botelho, novo juiz de fora de nomeação régia. Mesmo depois do Alvará pombalino de 1774 a situação parece não se ter modificado, pois encontramos os vereadores mais velhos presidindo sessões camarárias, ou seja, fazendo as vezes de juízes de fora como juízes pelas Ordenações. AMS. *Atas da Câmara, 1700-1718*. AMS. *Atas da Câmara, 1766-1786*.

Nobres da terra, ilustres servos do rei: o estatuto econômico-social da elite camarária

Os estudos das oligarquias, inclusive de suas estratégias para ocupar e controlar os espaços de poder nos órgãos locais da sociedade portuguesa do Antigo Regime, têm se tornado relevantes e ocupado lugar de destaque na historiografia portuguesa e brasileira. Em geral, têm procurado demonstrar que os organismos municipais possuíam, quer na metrópole quer na colônia, uma dinâmica marcada pelas peculiaridades da sua base social, cujo domínio era exercido pelas elites nobiliárquicas e fidalgas. Ademais, ressaltam o peso dos laços de parentesco, da continuidade e da tradição familiar e doméstica na escolha e efetivo exercício dos ofícios camarários, estratégias que redundavam em nexos e práticas sociais que reforçavam os mecanismos de reprodução da sociedade estamental, cujo ápice representado pela monarquia centralizada e absolutista.[269]

A nobreza à qual se referem esses estudos, com presença nas ordenanças, nas misericórdias e nas câmaras, diferia da antiga nobreza, aquela originada do sangue e da herança familiar. Ao contrário, este novo estrato social situava-se no nível intermediário, como o definiu Romero Magalhães, "a meio caminho entre o plebeu e o fidalgo de pergaminhos".[270] Era, pois, uma espécie de "classe social formada dentro

---

269 Vide, para Portugal, os estudos de António Manuel Hespanha, *op. cit.* Joaquim Romero Magalhães, *op. cit.*; Luís Vidigal, *op. cit.*; Maria Helena Cruz Coelho e Joaquim Romero Magalhães, *op. cit.*; Nuno Gonçalo Monteiro, *op. cit*, entre outros. Para o Brasil, os trabalhos de Maria de Fátima Silva Gouvêa, "Redes de poder na América portuguesa – o caso dos homens bons do Rio de Janeiro, ca. 1790-1822", *Revista Brasileira de História*, vol. 18 (36), São Paulo, 1998, p. 297-330; "Os homens da governança do Rio de Janeiro em fins do século XVIII e início do XIX", In: Alberto Vieira (coord.) *o município no mundo português. Seminário Internacional,* Funchal, CEHA/Secretaria Regional de Turismo e Cultura, p. 545-562; Maria Fernanda Batista Bicalho, "As câmaras municipais no Império português: o exemplo do Rio de Janeiro", *Revista Brasileira de História*, vol. 18 (36), São Paulo, 1998, p. 251-280; "As câmaras ultramarinas e o governo do Império", In: João Fragoso *et al., O Antigo Regime nos trópicos: a dinâmica imperial portuguesa (séculos XVI-XVIII)*, Rio de Janeiro, Civilização Brasileira, 2001, p. 189-221; Maria Fernanda Bicalho, João Fragoso e Maria de Fátima Gouvêa, "Uma leitura do Brasil colonial: bases da materialidade e da governabilidade no Império", *Penélope. Fazer e Desfazer a História*, nº 23, Lisboa, p. 67-88; João Fragoso, "A nobreza da República: notas sobre a formação da primeira elite senhorial do Rio de Janeiro (sécs. XVI e XVII)", *Topoi. Revista de História*, nº 1, Rio de Janeiro, UFRJ, p. 45-122.

270 Joaquim Romero Magalhães, *O Algarve econômico...*, p. 348.

A BAHIA NO SÉCULO XVIII 93

da Ordem ou estado popular" e que se instruía na esteira das tradições, modos de vida e sociabilidade inerentes à *Ordem da nobreza*, agindo, por isso mesmo, como parte da aristocracia, dela oriunda e a ela pertencente.[271]

Ao estudar a constituição da aristocracia em Portugal no Antigo Regime, Monteiro viu na dilatação do conceito de nobreza, diante do crescimento dos estratos terciários urbanos, o fato que levou a doutrina jurídica a criar diferenciações internas e estatutos privilegiados intermediários. Daí, segundo este autor, adveio o conceito, adotado como prática de muitas instituições, de *nobreza civil ou política*, adquirida mediante ações e serviços prestados ao Estado na ocupação de cargos e postos da República. A emergência de novo corpo político e social levou, gradual e progressivamente, à redefinição dos privilégios e, consequentemente, à reestruturação dos grupos sociais privilegiados, resultando, na afirmação de Monteiro, em "efetiva "banalização" (que a legislação régia acabou por consagrar) das fronteiras da nobreza portuguesa, tornadas das mais difusas da Europa".[272]

Referindo-se ao processo de montagem da sociedade colonial e de constituição de sua elite nos séculos XVI e, principalmente, XVII, Fragoso afirma que, na América portuguesa, a formação da nobreza local esteve vinculada a critérios que ultrapassaram a simples aquisição de riqueza material e se pautaram, sobretudo, em aspectos políticos e culturais que fizeram com que os grupos sociais se percebessem e fossem percebidos por qualificativos mais complexos e singulares.[273] Nessa concepção, os donos de grandes fortunas não eram necessariamente os "principais da terra", e, portanto, legalmente aptos a exercerem cargos na esfera estatal. Ao contrário, a noção de nobreza, e do que se passou a designar de *nobreza da terra*, passava pela descendência dos primeiros conquistadores e pela antiguidade no exercício do poder político-administrativo, condições que foram se definindo e se consolidando ao longo do tempo.[274]

Alguns dos mecanismos operantes que contribuíram para a ascensão dessa camada social são apontados por Monteiro. Para ele tal fenômeno ocorreu paralelamente à

---

271 Joaquim Romero Magalhães, *O Algarve econômico...*, p. 348.

272 Nuno Gonçalo Freitas Monteiro, *O crepúsculo dos grandes: a casa e o patrimônio da aristocracia em Portugal (1750-1832)*. Lisboa: Imprensa Nacional Casa da Moeda, 1998, p. 20-23

273 João Fragoso, "Afogando em nomes: temas e experiências em história econômica", *Topoi, Revista de História*, n° 5, Rio de Janeiro, UFRJ, 2002, p. 44-45.

274 João Fragoso, "A formação da economia colonial no Rio de Janeiro e de sua primeira elite senhorial/séculos XVI e XVII), In: João Fragoso *et al.*, *O Antigo Regime nos trópicos...*, p. 52.

gradativa restrição à elegibilidade para os ofícios honorários municipais, consagrada nas Ordenações Filipinas e em diversos alvarás régios, de forma que a escolha recaísse sempre no mesmo círculo de pessoas, ou seja, sobre os mais nobres e da governança da terra.[275]

Dessa *nobreza* passaram a compor-se as câmaras das principais cidades e vilas portuguesas. Porém, conforme defende Monteiro, nas câmaras de menor importância, não era o estatuto geral delimitado pela legislação que definia o princípio de acesso à nobreza camarária, mas sim os usos e costumes de cada terra e as relações de força no interior do concelho.[276]

No ultramar português, como atesta Bicalho, a participação na administração local, através das câmaras, foi um dos mais disputados instrumentos de aquisição de nobreza, pois dava acesso a uma série de privilégios que permitia nobilitar os colonos, possibilitando-lhes participar do *governo político do Império*. Ali, diferentemente do reino, onde a via privilegiada para a obtenção de capital social – que conferia elevados graus de nobreza – era o ingresso nas instituições centrais da monarquia, o estatuto de conquistas e a distância em relação à corte e ao monarca deixavam às elites ultramarinas poucas chances de ascensão por outros meios.[277]

Mesmo nas edilidades de pequenas vilas, onde o exercício de cargos camarários, por si só, era considerado *via de acesso tênue e limitada* à aquisição de nobreza, o esforço dos seus membros corria sempre no sentido de fazer com que o *servir à República* fosse condição hábil para se obter "nobreza política na mesma forma que logram os que servem nas câmaras de vilas e cidades populosas".[278] Empenho que se dava quase sempre através do rigoroso *controle de qualidade* das pessoas que ocupavam os principais ofícios municipais, por critérios geralmente definidos pelo próprio grupo dirigente local.

---

275 Sobre a formação da nobreza no reino vide: Nuno Gonçalo Monteiro, "Os concelhos e as comunidades", In: António Manuel Hespanha (coord.), *História de Portugal: o Antigo Regime*, Lisboa, Editorial Estampa, 1997, vol. 4, p. 288; cf. também, Maria Helena da Cruz Coelho e Joaquim Romero Magalhães, *op. cit.*, p. 45.

276 Nuno Gonçalo Monteiro, "Elites locais e mobilidade social...", p. 344, 356.

277 Maria Fernanda Batista Bicalho, "As câmaras ultramarinas e o governo do Império", In: João Fragoso *et al.*, *op. cit.*, p. 207.

278 AHU_ ACL_ CU_ 005, cx. 89, D. 7285. Nesse caso, a exclusão de indivíduos tidos, de acordo com parâmetros da própria localidade, como não qualificados para assumir "cargos na República", era uma medida que tinha como objetivo garantir e manter o estatuto de nobreza daqueles que já ocupavam ofícios na câmara.

Em síntese, podemos dizer que a estrutura do Estado Absolutista deixava às elites locais a possibilidade de influenciar na gestão dos seus territórios, do ponto de vista político, militar, econômico ou mesmo jurídico, mediante o domínio da instituição municipal. Isto porque as câmaras se faziam presentes em todo o Império, tornando-se espaços instituídos para mediar as relações contraditórias entre os diversos interesses em jogo, possuindo, para tanto, certa autonomia que, de fato ou de direito, lhes estava atribuída em todos os domínios da sua competência. Assim, elevavam-se à condição de um dos organismos político-administrativos mais importantes na estrutura do poder estatal do Antigo Regime português.[279] Como observou Capela, para o caso minhoto, assim o era porque na instituição camarária concentravam-se importantes agentes sociais portadores de privilégios fiscais, econômicos e sociais que, não sendo extensivos, qualificavam apenas uns e outros à condição de membro da governança, delimitando e centralizando o exercício do poder local.[280] No ultramar português, nas ordenanças e nas misericórdias, mas, sobretudo no âmbito da administração camarária, assentavam-se os elementos que tornavam a elite local o elo e veículo do processo colonizador.

Uma das dificuldades na identificação do estatuto social da elite camarária em Salvador decorre da ausência, em acervos documentais, de pautas ou listas contendo os nomes dos indivíduos aptos a desempenharem os principais cargos no Senado da Câmara, embora os Livros de Atas da época indiquem que estes róis foram efetivamente elaborados.

A riqueza de tais listas, obrigatórias no processo eleitoral de todas as câmaras do Império, estava na diversidade das informações nelas assentadas, conforme constatou Gouvêa para o Rio de Janeiro. Nas oito listas, que esta autora identificou, organizadas entre 1794 e 1822, algumas delas forneceram verdadeira radiografia das elites sociais locais, apresentando informações como nome, idade, nacionalidade, cargos políticos já ocupados, participação em irmandades, relações de parentela, títulos militares e honoríficos, profissão, bem como a indicação daqueles que ainda não haviam exercido ofício algum, mas estavam habilitados a fazê-lo por tratar-se de filhos e netos de ex-ocupantes de cargos na administração local.[281]

Para Salvador, o perfil socioeconômico da *gente nobre da governança* pôde ser traçado a partir de dados biográficos relativos às pessoas efetivamente eleitas, na ausência

---

279 Rui. Santos, "Senhores da terra, senhores da vila: elites e poderes locais em Mértola no século XVIII", *Análise Social*, vol. 28 (121), 1993 (2º) (345-369), p. 345.

280 José Viriato Capela, *O Minho e os seus municípios: estudos económico-administrativos sobre o município português nos horizontes da reforma liberal*, Braga, Universidade do Minho, 1995, p. 149.

281 Maria de Fátima Gouvêa, " Redes de poder...", p. 310.

de informações sobre os elegíveis, o que possibilitou caracterizar apenas esse grupo mais restrito e não o universo de indivíduos que teve, por certo, participação ativa no cenário político local. Além disso, o foco da análise recaiu sobre o estatuto econômico-social de vereadores e procuradores, deixando de fora ofícios diretamente vinculados à Câmara, não menos importantes no contexto da administração da cidade, a exemplo dos almotacés, escrivães e tesoureiros, igualmente selecionados dentre aquelas pessoas de *conhecida nobreza*, como se dizia na época, numa total inferência à importância de critérios e adjetivos consagrados na formação do grupo dirigente local.

O que se pode de imediato conjecturar, referenciando-se nas análises historiográficas e na realidade histórica colonial, é que Salvador, por se constituir em um dos principais centros político-econômicos da colônia, seria espaço privilegiado para a explicitação de acirrada disputa entre grupos diversos pelo controle dos organismos e instituições locais, dentre as quais se incluía a Câmara. Por vezes, essa disputa envolvia mesmo pressões individuais e coletivas para a inclusão ou exclusão de nomes nas pautas eleitorais, pois os eleitos ganhavam passaporte para adentrarem num pequeno mundo com o atestado de nobreza e de pertencimento ao seleto grupo dos *principais da terra*, de valor declarado na legislação.[282]

A análise biográfica dos integrantes da burocracia camarária em Salvador setecentista demonstra que os parâmetros de recrutamento não destoaram daqueles determinados pela legislação, usos e costumes que os regulamentavam, vigorando, como nas principais cidades e vilas do reino, qualificativos semelhantes para a ocupação de funções nas câmaras.[283] Padrões que haviam sido definidos e, gradativamente, reforçados, ao longo do século XVII, por uma série de leis restritivas ao ingresso, aos cargos municipais, de indivíduos portadores de *manchas de geração*. Estabelecia-se, assim, nesta rígida estratificação social, um dos fundamentos essenciais para o domínio do Estado e controle das hierarquias na sociedade colonial. Laima Mesgravis considera que este foi o período de consolidação das oligarquias locais no exercício do poder camarário, questão já abordada anteriormente. Segundo esta autora, o nível de fechamento, depuração e exclusão social foi tanto que transformou a administração municipal em *governo de poucos*, ou melhor, de poucas e consagradas famílias.[284] Para Boxer, até as leis pombalinas de 1761 e 1774, não houve pessoas nativas, sem descendência portuguesa, ocupando postos nas câmaras dos territórios conquistados. Cita como exemplo Goa e Macau, onde os cargos de vereadores foram exercidos exclusivamente por portugueses.

---

282 Vide o já citado caso de Domingos da Costa Guimarães: nota 261.

283 APEB, *Ordens Régias, 1711*, vol. 15, fl. 143.

284 Laima Mesgravis, "Aspectos estamentais da estrutura social no Brasil colônia", *Estudos Econômicos*, vol. 13, São Paulo, IPE, 1983, p. 801-802 (número especial).

A BAHIA NO SÉCULO XVIII   97

Em Goa, procurando reverter o quadro vigente, Pombal ordenou preferência paritária para os nativos (brancos, euro-asiáticos ou indianos católicos) no preenchimento dos cargos, enquanto que em Macau o mesmo valeria para a escolha dos almotacés. Estas ordens, no entanto, revelaram-se de débil ou sem nenhuma eficácia, pois os membros da elite lusa resistiram a tais inovações.[285]

Na América portuguesa, sobretudo em Salvador, como veremos, as barreiras raciais, suspensas pela legislação pombalina, também não foram quebradas na prática.[286] Em Recife, segundo Melo, verificava-se a mesma situação, principalmente no que dizia respeito à inclusão de pessoas associadas às atividades manuais e ao pequeno comércio nos cargos da administração local.[287]

Durante todo o século XVIII, em Salvador, 271 indivíduos exerceram cargos na Câmara, sendo 181 vereadores e 90 procuradores. Destes últimos, 23%, geralmente após um ano de mandato, passaram a servir como vereadores,[288] indicando que em muitos casos a função foi fonte de ascensão a postos imediatamente superiores, embora o exercício da almotaçaria continuasse sendo, em todo o reino, o canal mais próximo de acesso ao cargo de vereador.[289]

Participar do governo local, na condição de vereador, entretanto, não dependia necessariamente de desempenho anterior da função de almotacé. Nem ter sido almotacé era garantia de ascender, em algum momento, à condição de vereador. Cite-se, como exemplo, José da Silva Ferreira, que foi almotacé por oito vezes, entre 1684 e 1731, sem contudo chegar a ser vereador.[290]

Alguns vereadores nunca tinham sido antes almotacés e se recusaram a sê-lo, mesmo quando a legislação o exigia.[291] Situação ilustrativa é a de Sebastião da Rocha Pita, José Pires de Carvalho e Albuquerque, Fortunato José Rodrigues Pinheiro e Antônio de Sousa e Castro, que serviram vários anos como vereador

---

285   Charles Boxer, Portuguese society..., p. 148.

286   Cf. Maria L. Tucci Carneiro, Preconceito racial no Brasil Colônia, São Paulo, Brasiliense, 1983.

287   Evaldo Cabral de Melo, A fronda dos Mazombos..., p. 183.

288   Affonso Ruy, op. cit., p. 347-355.

289   Francisco Ribeiro da Silva, O Porto e seu termo (1580-1640): os homens, as instituições e o poder. Porto: Arquivo Histórico/Câmara Municipal do Porto, 1988, p. 299, 567, 594.

290   AMS, Atas da Câmara, 1684-1690, fls. 57; 1690-1700, fls. 68; 1700-1708, fls. 35; 1709-1718, fls. 76; 1731-1750, fls. 56,87.

291   Nos três primeiros meses do ano o cargo de vereador deveria ser, por lei, exercido pelos vereadores e pelo procurador do ano anterior. Ordenações Filipinas, L. 1, tit. 67.

sem terem ocupado previamente o ofício de almotacé. Escusavam-se sempre de fazê-lo, registrando em suas justificativas questionamentos acerca do grau de nobreza do ofício. Estes dissensos, no entanto, podem ter sido circunstanciais, motivados por divergências políticas internas geralmente por conta da inclusão, na pauta/rol da nobreza, de nomes não consensuais no grupo. Nesse sentido, a eleição para almotacés do ano de 1734 exemplifica bem essa hipótese. As nomeações de Bento de Aguiar, Lourenço Ferreira Costa, Antônio Rabelo Soares, Domingos da Costa Barbosa, Francisco Borges da Costa e José de Araújo Rocha desagradaram ao juiz de fora, Manoel Gonçalves de Carvalho, que tentou anular a eleição sob o argumento de que os vereadores não haviam obedecido às ordens reais que mandavam eleger para almotacés "gente nobre das melhores da terra [...] em que coubessem servir de vereadores quando para isso forem nomeados [...]". Ao contrário, haviam escolhido, segundo o magistrado, pessoas incapazes e não portadoras das qualidades "precisas na forma da lei", visto serem alguns deles homens de negócio de "loja aberta na Praia".[292] O que mais o escandalizava na referida eleição, porque supostamente em desacordo com *a lei da nobreza*, era a escolha de Francisco Borges da Costa, "homem pardo, tido e havido por tal, sem fama ou rumor em contrário, de tal sorte que sua avó foi escrava de Vitória da Conceição, conhecida por todos, e de que ninguém duvida, nem ainda os mesmos oficiais da Câmara".[293] Nas justificativas apresentadas ao rei, para a impugnação do pleito, estava a acusação de que os vereadores haviam feito "um amigável ajuste [...] para acomodarem por almotacés os seus afilhados [...]", usando de "[...]comboio e suborno contra a forma de direito e bom governo [...]".[294]

Este episódio, em princípio, parece confirmar a ideia de que o ofício de almotacé não era considerado função de *primeira nobreza* por aqueles que ocupavam postos de vereador na Câmara. Daí o descuido dos edis, denunciado pelo juiz de fora, na observância das leis do reino no tocante aos critérios para eleição de tais oficiais. No entanto, no âmago da querela, vencida pelos vereadores, subjaziam problemas mais abrangentes, relativos às disputas no interior da elite dirigente tendo como *leitmotiv* o controle do organismo camarário.[295]

As escusas dos vereadores em servir como almotacés, conforme prescreviam as Ordenações, podiam também indicar que, a exemplo do que ocorria em diversas

---

292 AHU_ ACL_ CU_ 005, CX. 48, D. 4304.

293 *Idem, ibidem.*

294 AHU_ ACL_ CU_ 005, CX. 48, D. 4304.

295 AMS, *Atas da Câmara, 1731-1750*, fl. 73v.

cidades e vilas da metrópole, segundo Cruz Coelho e Romero Magalhães,[296] em Salvador, o cargo de almotacé só interessava a quem quisesse entrar no grupo dos *principais da terra,* não atraindo quem a ele já pertencia.

Num ambiente fechado e de pouca mobilidade social, próprio da sociedade de Antigo Regime, em que a condição de nobreza vinculava-se a pré-requisitos diversificados, era comum, quer na metrópole quer na colônia, a acumulação de cargos e funções econômico-sociais e simbólicas pelo grupo daqueles que eram tidos e havidos como membros legítimos da nobreza local.[297]

Aprofundando um pouco mais a nossa análise sobre os perfis dos oficiais camarários em Salvador setecentista, examinemos agora alguns traços identificadores das origens e dos lugares sociais que ocupavam situando-os no contexto da divisão social do trabalho e de fazeres profissionais mais amplos.

Das 271 pessoas que ocuparam cargos na administração municipal, durante o século XVIII, têm-se referências pessoais de 202 delas. Os dados sistematizados indicam que, na condição de vereador, o peso majoritário recaía sobre os proprietários rurais, ou seja, senhores de terras, engenhos, escravos e gado. Já como procurador, predominavam letrados, geralmente bacharéis e licenciados, o que não era incomum, devido à especificidade do cargo. O grupo dos negociantes, embora tivesse, ao longo do século, ocupado parte substancial do total de mandatos, não chegou a ter presença que pudesse caracterizar monopólio na ocupação dos ofícios municipais (Cf. quadro 5).

QUADRO 5 – **Caracterização socioprofissional da elite camarária em Salvador (ofícios de vereador e procurador, 1701-1800)**

Estatuto socioprofissional	Vereador	Ver. %	Procurador	Proc. %
Prop. Rurais • Terras • escravos • engenho • gado	91	50,3	17	18,9
Negociantes • escravos • fazendas (gêneros) • contratadores/rendeiros	35	19,3	16	17,8

---

296 Maria Helena Cruz Coelho e Joaquim Romero Magalhães, *op. cit,* p. 55

297 Luís Vidigal, *Câmara, nobreza e povo...*, p. 205; Nuno Gonçalo Monteiro, "Elites...", p. 356.

Proprietários de terras e negociantes	5	2,7	4	4,4
Letrados • bacharéis • licenciados	8	4,4	26	28,9
Não identificados com qualquer atributo	42	23,3	27	30
Total	181	100	90	100

Fonte: Cf. nota [298]

Um dos problemas relativos à análise dos dados sobre a trajetória dos camaristas diz respeito à simultaneidade de atividades por eles desempenhadas e que, em tese, os capacitavam a integrar e usufruir de duas ou três posições sociais ao mesmo tempo. Pelo menos nove comerciantes do total identificado, encontravam-se nessa situação, pois também eram grandes proprietários de terras, do mesmo modo que alguns dos classificados como proprietários de terras havia de fato enriquecido com o comércio.

Cosme Rolim de Moura, Antônio Gonçalves da Rocha e Pedro Barbosa Leal tipificam bem essa situação. Os dois primeiros eram negociantes de *grosso trato*,

---

298 Para a elaboração deste quadro foram pesquisados os seguintes fundos documentais: APEB, Inventários e Testamentos; Escrituras, L.83, fl. 235, L. 82, sn/fl, L. 117, fl. 45, L. 113, sn/fl, L. 152, fl. 102, L. 154, fl. 100; Livro de Notas, 58, fl. 71v, L. 57, fl. 230, 290, L. 39, fl. 3v, L. 37, fl. 4v; Autos Cíveis, 9/310/13, fl. 23, 10/342/3, fl. 65; Registros de Patentes de títulos militares de 1723 a 1784, Ordens Régias, vol. 20, doc. 29. AIS, Livro de Irmãos, 1781-1823. AMS, Livro de Citações 1742-1769, Cartas do Senado, 1710-1730. ANRJ, Alfândega da Bahia, doc. 14. Bibliografia: Pedro Calmon, *Introdução e nota ao catálogo genealógico das principais famílias de Frei Jaboatão*. Salvador: Empresa Gráfica da Bahia, 1985; A. J. R Russell-Wood, *Fidalgos e filantropos...*; Wanderlei de Araújo Pinho, *História de um engenho no Recôncavo: Matoim, Novo Caboto, Freguesia (1552-1944)*. São Paulo: Nacional; Brasília: INL,1982; Afonso Costa, "Sebastião da Rocha Pita visto a olho nu", *Revista do Instituto Histórico e Geográfico da Bahia*. Bahia: Typografia e Encadernações Empresa Editora, 1950-1951, vol. 76, p. 5-9; Manoel Brito, "Poetas bahianos: Gonçalo Soares da França; Sebastião da Rocha Pita", *Revista do Instituto Histórico e Geográfico da Bahia*. Bahia: Typografia e Encadernações Empresa Editora, 1897, vol. 7, p. 315-487; Maria José Rapassi Mascarenhas, *op. cit.*, anexos, I, III e VII; Iris Kantor, *De Esquecidos e Renascidos: historiografia acadêmica luso-americana (1724-1759)*, São Paulo, USP, 2002 (tese de doutoramento), capítulo 2, p. 118-135; José Antônio Caldas, *Notícia geral de toda esta capitania da Bahia desde seu descobrimento até o presente ano de 1759*, [snt], p. 311-322.

especializados no tráfico negreiro e no comércio de fazendas secas e açúcar, mas com o tempo adquiriram terras no Recôncavo, onde mantiveram engenho, escravos, plantação de mandioca e fábrica de farinha para provimento de suas carregações.[299] O último era proprietário de terras, de engenho e de escravos, além de produtor de tabaco no Recôncavo. Posteriormente, por ocasião da descoberta de ouro nas minas de Jacobina, ampliou seus negócios com o comércio de escravos para aquela região e passou a explorar jazidas. Ao mesmo tempo adquiriu embarcação para comercializar, por conta própria, o tabaco produzido em suas terras.[300]

No ofício de vereador, os noventa e um proprietários rurais relacionados exerceram 186 do total de 297 mandatos. Isto significa que além de serem maioria, monopolizaram cerca de 62,6% dos mandatos durante o século XVIII. A média de ocupação do cargo ficou em torno de 3,2 mandatos por pessoa, mas muitos deles foram reconduzidos ao ofício por mais de quatro vezes. Nesse caso incluem-se José Pires de Carvalho e Albuquerque, Sebastião da Rocha Pita, Francisco Xavier de Araújo Lassos, Pedro de Albuquerque da Câmara, João de Sousa Câmara, dentre outros.

Os trinta e cinco negociantes, no conjunto, ocuparam 56 mandatos (18,8%), 1,6 mandato por pessoa, sendo que a presença deles na Câmara foi maior na primeira metade do século, registrando-se 33 vereadores e 9 procuradores, até 1750, e 23 vereadores e 7 procuradores, de 1751 a 1800.

A maioria dos comerciantes que ocuparam cargos de vereador era de origem portuguesa, geralmente naturais de Braga, do Porto, de Nogueirinha e de Viana do Castelo. Muitos deles já tinham algum tipo de experiência no *trato comercial*, como caixeiro e auxiliar nos negócios da família em suas terras natal. Outros vieram para o Brasil a chamado de irmãos, tios e primos, como o já citado Domingos da Costa Braga, dono de "três moradas de casas de sobrado com lojas e escritórios, na Rua Direita que vai da Sé à Praça".[301] Em Salvador esses homens tornaram-se os comumente denominados *comerciantes de grosso trato*, condição essencial para um possível ingresso no quadro dos que podiam ser inseridos nas pautas eleitorais da câmara.[302]

Convém ressaltar que, embora o exercício dos cargos camarários fosse, na colônia, importante veículo de nobilitação, havia outros mecanismos institucionais de mobilidade social e de acesso ao estatuto de nobre, talvez, para os comerciantes, até

---

299 ANRJ, *Alfândega da Bahia*, doc. 14; APEB, *Testamentos e Inventários*,01/88-A/125/5; *Escrituras*, L. 82, sn/fl.

300 APEB, *Ordens Régias*, vol. 20, doc. 29; Pedro Calmon, *op. cit.*, p. 628.

301 APEB, *Testamentos e Inventários*, doc. 04/1575/2044/02.

302 AMS, *Atas da Câmara, 1776-1787*, fl. 94-95.

mais acessíveis que as próprias câmaras, desde sempre reduto de grupos familiares fechados e tradicionais que administravam a cidade. Nesse aspecto, não se pode desconsiderar, inclusive, a possibilidade de resistência desses grupos à inclusão de novos estratos sociais no seio da elite dirigente local.[303]

Por outro lado, levando-se em consideração que, da lista dos 107 maiores comerciantes da Bahia, relacionada por Caldas, em 1759, apenas 9 ou 10 figuraram entre os membros das vereações, durante o período estudado, pode-se inferir que as exigências e disponibilidade inerentes ao cargo não o tornavam tão atraente a ponto de ser disputado por aqueles que realmente viviam à frente de seus negócios, o que exigia grande dedicação.[304] Além do mais, o espaço político era relativamente restrito e talvez não valesse a pena disputá-lo acirradamente com outros estratos sociais, sobretudo porque havia mecanismos muito menos conflituosos de acesso à nobilitação, como as alianças familiares e o ingresso em outras instituições sociopolíticas locais.

Por tudo isso, há que se concluir, como o fez Monteiro lembrando situações idênticas em Portugal, que, "ao invés de constituir um facto universal, a apetência pelo desempenho de cargos camarários dependia de diferentes trajetórias familiares e individuais".[305]

Conforme já observado, a produção historiográfica portuguesa e brasileira acerca do tema tem enfatizado o caráter oligárquico do poder municipal, sobretudo nas câmaras das principais cidades e vilas nas quais o exercício de cargos conferia nobreza e prestígio. Para Salvador, confirmam-se, com algumas nuanças, as clássicas proposições, sobretudo no que diz respeito à terra como principal base material de sustentação da elite dirigente da cidade. No exercício do cargo de vereador, predominavam os proprietários rurais, formando um bloco hegemônico que tinha na posse da terra o principal traço de identificação (Cf. quadro 5).

Outra conclusão geral refere-se ao fato de ser o governo local um *negócio de família*, com frouxos limites entre os espaços estatal e privado, que envolvia uma vasta parentela, na qual se inseriam os agentes camarários. Do total de 277 mandatos desempenhados por vereadores e procuradores da Câmara de Salvador durante o século XVIII, 161 (58%) estiveram concentrados em apenas 19 famílias. Destas, somente uma, a Sousa Câmara, não tinha como principal fonte de renda a exploração fundiária e sim o comércio. Os Rocha Pita

---

303 Joaquim Romero Magalhães, *O Algarve econômico...*, p. 327-330.

304 Durante um ano a dedicação dos oficiais da câmara tinha que ser integral, por isso havia a exigência de morarem na cidade durante o tempo do mandato.

305 Nuno Gonçalo Monteiro, "Elites...", p. 363.

exerceram 21 (13%) dos 161 mandatos registrados, os Carvalho e Albuquerque 17 (10,5%) e os Argolo Vargas Cirne de Menezes 14 (8,6%) (Cf. quadro 6).[306]

QUADRO 6 – Número de mandatos exercidos por famílias "nobres" de Salvador (1700-1800)

Família	1700-1750	1751-1800	Total
Albuquerque da Câmara		6	6
Araújo Góis	5		5
Araújo Lassos	7	4	11
Araújo Rocha	3	3	6
Argolo Vargas Cirne de Menezes		14	14
Brã	7		7
Carvalho e Albuquerque	10	7	17
Castelo Branco		8	8
Cavalcante e Albuquerque	5	3	8
Corte Real		7	7
Costa de Almeida	1	3	4
D' Ávila e Aragão	3	9	12
Rocha e Albuquerque	6		6
Rocha Pita	6	15	21
Soares da França	5	1	6
Sousa Câmara	6		6
Sousa Castro		5	5
Vasconcelos e Cavalcante	4	4	8
Velho de Araújo	1	3	4

Fonte: Affonso Ruy, *História da Câmara...*, p. 347-355.

No âmbito dessas famílias, o exercício dos cargos camarários tornou-se quase hereditário. As relações matrimoniais que estabeleceram entre si indicam que, na verdade, a concentração dos mandatos, em núcleos familiares endogâmicos, era muito intensa e duradoura, embora os mecanismos operantes desse processo não possam ser demonstrados em sua riqueza mais completa, em decorrência de lacunas nos dados disponíveis. De qualquer sorte, as informações sintetizadas no quadro 6 sinalizam claramente para este fato. A família Rocha Pita foi a que, de longe, exerceu o maior número de mandatos. Levando-se em consideração que os Rocha Pita estabeleceram relações de parentela,

---

306 Cf. nota 308; Cf., também: Affonso Ruy, *História da Câmara...*, p. 347-355.

através do casamento de vários de seus membros com três outras famílias, que também ocuparam cargos na Câmara, quais sejam, os Cavalcante e Albuquerque, os Costa de Almeida e os Lima Pereira, e que o mesmo aconteceu com os Cavalcante e Albuquerque em relação aos Aragão/D'Ávila, aos Carvalho e Albuquerque e os Albuquerque da Câmara, constataremos que a convergência dos postos municipais em núcleos familiares restritos era ainda mais proeminente.

Tudo isso não chega a surpreender, pois é conhecida a tese da pouca flexibilidade da estrutura de poder da sociedade colonial. A concentração dos ofícios municipais no seio de poucas famílias foi fenômeno extensivo a todo o reino, como confirma a historiografia sobre o assunto, não sendo diferente nas áreas colonizadas.[307] Nesse ambiente, conforme explicitou Vidigal, a endogamia assumiu papel decisivo para a integração e reprodução dos estamentos privilegiados, o elemento estabilizador de interesses contraditórios entre os grupos que dominavam a cena política e, principalmente, o instrumento de renovação em termos qualitativos e quantitativos da elite local como um todo.[308]

Uma das características que mais chama a atenção, porque de certa maneira contraditória, quando do estudo do poder local em Salvador, é a acentuada rotatividade no desempenho das funções camarárias (Cf. quadro 7). Este fato confirma, de acordo com Cruz Coelho e Romero Magalhães, situações bastante comuns nas sociedades do Antigo Regime: a preponderância do grupo em relação aos indivíduos, uma vez que era o grupo, e não as pessoas, que detinha o poder.[309] Ademais, o revezamento no interior do próprio grupo, e às vezes nos núcleos familiares, como ocorria em Salvador, era condição *sine qua non* para a boa administração e controle do território. Sabiam desses dispositivos as autoridades centrais, tanto que tomaram para si o poder da escolha final, ao atribuir ao Desembargo do Paço a responsabilidade pela seleção dos eleitos. Através desta estratégia, podiam acompanhar e articular, de longe, possíveis divergências e, dependendo do interesse em jogo, fazer acomodações políticas sempre favoráveis à coroa.

QUADRO 7 – Divisão dos vereadores por número de ano de exercício e total de mandatos (Salvador, 1700-1800)

Número de Anos	Número de Pessoas	Total de Mandatos
1	116	116

---

307 Cf. sobretudo, Maria Helena Cruz Coelho e Joaquim Romero Magalhães, *op. cit.*; Luís Vidigal, *Câmara, nobreza e povo...*; Nuno Gonçalo Monteiro, "Elites...

308 Luís Vidigal, *Câmara, nobreza e povo...* p. 221.

309 Maria Helena Cruz Coelho e Joaquim Romero Magalhães, *O poder concelhio...*, p. 51.

2	30	60
3	17	51
4	8	32
5	5	25
6	2	12

Fonte: Affonso Ruy, *História da Câmara...*, p. 347-355

Do conjunto das informações obtidas a respeito dos representantes do poder municipal em Salvador, pode-se inferir que o estatuto de nobreza dos integrantes da Câmara foi assegurado por regras gerais de controle, típicas da sociedade do Antigo Regime português, mas comportou, localmente inúmeros arranjos que, de certa forma, revisavam e adaptavam a noção de *homens bons* e de fidalguia. Entretanto, essas estratégias não chegaram a abrir brechas no sistema de privilégios sociais, econômicos e políticos de modo a absorver grupos sociais excluídos do seleto estamento dominante. Quando muito, a instância camarária admitia e reconhecia demandas internas às camadas dirigentes ou queixas e solicitações genéricas, situadas no horizonte das necessidades de todo o povo e sempre com a justificativa de benefício do *bem comum*.

FINANÇAS PÚBLICAS MUNICIPAIS E ADMINISTRAÇÃO CAMARÁRIA

Em *Os dois corpos do rei*, Ernest H. Kantorowicz, referindo-se aos antecedentes medievais da doutrina segundo a qual o rei possuía um corpo natural e um corpo político, faz alusão à forma como as finanças públicas, sobretudo através do sistema fiscal, foram se firmando como símbolo da soberania do reino e se tornando o principal elemento de distinção, ainda que pouco visível, entre a figura pessoal do rei e a coroa, isto é, entre o rei e o Estado.[1]

Tal diferença originava-se na percepção da ruptura da identidade entre *fiscus* e *res publicae*, entre atividade financeira e funções públicas. Começavam a se articular o conceito e a visão de uma esfera pública estatal administrada e conduzida pelo rei, mas que dizia respeito à toda a comunidade, tornando-se intrínseca à estrutura social vigente. Essa sensação, que possibilitara a projeção do rei enquanto senhor

---

1 Ernest H. Kantorowicz, *Os dois corpos do rei: um estudo sobre teologia política medieval.* São Paulo: Companhia das Letras, 1998, p. 111-124, 208-210, 220-221. Muitos autores acreditam na impossibilidade de se fazer tal distinção até fins da Idade Média, quando as finanças particulares do rei e as do reino eram tomadas sob uma única perspectiva, o que validava a expressão corrente de que os monarcas "administravam o reino como um particular administra a sua casa", *op. cit.* por Armando de Castro, "Fazenda Pública", In: Joel Serrão (dir.), *Dicionário de História de Portugal.* Porto: Livraria Figueirinhas, s.d. vol. 2, p. 533-538.

feudal pessoal, afirmava, naquele momento, seu poder como administrador supra-individual dos negócios públicos.[2]

A ideia de realeza, predominantemente centrada no governo, ou seja, na administração da *res publicae*, implicava, na concepção de Le Roy Ladurie, a existência de verdadeira simbiose entre monarquia, finanças e poder, dando forma a um "complexo monárquico-financeiro", que condicionava o exercício do poder político[3] e ilustrava, com muita precisão, uma das questões centrais do período de transição dos tempos medievais para os tempos modernos: a gestão econômica do Estado secular em formação.[4]

Assim, por toda a Europa, de forma gradativa, a distinção mais nítida entre o monarca e a coroa permitiu que se engendrasse a estruturação de funções públicas internas às instituições do Estado, entre as quais as finanças públicas, ou sistema de tributação e de arrecadação e controle social, eram as mais significativas.

Especificamente quanto a Portugal moderno, Magalhães Godinho, chama a atenção para a forma como, ao longo dos tempos, foi-se construindo e se configurando a relação de interdependência entre estrutura de poder e estrutura econômico-financeira do Estado.[5] Para tanto, uma série de reformas passaram a ser empreendidas no sentido de promover uma gestão racional e rigorosa das finanças públicas, indispensável à sustentação das relações de poder que ora se formavam. Potencializar os rendimentos, ao mesmo tempo em que se buscava simplificar a complexa rede de tributação local, que dificultava o comércio interno e externo e fragilizava a administração central, tornou-se, portanto, diretriz essencial do Estado português renascentista.[6] A elevação das *sisas*, imposto de origem concelhia, isto é, local, que incidia sobre a comercialização de todo tipo de bens, à escala nacional, foi um dos primeiros passos nessa direção.[7]

---

2   Ernest H. Kantorowicz, *op. cit.*, p. 123.

3   Emmanuel Le Roy Ladurie, *O Estado monárquico: França, 1460-1610*. São Paulo: Companhia das Letras, 1994, p. 301-304.

4   Cf. Ernest H. Kantorowicz, *Os dois corpos do rei...*, p. 208-211.

5   Vitorino Magalhães Godinho, "Finanças públicas e estrutura do Estado", In: Joel Serrão (dir.), *op. cit.*, vol. 2, p. 29-30. Sobre o assunto veja-se, também: António Manuel Hespanha. *As vésperas do Leviathan: instituições e poder político, Portugal – séc. XVII*. Coimbra: Livraria Almedina, 1994, p. 112-159.

6   A. H. de Oliveira Marques, *História de Portugal: das origens ao renascimento*. Lisboa: Editorial Presença, 1997, vol. 1, p. 288.

7   Vitorino Magalhães Godinho, "Finanças...", p. 31.

Posteriormente, procedeu-se à institucionalização de um aparato jurídico-político, ampliando as funções do Estado de forma a atender os novos desafios e mentalidades empreendedoras da sociedade mercantil em ascensão. Disso decorreram medidas como a atualização dos forais, fruto das queixas concelhias contra a improbidade na cobrança de impostos, bem como da necessidade de padronização das diversas formas e espécies de rendas reais. A coroa legislou também no sentido de reorganizar as alfândegas; de unificar e reformar pesos e medidas e, ainda, promulgou inúmeras leis e outros instrumentos normativos, como o *Regimento dos Oficiais das Cidades, Vilas e Lugares destes Reinos (1503); Regimento das Casas das Índias e Mina (1509); Regimento dos Contadores das Comarcas (1514);Regimentos e Ordenações da Fazenda (1516),* além de muitas outras ações que reforçaram as condutas fiscais disciplinadoras.[8]

Esses preceitos e medidas iam configurando funções especializadas na estrutura interna do Estado e mecanismos operacionais capazes de captar recursos e custear as novas despesas. Assim, no que tange a essa revolução fiscal, as receitas do reino passaram a vir dos seguintes fundos: bens patrimoniais da coroa, a exemplo dos reguengos; tributos, estancos ou monopólios, condenações e padroados.[9]

Dos impostos arrecadados pela coroa, os mais importantes eram as sisas e o direito de entrada, isto é, alfândegas. Das sisas, que tinham caráter permanente e amplo e incidiam sobre todas as mercadorias comercializáveis, exceto ouro, prata, pão, cavalos e armas, nem o rei e a rainha estavam isentos. Seu pagamento dividia-se entre o vendedor e o comprador e esteve sujeito, através dos tempos, a minuciosa regulamentação, posto representar, em certos momentos, mais da metade da receita total do reino.[10] Os procedimentos de cobrança das sisas variavam, podendo ser, em alguns lugares, através do sistema de arrematação e, noutros, de maneira direta, recolhida por diversas repartições do Estado. Em Lisboa, por exemplo, de acordo com Hespanha, as sisas eram arrecadadas pelas chamadas Sete Casas: a Casa das Frutas, a Casa das Carnes, o Paço da Madeira, a Casa dos Vinhos, a Casa do Pescado, as Três Casas e a Casa da Portagem, sendo que cada uma encarregava-se de ramos de sisas específicos, indicados em suas próprias designações.

As alfândegas foram instituídas para a cobrança da dízima de gêneros que circulavam pelos portos de mar, sobretudo de tributos de entrada. Assim, contradito-

---

8 *Idem, ibidem,* p. 32.

9 António Manuel Hespanha, *As vésperas...*, p. 115.

10 Iria Gonçalves, "Sisas", In: Joel Serrão (dir.), *Dicionário...*, vol. 6, p. 1-2.

riamente, os rendimentos da coroa estavam condicionados à dinâmica e crescimento das importações.[11]

Nos estancos, ou monopólios, incluíam-se os réditos advindos do arrendamento dos direitos reais sobre o comércio de produtos como sabão, pimenta, pau-brasil, sal e outros. Das condenações provinha a receita, incerta por oscilar com o nível ou grau de infração, decorrente dos confiscos dos bens de condenados, das multas por contrabandos e das taxas de apelações. Por fim, na arrecadação relativa ao padroado arrolam-se os rendimentos das capelas da coroa, das comendas das ordens de que o rei era grão-mestre e da Bula da Santa Cruzada, esta última destinada, desde 1591, à defesa das fortificações do Norte da África.[12] Há, ainda, que se levar em conta os rendimentos com o Ultramar, provenientes de estruturas de arrecadação idênticas.[13]

Quanto ao modo de recolhimento das receitas tributárias, convém ressaltar que as mais importantes não eram cobradas diretamente pela coroa e sim arrendadas a terceiros, através do dispositivo de arrematações e contratos, com valores pré-fixados. E embora esse procedimento pudesse gerar consequências imprevistas, como uma possível invariabilidade das rendas e o monopólio e a manipulação de um reduzido número de financistas, explicava-se a sua adoção pelas dificuldades inerentes à cobrança direta que requereria um aparelho administrativo fiscal bem mais operoso e eficiente, coisa que ainda não havia sucedido.[14]

Na rubrica das despesas, destacavam-se as inversões para garantir o expansionismo no ultramar; os gastos com armamentos, as despesas com ordenados do funcionalismo civil e eclesiástico; tenças e subsídios à nobreza, acrescidos dos vultosos investimentos com a própria família real, nomeadamente por ocasião de dotes e festejos matrimoniais.[15]

Essas referências, mesmo genéricas, dão-nos valiosas pistas acerca do significado das finanças públicas no processo de reordenamento das instituições do Estado português moderno. A partir delas é que iremos examinar a forma de organização e

---

11 António Manuel Hespanha, *As vésperas...*, p. 119, 122.

12 *Idem, ibidem*, p. 122-123.

13 O orçamento de 1574 indica que o Império Asiático exibia saldo positivo superior a 80.000 cruzados (mais de 40 milhões de réis). Em 1588 chegou a 108.000 cruzados e, mesmo em queda de receitas, em 1635 rendeu aos cofres públicos portugueses 40.000 cruzados. Os rendimentos da Coroa com o Brasil em 1640 ultrapassavam os 216.000 cruzados. Cf. A. H. de Oliveira Marques, *op. cit.*, p. 222-223, 255.

14 António Manuel Hespanha, *As vésperas...*, p. 127-128.

15 A. H. de Oliveira Marques, *op. cit.*, p. 289.

de funcionamento das finanças públicas municipais em Salvador colonial, mediante a identificação das principais receitas e despesas da Câmara, no contexto da política econômico-financeira da metrópole. Procuraremos, sobretudo, analisar a dinâmica financeira concelhia, seus principais agentes e, especialmente, seus reflexos no cotidiano da cidade, evidenciando, aí, a lógica e os mecanismos de ordenamento e controle económico-financeiro e sua incidência sobre diferentes corpos sociais presentes na vida urbana colonial.

Estado português e finanças régias no Brasil colonial

A produção de gêneros tropicais para exportação foi elemento fundamental para a ocupação e povoamento das terras conquistadas pelos portuguesas na América. A manutenção da conquista requeria medidas mais abrangentes e seguras: o povoamento, a exploração econômica e estrutura político-administrativa consolidada. A capitania da Bahia foi o *locus*, o centro dessa nova experiência e a cidade de Salvador, instalada como *cabeça de Estado*, tornou-se o principal núcleo articulador de dinâmica político-econômica e administrativa multifacetada, inerente a esse processo. Além de apresentar atividades comerciais de produção e de consumo internas à própria *urbis*, de Salvador emanavam diretrizes que orientavam as relações com a metrópole e com as outras capitanias. Nela concentravam-se, também, instâncias político-administrativas responsáveis pela política geral de supervisão de todo o território português americano.

Se a exploração econômica dos territórios conquistados, a obtenção de avultadas receitas, o balanço comercial positivo, o *superavit* das finanças públicas metropolitanas como um todo, constituíram o fim último da colonização,[16] a sua efetiva viabilização impunha o incremento de práticas econômicas que correspondessem a estas aspirações e se compatibilizassem com o potencial das áreas conquistadas e com as teorias mercantilistas então dominantes.[17] Em plano geral, era preciso

---

16 Sobre o assunto ver, entre outros: Caio Prado Jr., *Formação do Brasil contemporâneo.* São Paulo: Brasiliense, 1989; Celso Furtado, *Formação econômica do Brasil.* São Paulo: Editora Nacional, 1976; Fernando A. Novais, *Portugal e Brasil na crise do Antigo Sistema colonial (1777-1808).* São Paulo: Hucitec, 1979; José Jobson de A. Arruda, *O Brasil no comércio colonial.* São Paulo: Ática, 1980.

17 Sobre as práticas financeiras dos Estados Modernos, vide: Fernand Braudel, *Civilização material, economia e capitalismo-séculos XV-XVIII.: os jogos das trocas.* Trad. Telma Costa. São Paulo: Martins Fontes, 1998, vol. 2, p. 459-494.

estruturar princípios e normas que garantissem a articulação dos interesses da coroa com os dos vassalos, tanto os da metrópole como os d' além mar. Noutros termos, isto implicaria a formulação de uma equação que contemplasse anseios e expectativas das esferas privada e estatal. [18]

Em nível mais concreto, tais fundamentos se plasmavam em certas práticas nucleares que sustentariam todo o regime mercantilista colonial e o sistema fiscal que lhe era próprio. Em primeiro lugar, havia os privilégios e monopólios que se situavam na raiz do processo de centralização política e se tornaram o grande sustentáculo da expansão ultramarina.[19] A coroa, além de se livrar dos encargos relativos à montagem de um aparelho burocrático-administrativo mais refinado, desobrigava-se do investimento imediato para atender à tal finalidade, contando com fundos certos e com mais flexibilidade no manejo das receitas e despesas do reino.[20]

O segundo instituto precioso para a política fiscal da coroa foi o sistema de arrendamentos ou contratação, por particulares, de serviços e funções que, teoricamente, eram privativos do Estado. Por esta prática, os contratadores assumiam a prerrogativa legal e institucionalizada para explorar a produção e o comércio de mercadorias e cobrar direitos e tributos. Tornaram-se, assim, parceiros da coroa na empreitada de investir e mesmo executar, em nome do Estado, algumas de suas funções, todas aquelas que requeriam disponibilidade de capitais e estrutura administrativa correspondente. Este tipo de estratégia foi amplamente utilizada no processo de colonização ibero-americana.[21]

---

18 Vide: Frédéric Mauro, *Portugal, o Brasil e o Atlântico: 1570-1670*. Lisboa: Estampa, 1989, 2v. Cf. também: Cleonir Xavier de Albuquerque da Graça e Costa, *Receita e despesa do Estado do Brasil no período Filipino: aspectos fiscais da administração colonial*, Recife: 1985 (dissertação de mestrado), p. 21.

19 Sobre sistema colonial e monopólios cf.: Fernando Novais, *Portugal e Brasil...*; Cf., também, Luciano Raposo de Almeida Figueiredo, *Revoltas, fiscalidade e identidade colonial na América Portuguesa: Rio de Janeiro, Bahia e Minas Gerais, 1640-1761*. São Paulo: USP, 1996. (tese de doutoramento), p. 340-351.

20 Helen Osório, "As elites econômicas e a arrematação dos contratos reais: o exemplo do Rio Grande do Sul (século XVIII)", In: João Fragoso *et al.*(orgs.), *O Antigo Regime nos trópicos: a dinâmica imperial portuguesa (séculos XVI-XVIII)*. Rio de Janeiro: Civilização Brasileira, 2001, p. 110.

21 Mauro de Alburquerque Madeira, *op. cit.*, p. 99. Sobre a política fiscal no Brasil, vide, também: Maria Bárbara Levy, *História financeira do Brasil colonial*. Rio de Janeiro: IBMEC, 1979.

No Império português, não apenas a arrecadação de impostos foi largamente efetivada nesse sistema, mas a comercialização de produtos, que eram monopólios reais, como pau-brasil, tabaco, sabão, azeite de baleia e o sal, também seguiram o modelo da adjudicação.[22] Mesmo o dízimo real, um dos mais importantes tributos da coroa, chegou a ser cobrado por tal método. Apenas a arrecadação dos quintos do ouro era, direta e exclusivamente, executada por funcionários régios e fiscalizada e controlada pelo poder central.

Nos casos específicos da contratação dos dízimos e da pesca da baleia, o contratador era obrigado a dividir com a coroa o ônus da defesa colonial, mediante o financiamento e a realização de serviços que iam desde o fardamento da infantaria à construção de fortes.[23]

Se no próprio reino, conforme mencionado, a adjudicação de rendas, direitos e serviços régios foi expediente amplamente difundido, nos territórios coloniais assumiu, segundo Boxer, proporções excessivas. Isto se sucedeu porque eram tantas, e de natureza tão variada, as fontes de riqueza ultramarinas que se tornava quase impossível arrecadá-las diretamente, passando a ser exploradas pela coroa portuguesa sob a forma de monopólios, percentagem dos lucros, impostos e taxas de importação e exportação.[24] A coroa portuguesa, talvez por isso e pela dimensão do território a ser

---

22 J. Lúcio de Azevedo, *op. cit.*, p. 249; C. R. Boxer, *O império colonial português...*, p. 305-307. Especificamente sobre a pesca da baleia, ver: Myriam Ellis, *A baleia no Brasil colonial*. São Paulo: Melhoramentos, 1969. Sobre o monopólio do sal no Brasil, confira, da mesma autora: "O monopólio do sal no Estado do Brasil (1631-1801): contribuição ao estudo do monopólio comercial português no Brasil durante o período colonial", *Boletim 197*. São Paulo: Faculdade de Filosofia Ciências e Letras, USP, 1955 (tese de doutoramento).

23 Fernando José Amed e Plínio José Labriola de Campos Negreiros, *História dos tributos no Brasil*. São Paulo: Edições SINAFRESP, 2000, p. 44. Sobre a relação entre defesa colonial e contratadores, confira também: Luciano Raposo de Almeida Figueiredo, *Revoltas...*, p. 351-362.

24 Boxer afirma que nas receitas da coroa com o ultramar estavam incluídos o controle sobre a comercialização de produtos e tributações diversas na forma de "[...] monopólios das especiarias asiáticas; impostos sobre escravos, açúcar e sal; os quintos reais na produção do ouro; o monopólio da exploração das minas de diamantes brasileiras; a cobrança de dízimos eclesiásticos em Minas Gerais; os contratos de pesca da baleia na Baía e no Rio de Janeiro; o corte de madeiras com substâncias corantes e das árvores utilizadas para a construção naval; a venda de certos cargos e comandos, como por exemplo viagens comerciais ao Japão e a Pegu, o posto de capitão de uma fortaleza, e cargos administrativos e legais de menor importância, como por exemplo o de notário

controlado, mais que qualquer outra, utilizou-se do sistema de contratos e monopólios, procedendo, nesta matéria, de maneira idêntica nos quatro cantos do Império. [25]

O grupo dos contratadores e rendeiros, já representativo na metrópole, estendeu para a colônia portuguesa na América o seu poder e influência, selando uma espécie de "sociedade temporária com a Fazenda Real".[26] Esses indivíduos passaram a cuidar, privativamente, da exploração comercial de produtos eminentemente coloniais, entre os quais se destacavam o pau-brasil; o tabaco (1642-1820), um dos mais rentáveis monopólios reais; a pesca da baleia e a aguardente da terra. Simultaneamente, importavam da metrópole o sal,[27] o azeite doce e o vinho, promovendo, assim, uma intensa e lucrativa atividade mercantil.

Em se tratando do pau-brasil, ao longo do período colonial, a sua comercialização passou por diversas fases e modalidades. O produto chegou a ser, em alguns momentos, explorado pela própria coroa que se encarregava do seu transporte e venda na metrópole. Foi ainda submetido ao sistema de livre comércio, mediante o pagamento de 400 réis por quintal de pau embarcado e, finalmente, teve seu monopólio regulamentado por Felipe III, em 12 de dezembro de 1605, passando a ser explorado por terceiros, através de contratos de arrendamento de direitos.[28] Segundo Simonsen, duradouro e rentável, o tráfico do pau-brasil rendeu, sempre, divisas significativas para a receita do erário público, sendo seu monopólio mantido pelo Estado mesmo após a Independência.[29]

---

nos sertões brasileiros. Mesmo coisas tão banais como travessias fluviais dos rios e as taxas, pagas pelos lavradores de minério, trabalhadores dos fornos de cal e pescadores eram frequentemente arrendadas pela Coroa ou pelos seus representantes [...]. Cf. C. R. Boxer, *O império marítimo português, 1415-1825*. Lisboa: Edições 70, 1992, p. 310-311.

25 Ruy d' Abreu Torres, "Contratação", In: Joel Serrão (dir.), *Dicionário de História de Portugal*. Porto: Livraria Figueirinhas, s.d. vol. 2, p. 179-180.

26 Myriam Ellis, "Comerciantes e contratadores no passado colonial: uma hipótese de trabalho", *Revista do IEB*, n° 24, São Paulo, 1982, p. 98.

27 Sobre o sal em Portugal destaca-se uma das mais importantes obras sobre o tema: Virgínia Rau, *Estudos sobre a história do sal português*. Lisboa: Editorial Presença, 1984.

28 Frédéric Mauro, *Portugal, o Brasil e o Atlântico, 170-1670*. Lisboa: Editorial Estampa, 1989, p. 171.

29 Roberto C. Simonsen, *História econômica do Brasil (1500-1820)*. São Paulo: Editora Nacional, 1978, p. 63. Entre os séculos XVII e XIX o valor dos contratos do pau-brasil variou de 24:000$000 (1638) a mais de 100:000$000 no primeiro quartel do século XIX.

Os contratadores do pau-brasil respondiam pelas despesas com o corte e transporte da madeira, com funcionários da Fazenda Real e, no caso de capitanias particulares, com o pagamento de 5% do valor do contrato ao donatário, além de comprometerem-se a enviar para a metrópole, anualmente, certa quantidade do produto, depositando fiança e pagando à coroa o valor total devidamente parcelado, conforme cláusulas previstas no contrato.[30]

Também o monopólio da pesca da baleia revestiu-se de grande importância. Entregue a particulares, a partir de 1603, teve como arrendatário o biscainho Pedro de Urecha, que introduziu novos instrumentos e técnica na sua realização. As primeiras armações foram instaladas na ilha de Itaparica, na Bahia, mas, aos poucos, estenderam-se para o Rio de Janeiro, Santa Catarina e Santos.[31]

Apesar de estar submetido ao controle régio, a arrematação do contrato das baleias na Bahia foi alvo de constantes queixas e demandas por parte da Câmara de Salvador.[32] Atentos para os benefícios que a maior disponibilidade do produto no mercado local ocasionava à população da cidade e seu termo, os vereadores apoiavam e encobriam a prática ilegal da pesca da baleia, produção e venda do óleo, sob a alegação de que agiam em defesa dos moradores, além de insistirem no controle e regulamentação do preço comercializado na cidade.[33]

Ao longo dos anos, até a extinção do monopólio em 1798, seguiu-se uma série de acordos para a administração da pesca e a venda do óleo. Inácio Pedro Quintela foi um dos mais assíduos concessionários, ficando à frente de contratos que se prolongaram por mais de 30 anos.[34]

---

30   António Baião, "O comércio do pau-brasil", In. Carlos Malheiros Dias (Coord), *História da colonização portuguesa no Brasil*. Porto: Litografia Nacional, 1921/1924. v 3, p. 333-339.

31   Roberto C. Simonsen, *op. cit.*, p. 373; Frei Vicente do Salvador, *História do Brasil (1500-1627.* São Paulo: Melhoramentos, 1954, p. 316-317; Frédéric Mauro, *op. cit.*, p. 367-368.

32   A interferência da câmara desagradava aos contratadores que nos requerimetos ao rei mencionavam a existência de cláusulas contratuais que proibiam os almotacés e vereadores de imiscuirem-se nas questões relativas à pesca, extração e comércio do óleo e da carne. Cf. AHU_ACL_CU_005, cx.41, D.3733.

33   Assim ocorreu em meados do século XVII e princípios do XVIII, quando a pesca ilegal praticada por Antônio Fernandes da Mata e Lourenço Mendes provocou queda nos preços, levando a Câmara a solicitar ao rei o fim do monopólio, alegando prejuízos ao povo e às rendas régias, já que o contrato limitava os rendimentos. Cf. Frédéric Mauro, *op. cit.*, p. 369-371.

34   Quintela parece ter sido um dos principais homens de negócios do reino, sempre envolvido com estancos ou cobrança de rendas públicas. Serviu os cargos superiores da

116   AVANETE PEREIRA SOUSA

Se o monopólio da pesca da baleia no Brasil proporcionava réditos consideráveis para a Fazenda Real,[35] o do comércio do tabaco chegou a ser, segundo João Lúcio de Azevedo, "depois das alfândegas, a principal receita do Estado".[36] A extensão do consumo de fumo no reino implicou nova ação fiscal e a ampliação das taxas alfandegárias, levando a coroa a instituir, para o Brasil, o privilégio da sua distribuição em 1642. Nessa condição, o Estado operou uma política de controle que combinou a exploração comercial direta com o arrendamento do contrato e, mesmo, com uma

Junta do Comércio e da Companhia do Grão-Pará, dominou a cobrança de impostos nas Ilhas da Madeira e dos Açores e depois a exploração de monopólios no Brasil, como o das baleias e o do tabaco, este último em associação com Félix Oldenberg. Chegou mesmo a tornar-se sócio do contratador de diamantes João Fernandes de Oliveira. Seu sobrinho, Joaquim Pedro Quintela deu continuidade aos negócios do tio, assegurando a exploração do sal do Brasil e da pesca das baleias até a sua supressão. Cf. Jorge Miguel de Melo Viana Pedreira, *Os homens de negócio da praça de Lisboa...*, p. 161-170. Sobre este contratador e seu negócio, especificamente, Contreras Rodrigues nos dá as seguintes informações: [...]Inácio Pedro Quintela, em sociedade com outros sete negocintes da praça de Lisboa, arrematou o contrato da pesca das baleias no 1º de abril de 1765, por doze anos, compreendidas as armações das Capitanias da Bahia nesse período despesas avultadíssimas em escravos, utensílios, embarcações, fundação de novas armações, reedificação das antigas. Ainda assim, lucrou a sociedade nestes doze anos quatro milhões de cruzados, sendo as pescas tão abundantes que, só na armação de Piedade na ilha de Santa Catarina, se arpoaram quinhentas e vinte e três baleias. Os mesmos – Quintela e Companhia – renovaram o contrato por outros doze anos pela quantia de 100.000 cruzados anuais [...]. [...] neste segundo prazo lucraram ainda os contratadores acima de 4.000.000 de cruzados. Calculava-se o rendimento de cada baleia em 1:000$000, com dezesseis pipas de azeite, 14 a 16 arrobas de barbatana, vendendo o azeite a 320 réis a medida, a barbatana a 5$000 a arroba, e deduzida a despesa de 136$000 por pipa. No terceiro contrato, à razão de 120.000 cruzados por ano, pouco ganharam já, em consequência da extinção do produto [...]. *Apud*: Roberto C. Simonsen, *op. cit.*, p. 374.

35   Cf. Myriam Ellis, *A baleia...* Sobre os rendimentos do contrato, no século XVII, Frédéric Mauro informa terem sido elevados. Segundo este autor, matavam-se por estação, ou seja, de junho a agosto, cerca de 30 a 40 baleias, que produziam, cada uma, de 20, 30, ou mesmo 40 pipas de óleo, sendo cada pipa vendida por 18.000 a 20.000 réis. Ademais, a carne que era salgada e seca ao sol, era comercializada em barricas a um preço de 12 a 25 cruzados. Cf. Frédéric Mauro, *op. cit.*, p. 367-368.

36   João Lúcio de Azevedo, *Épocas de Portugal econômico: esboço de história.* Lisboa: LCE, 1973, p. 287.

certa liberdade comercial.[37] De acordo com Simonsen, no ato de estabelecimento do monopólio, o direito de comercialização do produto foi arrendado por 32.000 cruzados, ou £ 3.000, mas, já em 1659, rendia cerca de £ 7.200.[38] Repetia-se com o tabaco o mesmo esquema de açambarcamento verificado com quase todos os gêneros tropicais oriundos da colônia. Cumpria-se, assim, mais um item da extensa agenda definidora do denominado pacto colonial, que impunha eternos laços de submissão dos territórios periféricos em relação à metrópole europeia.

Um outro produto controlado pela coroa foi o sal.[39] O seu monopólio, que durou de 1631 a 1801, implicou a efetiva proibição do desenvolvimento da indústria extrativa do sal no Brasil, objetivando à proteção das regiões produtoras do reino, como Setúbal, Alverca e Figueira da Foz, atingidas pela concorrência do sal brasileiro. Esse tipo de monopólio em Portugal foi prática levada a efeito desde os primórdios da nação e se traduziu em estável e frutuoso instrumento fiscal face às dificuldades econômicas do país.[40]

No Brasil, os rendimentos régios com o monopólio do sal, por ser produto absolutamente necessário aos seus moradores, contrapunham-se à opressão e ao dano que o referido estanco causava aos colonos, obrigados a adquirirem de fora e a altos preços uma mercadoria que, se permitido extrair, devido às condições geográficas, abundaria em terras coloniais.[41] Por conta disso, o controle monopolístico do sal, talvez mais que sobre qualquer outro produto, revelava, no dizer de Luciano Raposo, "o sentido da colônia", pois estendia-se também para a produção e comércio de gêneros que dependiam do sal, como, por exemplo, o couro.[42]

---

37   *Idem, ibidem*, p. 278.

38   Simonsen afirma que, a partir de então, a tendência foi o aumento progressivo. "Em 1716, o contrato foi arrendado por 1.400.000 cruzados, ou seja, £ 160.000. Em 1722, esteve arrendado por 1.800.000 cruzados; de 1753 a 1781, por 2.200.000; em 1807, por 2.160.000, ou seja, £ 320.000". Cf. Roberto C. Simonsen, *op. cit,.*, p. 368-369.

39   Entre revogações e suspensões temporárias, o estanco do sal português foi definitivamente instituído pelo alvará de 4 de agosto de 1631, incluindo-se nesta lei o produto enviado para o Brasil, antes comercializado livremente e a partir de tal data somente pela Fazenda Real. Cf. Anais da Biblioteca Nacional, *Documentos Históricos (1631-1637)*. Rio de Janeiro: Biblioteca Nacional, 1930, vol. 16, p. 39.

40   Myriam Ellis, *O monopólio do sal...*, p. 42.

41   *Idem, ibidem*, p. 78-79.

42   Luciano Raposo de Almeida Figueiredo, *Revoltas...*, p. 367-368.

Em meados do século XVII, a necessidade de receitas certas e imediatas justificaria a decisão da coroa em promover a adjudicação do monopólio do sal. Por outro lado, a queda dos lucros, oriunda de crise na produção de gêneros tropicais, sobretudo do açúcar, e, principalmente, o aumento do consumo do sal devido à abertura de novos mercados no interior da colônia, estimularam, durante o século XVIII, a continuidade da política mercantilista nesta matéria. Tal política, entretanto, não tardou a ser contestada pois, se, por um lado, favorecia à metrópole, por outro, penalizava a população.[43]

Assim, em todas as regiões da colônia eclodiram queixas contra os preços excessivos e a insuficiência na importação do produto, bem como contra as ações dos contratadores, que, não raramente, retiravam o gênero de circulação com o fito de ocasionar o aumento de preços. Essa medida facilitava às investidas de açambarcadores, que compravam o sal pelo valor do contrato e o comercializavam com preços super inflacionados.[44]

Na Bahia, semelhante ao que ocorrera com o contrato das baleias, as primeiras queixas partiram do Senado da Câmara, sobretudo depois de 1690, quando lhe é vedada a administração do contrato do sal, até então sob sua responsabilidade.[45] Ao que parece, tal situação agravou a crise de abastecimento e elevou ainda mais o preço do produto no mercado, culminando na revolta popular de 1711, desencadeada contra a imposição do "tributo da décima lançado, por ordem do rei ao governador geral, sobre todas as fazendas que desembarcassem na alfândega",[46] e, principalmente, em repúdio à "infeliz ideia", nas palavras de Teixeira da Silva,[47] do contratador do estanco do sal, Manuel Dias Filgueira, de aumentar o preço do alqueire de 480 para 720 réis.[48]

---

43 Na opinião do bispo de Pernambuco, em 1635, a experiência mostrou que o monopólio do sal "[...] não era útil [...] senão um mal geral, e incomparável [...] aos vassalos de V. M [...], obrigados a, diante da carestia da mercadoria, valerem-se [...] da água do mar, que a muitos fez tanto mal que morreram da comida assaz salgada". Cf. AHU, cód. 504, fls. 83v. *Apud*: Luciano Raposo de Almeida Figueiredo, *op. cit.*, p. 369.

44 AHU_CL_CU_005, cx. 7, D.617.

45 AMS, *Cartas do Senado, 1710-1730*, fls. 225.

46 *Idem, ibidem*, fls. 222-222v.

47 Francisco Carlos Teixeira da Silva, *A morfologia da escassez: crises de subsistência e política econômica no Brasil colônia (Salvador e Rio de Janeiro, 1680-1790)*, Niterói: UFF, 1990 (tese de doutoramento), p. 238.

48 Sobre tal revolta, denominada "do Maneta" vide: Sebastião da Rocha Pita, *História da América portuguesa*. Belo Horizonte: Itatiaia; São Paulo: Edusp, 1976, p. 258; Alberto

A BAHIA NO SÉCULO XVIII

As questões relativas ao preço e distribuição do sal atingiam, particularmente, a capitania da Bahia e regiões circunvizinhas, cuja dinâmica da economia interna e externa centrava-se, além da produção do açúcar, em torno de atividades que demandavam consumo considerável desse produto, a exemplo da pesca e salga da baleia e de peixes; do fornecimento de carnes para provimento das frotas e consumo da população local; da criação de gado e da exportação de couros.[49]

Essas condições, de certa maneira especiais, aliadas ao episódio de 1711, fizeram com que a municipalidade intensificasse suas ações no concernente ao abastecimento do sal em Salvador. Em 1712, a Câmara proibiu que do sal importado do reino se "retirasse qualquer tanto" para o Rio de Janeiro, sob a alegação de que a quantidade destinada à Bahia nem mesmo dava para suprir a demanda da população local.[50] A seguir, em 1715, solicitou ao rei o direito de taxar todo o sal que entrasse na cidade, sob o argumento de

> [...] não ser justo o monopólio de dois ou três homens que taxam o sal como bem querem de forma que o povo anda pagando o que não pode sendo que este Senado sempre atenderá a conveniência do bem comum, e não ao arbítrio de uns.[51]

A oposição dos adjudicatários, no sentido de evitar que o pleito dos vereadores fosse atendido, não pareceu suficiente para por fim às denúncias e súplicas da Câmara à coroa. Ao contrário, o papel de representação dos anseios comuns, que dizia estar investida e consoante o qual procurava agir, garantiu à Câmara o respaldo junto à comunidade e lhe permitiu engendrar, com certa autonomia, atitudes mais rápidas e eficazes em relação ao contrato do sal.

A insistência dos camaristas junto aos órgãos centrais assegurou-lhes, em 1715, o direito de administrar e taxar o gênero sempre que o contrato fosse encampado.[52] Além disso, em 1717, obtiveram do rei autorização para fiscalizar a distribuição

---

Lamego, "Os motins do Maneta na Bahia", In: *Revista do Instituto Geográfico e Histórico da Bahia*. Bahia: Tipografia e Encadernações Empresa Ed., 1929, vol. 45, p. 359-366; Luciano Raposo de Almeida Figueiredo, *Revoltas...*, p. 71-131.

49 AHU_CL_CU_005, cx. 7, D.617. Vide cap. 1.

50 AMS, *Atas da Câmara, 1709-1718*, fls. 297.

51 AMS, *Cartas do Senado, 1715-1730*, fls. 10-11v.

52 AMS, *Cartas do Senado, 1715-1730*, fls. 7-8v.

de todo o sal que chegasse nas frotas, bem como requerer dos contratadores lista contendo a quantidade do produto a ser comercializado.[53]

Não obstante os esforços da municipalidade em agir de acordo com as leis régias, os problemas relativos ao comércio do sal em Salvador exigiram, em alguns momentos, atitudes menos nobres aos olhos reais. Em 1725, os boatos de que os contratadores haviam retirado parte do produto de circulação, com o objetivo de forçar a elevação de preços no mercado local, fizeram com que os vereadores daquele ano obrigassem o administrador do contrato do sal a lhes dar uma das chaves do armazém e, num ato inusitado, colocassem à venda todo o sal estocado.[54]

Questionado pelo rei acerca do caráter do envolvimento da Câmara nas tensões oriundas da venda e distribuição do sal em Salvador, o vice-rei, Vasco Fernandes César de Menezes, conde de Sabugosa, não apenas apoiou a ação dos vereadores, alegando não fazerem eles mais do que a obrigação, como ainda criticou abertamente os mecanismos operantes nas práticas monopolistas em questão afirmando que

> [...] como os contratadores fazem conivências particulares à custa do prejuízo público costumam ajustar-se em Lisboa com os capitães ou donos dos navios em certa quantia de dinheiro para gozarem daquele transporte e como por esta causa não metem todo o sal que lhe é necessário tem ocasião de vender por maior preço como ordinariamente se experimenta e sendo eles senhores absolutos do mesmo sal, assim para o ocultarem como para o venderem [sic] está claro que se segue o mais irreparável dano.
>
> Bem sabe V. Majestade que as câmaras devem cuidar na boa economia dos povos, concorrendo para a utilidade deles e por isso fazem mal a sua obrigação as que cuidam pouco na observância do regimento e posturas. E nestes termos sou de parecer que quando o contratador do sal queira usar mal dele

---

53   *Idem, ibidem*, fls. 28-31v. AMS. *Ofícios ao Governo, 1712-1737.* sn/fls.

54   AMS, *Ofícios ao Governo, 1712-1737.* sn/fls. O contratador solicitou providências do governador-geral alegando estar protegido, pela cláusula 18 do seu contrato, contra a imissão de oficiais da câmara e almotaçaria no processo de venda e administração do sal. Não foi, todavia, atendido. Cf. AHU_CL_CU_005, cx. 25, D.2263.'

em prejuízo do comum que o Senado da Câmara possa atalhar esse inconveniente [...].[55]

Com ou sem as pressões camarárias, os problemas decorrentes das irregularidades do monopólio do sal perduraram até a sua extinção, em princípios do século XIX. Vilhena, observador atento da vida social da época, considerava a situação como "escandalosa" e contrária "às leis da equidade, e sistema político",[56]demostrando que a opção, quase inevitável, pelo sistema de contratação de tributos, direitos comerciais e serviços régios, impunha ao Estado português uma certa fragilidade e inoperância diante do poder e das articulações de agentes particulares que, nessa esfera, contraditoriamente, agiam em nome do rei. Já nessa época, a lógica pragmática dos interesses individuais, que se alimentavam e se reproduziam socialmente a partir da exploração comercial, contrariava a racionalidade estatal e os interesses sociais mais amplos. Este conflito eclodiu com força e clareza na fase final da crise do Antigo Regime, com os fundamentos do liberalismo.

No âmbito exclusivo da arrecadação fiscal e tributária, os dízimos constituíam-se em uma das mais antigas e importantes fontes de renda oriunda da colônia portuguesa nas Américas. Era um imposto de natureza eclesiástica, cuja receita logo foi incorporada à do Estado depois que o papa Calixto III, através da bula *Inter Coetera*, de 13 de março de 1546, assegurou aos reis de Portugal, como grão-mestres da Ordem de Cristo, o direito de administrá-lo. Este tributo incidia sobre todos os produtos do solo, com destaque para o açúcar.[57]

---

55 APEB, *Ordens Régias, 1721-1726*. docs. 56b e 56c.

56 Luís dos Santos Vilhena. *A Bahia no século XVIII*. Salvador: Itapuã, 1969, vol. 1. p. 133.

57 Sobre os dízimos vide: D. Oscar de Oliveira, *Os dízimos eclesiásticos do Brasil: na colônia e no império*. Belo Horizonte: UFMG, 1964; Mauro de Albuquerque Madeira, *Letrados, fidalgos e contratadores de tributos no Brasil colonial*. Brasília: Coopermídia, Unafisco/Sindifisco, 1993, p. 138-145; Cleonir Xavier de Albuquerque da Graça e Costa, *Receita e despesa do Estado do Brasil...*, p. 62-81. Melhor exposição sobre os dízimos encontra-se em Sebastião Monteiro da Vide: *Constituições Primeiras do Arcebispado da Bahia*. São Paulo: Typografia 2 de dezembro de Antônio Louzada Antunes, 1853, art. 179, 414, 415, 417, 418, 420, 421, 424, 425, 426, 427, 428, 429, 430. De acordo com as *Constituições Primeiras*, os dízimos subdividiam-se em *reais* – dos frutos dos prédios ou terras, colhidos sem ou com o trabalho humano; *pessoais* – décima parte de todo ganho e lucro auferido do trabalho ou indústria da pessoa; *mistos* – dos frutos provindos em parte do trabalho humano e em parte da terra.

Como as demais receitas, os dízimos eram arrecadados pelo sistema de contratos, feitos, inicialmente, em Lisboa. Logo, porém, o processo de arrematação passou a se dar em cada capitania, valendo o maior lance e tendo o ano fiscal início no dia 1º de agosto.[58] Aos contratadores, representados nas capitanias por agentes ou feitores, cabiam cumprir as cláusulas contratuais no respeitante ao pagamento de fianças e à forma de recolhimento do imposto, conforme previsto no regimento dos provedores da Fazenda, de 1548, quando do estabelecimento do governo-geral. Assim, mediante um preço único previamente determinado, os adjudicatários recebiam os dízimos *in natura* e pagavam à coroa, geralmente, em dinheiro e em gêneros ao mesmo tempo.[59]

O pagamento de tributos em gêneros foi experimentado, de acordo com Dorival Teixeira Vieira, pela primeira vez com a exploração do pau-brasil, entre 1500 e 1532, quando ¼ (um quarto) da extração empreendida através do sistema de feitorias pertencia à coroa. No entanto, os dízimos propriamente ditos só foram estabelecidos com as donatárias e referiam-se à decima parte da cultura do açúcar. Depois da instalação do governo-geral, o dízimo do açúcar continuou vigorando, sendo a mesma experiência adotada para os mais variados ramos de produção.[60]

A força da máquina fiscal se fazia sentir mais intensamente nas capitanias de maior vitalidade econômica, como era o caso, no início da colonização, de Pernambuco e da Bahia, e, posteriormente, também do Rio de Janeiro. Nestas capitanias, concentrava-se a maior parte da produção agrícola, além de uma expressiva atividade comercial e de serviços, majorando a receita dos dízimos a elas correspondentes.[61]

Outros gêneros de menor importância comercial se constituíam em fonte de renda dos dízimos na colônia, embora sejam raramente mencionados. Na lista dos produtos sujeitos a tal tributação, constante nas *Constituições Primeiras do Arcebispado da Bahia*, subtraindo-se o açúcar, estavam inclusos "[…] milho, mandioca, arroz, tabaco, bananas, aipins, feijões […] e outros legumes; laranjas, limões, cidra, hortaliças […]; […] e todos os frutos da terra, naturalmente ou por indústria dos homens […]". Também se cobravam dízimos de "todos os animais […]; […];

---

58 Cleonir Xavier de Albuquerque da Graça e Costa, *Receita e despesa…*, p. 64.

59 A prática de pagamentos em gêneros revelava a fragilidade do sistema mercantil monopolizado, com a ausência de meios circulantes em moeda. *Idem, ibidem*, p. 65.

60 Dorival Teixeira Vieira, "Política financeira", In: Sérgio Buarque de Holanda (dir.). *História geral da civilização brasileira*. São Paulo: Difel, 1973, tomo I, vol. 2, p. 344.

61 Cleonir Xavier de Albuquerque da Graça e Costa, *Receita e despesa…*, p. 34.

dos frutos e ganhos dos engenhos de açúcar, moinhos, azenhas, fornos de pão, tijolo e cal; e dos pombais, pesqueiras, aguardente e semelhantes [...]".[62]

Embora nada desprezíveis em termos de valor absoluto arrecadado, os dízimos no Brasil representavam apenas pequena parte relativa da receita total oriunda do conjunto da produção econômica da colônia. Os impostos pagos nas alfândegas das capitanias e da metrópole sobre a entrada e saída de mercadorias revestiam-se, segundo Brandão, em montante mais vultoso.[63]

Além dos direitos pagos pela produção colonial e pelas mercadorias provenientes da metrópole, uma outra importante fonte de renda para a coroa provinha dos direitos de entrada de escravos africanos nos portos do Brasil. Era uma receita que tendia a crescer ou decrescer à medida da expansão ou retração da mão de obra escrava importada. Portanto, entre os séculos XVI e XVIII, os números indicam que a linha de crescimento foi quase sempre ascendente.[64]

Do recolhimento dos direitos relativos ao tráfico encarregaram-se, em certos momentos, os próprios agentes da Fazenda Real. Todavia, em largo período este tributo foi arrendado a contratadores, que, desta forma, se tornaram arrematantes de impostos indiretos. No primeiro quartel do século XVI, entravam anualmente cerca de 4.000 escravos no Brasil, cujos impostos alfandegários referentes a este comércio

---

62 Sebastião Monteiro da Vide, *op. cit.*, art. 418, 420, 421. Em fins do século XVI, os dízimos referentes à "lavoura de mantimentos", como dizia Ambrósio Fernandes Brandão (Brandônio), referindo-se ao cultivo de mandioca, arroz, milho e outros produtos de subsistência, renderam à Fazenda Real 14 contos. Cf. Ambrósio Fernandes Brandão, *Diálogos das grandezas do Brasil*. São Paulo: Melhoramentos, 1977, p. 170.

63 Brandônio informa-nos que somente as 500.000 arrobas de açúcar produzidas pelas capitanias de Pernambuco, Paraíba e Itamaracá pagaram, em 1618, na alfândega de Lisboa, 250 réis por arroba do açúcar branco e mascavado e 150 réis do panela, "isto afora o consulado"(imposto adicional de 3% sobre o valor das mercadorias, cobrado nas alfândegas. Foi instituído em 1592 por Felipe I para atender a despesas com a marinha de guarda-costas. Era pago pelo proprietário das mercadorias e seu produto custeava também as despesas do Tribunal de comércio. Foi cobrado até o século XIX". José Eduardo Pimentel de Godoy e Tarcízio Dinoá Medeiros, *Tributos, obrigações e penalidades pecuniárias de Portugal antigo*. Brasília: ESAF, 1983, p. 43). Esse imposto rendia, segundo o autor, mais de 300.000 cruzados à coroa, ou seja, cerca de 140 contos, sem considerar as demais capitanias, nomeadamente a da Bahia, igualmente produtiva. Segue acrescentando que, de tal importância, nem "um só real" era destinado à manutenção do Estado do Brasil "porquanto o rendimento dos dízimos, que se colhem na própria terra, basta para sua sustentação". Cf. Ambrósio Fernandes Brandão, *op. cit.*, p. 119-121.

64 Frédéric Mauro, *Portugal, o Brasil...*, p. 213.

chegavam ao montante de 12 contos de réis. Em 1736, foi essa a quantia registrada relativa ao contrato de Angola. Aos direitos de entrada acrescia-se a receita advinda dos direitos de saída dos escravos da África.[65]

Não obstante às mais variadas formas de incremento e captação das receitas públicas, os tributos oriundos da atividade mineradora na colônia foram os únicos a serem diretamente administrados e arrecadados pela coroa, através da nomeação de oficiais régios. Ainda em 1700, foram enviados provedores às minas para arrecadar os quintos e fiscalizar a exportação do produto, evitando, assim, a sonegação deste imposto, que, pela sua natureza, sobrelevava-se dentre todos. [66]

O controle sobre o recolhimento dos quintos dava-se através da instalação de registros nas estradas das capitanias do Rio de Janeiro, São Paulo, Bahia e Pernambuco, que faziam divisa com as minas. Contígua à Casa da Moeda no Rio de Janeiro foi criada, em 1702, a Casa dos Quintos, onde o ouro em pó era fundido. Com o tempo, viabilizaram-se outras alternativas para a cobrança do tributo. Em princípio, estabeleceu-se um ajuste de quantias determinadas (30 arrobas anuais, depois 25 e, em 1722, 37), cuja cobrança ficava a cargo da municipalidade que tratou logo de criar registros nos caminhos das minas, à fim de potencializar e garantir a arrecadação. O sistema, porém, não agradou nem aos mineiros, que tiveram sua insatisfação traduzida em motins, entre 1719 e 1720, nem à coroa, que via a quantia ajustada muito inferior ao realmente produzido. A partir de 1725, instituíram-se casas de fundição, onde o metal era liquefeito e deixado em barras, depois de devi-

---

65   Cleonir Xavier de Albuquerque da Graça e Costa, *Receita e despesa...*, p. 85.

66   Sobre mineração e tributos no Brasil colonial vide: André João Antonil, *Cultura e opulência do Brasil por suas drogas e minas*. São Paulo: Melhoramentos/Brasília: INL, 1976, p. 161-197; J. Lúcio de Azevedo, *op. cit.*, p. 291-384; Roberto C. Simonsen, *op. cit.*, p. 246-301; Charles R. Boxer, *A idade de ouro do Brasil: dores de crescimento de uma sociedade colonial*. Trad. Nair de Lacerda. Rio de Janeiro: Nova Fronteira, 2000, p. 57-85; Fernando Rezende, "A tributação em Minas Gerais no século XVIII", In: Cedeplar/UFMG. *II Seminário sobre a economia mineira – História econômica de Minas Gerais/a economia mineira dos anos oitenta*. Diamantina: UFMG, 1983, p. 112-148; K. Maxwell, *A devassa da devassa: a Inconfidência Mineira, Brasil- Portugal, 1750-1808*. Rio de Janeiro: Paz e Terra, 1978; Maria Fernanda Espinosa Gomes da Silva, "Mineração", In: Joel Serrão (dir.), *Dicionário...*, vol. 4, p. 309-311; Luciano Raposo de Almeida Figueiredo, "Tributação, sociedade e a administração fazendária em Minas no século XVIII", *Anuário do Museu da Inconfidência*, Ouro Preto, vol. 9, 1993, p. 111-120; Fernando José Amed e Plínio José Labriola de Campos Negreiros, *op. cit.*, p. 123-173; Mauro de Albuquerque Madeira, *op. cit.*, p. 67-88, entre tantos outros.

damente retirados os quintos que, não alcançando 100 arrobas anuais, deveriam ser completados pelas câmaras, através da sobretaxação dos moradores.[67]

No sertão da Bahia, nas então recém-descobertas minas de Jacobina e Rio das Contas, os constantes descaminhos do ouro fizeram com que a cobrança dos quintos fosse por bateia, conforme ordem expressa do vice-rei, Vasco Fernandes César de Menezes, ao coronel Pedro Barbosa Leal, capitão-mor da vila de Jacobina, em 1725.[68] Mais tarde, o peso do recolhimento dos quintos nessas localidades acabaria por provocar o despovoamento quase total do território, ficando os poucos moradores restantes tentados a seguir o exemplo daqueles que já haviam partido.[69]

Além desses tributos mais conhecidos, e que culminavam em significativas receitas para a Fazenda Pública, outros tipos de taxas somavam-se ao tesouro real. Normalmente, o poder central decretava imposições extraordinárias que, na maioria das vezes, assim como já acontecia com diversas rendas ordinárias e regulares, destinavam-se a resolver questões específicas da metrópole e nada tinham a ver com as necessidades coloniais. Ademais, estipuladas por tempo determinado, acabavam vigorando por anos à fio, tornando-se quase permanentes, penalizando ainda mais os colonos.

Dos muitos tributos extraordinários lançados ao longo dos séculos destacavam-se o *subsídio voluntário* e o *subsídio literário*. O primeiro foi criado para financiar a reconstrução de Lisboa, destruída pelo terremoto de 1755. A Fazenda Real estabelecia uma cota para cada capitania, que deveria decidir como a arrecadação seria realizada. Esta contribuição, afirma Madeira, prevista para durar dez anos e extensiva para todas as capitanias, acabou se estendendo até 1778, incidindo sobre escravos, gado vacum, vinho e aguardente.[70]

Na Bahia, logo após notícia do terremoto de Lisboa, o Senado da Câmara de Salvador recebeu, do rei, D. José I, carta participando-lhe "tão infausta calamidade" e lembrando-lhe do senso de obrigação e obediência que devem ter "todas as partes

---

67   J. Lúcio de Azevedo, *op. cit.*, p. 344; Maria Fernanda Espinosa Gomes da Silva, "Mineração", In: Joel Serrão (dir.), *Dicionário de História de Portugal...*, vol. 4, p. 310-311.

68   Carta do vice-rei Vasco Fernandes César de Menezes ao Rei. Cit. por: A. de Cerqueira e Silva, *Memórias históricas e políticas da província da Bahia..* Bahia: Imprensa Official do Estado, 1925. vol. 2, p. 382.

69   ANTT, *Manuscritos do Brasil. L. 8*, fls. 32. *Apud*: Luciano Raposo de Almeida Figueiredo, *Revoltas...*, p. 445. Sobre a exploração de ouro nas minas de Jacobina e Rio de Contas, confira: Albertina Lima Vasconcelos, *Ouro: Conquistas, tensões, poder – mineração e escravidão na Bahia do século XVIII*. Campinas: Universidade Estadual de Campinas/ Instituto de Filosofia e Ciência Humanas, 1998, dissertação de mestrado.

70   Mauro Albuquerque Madeira, *op. cit.*, p. 110.

do Corpo Político em relação à sua Cabeça". Por trás de tal aviso, estava, pois, a ordem expressa de não se medir esforços para a pronta reconstrução do reino.[71] Assim, a Câmara reuniu-se com a nobreza e o povo e, pela maioria de votos, ficou deliberado o envio da quantia de três milhões de cruzados a serem pagos pela capitania da Bahia, no prazo de trinta anos, sendo dividida em 100 mil cruzados anuais, cujas taxas recairiam sobre os gêneros mais consumidos e atividades mercantis expressivas, entre as quais: a carne de vaca, o azeite doce e de peixe, a aguardente da terra e o tráfico de escravos da África. A proposta, feita ao vice-rei, conde dos Arcos, e por ele aceita, sugeria que a cidade de Salvador, enquanto possuidora de uma das mais dinâmicas economia da colônia, arcasse com o maior valor, cerca de 875:000$000 réis, ficando o restante distribuído entre as demais câmaras da capitania.[72]

No debate e mediação dessas propostas, a partir da sugestão original, acordou-se que a contribuição incidiria sobre a entrada das fazendas vindas à alfândega. A Câmara determinou então que tal imposto seria de dois por cento sobre as fazendas secas, conservando, porém, o pagamento de três mil réis por pipa de azeite doce e de 60 réis por canada de aguardente da terra consumida nas vendas da cidade e seu termo, além de 2$500 réis por escravo vindo da Costa da Mina, Cacheu, Cabo Verde, e ilhas de São Tomé e Príncipe".[73] O controle e a administração deste subsídio foram executadas por uma Junta, criada especificamente para essa finalidade, composta pelo vice-rei, como presidente, dois desembargadores da Relação, dois ministros da Casa da Inspeção, juiz de fora e o vereador mais velho da Câmara.[74]

A eficácia desta contribuição parece ter sido confirmada, pelo menos no que diz respeito à Bahia, devido à sua prorrogação por um período de dez anos. Desta feita, mais uma vez, a justificativa nada tinha a ver com os problemas da própria colônia, ou mesmo da capitania. Objetivava às obras de recuperação do Palácio da Ajuda, em Lisboa, que fora acometido por calamitoso incêndio.[75]

O *subsídio literário* caracterizou-se como outra rubrica de caráter especial e provisório, que acabou se prolongando por muito tempo sob o argumento da necessidade da coroa portuguesa em gerar fundos para promover e custear minimamente a educação na colônia. Sua origem remonta à expulsão dos jesuítas, sabidamente os principais responsáveis pelas tarefas educacionais elementares na época colonial.

---

71   Cit. por: A. de Cerqueira e Silva, *op. cit.,* vol. 3, p. 185.

72   *Idem, ibidem.*

73   Cit. por: A. de Cerqueira e Silva, *op. cit.,* vol. 3, p. 186.

74   *Idem, ibidem.*

75   *Idem, ibidem.*

[76] Mesmo depois da emancipação política, este tributo continuou a ser cobrado em várias regiões do Brasil, mantendo, inclusive, a mesma denominação. Madeira chama a atenção para o fato deste imposto não ter sido adjudicado, talvez por não despertar interesse econômico ao grupo dos rendeiros, sendo diretamente administrado pelas câmaras e pela Junta da Fazenda Real.[77]

Em meio a tantos impostos que sobrecarregavam a colônia, há ainda que se mencionar os donativos para casamentos de reis e rainhas; para a paz com a Holanda, por exemplo; as terças partes e novos direitos de ofícios da Justiça e Fazenda; do selo da alfândega e outros mais, que oneravam tanto a Bahia quanto as demais capitanias.

Para um melhor dimensionamento das finanças públicas no Brasil e na Bahia coloniais, em âmbito geral, importa que consideremos, também, a estrutura dos gastos orçamentários e sua aplicação no contexto da manutenção da ordem metropolitana.[78]

Segundo Frédéric Mauro, os rendimentos advindos dos impostos pagos pela colônia das Américas eram significativos, ao contrário de outras regiões do Império português que só davam prejuízos.[79] Entre as prioridades e necessidades vitais para o sustento da colonização sobressaía-se a manutenção do aparato de guerra, seja para defesa, seja para novas conquistas. Era natural a situação de guerra constante, instalada entre os Estados Modernos, numa época em que se procurava firmar e definir qual ou quais nações alcançariam a hegemonia política e econômica, sendo

---

76   "Foi criado por lei de 10 de novembro de 1772, cujo produto se destinava, exclusivamente, à manutenção das Escolas Menores. Sua arrecadação foi, por alvará da mesma data, confiada à Junta da Companhia Geral da Agricultura das Vinhas do Alto Douro, entidade paraestatal criada por Pombal. Na verdade o Subsídio Literário, mais do que um único imposto, era um conjunto deles, pois nele estavam embutidos o subsídio da aguardente e do vinagre e outros. Em Portugal e Ilhas, o Subsídio Literário era cobrado à razão de um real de cada canada de vinho, 4 réis de cada canada de aguardente e 160 réis de cada pipa de vinagre. Na América, ou seja, no Brasil, e na África, cobravase um real de cada arrátel de carne e 10 réis de cada canada de aguardente fabricada nesses domínios. Na Ásia, só se cobravam 10 réis de cada canada de aguardente local. O Subsídio Literário foi extinto em Portugal em 1857 e nas Ilhas só em 1861". Cf. José Eduardo Pimentel Godoy e Tarcízio Dinoá Medeiros, *op. cit.,* p. 127.

77   Mauro Albuquerque Madeira, *op. cit.,* p. 111.

78   Os estudos sobre as despesas da colônia são, na realidade, fragmentos dispersos em várias obras e documentos. Especificamente para o período Filipino, consulte-se o importante trabalho de Cleonir Xavier de Albuquerque da Graça Costa, *op. cit.*

79   Frédéric Mauro, *Portugal, o Brasil...,* vol. 2, p. 232-237.

a manutenção e conquista de territórios o *leitmotiv* da maior parte das crises e disputas entre os países europeus.

Para Portugal, manter sua colônia americana implicava elevadas somas a serem gastas com fortificações, soldos e mantimentos, nomeadamente nas capitanias de maior importância econômica. Entretanto, essa tarefa não corria por conta da metrópole, mas de mecanismos de expropriação submetidos à população colonial, através dos inúmeros impostos diretos e extraordinários já mencionados.[80]

O sustento das tropas militares, feitos geralmente em espécie e em gêneros, oneravam os cofres públicos, sem, contudo, garantir a total segurança da colônia, nem mesmo das suas duas mais importantes capitanias, Bahia e Pernambuco, cujas companhias militares, em 1712, contavam com pouco mais de 240 soldados.[81] O frágil sistema defensivo colonial resumia-se à existência de alguns fortes, baluartes e trincheiras, em torno da capital e das principais cidades e vilas, e à minguada, mal remunerada e esfomeada tropa.[82] Tal situação, embora tenha sofrido modificações, nunca chegou a ser definitivamente superada, como demonstra Luciano Raposo, quando expõe com propriedade os gastos e desgastes da defesa colonial.[83]

Em Salvador, a construção de fortalezas e quartéis em número suficiente para defender a cidade e amparar a infantaria, quase sempre obrigada a constranger os munícipes com a ocupação indevida de suas casas, foi reivindicação constante da Câmara. Diante da necessidade de se aparelhar as tropas contra eventuais inimigos, sobretudo depois da invasão holandesa à cidade, os vereadores lançaram mão de tributos e contribuições voluntárias, prerrogativa até então pertencente apenas ao rei.[84]

Com maior ou menor dificuldade, no interior do próprio território colonial e na defesa e sustentabilidade das capitanias economicamente ativas, cada vez mais assediadas por nações estrangeiras, a coroa mostrava-se financeiramente incapaz de prover os meios físicos e materiais para proteger suas possessões, deixando-as quase que relegadas à própria sorte. Não raras foram as vezes em que os governadores de

---

80 Frédéric Mauro, *Nova história e novo mundo*. São Paulo: Perspectiva/Edusp, 1963, p. 195.

81 Diogo de Campos Moreno, *Livro que dá razão ao Estado do Brasil*. Rio de Janeiro: Instituto Nacional do Livro, 1968, Edição fac-similar, p. 118.

82 Especificamente sobre a fortificação e defesa de Salvador no período colonial, vide: Luís Monteiro Costa, *Na Bahia colonial. Apontamentos para a história militar da cidade do Salvador*. Bahia: Livraria Progresso Editora, s/d; Edgard de Cerqueira Falcão, *Fortes coloniais da cidade do Salvador*. São Paulo: Livraria Martins, 1942.

83 Luciano de Almeida Raposo Figueiredo, *Revoltas...*, p. 445-453.

84 AMS, *Atas da Câmara, 1644-1649*, fls. 103-105.

A BAHIA NO SÉCULO XVIII

várias capitanias tiveram que, com autorização régia, redirecionar recursos, destinados a outros fins, para a defesa. Assim fez o capitão-mor, Matias de Albuquerque, ao utilizar fundos angariados para a reconstrução da Sé de Olinda e das fortalezas do litoral da capitania de Pernambuco.[85]

Ao longo dos séculos, as despesas militares tornaram-se cada vez mais vultosas e impossíveis de serem equilibradas com as receitas. A situação da colônia e dos colonos agravava-se: a eterna vulnerabilidade levava ao aprofundamento da fiscalidade destinada à defesa, o que implicava o acirramento das relações entre a metrópole e a população colonial, sobrecarregada com tributos que não se revestiam para o seu bem estar, nem em sua efetiva segurança.

A segunda fonte de despesas refere-se aos gastos com o custeio da máquina administrativa e burocrática da monarquia, representada pelos cargos da Administração, da Fazenda e da Justiça.

O funcionalismo, em número relativamente limitado no início do governo geral, multiplicou-se no decorrer dos tempos, à medida em que o crescimento econômico e populacional da colônia tornava sua gestão tarefa cada vez mais complexa, promovendo uma continuada ascensão das despesas relacionadas a essas rubricas, como nos demonstrou Cleonir Xavier para o século XVII.[86]

Por fim, há ainda que se incluir, no quadro geral das principais despesas, as quantias destinadas à Igreja, para o pagamento da folha eclesiástica e para a manutenção dos templos.[87]

De forma genérica, pode-se concluir que a estrutura econômico-financeira do Estado português no Brasil, no período colonial, assumiu características similares às do reino, tanto em relação ao caráter das instâncias político-administrativas responsáveis pela implementação da política fiscal, quanto pelos expedientes utilizados, com ênfase

---

85 Cleonir Xavier de Albuquerque da Graça e Costa, *Receita e despesa...*, p. 114.

86 *Idem, ibidem*, p. 124-141.

87 De todas as ordens religiosas presentes na colônia, a de Santo Inácio era a que absorvia a maior parte dos recursos destinados à Igreja no Brasil, através de benefícios reais outorgados aos seus colégios espalhados pelos quatro cantos do território. Ao contrário dos padres da Companhia de Jesus, os clérigos regulares, segundo Gabriel Soares de Sousa, recebiam tão pouco que mal dava para se sustentar. Quando alcançavam cargos de cônegos e outras dignidades auferiam rendimento um pouco melhor. Em busca de melhorias, muitos outros acabavam preferindo tornarem-se capelães nos engenhos, onde tinham casa, comida e salário digno garantidos. Cf., Gabriel Soares de Sousa, *op. cit.*, p. 136.

na privatização da arrecadação de direitos tributários e comerciais, prática costumeira anterior à descoberta e conquista dos novos territórios e neles amplamente aplicada.[88]

No que se refere especificamente à capitania da Bahia, no século XVIII, a incidência da carga tributária e os rendimentos oriundos de concessões comerciais foram numericamente significativos.[89] Á medida em que aumentavam as exigências fiscais por parte da metrópole, a cidade de Salvador, também sede da capitania, ia se tornando um centro administrativo-financeiro cada vez mais estratégico, portador de instâncias e agentes especializados, pois a cobrança de impostos e a adjudicação de direitos comerciais impuseram a montagem de um aparelho burocrático-administrativo mais complexo.

Pela função de *cabeça do Estado do Brasil,* Salvador atendia a essas e ainda a outras esferas da política do poder central para toda a colônia, tornando-se uma espécie de *aparato fiscal* da coroa portuguesa em território americano.

"Teres e "haveres": natureza, características e dinâmica das finanças municipais

Se, enquanto principal centro político-administrativo da colônia, Salvador concentrava grande parte dos poderes e funções estratégicas do aparelho estatal e da administração portuguesa, a cidade comportava, ainda, outras estruturas de poder responsáveis pela manutenção e reprodução da vida cotidiana de seus moradores, como o abastecimento, a higiene e saúde, a organização do espaço urbano e as manifestações religiosas. Estas múltiplas expressões do ordenamento social local estavam sujeitas a certas regras e a certos imperativos da Câmara que, para promovê-los, exercia, simultaneamente, o poder fiscal e disciplinador de comportamentos coletivos, dos quais prefiguravam a forma de ser da cidade.[90] Para cumprir a

---

88   Mauro de Albuquerque Madeira, *op. cit.,* p. 99.

89   Destes, os mais relevantes eram o dízimo, sobretudo por conta da produção açúcareira, a dízima da alfândega, a dízima do tabaco, o direito dos escravos e os contratos do sal e da pesca da baleia. Até 1792, todo o processo de arrematação do direito de cobrança dos dízimos era feito na própria capitania, sendo que, a partir de tal data, os lanços passaram a ser remetidos para a Fazenda Real, em Lisboa. Também na capital do reino eram arrematados os contratos do sal e da pesca da baleia, cujo rendimento da capitania da Bahia consistia em 1/3 do valor do contrato geral, e, ainda, desde 1714, a dízima da alfândega. Cf. ANTT, *Papéis Avulsos 1,* doc. 4; BNRJ, Alfândega da Bahia. *Códices 18, 13, 2, 86.*

90   Sobre receitas camarárias, de forma genérica, cf.: C. R. Boxer, *O império marítimo português (1415-1825).* Lisboa: Edições 70, 1977, p. 270.

missão de organizar e controlar a vida da cidade, a Câmara necessitava não apenas de prerrogativas e jurídicas e institucionais, mas também de mecanismos e poderes materiais e financeiros.

A configuração administrativa-financeira da Câmara de Salvador no século XVIII refletia, por um lado, a situação socioeconômica da cidade, naquele momento, cada vez mais complexa à medida em que aumentara a capacidade de produção e os fluxos de comércio e consumo dos habitantes da *urbe,* e ao tempo em que se ampliara o grau de articulação dos diferentes grupos sociais com o poder local. Por outro lado, a composição definitiva das rendas municipais estava, também, condicionada a fatores internos e externos à própria política administrativa camarária e, sobretudo, às pressões, oriundas do poder central, para que houvesse o aumento de receitas.

Desse modo, a maioria das fontes de renda do Senado da Câmara da Bahia foi sendo instituída à medida em que a municipalidade, enquanto gestora dos negócios e da vida local, forjava e munia-se de uma infraestrutura interna capaz de potencializar os instrumentos necessários à uma maior eficácia no controle da arrecadação dos tributos sob sua circunscrição fiscal-financeira.

As rendas

As fontes de renda da Câmara de Salvador podem ser agregadas em dois grupos: o das receitas diretas e o das receitas indiretas.[91]

No primeiro grupo, o das *receitas diretas*, inseriam-se os rendimentos administrados e cobrados pela própria Câmara através de seus oficiais, sobretudo almotacés e os próprios vereadores, entre os quais predominavam as *condenações* ou *coimas.* Neles contabilizavam-se, ainda, as arrecadações provenientes da *aferição de medidas,* das *licenças* para o exercício de profissões e comércio e dos *foros* decorrentes da utilização dos bens móveis e imóveis da Câmara, a exemplo de terras, casas, animais e estabelecimentos comerciais.

O segundo conjunto, o das *contribuições indiretas*, cobradas mediante arrendamento, através de arrematação e contrato, compreendia, maioritariamente, as *taxas e imposições*[92] sobre atividades comerciais, ou seja, sobre a compra e venda

---

91 Nessa classificação seguimos o modelo adotado por Capela para os municípios minhotos. Cf. José Viriato Capela, *O Minho e seus municípios: estudos económico-administrativos sobre o município português nos horizontes da reforma liberal.*. Braga: Universidade do Minho, 1985, p. 28.

92 Segundo Boxer, "os impostos municipais, tais como os lançados pela coroa, cifravam-se muitas vezes na quantia mais alta possível. Em alturas de emergência, a Câmara podia

de mercadorias, e, também, as concessões de serviços. Mesmo sendo atividades "terceirizadas", as cobranças de taxas sobre serviços realizados pelo conjunto dos rendeiros, isto é, pelas pessoas que haviam adquirido o direito de executar determinadas funções públicas, eram acompanhadas de perto pela municipalidade, através da figura do procurador do concelho.

Arrecadação direta

O principal rendimento direto da Câmara de Salvador provinha da cobrança de *coimas* ou *condenações*. Esta renda resultava das várias atribuições de caráter fiscalizador e o seu montante final decorria, basicamente, da intensidade das transgressões cometidas contra as posturas, principalmente aquelas vinculadas ao mundo mercantil. A dupla funcionalidade das *condenações* traduzia-se na geração de rendas para os cofres públicos e exprimia, também, o nível de autonomia do poder local, no âmbito de sua jurisdição, permitindo-lhe o acionamento desse recurso de forma constante. De fato, as *condenações* culminavam uma série de ações que envolviam a Câmara, desde o processo de elaboração dos regulamentos, passando pela fiscalização do seu cumprimento, até a punição dos infratores, ato final que possuía caráter coator e fiscal-financeiro, dependendo da natureza do delito e de sua pena.

No conjunto, esse processo sintetizava atribuições legislativas, pois implicava a elaboração de normas de conduta; executivas, pois impunha medidas administrativas para a concretização de tais normas; e judiciárias, porque competia à Câmara ajuizar processos e penalizar os transgressores, o que resultava em condenações, geralmente pecuniárias, e em fonte de recursos para o erário público local.

As infringências dos regulamentos econômicos previstos nas *posturas*, nos *acórdãos* e nas *taxas de almotaçaria*,[93] eram penalizadas através da figura jurídico-

---

impor uma coleta por cabeça aos cidadãos, escalonada de acordo com a sua capacidade real ou presumível para pagar". No entanto, nos casos urgentes, sempre que fosse necessário gerar alguma receita à parte, fosse ela de interesse geral ou particular, o caminho a tomar era o da solicitação de provisão régia, que era quase sempre concedida. Neste trabalho não nos referiremos a essas receitas extraordinárias por falta de documentação seriada. Cf. Charles Boxer, *O império colonial...*, p. 270.

93 Nas *Ordenações Filipinas*, liv. 1, títulos 18, 65, 66, 68 e 72, estão consagradas as principais disposições sobre a almotaçaria. Sobre "almotaçaria e relações de mercado" no ultramar português vale destacar pesquisas pioneiras de Magnus Roberto de Melo Pereira, realizadas na Universidade Federal do Paraná. Cf. também tese de doutoramento do autor: *A forma e o podre: duas agendas da cidade de origem portuguesa [...]*. Curitiba: UFPR,

A BAHIA NO SÉCULO XVIII

administrativa denominada de condenações, que recaíam, principalmente, sobre a população mercantil da cidade: marchantes, oficiais mecânicos, vendeiros e regateiras envolvidos com o pequeno comércio, venda e distribuição, no varejo, de produtos da terra e mercadorias importadas. Os agentes sociais *condenados* deveriam recolher importâncias pecuniárias aos cofres municipais, de acordo com a natureza das infrações que abrangiam aspectos como o não cumprimento do tabelamento de preços; de taxas de ofícios e salários; a não observância da qualidade dos produtos, de padrões de pesos, de medidas e normas de abastecimento. Além dessas dimensões econômico-mercantis, as condenações incidiam, ainda, sobre todas as infrações implicadas nas prescrições municipais sobre higiene e saúde públicas, saneamento básico, construção civil e exercício de manifestações religiosas.[94]

O processo e o ritual inerentes às condenações abarcavam quase todos os cargos da administração local concelhia, além de envolver e mobilizar a sociedade civil. Isto porque a delação do transgressor podia partir dos mais diferentes corpos sociais, inclusive do mais comum dos habitantes da *urbe*, e o valor da pena, em certos casos, repartido entre a Câmara e o denunciante. Todavia, era aos almotacés, no regime de administração direta, que competiam a aplicação e a cobrança da multa.

Independentemente das vistorias e correições que, de acordo com as Ordenações e Leis do Reino, deviam ser regularmente realizadas pelos vereadores e almotacés,[95] o que nem sempre acontecia, em Salvador, toda e qualquer denúncia de infração, fosse em que tempo fosse, era logo averiguada e imediatamente aplicada a multa correspondente, cujo registro era lavrado, em livro próprio, pelo escrivão do Senado e, em seguida, efetuado o pagamento. Após tal procedimento, ao almotacé ficava proibida a absolvição da pena, do contrário haveria que responder, com os seus bens, pelo prejuízo que resultava à Real Fazenda e ao bem comum do povo. Exceção feita, em Salvador, às condenações relativas ao descuido com a higiene e saúde públicas e, para os cidadãos, a não participação em festejos religiosos, quando uma boa justificativa geralmente garantia o perdão da pena. Em todos os demais casos sujeitos a condenações, a inadimplência resultava na cobrança e execução da sentença nos cartórios da cidade.[96]

1998, e, ainda: *"Almuthasib-* Considerações sobre o direito de almotaçaria nas cidades de Portugal e suas colônias", *Revista Brasileira de História*, vol. 21, nº 42, 2001, p. 365-395.

94 Cf. AMS, *Condenações do Senado em Vereança, 1703-1805.*

95 *Ordenações Filipinas,* liv. 1, tit., 66, 68.

96 AMS, *Condenações do Senado em Vereança, 1703-1805,* fl. 75v, 76.

A renda das condenações tornou-se a mais constante e vultosa dentre às obtidas *diretamente* pelas cidades e vilas portuguesas do continente e, possivelmente, do ultramar. No entanto, era também a mais irregular, pois dependia da vontade e capacidade punitiva do município.[97]

A exemplo do que ocorria nas cidades portuguesas de grande e médio portes, em Salvador, as receitas oriundas das condenações atingiram volumes relativamente elevados para os padrões da época.[98] As mais diversas queixas dos camaristas em relação à penúria por que passavam as rendas municipais no decurso do século XVIII deixam entrever que, por mais importantes e indispensáveis que fossem os rendimentos das condenações, acrescidos com os recursos provenientes de outras fontes, não eram suficientes para arcar, com certa folga, com as inúmeras despesas e, ainda, satisfazer às crescentes demandas do poder central por aumento da contribuição da cidade aos cofres reais.[99] Além disso, se comparados com os tributos indiretos auferidos com as receitas submetidas a arrematações, como o provimento dos açougues públicos, os tributos das condenações pareciam bem menos expressivas.

A sistematização aproximada de dados, entre 1701 e 1801, demonstra que, apesar da impossibilidade de se levantar, de forma exaustiva e com precisão, o rendimento advindo das condenações, devido às lacunas de informações, o valor deste tipo de renda foi substancial, chegando, apesar da não computação de valores para trinta e dois anos alternados, aos totais de 2.101.360 (dois contos, cento e um mil e trezentos e sessenta réis), entre 1701-1750, e 1.806.780 (um conto, oitocentos e seis mil e setecentos e oitenta réis), entre 1751-1801. Para a primeira e segunda metades do século XVIII, faltaram-nos dados para 15 e 17 anos, respectivamente, mas podemos inferir que, no cômputo geral, as arrecadações igualaram-se e mantiveram-se em alta durante todo o século, numa média de 58.330 (cinquenta e oito mil trezentos

---

97 José Viriato Capela, *O Minho...*, p. 30. Os rendimentos das condenações eram tão incertos que, mesmo na capital do reino, onde, em tese, haveria mais rigor na cobrança, fruto de maior estruturação da máquina administrativa, verificou-se uma arrecadação de quatrocentos mil e oitenta e cinco réis, para o ano de 1765, face a valores quase ínfimos em 1779, cinquenta e seis mil duzentos e cinquenta e quatro réis, e, em 1785, cinquenta e dois mil e oitenta réis. Cf. Paulo Jorge Fernandes, *As faces de Proteu: elites urbanas e o poder municipal em Lisboa de finais do século XVIII a 1851*. Lisboa: Arte e História, 1999, p. 230.

98 Veja-se o exemplo de Braga, onde, no mesmo período, a renda das condenações comportava 21% dos rendimentos da Câmara e o de Barcelos, onde chegou a representar 80% do total da receita. Cf. José Viriato Capela, *O Minho...*, p. 29.

99 AMS, *Cartas do Senado a S. Majestade, 1715-1730*, fl. 121v; *Provisões do Senado, 1699-1726*, fl. 205.

e trinta réis) anuais, indicando ser relativamente eficiente a ação punitiva dos agentes camarários.[100]

A ausência de dados sobre as condenações durante os anos referidos dá margem à hipótese de que a Câmara, naquelas ocasiões, embora não fosse usual, pode ter transferido para terceiros, através do arrendamento, o poder arrecadatório. Encontramos referências documentais que comprovam tal inferência para os anos de 1714 e 1741, sendo as coimas e execuções, nos períodos citados, arrendadas por 1.275.000 (um conto, duzentos e setenta e cinco mil réis) e 1.100.000 (um conto, cem mil réis), respectivamente.[101]

Embora contrariasse as leis do reino, que mandava coimar à proporção dos culpados, o arrendamento da cobrança das condenações, talvez muito mais vantajoso e confortável do ponto de vista da municipalidade, parece ter sido comum nas cidades e vilas portuguesas do Antigo Regime.[102] Nesse caso, nem sempre os camaristas faziam jus ao título de defensores da comunidade, pois este expediente prejudicava tanto o povo, sujeito a pagar o que não devia, a depender da maior ou menor pressão dos rendeiros, como a Fazenda Real, uma vez que a terça régia recaía apenas sobre o valor acordado com os contratadores da dita renda.

Ainda que procedimento semelhante possa ter ocorrido na Bahia, há que se atentar para o fato de que mereceria reflexão mais aprofundada capaz de explicitar e justificar a decisão e o uso dessas duas formas de cobrança de taxas e controle de tributos: a direta e a indireta. A presença da Câmara traduzia uma indiscutível força simbólica. A ação coatora do poder público tendia para uma maior eficácia no controle da vida cotidiana. Já os contratadores representavam a ação de especuladores e agentes privados querendo enriquecer às custas do povo, utilizando-se de uma função do Estado. Por outro lado, muitos impostos e taxas, ao serem cobrados, revestiam-se de cunho pedagógico e disciplinar, valores que poderiam ser encarnados e repassados com muito mais propriedade pelos ocupantes de cargos nos

---

100 AMS, *Condenações do Senado em Vereança,1703-1805; Citações,1742-1769; Condenações feitas pelos almotacés, 1777-1785.* A renda proveniente das condenações em algumas importantes câmaras do reino não ficava muito acima, exceto a da municipalidade de Barcelos que, em fins do século XVIII, tinha arrecadação superior a 220 mil réis anuais. Câmaras importantes como as de Braga e de Guimarães não ultrapassavam, no período citado, os 31 e 42 mil réis/ ano, respectivamente. Cf. José Viriato Capela, *O Minho...*, p. 41-44.

101 AMS, *Arrematações das Rendas da Câmara, 1704-1727*, sn/fl., *1738-1750*, f. 197v, 199.

102 José Antônio de Sá. *Memória dos abusos praticados na comarca de Moncorvo (1790)* (Ed. de F. de Sousa), Separata da *Revista da Faculdade de Letras da Universidade do Porto* – Série História, vol. IV, Porto, 1974, p. 180, *apud*: José Viriato Capela, *O Minho...*, p. 32-33.

organismos estatais. Ou sejam, estes pareciam deter o poder legal, material e simbólico. Os contratadores, por seu turno, se valiam e eram vistos apenas pelo aspecto legal, não exercendo funções ideológicas e morais em suas ações.

Uma avaliação individual, ano a ano, demonstrou significativas mutações nos valores arrecadados com as condenações, o que nos permite concluir que a majoração de rendimentos em determinados anos e a ínfima e inexpressiva receita em outros podem ter decorrido de múltiplos fatores, como os identificados por Capela para o caso dos municípios minhotos. Lá, essas variações na arrecadação seguiam "o ritmo das necessidades e conjuntura econômica e financeira municipal", mas eram também resultado da maior ou menor capacidade que a Câmara e as autoridades tinham para lançar e cobrar a receita. Dependiam, ainda, em última análise, da aceitação ou resistência das populações, bem como das próprias orientações mais gerais da política fiscal régia".[103]

Como se pode notar no gráfico 1, os fluxos irregulares de ascensão e queda anuais, ou em anos agrupados, da arrecadação procedente das condenações em Salvador, na última década do século XVIII e princípios do XIX, podem ser resultantes dos impactos dos questionamentos e das discussões, dos quais a municipalidade participou ativamente, inclusive buscando parecer de autoridades e estudiosos do assunto, acerca da eficácia e validade do sistema de almotaçaria.[104]

GRÁFICO 1: **Rendimentos da Câmara de Salvador provenientes de Condenações (1701-1801)**

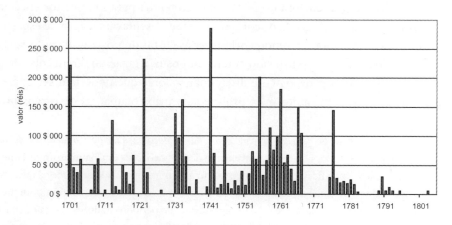

Fonte: AMS, *Arrematações das Rendas da Câmara,1698-1808.*

---

103 José Viriato Capela, *O Minho...*, p. 40-41.

104 Luís dos Santos Vilhena, *op. cit.,;* João Rodrigues de Brito, *Cartas econômico-políticas: sobre a agricultura e comércio da Bahia.* Bahia: Governo do Estado, 1924.

O exame das penalidades e, simultaneamente, das fontes de receitas resultantes das condenações, revelou a radiografia das condutas ilícitas mais comuns. Em primeiro lugar aparece, justamente, o desrespeito ao tabelamento de preços, correspondendo a 70% das penalidades. Esta prática envolvia basicamente agentes vinculados aos negócios comerciais que se recusavam a obedecer os códigos disciplinares impostos à venda de seus produtos.

Estritamente vinculada à jurisdição econômica do município encontrava-se uma outra receita: a oriunda da aferição de pesos e medidas. No campo dos rendimentos diretamente administrados pela Câmara, constituía-se na segunda rubrica mais importante. Aferir significava cotejar e conferir as medidas dos vendeiros, lojistas, oficiais mecânicos e outros com as medidas e padrões municipais. A receita proveniente das *aferições* resultava do pagamento de taxas relativas a tais aferimentos. Assim, a verificação, por um funcionário da Câmara, das balanças, vasilhas ou quaisquer outros utensílios usados nas transações comerciais no mercado urbano tornara-se uma das principais funções da municipalidade. A falsificação dos instrumentos usados para pesar e medir mercadorias prejudicava diretamente os consumidores, além de constituir-se numa forma de fugir do controle camarário, através da alteração indireta dos preços dos gêneros tabelados.

Diferentemente do que acontecia em algumas cidades do reino, onde este tipo de receita estava submetido a arrendamento,[105] em Salvador, era o primeiro-porteiro da Câmara que exercia tal função e, nesta, atuava como aferidor das medidas redondas e quadradas e selador das pipas. Por ter tarefas sobrepostas, recebia de ordenado 20 mil réis anuais mais emolumentos.[106] Fazia-se a aferição dos pesos e das medidas usadas no comércio a retalho em Salvador duas vezes ao ano. Em Funchal, na Ilha da Madeira, além do afilador das medidas redondas e quadradas, outras pessoas, de

---

105 Cf. para o caso de Esposende: Maria Manuela Alves e Elizabete Nazaré Teixeira Mendes, "As contas da Câmara de Esposende de 1789 a 1825", In: José Viriato Capela, *O Minho...*, p. 298. Para Viseu, confira: Sérgio Cunha Soares, "Aspectos da política...", p. 68.

106 O ordenado apenas de 1º porteiro pago pela Câmara era de 10.000(dez mil réis). Cf. AMS, *Provisões do Governo, 1695-1702*, fl. 13. Francisco Borges de Barros, em *O Senado da Câmara da Bahia*, dá a entender que no século XVII a aferição de pesos e medidas era terceirizada, ou seja, posta em arrematação, rendendo, em 1630, 23 mil réis cada uma (as quadradas e as redondas). Francisco Borges de Barros, *O Senado da Câmara da Bahia*. Bahia, Imprensa Official, 1928, p. 12. Não encontramos qualquer informação sobre quando o aferimento passou a ser responsabilidade do porteiro do Senado, mas tal iniciativa pode indicar medidas de efetivo controle dos rendimentos públicos municipais por parte da Câmara.

nomeação camarária, exerciam funções idênticas relacionadas à denominada receita da *medidagem*. Lá, havia o medidor das vasilhas de azeite, o afilador dos barris, o afilador das medidas de barro, o afilador dos pesos e balanças grandes, o afilador das medidas de folha e o afilador das medidas de pão.[107]

Em 1787, único ano para o qual temos informações precisas, entraram nos cofres da Câmara de Salvador 2.500 (dois mil e quinhentos réis) oriundos do trabalho desempenhado pelo afilador de medidas.[108] No período que vai de 1789 a 1810, a média anual desta receita não ultrapassou a casa dos 7.000 (sete mil réis).[109] A baixa arrecadação, em termos quantitativos, relativa às aferições, está longe de corresponder à importância da jurisdição camarária em que se apoia, além de tais rendimentos, numa rápida análise, não condizerem com a conhecida potencialidade comercial da cidade na época. Mesmo cidades portuguesas economicamente menos importantes, como Caminha e Guimarães, apresentavam média anual infinitamente superior, cerca de 76.000 (setenta e seis mil réis), 43.000 (quarenta e três mil réis) e 224.000 (duzentos e vinte e quatro mil réis), respectivamente.[110] Ora, se na ocasião era substancialmente expressivo o número dos que compatibilizaram as suas medidas com as da municipalidade, como demonstra o rol dos que entre 1789 e 1810 submeterem-se às aferições,[111] como explicar tão ínfima receita?

Uma das possíveis respostas para o diminuto peso financeiro deste rédito, quando confrontado com outras receitas municipais, pode residir no fato da aferição de pesos e medidas em Salvador encontrar-se sob a administração camarária, portanto, em tese, sujeita a pressões da sociedade para tornar flexível a cobrança deste tipo de receita, o que não aconteceria se arrematada por particulares.

Por um lado, considerando apenas quão comum eram as condenações decorrentes da venda de produtos por pesos e medidas irregulares, ou mesmo sem medida e peso algum,[112] um certo afrouxamento, ou descaso, na exigência efetiva da *aferição* não seria, portanto, uma atitude propositada da Câmara no sentido de incrementar

---

107   Ana Madalena Trigo de Sousa, "Os municípios do Funchal e do Machico e as reformas pombalinas: que consequências na sua administração?" In: *O Município no mundo português*. Seminário Internacional. Funchal: Centro de Estudos de História do Atlântico/ Secretaria Regional do Turismo e Cultura, 1998, p. 310, 325.

108   AMS, *Receita e despesa do Senado, 1787,* fl. 3v.

109   AMS, *Aferições,1789-1800/1801-1810; Provimento dos Provedores, 1739-1826,* sn/fl.

110   José Viriato Capela, *O Minho...,* p. 217, 242, 266.

111   AMS, *Aferições, 1789-1800/1801-1810)*

112   AMS, *Condenações feitas pelos almotacés, 1777-1785.*

as condenações visto serem estas mais rentáveis ao município? De outro modo, o fato das aferições, durante o século XVIII, ao que parece, não terem sido postas em arrematação, como era praxe na metrópole, sugere que os prováveis ganhos, delas oriundos, não seriam suficientes para despertar o interesse do grupo dos rendeiros. Há ainda que se levantar a hipótese de que, por mais dinâmica que fosse a atividade comercial de Salvador, sobretudo do comércio a retalho, e considerável a quantidade de pessoas envolvidas, não havia submissão regular e constante desses indivíduos ao sistema de aferições imposto pela Câmara, o que também justificaria os altos valores das condenações em certos períodos.

Por fim, há novamente que se considerar um aspecto, bastante ressaltado por diversos autores,[113] inerente à estrutura político-administrativa do poder local no período: a falta de capacidade da Câmara para gerir impostos e serviços de sua competência.

As *licenças* relativas à atividade comercial, ao exercício de ofícios e profissões e às construções públicas e privadas conformavam outro tipo de renda direta da Câmara. A documentação pesquisada indica ser este muito mais um instrumento de planejamento e de controle socioeconômico do espaço urbano, do que, propriamente, fonte substantiva de receita. Decerto, a partir da concessão de licenças para os mais diferentes fins a cidade era esquadrinhada, mapeada e, sobretudo, sujeita às ingerências da municipalidade em múltiplas dimensões da sua organização urbanística e socioespacial. Podemos dizer que as licenças constituíam-se mecanismo institucional primordialmente utilizado pela Câmara no processo de execução de uma das suas mais importantes funções relativas ao governo econômico e à disciplinarização do cotidiano coletivo da cidade, uma vez que tudo, para ser feito, precedia o consentimento legal por parte das autoridades locais.[114]

O acervo documental investigado não explicita a receita total das taxas de licenças, deixa, entretanto, entrever que, se tomada no conjunto das rendas camarárias, não chegava a ser suficiente para arcar com as gratificações dos oficiais que se encarregavam do seu recolhimento.[115]

Um outro conjunto de receitas camarárias altamente expressivo compunha-se dos *foros*, sem dúvida, uma das primeiras e mais correntes formas de arrecadação municipal.

---

113 Antònio Manuel Hespanha, *Ás vésperas...*, Joaquim Romero Magalhães. " As estruturas sociais de enquadramento da economia portuguesa de Antigo Regime: os concelhos", *Notas Econômicas*, nº 4, Coimbra, 1994; José Viriato Capela, *O Minho...*

114 AMS, *Provisões, 1765-1702*, fl. 13-17; *Licenças, 1785-1791/1792-1796/1797-1801.*

115 AMS, *Licenças, 1792-1796, 1797-1801.*

No decurso da história do direito português, as palavras *foro, enfiteuse, emprazamento e aforamento* designaram um mesmo instituto jurídico que se traduzia no pagamento anual de determinada quantia/produto pelo uso ou domínio útil de qualquer tipo de propriedade. Almeida Costa alude ao fato das concepções tradicionais considerarem o sistema como herança romana, que persistiu por todo o período visigótico e da Reconquista sem quebra de continuidade. Mesmo não garantindo a veracidade dessas considerações, o autor afirma que em documentos do século XII já havia referência à existência de tal prática, disseminada tanto por particulares como pela coroa.[116]

Proprietária de consideráveis parcelas de terras, casas de morada, e pontos comerciais,[117] na cidade e em seu termo, a Câmara de Salvador valia-se do sistema de aforamento[118] dessas propriedades, na maioria das vezes realizado através da arrematação pública, para aumentar as suas rendas. Essa prática arrecadatória tanto ampliava as fontes de recursos para a municipalidade como lhe propiciava uma estratégia de inserção na complexa rede de sociabilidade local, uma vez que este tipo de negócio possibilitava o contato direto com indivíduos pertencentes aos diversos grupos e camadas sociais.

O aforamento de propriedades públicas foi, talvez, a única fonte de renda da Câmara que, instituída desde os primórdios da sua organização administrativa, perpassou todo o período colonial sem qualquer mudança do ponto de vista da sua operacionalização, embora variasse muito nos níveis de rendimentos auferidos ao longo dos tempos. A documentação pesquisada só nos permitiu estabelecer com precisão os fundos arrecadados com os aforamentos do ano de 1787, computados em 474.410 (quatrocentos e setenta e quatro mil, quatrocentos e dez réis). Sabe-se, no entanto, que os foros constituíram-se em fontes de renda cada vez mais importantes para as economias municipais, além de tornarem-se instrumento fundamental no processo de afirmação da jurisdição local, com efeitos que atingiam parcelas cada vez maiores da população da cidade e de seu termo (Cf. quadro 8).

---

116 Mário Júlio de Almeida Costa, "Enfiteuse", In: Joel Serrão (dir.), *Dicionário...*, vol. 2, p. 379-383.

117 Os foros de terras, sobretudo de grandes extensões, eram postos sob arrematação pública, por períodos que variavam de 3 a 6 anos, enquanto que as casas e estabelecimentos comerciais eram arrendados por período de 1 ano.

118 O aforamento era feito através de contrato pelo qual o dono de um imóvel cedia a outrém o direito de usufruir da propriedade, mediante o pagamento de pensão anual. António de Morais Silva, *Dicionário da língua portuguesa* (Fac-símile da 2ª ed., 1813). Rio de Janeiro: Officinas da Litho-Typografia Fluminense, 1922.

QUADRO 8 – Relação de aforamentos, segundo a natureza das atividades/propriedades (Salvador, 1787)

Natureza dos bens	Valor em réis
Vinte botequins nas terras baldias junto à capela de N. Sra. de Nazaré	80.000
Vinte e duas bancas na Baixa dos Cobertos – na Praia	140.800
Duas bancas	12.800
Casa na Ladeira da Misericórdia	400
Terras ao Dique	1.200
Terras na Ladeira da Conceição	46.000
Um lugar ao pé do açougues da Praia	3.000
Lugares debaixo dos arcos dos Açores	4.000
Lugar na porta do açougue	8.000
Terras	200
Terras na Misericórdia	3.600
Oito bancas	51.200
Dez bancas na praia	64.000
Casas em Santa Bárbara	900
Casas na Misericórdia	2.000
Casas no Corpo da Guarda	2.000
Casas na Barroquinha	1.280
Casas da Relação	50.000
Casas na Fonte dos Padres	630
Casas na Ladeira da Misericórdia	2.400
Total	474.410

Fonte: AMS, *Receita e Despesa do Senado, 1787.*

De acordo com Capela, em Portugal, "à volta dos aforamentos e apropriações dos baldios gizaram-se as mais graves crises sociais e políticas portuguesas do Antigo Regime e do século XIX e são um dos pontos mais frequentes da oposição dos povos à administração municipal [...]".[119]

Na colônia portuguesa nas Américas, para o Rio de Janeiro, Fernanda Bicalho constatou constituírem-se os "chãos urbanos", sujeitos a aforamentos e laudêmios cobrados pelo Senado, em verdadeira "fábrica de conflitos", motivando disputas ferrenhas pelo seu controle e administração, sobretudo entre oficiais concelhios e funcionários régios. No cerne da questão estava, segundo

---

119   José Viriato Capela, *O Minho...*, p. 35.

a autora, o fato de a venda e do aforamento de terrenos pertencentes à Câmara configurarem-se em sua principal fonte de recursos, daí a resistência camarária à interveniência de agentes alheios à sua jurisdição nessa matéria.[120]

Para São Paulo, Murilo Marx enfatizou a dissensão constante entre o poder eclesiástico e o poder municipal quanto à apropriação do solo urbano e dos foros correspondentes, advinda da ausência de uma detalhada legislação fundiária que regulamentasse a distribuição da terra no interior da *urbe*. Esse problema foi agravado a partir do século XVIII, quando o crescimento populacional impôs questões cuja solução não comportava mais a simples aplicação de procedimentos tácitos e costumeiros. Impunha-se, agora, um aprimoramento do controle institucional do território urbano que envolvia tanto os domínios camarários quanto eclesiásticos, pois ambos estavam interessados em auferir o maior rendimento possível de suas propriedades.[121]

A regulamentação de terras, através da cobrança de foros, converteu-se em uma das mais importantes e rentáveis atividades desenvolvidas pela Câmara de Vila Rica, conforme explicita Borrego, concentrando, por isso mesmo, significativos esforços por parte dos edis no trato da questão. Na opinião da autora, a constante preocupação dos camaristas com a disposição da forma urbana da cidade trazia implícito o caráter fiscalista da ação do poder local, empenhado em potencializar as receitas municipais, e sempre causava o descontentamento da população, contrária ao pagamento de taxas.[122]

Em Salvador, embora não se tenha notícia de confrontações agudas e generalizadas decorrentes da regulamentação das propriedades camarárias, o que se percebe são queixas constantes da população em relação à apropriação indevida de terrenos públicos, destinados ao uso coletivo, denominados *baldios*,[123] bem como dos

---

120 Maria Fernanda Baptista Bicalho, *A cidade e o Império...*, p. 383-404.

121 Murilo Marx, *Nosso chão: do sagrado ao profano*. São Paulo: Edusp, 1988, p. 48-49, 136-140. Sobre as terras urbanas em São Paulo colonial, vide, ainda: Raquel Glezer, *"Chão de terras": um estudo sobre São Paulo colonial*, São Paulo. FFLCH/USP, 1992, tese de doutorado.

122 Maria Aparecida de Menezes Borrego, *Códigos e práticas: o processo de constituição urbana de Vila Rica colonial (1702-1748)*. São Paulo: FFLCH/USP, 1999, dissertação de mestrado, p. 109-112.

123 A apropriação dos *baldios* por particulares parece ter sido de tal monta que, em fins do século XVIII, Luís dos Santos Vilhena chamava a atenção para a inexistência de terras coletivas, em carta onde dizia a Filipono não se lembrar "de ter estado em terra onde não haja, como nesta um palmo de terra de baldio nos seus subúrbios, para logradouro do povo, de forma tal, que nem há onde se façam os despejos, que não podem escusar-se por estar tudo tomado, e murado, *op. cit.*, p. 79-80.

próprios vereadores sobre a posse, venda ou transmissão, por herança, de terras originariamente pertencentes ao concelho e que haviam sido aforadas.[124] O que parece ter sido comum era a invasão das terras públicas por particulares, como ocorreu em Santo Amaro do Ipitanga, em fins do seiscentos, o que deu origem, a seu pedido, à revisão do domínio territorial da cidade, autorizada por carta régia, em 1703.[125]

Conforme explicitado, a receita dos foros da Câmara de Salvador estava assente em direitos e propriedades na cidade e no termo. Incidia principalmente sobre terras, casas e estabelecimentos comerciais, mas não apenas. Cobrava-se, também, uma espécie de taxa pela utilização de certos *lugares* públicos, para fins comerciais, que, obviamente, recaía sobre os vendedores de rua, regateiras e regatões, os quais, mediante pagamento do aluguel e obtenção da licença, vendiam suas mercadorias em pontos fixos da cidade disponibilizados pelos agentes camarários.[126] Em Portugal, este tipo de renda municipal tinha a denominação de *terrados* e resultava do arrendamento dos assentos ou lugares para a venda de peixe e sardinha fresca. Lá, particularmente na cidade de Braga, cada vendedor de peixe pagava 20 réis em cada carga (4 arrobas) e 100 em cada carro (20 arrobas).[127] Em Salvador, a taxa anual paga pela utilização dos *lugares* espalhados pela cidade somava 4.000 (quatro mil réis), independentemente do local.[128]

Em situação mais confortável estavam os foreiros das bancas construídas pela municipalidade e dispostas pela cidade, a saber: 23 no Terreiro, 22 na Praia, 23 em São Bento e 19 no Caminho Novo, entre o Cais Dourado e o Taboão.[129] Estes locais, onde se vendia de tudo, de peixes a outros gêneros comestíveis, assumiam características de pequenos mercados aos quais afluía a população dos arredores e de vários pontos da cidade.[130]

---

124   AMS, *Atas da Câmara, 1751-1765*, fl. 206v.

125   Affonso Ruy, *História da câmara municipal da cidade do Salvador*. Salvador: Câmara Municipal, 1996, p. 69-71. Em 1723 as queixas eram em relação à invasão de terras pertencentes à Câmara, provenientes de sesmarias, em Itapuã. Cf. AHU_CL_CU_005, CX. 32, D.2898.

126   Luís dos Santos Vilhena, *op. cit.*, p. 74.

127   José Viriato Capela, *O município de Braga de 1750 a 1834: o governo e a administração econômica e financeira*. Braga: Câmara Municipal, 1991, p. 108.

128   AMS, *Receita e Despesa do Senado, 1787*.

129   As de São Bento e as do Caminho novo foram edificadas em 1790.

130   Luís dos Santos Vilhena, *op. cit.*, p. 73; AMS, *Arrematação das Rendas da Câmara, 1689-1704*, sn/fl.

144   AVANETE PEREIRA SOUSA

Do conjunto dos foros pagos à Câmara, no ano de 1787, os imóveis/prédios urbanos, pontos comerciais e casas de morada, revelaram-se a maior contribuição financeira do município (Cf. quadros 9 e 10). O emprazamento (espécie de aluguel) de casas, botequins e bancas rendeu à Câmara 408.410 (quatrocentos e oito mil cruzados, quatrocentos e dez réis). Individualmente, as bancas apresentaram, de longe, maior rendimento. As quarenta e duas bancas aforadas naquele ano, a 6 mil e 400 réis cada, perfizeram mais de 60% do total da arrecadação camarária com esse tipo de receita.

QUADRO 9 – Valores dos foros de edificações/prédios urbanos cobrados pela Câmara (Salvador, 1787)

Natureza dos Bens	Valor em réis
Botequins	80.000
Casas	59.610
Bancas	268.800
Total	408.410

Fonte: AMS, *Receita e Despesa do Senado, 1787.*

QUADRO 10 – Valores dos foros de outros imóveis cobrados pela Câmara (Salvador, 1787)

Natureza dos Bens	Valor em réis
Terras	51.000
Lugares	15.000
Total	66.000

Fonte: AMS, Receita e Despesa do Senado, 1787.

Na descrição dos bens aforados pela Câmara de Salvador há a identificação dos locais, mas não contém informações detalhadas quanto às respectivas áreas e características. Essa ausência inviabilizou a comparação do valor de determinada propriedade em relação a outra de idêntica categoria, impossibilitando a hierarquização de sua distribuição por diferentes zonas urbanas.

No que pese a dificuldade em fixar ou acompanhar a evolução e crescimento das rendas de foros durante o século XVIII, pudemos perceber que a diversidade dos aforamentos e o tipo de administração a que eram submetidos, direta e indireta ao mesmo tempo, indicando o grau de capacidade foreira da Câmara de Salvador. Todavia, tais constatações não demonstram o nível, o ritmo e a intensidade com que se efetivavam, muito menos a dinâmica e reflexos socioeconômicos imediatos dos aforamentos.[131]

Ainda assim, é possível fazer inferências acerca da permanência, magnitude e importância desse mecanismo de concessão e controle de relevantes aspectos da vida cotidiana. É bem provável que o instituto do aforamento tenha perdurado significativamente ao longo do século, não só por ser prática costumeira e legal, mas também porque era fonte de renda e permitia à municipalidade exercer o seu poder de planejamento urbano e controle social. Também, por tal mecanismo, lhe era permitido interferir em tensões sociais decorrentes de necessidades básicas da população como abastecimento, moradia e limpeza pública.

O fato dos rendimentos acima descritos serem diretamente arrecadados e ou administrados pela Câmara, por si só, não garantia a lisura do processo e integridade das pessoas nele envolvidas. Pelo contrário, as irregularidades decorriam justamente dos acordos particulares entre oficiais municipais e segmentos sociais atingidos, na maioria das vezes facilitados pela ausência de registros devidos.[132] Esse tipo de problema parece ter sido constante também no reino. Em Braga, a providência tomada pelo provedor incluía a assinatura dos termos de registro de receitas pelos vereadores e escrivão, da Câmara e da almotaçaria, bem como a isenção de condenações apenas nos termos ordinários, ou seja, previstos em lei, de modo a que se evitassem as absolvições por funcionários ou juízes incompetentes. Em Barcelos, a proibição de se rasurar ou complementar anotações, depois de lançadas nos registros, "sem salva assinada pelo juiz e vereadores dando a razão por que foi riscado ou emendado", estava prescrita nas próprias posturas relativas ao papel do escrivão da Câmara.[133] No caso

---

131 Uma das maiores dificuldades da Câmara no concernente à renda dos *foros* parece ter sido o alto grau de inadimplência dos foreiros e a impossibilidade de se punir os devedores com pena de prisão, cuja aplicabilidade limitava-se às infrações contra as posturas camarárias, nas quais já estava prevista. Os entraves à ações dos edis, nesse particular, ficaram explícitos nas várias tentativas de cobrança dos foros das bancas situadas nos cobertos, na Praia, em 1780, há mais de seis anos sem serem pagos pelos comerciantes nelas estabelecidos. Como, segundo os próprios vereadores em sessão camarária, as "leis novíssimas não consentem que se prendam os devedores", exceto nas condições citadas, os procedimentos, nesse caso específico, demandaram vistorias, citações, sindicâncias e audiências e, só então, se chegou ao último recurso que consistiu no confisco dos bens dos devedores. Cf. AMS, *Atas da Câmara, 1776-1787*, fls. 97.

132 O mais comum eram esses acordos envolverem pessoas de "posses". AMS, *Portarias, 1710-1725*, sn/fl.

133 Vide: José Viriato Capela, *O Minho...*, p. 132-133.

de Salvador, o provedor orientava os vereadores para que observassem atentamente se havia alguma queixa, por parte do povo, contra "tesoureiros e almoxarifes encarregados do recebimento dos direitos reais, e, caso houvesse, fosse logo investigado a causa e tomado providências".[134] Ademais, pedia ainda que evitassem que pessoas poderosas fraudassem a Fazenda Real, livrando-se da cobrança de taxas e impostos e usurpando os bens do concelho, ou seja, da cidade. Nesse particular, as preocupações do provedor só faziam reforçar as diretivas dos camaristas que, nessa questão, insistiam na tranquilidade, uniformidade e moralidade da administração municipal e de suas finanças, em meio a renitente descontentamento popular.

Arrecadação indireta

Sob a denominação de receita indireta arrolamos todas as rendas da Câmara obtidas através da concessão, a terceiros, de contratos, de serviços, de direitos e de atividades privativas do Estado. Este tipo de receita perfazia a maior parte dos fundos da Câmara de Salvador. O estudo criterioso dessa questão não é muito fácil porque, sob o sistema de *hasta pública*, dificilmente se pode precisar o que era efetivamente cobrado e arrecadado pelos rendeiros, como ressaltou Helen Osório, em pesquisa sobre o Rio Grande do Sul, mas, apenas, o valor contratado com a municipalidade, resultante da maior oferta apresentada.[135]

Para Salvador, não há qualquer registro documental que nos possibilite fazer inferências, nem estimativas, sobre a lucratividade do sistema de concessão pública municipal de direitos, comércio e serviços. Entretanto, uma rápida observação da evolução do valor das arrematações, nomeadamente de algumas delas, e da pouca rotatividade do grupo dos rendeiros, permite-nos concluir que, no cômputo geral, se traduziam em rendimentos significativos para a Câmara e, provavelmente, mais ainda, para os arrematantes.

---

134 AMS, *Provimento dos Corregedores, 1696-1738*, sn/fl; *Provimento do Provedor da Câmara, 1739-1826*, fl. 89v.

135 Para a autora, tal dificuldade residia no fato de que "[...] se o valor pelo qual o contrato fora licitado era de domínio público, o lucro efetivo obtido com a arrecadação era segredo do negócio, muito bem guardado pelos envolvidos; sua ocultação garantia a manutenção da taxa de lucros. O conhecimento desse montante implicaria o aumento proporcional do preço do contrato nas arrematações seguintes". Cf. Helen Osório, "As elites econômicas e a arrematação dos contratos reais: o exemplo do Rio Grande do Sul (século XVIII)", In: João Fragoso *et al.*, *O Antigo Regime nos trópicos: a dinâmica imperial portuguesa (séculos XVI-XVIII)*. Rio de Janeiro: Civilização Brasileira, 2001, p. 125.

A BAHIA NO SÉCULO XVIII   147

Alguns tipos de rendimentos arrecadados pela Câmara de Salvador, durante o século XVIII, foram sendo estabelecidos à medida em que a cidade tornava-se economicamente mais complexa, exigindo da municipalidade a adoção de fontes de receitas capazes de melhorar e aumentar as dotações orçamentárias, inclusive no concernente a rendas costumeiramente recolhidas pelas próprias câmaras em outras partes do Império, a exemplo da *Renda do Ver*. Outros refletiram situações e conjunturas específicas por que passava a cidade. Nesta segunda classificação encontrava-se um dos principais conjuntos de receitas camarárias, compostos pelas taxações sobre a aguardente e o vinho de mel; pelo subsídio dos molhados, vinhos e azeite do reino; pela dízima do tabaco, aguardente e gêneros da terra e pelo donativo das caixas de açúcar e rolos de tabaco. Decorrentes da necessidade de melhor fortificar a cidade, após as incursões holandesas, e de sustentar a Infantaria, esses impostos sobre o comércio e consumo dos gêneros citados tiveram, inicialmente, caráter transitório, mas, com o tempo, acabaram se tornando permanentes, ou duraram para além do tempo estipulado. Foram estabelecidos por ordens régias e administrados pela Câmara até 1709, quando, a pedido dos próprios vereadores, passaram para a alçada da Fazenda real.

Os encargos e direitos relativos à comercialização do vinho português na Bahia foram sempre muito pesados, como nos informa Frédéric Mauro, tendo a população que pagar, no começo do século XVII, o subsídio de 1000 réis por pipa. A partir de 1631, com a ocupação holandesa do Recife, a Câmara de Salvador decidiu cobrar, durante 6 meses, imposto de 80 réis por canada,[136] para as despesas militares. No entanto, em 1652, por deliberação régia, este imposto passou a incidir também sobre o azeite de oliva e a aguardente do reino.[137]

A tributação sobre as caixas de açúcar e rolos de tabaco exportados iniciou-se em 1662. Conhecida como donativo da paz de Holanda, seria cobrada por um período de dezesseis anos, mas perdurou por muito tempo além do determinado. Concretizava-se na cobrança de 380 réis por cada caixa de açúcar e 70 réis por rolo de tabaco exportado. Seus saldos foram utilizados para o sustento das tropas e mais despesas da Fazenda Real.[138]

Em 1703, Antônio Cardoso de Lisboa arrematou o contrato das caixas de açúcar e rolos de tabaco pelo valor de 5 contos 210 mil réis, para um período de 3 anos, e o dos vinhos, azeites e aguardente do reino foi, em 1709, arrematado pelo

---

136   Medida equivalente a 2.622 litros.

137   Cf. Frédéric Mauro, *Portugal, o Brasil e o Atlântico...*, p. 90-94.

138   A. de Cerqueira e Silva, *op. cit.*, p. 181.

capitão Inácio Teixeira Rangel, por 55 contos e 910 mil réis, pelo tempo de 6 anos.[139] A importância e peculiaridade destes contratos, requeriam, no momento de sua arrematação, as presenças dos desembargadores da Relação e do provedor-mor da Fazenda Real, controle e fiscalização, por parte de representantes do poder central, não extensivas ao processo de licitação das demais rendas municipais.[140]

Das contribuições citadas, a relativa ao comércio de aguardente e vinho de mel, não obstante a sua alta rentabilidade e justeza de aplicação,[141] trazia, em si, controvérsias de natureza moral e comercial. Pressionada, de um lado, por determinados segmentos da população, especialmente dos religiosos, que viam o consumo da aguardente como "danoso ao bem comum",[142] e, de outro, por negociantes de vinho do reino, que se sentiam lesados em suas atividades comerciais, a Câmara propôs, em 1635, que fosse extinto o referido contrato,

> [...] mandando levantar logo o dito contrato e venda e quebrar todas as licenças dela e proibir com penas pecuniárias, açoites e degredos senão possa vender mais dela para sempre desde a praia de Itapagipe até a Pituba, inclusive ligando as ditas penas aos soldados e a todas as pessoas [...].[143]

Por causa da polêmica e da pressão sobre a Câmara, buscou-se a opinião do governador, D. Diogo Luís de Oliveira, que reconheceu

> [...] que a venda do vinho de mel é de prejuízo ao bem comum desta Capitania, e convir ao Serviço de Deus, e o de sua majestade proibir-se que nenhuma pessoa, de qualquer qualidade e condição que seja, venda o vinho de mel, nem o façam nem o consintam fazer, nem vender por si nem por seus escravos, sendo

---

139 AMS, *Arrematação das Rendas da Câmara, 1698-1711*, fl. 41v, 70.

140 AMS, *Arrematação das Rendas da Câmara, 1698-1711*, fl. 64.

141 De valor significativo para os padrões da época, este imposto foi, em 1702, arrematado por Barnabé Cardoso Ribeiro, por 9 contos e 460 mil réis, e, em 1705, por Agostinho da Silva de Araújo, pelo valor de 10 contos e 340 mil réis, pelo tempo de três anos. As portas de São Bento, as do Carmo e o muro que circundava a cidade foram, após a invasão holandesa, reconstruídos com receitas oriundas de tal tributo. Cf. AMS, *Arrematação das Rendas da Câmara, 1698-1711*, fl. 29, 41v.

142 AMS, *Atas da Câmara,1625-1641*. Salvador, 1951, vol. 1, p. 53.

143 Cit. por, Francisco Borges de Barros, *op. cit.*, p. 27.

açoitados e degradados por tempo de dois anos para fora da Capitania, pagando vinte mil réis para o acusador; e serão queimados os barcos que o conduzir.[144]

A proibição, entretanto, pareceu não ter vigorado por muito tempo, pois, já nos primeiros anos da década de 40 do século XVII, vê-se novamente a Câmara discutindo questões relativas ao contrato das bebidas da terra, cuja renda, assim como a do vinho do reino, servia para fazer face aos gastos com a defesa e com o sustento da Infantaria.[145]

Na ocasião havia ainda muitas divergências sobre a manutenção ou não do contrato. Desse modo, os vereadores convocaram as partes interessadas: negociantes do vinho do mel e os grupos contrários à sua comercialização, bem como o juiz do povo e mesteres, para, em vereação, resolverem o problema de uma vez por todas. Através de petição, os que defendiam a extinção da comercialização do produto alegavam que o seu consumo provocava "muitos danos ao povo", "grandes escândalos, roubos e algozes".[146] Por tudo isso, o grupo propôs à Câmara que "extinguisse o dito vinho de mel" e, em troca, assegurasse a "dita renda de sua majestade" pagando

> [...] por cada pipa de vinho que houvesse entrado desde o primeiro dia de agosto próximo passado cinco tostões além dos sete mil réis que tem os da Ilha da Madeira e as pipas do reino e mais partes os mesmos quinhentos réis e que desta maneira haveria de sacar dos vinhos o dinheiro para os soldados.[147]

Da primeira vez em que se pleiteou a cessação do acordo de comércio do vinho de mel, certos indivíduos, para se verem livres dos prejuízos que tal medida causaria aos seus negócios, arrecadaram e ofereceram a quantia de 240 mil réis ao Senado, para a conclusão das obras de fortificação da cidade.[148] Desta feita, a proposta de arcar com o percentual de rentabilidade ainda maior do que aquele que o contrato do vinho do mel proporcionava às receitas local e real foi audaciosa, demonstrando que era grande o impacto que a venda e o consumo desse produto provocavam sobre o comércio específico de vinhos do reino.

---

144 *Idem, ibidem*, p. 28.

145 AMS, *Atas da Câmara, 1644-1649*, fl. 98.

146 AMS, *Atas da Câmara, 1644-1649*, fl. 98.

147 AMS, *Atas da Câmara, 1644-1649*, fl. 98v.

148 Francisco Borges de Barros, *op. cit.*, p. 28.

Uma outra petição dos interessados na manutenção do contrato do vinho de mel foi também, na mesma época, entregue à Câmara. Nela constavam as razões pelas quais "não era bem que se tirasse o dito vinho". Argumentava-se que esta renda também ajudava na "manutenção da tropa, visto ser o lucro auferido com o vinho do reino insuficiente para isso".[149]

A alegação dos últimos peticionários não se mostrou convincente ou talvez não fosse interessante para a municipalidade entrar em conflito com os grandes monopolistas do vinho do reino. Assim,

> [...] pondo-se em votos uma coisa e outra, prevaleceu, com mais vantagem que convinha muito ao serviço de Deus e do rei e do bem comum que de nenhuma maneira houvesse mais vinho de mel [...] e que logo se extinguisse e por todo o tempo [...] constar se fez este termo e consta deste livro a folha 214, onde está um requerimento [...] que os mesteres e juiz do povo fizeram antes e nele requereram aos oficiais da Câmara mandassem extinguir o dito vinho de mel [...].[150]

Na verdade, o que se pode perceber é que o comércio e consumo das bebidas da terra nunca foram, de fato, extintos em Salvador colonial. Afinal, o negócio revestia-se de fundamental importância para o Senado da Câmara e, de certa forma, para a coroa, pois, apesar de tudo, sem os rendimentos dele auferidos não haveria a possibilidade de se investir em infraestrutura e defesa do território. Os conflitos inerentes à questão permaneceram gerando calorosos debates nas vereações até 1709, quando, por decisão da própria Câmara, o "imposto das aguardentes", que agora incidiria apenas sobre "os que lambicam",[151] passou a constituir-se em renda real, administrada pelos órgãos da Fazenda. Os proprietários de alambiques contribuiriam da seguinte forma:

> [...] lambicadores sem engenho, cinquenta mil réis por cada lambique de um cano e 80 pelo de dois canos. Se tem engenho, 40 pelo de um cano e 60 pelo de dois canos [...].[152]

---

149 AMS, *Atas da Câmara, 1644-1649*, fl. 98v.

150 *Idem, ibidem.*

151 AMS, *Cartas do Senado, 1693-1698*, fls. 150-151.

152 AMS, *Cartas do Senado, 1693-1698*, fl. 151v.

Além disso, sobre a venda de aguardente passaram a recair os impostos relativos aos dotes e donativos de casamentos de príncipes e princesas de Portugal, à razão de vinte réis por barril vendido.[153]

Ao lado dessas rendas rubricadas pontualmente havia várias outras subordinadas ao controle direto e autônomo da Câmara. Dentre estas, uma das mais antigas e importantes provinha da comercialização dos talhos, ou seja, da venda da carne verde nos açougues públicos.[154] O comércio de carne possuía lugar estratégico no abastecimento da cidade e envolvia uma complexa teia de interesses, pois se tratava de um produto que, depois da farinha, compunha a base da dieta da população local. Ademais, extrapolava as relações mercantis desenvolvidas no interior da cidade, posto entrelaçar redes de agentes situados nos longínquos sertões da capitania da Bahia e, por vezes, de outras capitanias.[155]

Repassada para um marchante, negociante de gado vacum no varejo, através de leilão público e por contrato anual, a comercialização da carne verde tornara-se a maior fonte de receita camarária. A ela juntou-se, em 1759, o imposto sobre a compra e venda de gado na feira de Capoame, à razão de "500 réis por cada rês" e mais 100 réis para as obras dos currais.[156] Esta contribuição extraordinária, ou *imposição*, foi lançada sobre o produto para acudir às solicitações régias face ao terremoto de Lisboa e acabou sobrecarregando diretamente os comerciantes.[157]

Durante quase todo o século XVIII, a arrematação dos açougues da Câmara renovava-se sempre anualmente, o que indica um crescimento do consumo e, com isto, um controle mais intenso da atividade dos marchantes, por parte dos

---

153 Sobre três outros produtos também incorria este tipo de imposto, quais eram: o azeite (doce e o de peixe), a carne e o tabaco. Cf. AMS, *Atas da Câmara, 1718-1731*, fls. 210v-211.

154 Luís dos Santos Vilhena, *op. cit.,* p. 71. A relevância da atividade confirmava-se na constante reivindicação popular para que a Câmara administrasse e provesse diretamente os talhos, acabando com o sistema de arrematação pública. Cf. AMS, *Atas da Câmara, 1787-1801*, fl. 38v. Sobre o abastecimento da carne verde e o exercício da atividade camarária no Rio de Janeiro, em fins do século XVIII e início do XIX, vide: Maria de Fátima Silva Gouvêa, "Poder, autoridade e o Senado da Câmara do Rio de Janeiro, ca. 1780-1820", In: *Tempo* (Dossiê Política e administração no mundo luso-brasileiro), vol. 7, nº 13. Rio de Janeiro: Sette Letras, julho 2002, p. 111-155.

155 A importância da pecuária e do comércio da carne para a subsistência da colônia foi muito bem retratado por Caio Prado Júnior em *Formação do Brasil contemporâneo*. São Paulo: Brasiliense, 1989, 21ª ed., p. 186-210.

156 AHU_CL_CU_005, CX. 144, D. 1103. AMS, *Atas da Câmara, 1690-1700*, fls. 138v-139.

157 ANTT, *Códice* 9-694. Imposição sobre o gado.

camaristas, no sentido de que os ganhos contratuais condissessem com os lucros reais auferidos pelos rendeiros.

No geral, o grupo de arrematantes de serviços e direitos públicos municipais era muito restrito. Em se tratando do processo de concessão dos talhos ou açougues, entre os mais importantes e lucrativos, a exemplo dos currais e talhos do Carmo e de São Bento (Cf. gráfico 2),[158] defrontamo-nos mesmo com situações de "monopólio".[159] Isto certamente se verificava devido aos elevados valores em jogo, circunstância que restringia o número dos lançadores, obrigados a empregar, com investimento inicial, vultosos capitais, além de ter que apresentar "fiadores à altura".[160]

GRÁFICO 2: Valores das arrematações dos talhos do Carmo/ São Bento (Salvador, 1701-1800)

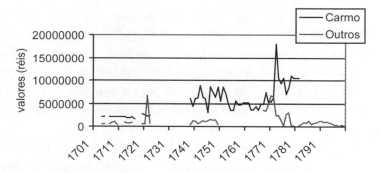

Fonte: AMS, *Arrematações das Rendas da Câmara, 1698-1808*.

Segundo os procedimentos legais e costumeiros, toda renda a ser arrematada devia "andar em pregão"[161] durante 30 dias, quando então se fixava um dia para a

---

158 Em 1743, estes talhos foram arrematados, cada um, por 4 contos e 401 mil réis.

159 Durante quase todo o século XVIII, a arrematação desses dois talhos ficou a cargo de pouco mais 30 marchantes, dois quais sobressaíam-se Cristóvão Nogueira, Domingos Quaresma, Antônio Gonçalves e Dionísio Soares.

160 O monopólio dos rendas camarárias foi também constatado por Capela em municípios minhotos, mas não necessariamente em relação ao arrendamento dos talhos. Lá, a limitação do número dos rendeiros verificava- se em diversas frentes e por circunstâncias várias. Cf. José Viriato Capela, *O Minho...*, p. 45-46.

161 Ser anunciada pelo pregoeiro, ofício que, em Salvador, era exercido pelo porteiro do Senado. AMS, *Arrematação das Rendas da Câmara, 1665-1671*, sn/fl. Ver "Pregão" em: Antônio de Morais Silva, *op. cit.*

apuração dos lanços. Mesmo nessa ocasião, buscava-se uma última tentativa de elevação do preço, para além do maior valor ofertado, através da intervenção do porteiro do Senado que procedia o pregão final em praça pública. Neste momento, numa linguagem da época, *afronta era feita a quem desse mais*, através dos seguintes dizeres:

> [...] (tantos) mil réis me dão pela (menção da renda) desta cidade e o que der mais venha até mim receber-lhe-ei o seu lanço afronta faço que mais não acho em praça vendo em praça arremato [...]. [...] dou lhe uma, dou-lhe duas, uma maior, outra mais pequena ou se não faça-lhe bom proveito [...].[162]

Depois de divulgada por toda a praça e constatados os lanços existentes, punha-se um ramo verde na mão do maior lançador, sinal de que a arrematação fora efetivada.[163] Seguidamente, na Casa da Câmara, o arrematante viria à presença do juiz de fora, vereadores, procurador e escrivão do Senado, a fim de ser redigido e assinado o respectivo contrato, para o qual sempre se exigia a apresentação de fiadores e a obrigatoriedade de pagamento antecipado da renda "em dinheiro de contado e moeda corrente".[164]

No geral, tanto a Câmara quanto o rendeiro poderiam fazer constar no contrato cláusulas extras, do interesse de uma e/ou de outra parte. Todavia, existiam cláusulas permanentes. Nos contratos das rendas dos talhos, por exemplo, constavam as seguintes condições:

> [...] 1. Que, havendo gado, o arrematador será obrigado a prover os talhos para que o povo seja prontamente socorrido; 2. que a carne será comercializada pelo preço estipulado pela Câmara; 3. Que o rendeiro poderá trespassar os talhos na forma costumada, não o fazendo porém a soldados, nem a quem tenha privilégios (ou seja, aos fidalgos e cidadãos), nem a moradores de fora da cidade; 4. Que o Senado dará toda a ajuda para as tomadias das carnes vindas por mar e as que houver notícias que se cortam nessa cidade fora dos açougues, ficando duas partes das ditas tomadias para o arrematador e uma parte para o concelho; 5. Que o arrematador dará 200

---

162 AMS, *Arrematações das Rendas da Câmara, 1665-1671*, sn/fl.

163 *Idem, ibidem.*

164 *Idem, ibidem.*

mil réis pagos ao Superintendente da Feira (feira de gado de Capoame) durante o tempo de sua arrematação.[165]

No processo de leilão das rendas dos talhos do ano de 1781, arrematadas por Antônio Couto, por 10 contos e 500 mil réis, acrescentaram-se ao contrato padrão outras exigências do rendeiro, a saber:

> [...] 1. Que serão entregues a ele arrematador, os mapas que tem vindo da Feira assinados pelo Superintendente; 2. Que o curral que o cabo de esquadra Antônio José Fernandes levantou seja deitado abaixo pelo prejuízo que causa em razão de se aumentar maior número de forminas (contrabandistas) que somente servem de roubar ao povo; 3. Que ele arrematador poderá levantar talho novo em São Bento [...].[166]

Especificamente em relação à arrematação dos talhos, antes da abertura da licitação, habilitavam-se os candidatos. Com efeito, apenas os marchantes *"dos do número da cidade"*,[167] ou seja, aqueles devidamente registrados e licenciados pela Câmara, após comprovação de certos requisitos, podiam apresentar propostas e concorrer à arrematação da referida renda. Após o ritual de arrematação, inclusive depois da assinatura do contrato correspondente, mediante petição do rendeiro beneficiado, a Câmara passava-lhe certidão nos seguintes termos:

> [...] fazemos saber que (nome do rendeiro) nos enviou a dizer por sua petição que ele tinha arrematado em praça pública a faculdade do talho de (nome do talho arrematado) e visto o suplicante ter cumprido a sua obrigação e prestado fiança a imposição dos gados que introduzir nos talhos para renda deste Senado [...] lhe mandamos passar Alvará para [...] ir à feira comprar gado para fornecimento dos ditos talhos e fazer suas cobranças até o entrudo [...] se antes não mandarmos o contrário [...].[168]

---

165 AMS, *Arrematação das Rendas da Câmara, 1738-1750*, sn/fls; *1781-1798*, sn/fl.

166 *Idem, ibidem, 1781-1798*, sn/fl.

167 *Idem, ibidem, 1765-1771*, fl. 28.

168 AMS, *Arrematação das Rendas da Câmara, 1775-1808*, fl. 91.

Os açougues, em número limitado de dez no princípio do Setecentos, espalharam-se pela cidade à medida em que o crescimento físico, populacional e, sobretudo, a exigência de abastecimento mais eficaz impunham à Câmara providências que garantissem aos moradores das áreas novas e mais afastadas os meios básicos para o seu suprimento alimentar.[169]

A ampliação dos pontos de comércio da carne verde dinamizou o consumo e aumentou a renda camarária com a arrematação dos talhos. A política municipal nessa matéria voltou-se para o estabelecimento de talhos em lugares mais distantes, mesmo escassamente povoado, como Brotas e Cabula, e, também, em localidades de significativo trânsito humano e comercial, como na freguesia da Praia, na Baixa dos Sapateiros e em Itapagipe, onde havia expressiva comunidade de pescadores. Dessa forma, o baixo valor do contrato do talho de Brotas, por exemplo, podia ser compensado com o contrato do talho da Praia, de valor similar aos de São Bento e do Carmo, sem que a Câmara deixasse de acudir às necessidades de todos os moradores.[170]

Dos rendimentos indiretos da Câmara de Salvador, os oriundos da arrematação dos talhos encontravam-se entre os mais significativos (Cf. gráfico 3). Porém, ao longo do século XVIII, estiveram condicionados a diferentes fatores. O mais importante deles centrava-se na relação entre a oferta e a procura. A demanda aumentava o interesse de criadores e marchantes, respectivamente, pelo aumento da criação e pela comercialização do gado, que acabava por refletir positivamente nas concessões realizadas pela municipalidade. Foi este o princípio que norteou e manteve relativamente alto e competitivo os contratos durante quase todo o período estudado. Ademais, como observado, a carne constituía-se alimento fundamental, sendo, numa cidade do porte de Salvador, um dos produtos mais consumidos.

---

169 Foram construídos açougues em Brotas, Itapagipe, Cabula, Soledade, na Praia, na Baixa dos Sapateiros, em Mares, Penha, Vitória, e em diversas outras localidades. Sobre a administração e ordenamento desse espaço econômico gradativamente alargado trataremos no capítulo seguinte.

170 Instituídos em 1750, a média do valor dos contratos dos talhos de Brotas e da Praia ficou entre 55.000(cinquenta e cinco mil réis) e 2.000.000 (dois contos de réis), respectivamente. Cf. MAS, *Arrematações das Rendas da Câmara, 1746-1801.*

GRÁFICO 3: Rendimentos da Câmara de Salvador com a arrematação de talhos (1701-1800)

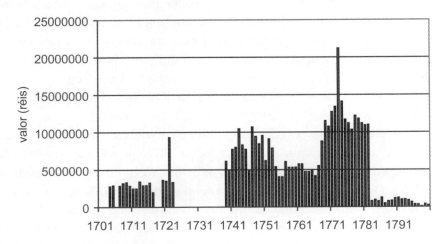

Fonte: AMS, *Arrematações das Rendas da Câmara,1698-1808*.

Os momentos de ligeira diminuição no valor dos contratos de arrematações dos talhos podem ser atribuídos a causas físicas e naturais, secas e enchentes, que prejudicavam a oferta, mas, principalmente, à ação de atravessadores e a ajustes entre concorrentes à licitação. No final do século, o nível de consumo e a disponibilidade do produto no mercado estavam consolidados, mas as pressões de marchantes e criadores para que o preço da venda ao consumidor fosse liberado determinaram a queda vertiginosa desse tipo de receita.[171]

Um conjunto homogêneo de ingressos aos cofres públicos municipais compunha-se das rendas das Balanças públicas: a *da Praia*, a do *Peso Real* e a do Pescado. Tratavam-se de receitas decorrentes da concessão da cobrança de taxas por serviços oferecidos pela Câmara à população, sobretudo aos vinculados às atividades comerciais. Essas balanças ficavam situadas em lugares estratégicos, geralmente nos pontos de carga e descarga de mercadorias, para serem utilizadas por todos aqueles que efetuavam o comércio de seus produtos, dentro e fora da cidade, e/ou por consumidores que tivessem dúvidas quanto à veracidade do peso do gênero adquirido. Cabe ressaltar que o uso dessas balanças tornava-se quase obrigatório, uma vez que somente através de sua utilização poder-se-ia comercializar produtos que extrapolassem o padrão de pesos permitidos pela municipalidade para uso generalizado.[172]

---

171 APEB, *Cartas ao Governo: Senado da Câmara, 1783-1799*, M.201-214, Doc.53.

172 Aos comissários de embarcações e donos de armazéns por exemplo só era permitido o uso de meia arroba de pesos em miúdo. Para comercializar qualquer produto

A Balança da Praia e, depois, a do Peso Real, situavam-se na freguesia da Praia, local de maior fluxo comercial, próximas ao guindaste dos padres. Estabelecidas em épocas diferentes, a da Praia parece ter sido instituída logo nos primeiros anos de fundação da cidade e a do Peso Real só em meados do século XVIII, tiveram ambas as mesmas funções já citadas. Ressalte-se que a Balança do Peso Real destinara-se, inicialmente, ao controle das caixas de açúcar e dos rolos de tabaco exportados, mas, pouco depois, também comerciantes de demais gêneros foram obrigados a dela fazer uso.[173] Ao que consta na documentação, todavia, sem detalhes esclarecedores, havia igualmente na Praça (hoje Praça Tomé de Sousa ou Praça Municipal) balança de idêntica natureza.[174] Usadas tanto para o atacado como para o varejo, essas balanças deviam propiciar bons lucros, tanto para o poder público como para o concessionário, embora não saibamos o valor da taxa cobrada pelo rendeiro, mas apenas aquele pago à Câmara pela arrematação do direito de exploração dessa atividade comercial.

GRÁFICO 4: **Rendimentos da Câmara de Salvador com a arrematação da Balança da Praia (1708-1768)**

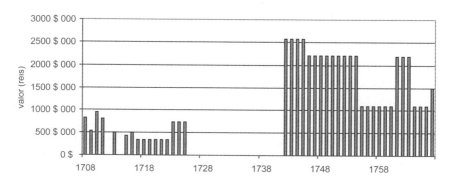

Fonte: AMS, *Arrematações das Rendas da Câmara, 1704-1784*.

  que pesasse mais, teriam que recorrer à Balança pública. AHU_ACL_CU_005, CX.206, D.14742.
173 AMS, *Atas da Câmara, 1644-1649*, fl. 25. AHU_ACL_CU_005, CX. 206, D.14742; AMS, *Arrematações das Rendas da Câmara, 1768-1774*, sn/fl; *Portarias, 1710-1725*, fls. 151v
174 AMS, *Atas da Câmara, 1644-1649*, fl. 24-29, 116.

Ao longo do século XVIII, a arrematação das Balanças da Praia e do Peso Real, rendeu à municipalidade montantes significativos para a época (Cf. gráficos 4 e 5). Era o tipo de receita que melhor expressava a dinâmica comercial interna e externa à cidade, bem como o seu papel de centro intermediador de trocas regionais. Isto, provavelmente, influenciou, para mais ou para menos, o valor do contrato no período.

De 1708 a 1767, anos para os quais se tem dados relativamente seriados, o valor do contrato da Balança da Praia oscilou entre 333.000 (trezentos e trinta e três mil réis) e 2.570.000 (dois contos, quinhentos e setenta mil réis) (Cf. gráfico 4). As flutuações ocorridas durante esses anos podem ser explicadas com base nos ciclos conjunturais do desempenho da produção açucareira, ora restringindo, ora estimulando as exportações baianas e, consequentemente, influenciando no fluxo comercial interno da capitania e da cidade.

GRÁFICO 5: **Rendimentos da Câmara de Salvador com a arrematação da Balança do Peso Real (1768-1800)**

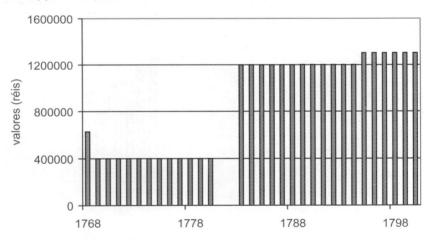

Fonte: AMS, *Arrematações das Rendas da Câmara, 1767-1801.*

À idêntica conclusão pode-se chegar em relação ao contrato da Balança do Peso Real, que, menos oscilante que o da Balança da Praia, chegou a ser arrematado por 400.000 (quatrocentos mil réis), entre 1768 e 1780, e por 1.304.000 (um conto, trezentos e quatro mil réis), entre 1795 e 1800 (Cf. gráfico 5).[175]

---

175 De 1710 a 1740, verificou-se o declínio do preço do açúcar da Bahia no mercado internacional, sobretudo pela perda da qualidade, seguido por uma escassez de gêneros de subsistência na capitania, registrada e alardeada pela própria municipalidade. Cf. APEB, *Ordens Régias*, M. 23, doc.124. De 1740 a 1749 há uma retomada

A falta de dados, nos livros de arrematações de rendas, entre 1728 e 1743, e posteriores a 1770,[176] no caso da Balança da Praia, e nos anos anteriores a 1768, em se tratando da Balança do Peso Real, sugere, provavelmente, negligência e inconstância nos registros contábeis do que falência do sistema, altamente rentável para os cofres municipais, como pode ser constatado através dos gráficos. Uma outra hipótese, talvez a mais plausível, é a de que se tratava de uma única Balança pública, portanto, sujeita a um único contrato, que, em um momento e outro, teve denominação diferente.

Nas receitas oriundas das Balanças pode-se incluir ainda a Balança do Pescado (Cf. gráfico 6). De contrato anual, as taxas a ela referentes incidiam sobre todos os pescadores, "não excetuando soldados nem escravos que pescassem para vender",[177] obrigados a "pagar, para utilizar a referida balança, 480 réis por cada jangada que ia para o mar e retornava com peixe".[178]

Situadas, inicialmente, apenas na zona da cidade baixa conhecida por Praia e na Praça do Terreiro, ao longo dos séculos, foram instaladas balanças do pescado também na Pituba, em Itapoã, na Gamboa, em Itapagipe, no Rio Vermelho, em Água de Meninos, nas Pedreiras e em Ubaranas.[179] A arrematação da renda da Balança dos Pescados não exigia investimento vultoso, o que talvez tenha propiciado, diferentemente das demais rendas da Câmara, maior número de pessoas interessadas no seu arrendamento. A arrematação conjunta desta com outras rendas podia acontecer, como o fez Manuel da Mota, em relação à Renda do Ver, por anos consecutivos.[180] Durante o século XVIII, a média anual dessa rubrica, excetuando alguns anos para os quais não se tem referência, foi de 35.375 (trinta e cinco mil, trezentos e setenta e cinco réis).[181]

---

dos preços até 1750, quando sofrem ligeira queda, mas tenderam a permanecer estáveis. A partir da década de 1770 a produção açucareira do nordeste volta a crescer, motivada pelo aumento gradual dos preços, impulsionando outras culturas, dinamizando a economia como um todo. Na Bahia, é notável o incremento do comércio urbano, apoiado no aumento da produção interna e do consumo. Sobre conjunturas coloniais, ver, especificamente, Vera Lúcia Amaral Ferlini, *Terra, trabalho e poder...*, p. 84-95. Vide, ainda: Stuart B. Schwartz, *Segredos internos...*, p. 146-169, 342-343.

176 AMS, *Arrematações das Rendas da Câmara, 1704-1750; Rendas do Senado, 1742-1770.*

177 AMS, *Arrematação das Rendas da Câmara, 1686-1704. fl. 52.*

178 AMS, *Provisões do Senado, 1699-1726,* fl. 155v.

179 AMS, *Arrematação das Rendas da Câmara, 1665-1671,*sn/fl, *1689-1704,* fl. 52.

180 AMS, *Arrematação das Rendas da Câmara, 1704-1800.*

181 AMS, *Arrematação das Rendas da Câmara, 1704-1727,* sn/fl.

GRÁFICO 6: Rendimentos da Câmara de Salvador com a arrematação da Balança do Pescado (1704-1800)

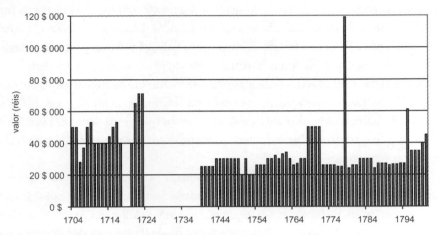

Fonte: AMS, *Arrematações das Rendas da Câmara, 1698-1808*.

Resta, finalmente, fazer alusão aos reditos auferidos, relativos ao direito fiscal-punitivo exercido pela municipalidade, originados da *Renda do Ver*. Sem condições de cobrar, diretamente, todas as taxas referentes à transgressão das posturas e almotaçarias, especificamente sobre a comercialização de produtos, a Câmara utilizava-se do instrumento de concessão de parte desse direito, pondo em *hasta pública* a denominada *Renda do Ver*, ou *Renda do Verde*, como era conhecida no reino. Sobre o grupo dos vendeiros, taberneiros e regateiros incidia este tipo de cobrança, quando pegos vendendo suas mercadorias sem terem sido licenciados para isso e/ou quando praticavam preços superiores aos estipulados pela municipalidade.[182]

As tarefas inerentes ao rendeiro do Ver estavam delimitadas nas próprias leis da Câmara que determinavam

> [...] que o rendeiro do ver, achando qualquer pessoa vendendo por mais das posturas do Senado, será obrigado a trazê-la a julgar perante o juiz ou almotacés das execuções e, quando

---

182 Em Machico, ilha da Madeira, ao rendeiro do verde competia proteger as plantações, cuidando para que os gados não provocassem estragos nas culturas agrícolas (talvez daí viesse o termo *renda do verde*) e aplicando as devidas coimas aos proprietários dos animais causadores de danos. Cf. Nelson Veríssimo, "poder municipal e vida cotidiana: Machico no século XVII", In: *O Município no mundo português*, p. 294.

por algum incidente não possa ser senão acusada em audiência dos almotacés, citadas as partes e sendo cativas trará o seu senhor para ser ouvido e além da certidão do jurado para apresentar o vendeiro, será este obrigado a prová-lo com mais duas testemunhas para assim se acertarem as queixas das partes, cuja prova se fará verbalmente perante o almotacé [...].[183]

O processo anual de arrematação da Renda do Ver não passou despercebido de Vilhena, que o descreveu ressaltando, inclusive, as irregularidades praticadas pelos arrematantes. Segundo ele, quando o rendeiro

[...] lançava na renda levava já contadas todas as vendas, e tabernas que havia por toda a cidade, e subúrbios; fazia conta ao ajuste que havia de fazer com cada um, de forma que daquelas avenças (ajustes) levava já segura a renda, e ganhava não pouco; com este cálculo feito de antemão, lança, arrematava e lavrava-se lhe o termo com as cláusulas do estilo, com fiadores abonados [...].[184]

Vilhena dizia que, depois de arrematado o contrato, o rendeiro

[...] saia a fazer os mencionados ajustes com os vendeiros e taberneiros, convencionando-se em que os não perseguiria por aquele ano, se lhe dessem tanto; o comum era 12$000 rs. para mais. Celebrada que aquela avença, ai ficava o vendilhão habilitado para furtar a salvo, entrando logo no ajuste o avisá-lo quando houvesse correição geral [...].[185]

Ainda de acordo com Vilhena, nesse esquema, o rendeiro chegava a ganhar 3.000.000 (três contos de réis), mais que o dobro do valor lançado e arrematado no contrato.[186] Estratagemas dessa natureza faziam parte do jogo de concessão pública, de cobrança de tributos e de prestação de serviços, exigindo do Estado português, e das suas instâncias em nível local, a constante vigília para exercer o controle da situ-

---

183 AMS, *Posturas*, 1716-1742, fl. 28v.

184 Luís dos Santos Vilhena, *op. cit.*, p. 131.

185 *Idem, ibidem.*

186 Luís dos Santos Vilhena, *op. cit.*, p. 73, 131. Contra os desmandos do rendeiro do Ver queixavam-se com frequência os moradores de Salvador à coroa. Cf. Carta dos habitantes da Bahia à rainha. AHU_ACL_CU_005, cx. 206, D. 14742.

ação.[187] A missão disciplinadora sobre o rol de condições e procedimentos por parte da administração municipal, tornava-se frágil diante da ausência de uma estrutura burocrática eficaz para viabilizar com sucesso o processo de cobrança e de vistoria dessa forma de arrecadação de rendas.[188]

Segundo Borges de Barros, cobrou-se a Renda do Ver em muitas outras localidades do entorno da Baía de Todos os Santos, com a denominação de *Renda do Ver do Recôncavo*. Traduzia-se no pagamento de uma taxa referente à licença de funcionamento de engenhos e alambiques. Quase sempre arrematada "pelos potentados em terras e escravos", teve, em 1630, uma das maiores ofertas do período, apresentada por Domingos Rodrigues Moreira, que acabou por arrematá-la pelo preço nada insignificante de cem mil réis.

As receitas da Renda do Ver do Recôncavo, que iam para os cofres públicos de Salvador, foram sendo direcionadas para as câmaras das vilas fundadas naquela região ao longo do século XVIII. Talvez aí residisse o principal motivo das queixas e oposição dos vereadores da capital quanto à fundação de vilas no Recôncavo, além, é claro, das implicações referentes à redução da área territorial do município.[189]

Durante o século XVIII, a arrematação da Renda do Ver em Salvador alcançou patamares elevados, numa média anual de 932.906 (novecentos e trinta e dois mil, novecentos e seis réis) durante um período de 85 anos para o qual se têm registros documentais (Cf. gráfico 7). Os anos de 1720 a 1723, e de 1795 a 1799, compreendem os que se registraram maiores lançamentos. No primeiro perío-

---

187 No caso de Salvador e de muitas outras cidades do Império, tais tentativas incluíam a obrigatoriedade por parte dos rendeiros, de prestar contas trimestrais à Câmara. Estando as contas corretas, o tesoureiro passava-lhe um atestado de quitação. Burlar tais normas significava incorrer em pena de prisão. AMS, *Arrematação das Rendas da Câmara, 1704-1727*, sn/fl; *Atas da Câmara, 1641-1649*, fl. 89v; Ana Madalena Trigo de Sousa, *op. cit.*, p. 312.

188 Cf. Mário de Albuquerque Madeira, *op. cit.*, p. 99-115.

189 Cf. Francisco Borges de Barros, *op. cit.*, p. 13ss. Uma carta da Câmara ao rei, datada de 14 de agosto de 1700, resumia o motivo das queixas dos vereadores ao "pouco termo com que ficou a cidade com a criação das novas vilas erigidas no Recôncavo dela em grande fraude do Senado assim pela falta de sujeitos para servirem na Republica como pelas poucas rendas com que ficou para as suas despesas". Em resposta, o rei disse ter aprovado o que "nessa parte se assentou com o desembargador da Relação e procuradores das câmaras". Finalizou dizendo que "muitos maiores privilégios tem a cidade de Lisboa e esta possui muitas vilas em seus arredores". AHU, *Cartas da Bahia, 1695-1714*, nº 246.

do, a concessão, sob a exploração de João Sampaio Ribeiro, chegou ao valor de 2.320.000 (dois contos, trezentos e vinte mil réis). No segundo, elevou-se, gradativamente, de 1.352.000 (um conto, trezentos e cinquenta e dois mil réis), em 1795, para 3.300.000 (três contos, trezentos mil réis), em 1799, montante pago, em leilão público, por três grandes rendeiros,[190] Antônio José da Silveira, Francisco Machado e Teodoro de Almeida Passos. Este último arrematante havia, em 1797, começado nessa atividade ao cobrir, oferecendo praticamente o dobro, os lanços de veteranos testados, como Francisco Machado, Antônio José Silveira e José Joaquim Figueiredo. Na ocasião, propôs, pela dita Renda do Ver, o total de 2.040 mil réis, valor dantes alcançado apenas de 1720 a 1723, fruto da oferta e arremate, sequencialmente, do já citado João Sampaio Ribeiro.[191]

Ao que parece, Teodoro Almeida Passos obteve êxito econômico-financeiro na primeira experiência, isto é, em 1797, pois ousou, após o interregno de um ano, lançar-se novamente na concorrência da referida renda, arrematando-a por mais de 3.000.000(três contos de réis). Esta ação pode ter sido uma tentativa de inserir-se de vez no grupo, ou talvez porque o lançador já houvesse mensurado qual seria o lucro daquela renda para o ano em curso de 1799.[192]

---

190 Durante 66 anos do século XVIII, para os quais encontramos referências pormenorizadas, a arrematação da renda do ver girou em torno de 21 rendeiros. Para a primeira metade do século, o destaque ficou para Manoel da Mota e João de Sousa Ribeiro, rendeiros do ver por 10 e 6 anos, respectivamente. De 1768 a 1799, Antônio José da Silveira e Francisco Machado arremataram a renda do ver por seis anos cada. O grupo de rendeiros municipais era normalmente restrito, concentrando-se a maioria das arrematações e contratos em poucas mãos, sobretudo quando se tratava de rendas de valor elevado. No caso do provimento dos talhos e da Renda do Ver, parece ter sido era situação comum em todo o Império. Cf. Fátima Freitas Gomes, " O contributo de uma fonte para o estudo das finanças municipais de 1614-1647: o livro de receita e despesa da Câmara municipal de Machico", In: *O município no mundo português...*, p. 275.

191 AMS, *Arrematação das Rendas da Câmara, 1775-1808.*

192 *Idem, ibidem.*

GRÁFICO 7: **Rendimentos da Câmara de Salvador com a arrematação da Renda do Ver (1701-1800)**

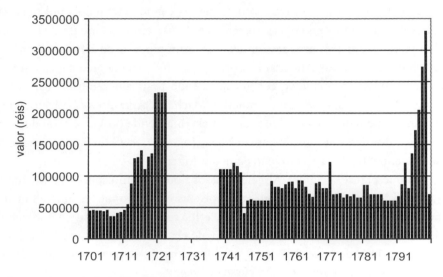

Fonte: AMS, *Arrematação das Rendas da Câmara, 1698-1800.*

Talvez jamais saberemos ao certo se o contrato de Teodoro Almeida Passos rendeu-lhe lucros efetivos. Concretamente, o que se nos afigura mais estranho é que, no ano seguinte, o supracitado rendeiro foi o único concorrente à arrematação da Renda do Ver, explorando-a por 700 mil réis, quantia irrisória se comparada à sua oferta no ano anterior.

Coincidência ou não, neste período em que se verificou, entre os grandes concessionários, uma acirrada disputa em torno da Renda do Ver, particularmente entre 1796 e 1800, foram poucas as condenações feitas pela municipalidade (Cf. gráfico 7) e quase nenhuma relativa à infringência de normas regulamentadoras de práticas comerciais.[193]

Aliás, desde os últimos anos da década de 1780 parece que a Câmara não vinha fazendo muito esforço para aumentar a arrecadação direta da renda das condenações, deixando de fazer as costumeiras vistorias ou realizando-as de maneira tão irregular que o rendimento era o mínimo possível.[194] Seria isto um esquema articulado pela municipalidade no sentido de forçar o aumento das ofertas nos contratos

---

193   AMS, *Condenações, 1703-1805.*

194   AMS, *Condenações, 1703-1805; Condenações feitas pelos Almotacés, 1777-1785.*

e arrematações da Renda do Ver? Ou resultante de simples acordo entre a Câmara e o grupo dos rendeiros?

As questões postas fazem sentido à medida em que nos contratos de Renda do Ver, conforme explicitado adiante, a Câmara impunha cláusula em que deixava claro pertencer "ao concelho todas as condenações que em correições fizerem os almotacés das execuções na cidade e seu termo", indicando ser este um ponto que deveria ser sempre observado, a menos que a própria municipalidade, por algum motivo, decidisse o contrário. [195]

Ademais, transferir para os rendeiros a difícil tarefa de condenar e taxar, por descumprimento das leis e acórdãos locais, os que exerciam atividades mercantis e comerciais, significava, para a Câmara, afastar-se e eximir-se de possíveis tensões provindas dos grupos sociais relativamente influentes na vida da cidade.[196] Há que se registrar apenas que relaxar os atos condenatórios e elevar o valor da arrematação da Renda do Ver foram práticas recorrentes da Câmara durante todo o século XVIII, exacerbando tal procedimento em determinados momentos, como no período acima analisado.

Como as demais rendas sujeitas à licitação, os arrematantes da Renda do Ver deviam obedecer a um contrato cuja principal cláusula e condição era a de

> [...] pertencerem ao concelho as coimas das correições [...] da cidade e seu termo, e que ele, arrematador, para bem corregar sua renda em execução das posturas do Senado, entraria em todas as casas de vendas e tabernas públicas a rever as almotaçarias, licenças, pesos e balanças e suas aferições, medidas e selos das pipas, por acontecer terem alguns vendeiros escondido particularmente os pesos e medidas falsas de que usam em grave prejuízo do público [...][197]

Nestas cláusulas contratuais explicitam-se as possibilidades do rendeiro cobrar a Renda do Ver de forma paralela e complementarmente à ação judicial e também punitiva dos almotacés, juiz de fora e vereadores, quando das correições das quais resultavam a maior parte das *condenações*. Ao rendeiro do Ver facultava-se

---

195 AMS, *Arrematação das Rendas da Câmara, 1767-1780*, fls.205v, 206.

196 Não é demais ressaltar, em circunstâncias idênticas, os inúmeros exemplos de querelas entre a população e os rendeiros de diversas rendas régias, na Bahia, no Rio de Janeiro e em Minas, descritos por Luciano Raposo de Almeida Figueiredo, *Revoltas...*

197 AMS, *Arrematação das Rendas da Câmara, 1767-1780*, fls.205v, 206.

trespassar integral ou parcialmente a referida renda, ou seja, imputá-la a terceiros, como fizera Domingos Borges, em 1768, cedendo a Antônio da Costa Gomes, por 90 mil réis cada, os ramos do Ver das freguesias de Brotas, Vitória, Ipitanga, Mata de São João e Bonfim, e a Antônio Antunes Barbosa, pelo mesmo valor, os ramos de Itapagipe de Baixo e de Cima.[198] Devia, igualmente, identificar, notificar e executar, dentro dos prazos legais, os condenados. Caso não o fizesse, os processos de multas retornavam para a Câmara, encarregando-se o escrivão de entregá-los ao procurador para serem executados.[199]

Dentre as diversas rendas indiretas da Câmara, para as quais se tem dados, no período estudado, as receitas provenientes do arrendamento do direito de abastecimento dos talhos foram as que mais contribuíram com o caixa do tesouro municipal (Cf. gráfico 8).

GRÁFICO 8: Receita Total da Câmara de Salvador com arrendamentos (1701-1725 e 1739-1767). Distribuição percentual.

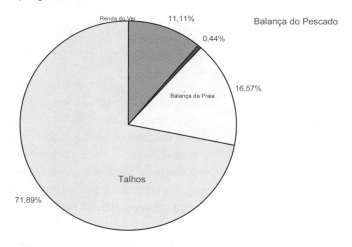

Fonte: AMS, *Arrematações das Rendas da Câmara, 1689-1767.*

De fato, não era por acaso que o processo de arrematação dos talhos requeria uma série de procedimentos que envolviam e mobilizavam criadores, condutores, marchantes e agentes do governo local. Também significativo aparentava ser o fato de sobre o exercício da profissão de marchante incorrer parte das querelas entre o

---

198 AMS, *Arrematação das Rendas da Câmara, 1767-1780*, sn/fl.

199 Idem, ibidem.

poder público municipal e o grupo de compradores de gado e comerciantes de carne verde na cidade e seus arredores, sendo algumas delas levadas ao conhecimento, apelação e julgamento junto ao Tribunal da Relação da Bahia, instância jurisdicional superior.[200]

De 1701 a 1767, a arrematação da Balança da Praia compunha a segunda fonte de renda mais importante da municipalidade, contabilizando-se, se forem considerados apenas os anos para os quais se têm dados seguramente computados, uma média anual de 1.353,214 (Um conto, trezentos e cinquenta e três mil, e duzentos e quatorze réis). Em terceiro lugar figurava a Renda do Ver, com uma média anual de 906. 981 (novecentos e seis mil, novecentos e oitenta e um réis) (Cf. gráfico 8).

Entre 1768 e 1800, a renda da Balança do Peso Real apresentou-se como a segunda receita de maior vulto (892 mil, 290 réis anuais), ficando a Renda do Ver novamente em terceiro lugar, com uma média de 747.302 (setecentos e quarenta e sete mil, trezentos e dois réis). A Balança do Pescado não ultrapassou a média anual de trinta e poucos mil réis, tendência verificada em todo o período (Cf. gráfico 9).

GRÁFICO 9: Receita Total da Câmara de Salvador com arrendamentos (1768-1800)Distribuição percentual.

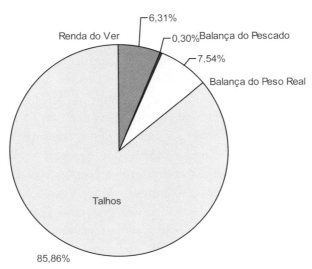

Fonte: AMS, *Arrematações das Rendas da Câmara, 1767-1800*.

Embora, por falta de dados, não tenha sido possível fazer cálculos completos para outras formas de rendimentos, sobretudo os de arrecadação direta, pode-se

---

200 APEB, *Ouvidoria Geral do Cível, 1766-1781*, maço 178, sn/fl.

concluir que o essencial das receitas municipais advinha de impostos, taxas e concessões de direitos sobre as mais diversas atividades econômicas no meio urbano.

A análise das formas de arrecadação indireta, bem como dos diferentes valores pelos quais foram concedidos os arrendamentos das principais receitas municipais, a exemplo da renda dos Talhos, do Ver e das Balanças, nos permite concluir que este sistema lesava, seriamente, o erário público municipal e, consequentemente, a Fazenda Real. De fato, a relativa invariabilidade do montante das arrematações das diversas rendas; a persistência com que nesses arrendamentos intervinham os mesmos indivíduos,[201] particularmente em contratos economicamente mais vantajosos; os supostos conluios e subornos verificados entre rendeiros e camaristas/rendeiros e população afetada e entre os próprios rendeiros,[202] implicaram em elevadas perdas para o Estado.

A observação mais cuidadosa do processo de arrendamento deixa transparecer a existência de um grupo, mais ou menos fechado, de agentes econômicos que controlavam e, certamente, acordavam entre si os valores oferecidos nas diversas arrematações, contribuindo, dessa forma, para manter a estabilidade de preços nos diferentes anos e, com isto, a garantia de avantajadas margens de lucro.

Supõe-se também que os laços existentes entre arrematantes e fiadores atuavam como reforço de tal sistema. Chama a atenção o fato de a maioria dos rendeiros apresentarem sempre os mesmos fiadores, indicando um jogo de interesses mútuos que, por certo, ancorava-se principalmente no fator econômico, ou seja, no quanto cada um ganharia com o negócio realizado, mas não se limitava a isto. Exemplo revelador foi o de Manoel da Mota, arrematante da Renda do Ver por 26 anos, período em que também explorava a renda da Balança do Pescado, tendo sempre como abonadores destas transações os mesmos indivíduos.[203] Nessa linha de reflexão, é instigador conjecturar por que sendo a renda do pescado pouco significativa em termos econômicos se tenha insistido em mantê-la sob controle por tanto tempo?

Resposta plausível reside na ideia de que as rendas camarárias, ou seja, os direitos, serviços e impostos, colocados sob arrematação, não tinham apenas valor e papel econômicos. Havia uma série de fatores políticos e socioculturais que as

---

201 Que envolvia, inclusive, acordos entre rendeiros de uma mesma renda para que não se subissem os lanços. Cf. AMS, *Arrematação das Rendas da Câmara*, 1665-1671, fl. 35v.

202 Situações constantemente denunciadas pela população local. AMS, *Autos de Denúncia*, *1766-1789*. sn/fl.

203 AMS, *Arrematação das Rendas da Câmara*, *1738-1750*, sn/fl.; *Rendas do Senado*, *1742-1770*, sn/fl.

permeava, que refletia, definia e uniformizava uma estrutura de poder própria das sociedades absolutistas do Antigo Regime.

De acordo com o explicitado, pode-se constatar que, no respeitante à forma de arrecadação de receitas públicas, a Câmara de Salvador, em nível local, reproduzia a estrutura geral de organização do Estado Português, seguindo-lhe os mesmos rumos e traços político-administrativos. Primeiramente, tinham-se os rendimentos decorrentes da capacidade jurídica da Câmara expressa através das *condenações* e das taxas de *licenças* e *aferições*. Em seguida, verificamos as receitas obtidas com a exploração do patrimônio público municipal sob administração camarária, nomeadamente os *foros*; e, por último, as rendas procedentes do desenvolvimento do comércio, manifestadas na adjudicação de impostos e serviços.

Apesar da estreita consonância de ações em matérias tributárias entre a coroa e a Câmara, não se deve concluir que esta instância do poder local se constituía numa simples reprodutora do poder real no microcosmo no qual estava inserida. O mais correto é concebê-la, conforme as evidências, enquanto espaço de tensões e conflitos cotidianos e mesmo de representação de interesses de grupos sociais, presentes no cenário político local, cujas demandas podiam ser toleradas e assimiladas através de diferentes mecanismos.[204]

Gastos e aplicações dos recursos públicos municipais

Uma vez examinadas as origens, composição e dinâmica gerais das receitas camarárias e delineadas, para determinados períodos e tipos de rendimentos, indicações de sua evolução conjuntural, importa conhecer o destino dado pela municipalidade a tais réditos. Trata-se, portanto, agora, de tentar mapear a estrutura dos gastos públicos, ou seja, de identificar a natureza e características do orçamento e da execução de despesas da Câmara de Salvador.

Conquanto seja elemento elucidativo do conteúdo da política local, porque expressa a real capacidade de intervenção do município na vida da cidade e o caráter de certos investimentos, para Salvador colonial, a análise das despesas da Câmara encontra-se extremamente prejudicada devido à irregularidade dos registros documentais, à insuficiência de dados e à falta de exatidão dos mesmos, configurando situação pior que a verificada para o estudo das rendas.

Se as séries documentais utilizadas na fixação das receitas nos permitiu estipular, de forma aproximada, para algumas rubricas, valores arrecadados anualmente,

---

204 C. R. Boxer, *O império marítimo...* p. 267-278.

170 AVANETE PEREIRA SOUSA

não aconteceu o mesmo com as despesas. Para os investimentos públicos, as fontes consultadas possibilitaram apenas determinar as grandes dotações e rubricas, bem como descrever a sua natureza.

As despesas da Câmara de Salvador, no século XVIII, em sua quase totalidade comuns à maioria dos municípios portugueses do Antigo Regime,[205] formavam um vasto e variável conjunto de dotações, destacando-se os gastos com a administração da cidade e com o funcionalismo local e central, com obras, com festividades e comemorações e com enjeitados.

Sabe-se que, do total dos proventos anuais das câmaras, em obediência às leis e ordenações reais, um terço revertia-se para a coroa, dando origem a uma contribuição denominada *terça régia*.[206] No entanto, como demonstrou Nuno Gonçalo Monteiro, no macro universo das finanças públicas portuguesas, essa *terça concelhia* pouco significava, representando, no início do século XIX, apenas 0,7% da receita do Estado.[207] Se as *terças* quase nada acrescentavam às receitas régias, o seu pagamento importava em relevante ônus para os municípios. De fato, constituíam-se no mais importante encargo das câmaras do Antigo Regime e, talvez, o principal entrave à sua autonomia financeira.[208]

A *terça* teve origem em um antigo imposto medieval: a anúduva. Consistia na obrigação, imposta aos peões, de trabalharem na construção e reparos dos castelos e na fortificação das terras. Foi regulamentado durante o reinado de D. Afonso III, no curso da reforma tributária de 1272, passando a ser pago em dinheiro. Com o tempo, em vez de cobrar dos peões, os reis passaram a apropriar-

---

205 Cf. José Viriato Capela, *O Minho...*; Sérgio Cunha Soares, "Aspectos da política municipal pombalina: a Câmara de Viseu no reinado de D. José", *Revista Portuguesa de História*, nº (21). Coimbra: Faculdade de Letras/Instituto de História econômica e Social, 1984, p. 21-117; Francisco Ribeiro da Silva, *op. cit.;* Fátima Freitas Gomes, *op. cit.*, p. 269-289.

206 Pelo previsto nas *Ordenações Filipinas,* liv. 1, tit. 62, & 72 e liv. 2, tit. 28, & 2, a *terça* destinava-se à fortificação das cidades e vilas. Era aplicada e administrada pelos próprios concelhos, que as deviam utilizar para "reparo dos muros, e castelos, e para outras coisas necessárias à defesa dos lugares". No entanto, na prática, era investida em diversas outras frentes, passando mais tarde a ser canalizada diretamente para os cofres da Fazenda Real.

207 Nuno Gonçalo Monteiro, "Os concelhos e as comunidades", In: José Mattoso (dir), *História de Portugal*. Lisboa: Círculo de Leitores, 1993, vol. 4, p. 322.

208 Teresa Fonseca, *Absolutismo...*, p. 376.

se diretamente de um terço das rendas municipais com o propósito de aplicá-lo às despesas militares.[209]

A cobrança deste tributo não chegava a abarcar a receita global, ficando geralmente de fora as rendas consignadas. Alguns concelhos do reino, de menor potencialidade econômica, recebiam a isenção, total ou parcial, do seu pagamento. No entanto, em Salvador, pelo menos no período estudado, a *terça régia* foi cobrada com regularidade, embora nem sempre a Câmara tenha cumprido com os prazos determinados e valores correspondentes a seus rendimentos.[210]

Nos dez últimos anos do século XVIII, único período para o qual existe documentação elucidativa sobre o assunto, em Salvador, o valor das terças oscilou entre 3 contos 998 mil e 140 réis, em 1790, e 12 contos 373 mil e 965 réis, em 1795.[211] Esses valores, nada desprezíveis, demonstram, com uma certa segurança, a relevância econômica e político-administrativa da cidade de Salvador, expressa na sua elevada contribuição aos cofres régios, bem como no total das receitas arrecadadas pela Fazenda Municipal, montante que, se as falhas documentais não possibilitam indicar, os números das terças deixam entrever.

Ora, ainda que supuséssemos que em determinados tipos de rendimentos, relativos ao pagamento da terça régia, não houvesse a obrigatoriedade fiscal do município perante o Estado,[212] fica patente que, pelo menos entre os anos de 1790 e 1800, a receita camarária terçável foi sempre superior a 12 contos. Com essa cifra, a Câmara pode ter arrecadado, em 1795, mais de 35 contos de réis, e, entre 1799 e 1800, mais de 25 contos de réis, ou nunca menos, fato demonstrado pelo total destinado à Fazenda Real nesses anos (Cf. quadro 11).

---

209 Cf. Rui de Abreu Torres, "Anúduva", In: Joel Serrão (dir.), *Dicionário...*, vol. 1, p. 161; António Manuel Hespanha, *História das instituições...*, p. 240.

210 Cf. APEB, *Cartas do Senado a sua Majestade, 1742-1823*, fl. 3ss.

211 AMS, *Terça de Sua Majestade, 1788-1811*.

212 Capela afirma ter sido frequente no reino a isenção do total ou de parte das terças para alguns municípios, no entanto, não sabemos se isto também acontecia nas áreas coloniais. Cf. José Viriato Capela, *O Minho...*, p. 57. Para Salvador não encontramos qualquer referência a isenções e sim à cobrança de dívidas da Câmara para com a coroa relativas ao não pagamento das terças régias por anos consecutivos. Cf. AHU_CL_CU_005, CX. 32, D.2887.

QUADRO 11 – Valores das Terças Régias (Salvador, 1790-1800)

Ano	Valor da Terça (em réis)
1790	3.988.140
1791	5.889.636
1792	7.383.934
1793	8.525.506
1794	6.491.184
1795	12.373.965
1796	4.571.274
1797	3.645.547
1798	6.424.088
1799	8.160.943
1800	8.722.940

Fonte: AMS, *Terças de Sua Majestade, 1788-1811.*

No reino, percebe-se que a orientação real foi sempre a de aumentar a rentabilidade das terças, através do controle e da fiscalização das contas municipais e da centralização da arrecadação.[213] Em Salvador, houve inúmeras pressões para o efetivo cumprimento das Ordenações nesta esfera, a fim de que fossem coadunados os objetivos financeiros e fiscais da coroa e a consequente afirmação do seu domínio político e territorial.[214]

---

213 Cf. AHU_CL_CU_005, cx. 32, D.2887. Cf. ainda, Sérgio Cunha Soares, " Aspectos da política municipal pombalina...", p. 52.

214 A contabilidade municipal era tutelada pelo provedor, representante do rei junto aos concelhos, que tinha como tarefa principal defender e promover o patrimônio régio, sujeitando a receita municipal a um controle rígido para a cobrança da terça. A terça era um direito pesado aos cofres municipais. Significava que sobre o total das receitas, a terça parte era para o cofre da Provedoria. O restante ainda haveria de dar para todos os gastos com a administração municipal e com outros encargos provenientes do poder central. Uma das principais funções do provedor da comarca era a de proceder à fiscalização e ao controle das finanças municipais, além de assegurar a cobrança correta dos fundos pertencentes à Fazenda Pública. No entanto, parece-nos que em Salvador tal tarefa não era cumprida a contento, primeiro porque as correições e audiências, por este funcionário régio junto aos vereadores, momento em que se verificava, dentre outras coisas a contabilidade municipal, não cumpriam a periodicidade anual determinada em lei, depois, vimos, ao longo do século XVIII, avolumarem-se as exigências reais por maior "zelo" em tal questão. Se

Descontada a terça régia, o que sobrava à municipalidade ficava livre para ser aplicado, de maneira mais ou menos autônoma e seguindo suas próprias prioridades, mas também condicionado pelo caráter e pela estrutura da organização da administração local. Numa cidade com o estatuto político e econômico de Salvador, que, mesmo depois de 1763, quando perdeu a condição de capital da colônia, continuou como sede de importantes órgãos da administração metropolitana, para além do crescimento do seu quadro funcional local, os *gastos com a gestão urbana*, sobretudo com o *pagamento de salários e comissões* constituíam, certamente, um dos mais onerosos encargos de sua Câmara municipal.

Dentre os que ocupavam os principais cargos no corpo político camarário, o juiz de fora era que percebia a maior remuneração. Diferentemente dos vereadores e do procurador, que não recebiam ordenado propriamente dito, mas apenas gratificações, aquela autoridade tinha salário fixo de 40 mil réis e direito a inúmeras propinas, entre as quais se destacavam a da aposentadoria (hospedagem), no valor de 40 mil réis; a incidente sobre as 10 procissões que se faziam no decorrer do ano, a 8 mil réis cada; pelas festividades de Candeias, *Corpus Christi* e Aclamação, 21 mil 760 réis; as referentes ao julgamento de coimas na Câmara, quando recebia um bônus de 500 réis e mais 20 réis por cada pena aplicada; as relativas às vistorias feitas com os vereadores, no valor de mil réis cada; e uma série de emolumentos provenientes de atividades diversas, como assinatura de licenças para oficiais mecânicos e juramento de capitães e oficiais de ordenança. Os vereadores e o procurador também recebiam as propinas das 10 procissões e festividades, só que correspondentes a apenas metade do valor pago ao juiz de fora, além de gratificações por cada vistoria realizada no âmbito da cidade e seu termo; pelos selos e carimbos de certidões e provisões, e pela concessão de licenças comerciais. No seu conjunto, e com base nos dados de 1702 e 1795, pode-se dizer que os vencimentos totais do juiz de fora da Câmara de Salvador oscilavam entre 200 e 395 mil réis anuais, período em que os ganhos dos vereadores e procurador ficavam entre 140 e 180 mil réis.[215]

---

fatos desta natureza foram comuns em cidades da importância econômica e política de Salvador, o que não terá acontecido em outras cidades e vilas da colônia, relegadas à própria sorte e completamente distantes do olhar perscrutador dos agentes régios? AMS, *Provisões Reais, 1614-1829*, sn/fl; *Provimento do Provedor da Comarca, 1739-1826*.

215 AMS, *Provisões do Governo, 1695-1702*, fl. 13, 65; APEB, *Ordens Régias, 1702-1714*, vol. 8, sn/fl; *Cartas ao Governo, 1795*; Luís dos Santos Vilhena, *op. cit.*, p. 74-77.

Ao longo dos tempos, a *gente nobre da governança local*, nomeadamente vereadores e o procurador, conseguiu transformar a função pública não assalariada numa ocupação financeiramente satisfatória, através do recebimento de inúmeras gratificações que, como bem disse Sérgio Cunha Soares, para o caso de Viseu, sob pretextos variados, a exemplo da realização de vistorias e ocorrência de festividades, os oficiais camarários "a si próprios, generosamente, atribuíam".[216]

No geral, os vencimentos do funcionalismo da Câmara de Salvador seguiam os padrões preconizados nas leis e outras disposições régias. Porém, devido às peculiaridades locais, decorrentes da dinâmica econômico-social da vida concelhia, apresentavam níveis maiores que os previstos, sobretudo em função das propinas e dos emolumentos. O salário base do escrivão, por exemplo, não excedeu, durante todo o século XVIII, o montante de 60 mil réis, ao qual foram, no entanto, acrescidas, ao longo dos tempos, gratificações que variaram de 140 a 240 mil réis. Somando-se o total das taxas de exercício de diversos atos de seu ofício e do lançamento de novos impostos, cuja escrituração ficava sob sua responsabilidade, seus rendimentos elevavam-se para cerca de 200 a 360 mil réis, valores que chegavam a ser o dobro do recebido por qualquer vereador no período e só um pouco inferior ao que recebera o juiz de fora.

Ordenado mais avultado era pago ao tesoureiro: 160 mil réis. Em compensação, os emolumentos por ele auferidos não chegavam a 70 mil réis. Em termos comparativos, refira-se que o procurador da Câmara em Lisboa fazia jus a jornal de 200 mil réis, mas eximindo-se do recebimento de qualquer propina. Os demais componentes do quadro de pessoal, como o porteiro e guarda-livros, o 1º e 2º porteiros, o síndico, o solicitador, os oficiais de secretaria, o médico e o cirurgião tinham salários e gratificações que alternavam entre 6 mil (1º e 2º porteiros) e 60 mil réis (oficiais de secretaria); e 125.900 (cento e vinte e cinco mil e novecentos réis) (porteiro e guarda livros), e 2.880 réis (solicitador).

Com os oficiais camarários e funcionários diretos, a Câmara de Salvador gastava com propinas e salários, em finais do século XVIII, uma média de 2.627.300 (dois contos, seiscentos e vinte e sete mil e trezentos réis). A tais valores acresciam-se as despesas com agentes vinculados à administração central e outros indiretamente relacionados à municipalidade ou que dela recebiam algum auxílio financeiro. Nestes casos, o Senado da Câmara despendia avultadas somas com o governador-geral, por beija-mãos e capelas; com o ouvidor da comarca, pela aposentadoria, beija-mãos e procissões; com juízes do crime e dos órfãos; e com diversos integrantes das Milícias, dentre outros, num total de

---

216 Sérgio Cunha Soares, "Aspectos da política municipal pombalina...", p. 103.

gastos que alcançava a casa dos 2.826.530 (dois contos, oitocentos e vinte e seis mil, quinhentos e trinta réis) anuais. Ademais, ainda havia o ônus de 833 mil réis referente ao pagamento dos responsáveis pelo funcionamento e administração dos currais públicos. Se tomarmos o valor integral das receitas municipais do ano de 1789, orçadas em mais ou menos 17.765.000(dezessete contos, setecentos e sessenta e cinco mil réis), veremos que os gastos com pagamento de pessoal representavam mais de 35% da receita da Câmara. Se, nesta conta, o percentual a ser levando em consideração for o que restou das rendas após subtração da terça régia, o valor despendido com tal rubrica eleva-se para mais de 50%.

Nessa nova configuração, verificada na última década do Setecentos, estavam certamente impressas mudanças econômico-sociais por que passara a cidade: o crescimento físico e populacional, a ampliação das atribuições político-administrativas de seus governantes, face ao desenvolvimento econômico e à consolidação de seu papel enquanto entreposto comercial e centro mercantil, o incremento das atividades religiosas, dentre outras.

O aumento do valor das propinas percebidas por determinados oficiais e funcionários e mesmo a gratificação de funções anteriormente não gratificadas, como a de tesoureiro, de porteiro e guarda-livros e de solicitador, nos fornecem um panorama indireto da complexificação da cidade, ao longo do século XVIII (Cf. quadro 12), e da adaptação da Câmara a tal ordem, redefinindo algumas funções internas para um melhor gerenciamento da máquina administrativa.

QUADRO 12 – Ordenados, propinas e emolumentos dos oficiais e funcionários da Câmara Municipal de Salvador (1702 e 1795) (valores em réis)

		Valores auferidos	
Oficiais	**Tipo de remuneração**	1702	1795
Juiz de fora	Ordenado	40.000	40.000
	Prop/emol.	160.000	355.000
Vereador	Ordenado	------------	------------
	Prop/emol.	140.000	180.000
Procurador	Ordenado	------------	-----------
	Prop/emol.	140.000	180.000
Escrivão	Ordenado	60.000	60.000
	Prop/emol.	140.000	280.000
Tesoureiro	Ordenado	160.000	160.000
	Prop/emol.	-----------	66.800

Mesteres	Ordenado	----------	
	Prop/emol	1.000	
Porteiro e Guarda	Ordenado	50.000	50.000
Livros	Prop/emol.	----------	125.900
Oficial Maior de	Ordenado	60.000	60.000
Secretaria	Prop/emol.	15.000	65.600
2º Oficial de	Ordenado	60.000	60.000
Secretaria	Prop/emol.	15.000	65.600
Síndico	Ordenado	-----------	40.000
	Prop/emol.	-----------	66.000
Solicitador	Ordenado	32.000	32.000
	Prop/emol.	----------	2.880
1º Porteiro	Ordenado	10.000 9.280 mais valores variáveis relativos às aferições	10.000 9.280 mais valores variáveis relativos às aferições
	Prop/emol.		
2º Porteiro	Ordenado	6.000	6.000
	Prop/emol.	9.280	9.280
Procurador em Lisboa	Ordenado	200.000	200.000
	Prop/emol.		
Médico	Ordenado	45.000	45.000
	Prop/emol.		
Cirurgião	Ordenado	40.000	40.000

Fonte: APEB, *Ordens Régias,* vol. 8, 1702-1714, sn/fls; *Cartas ao Governo,* 1795, sn/fls. AMS, *Provisões do Governo,* 1695-1702, fls. 13; Luís dos Santos Vilhena, *op. cit.,* p. 74-77; AHU_ACL_CU_005, CX.82, D.6792.

Evidencia-se, dessa forma, a lógica da organização e funcionamento do governo local referente à aplicação das receitas públicas: a sua subordinação à dinâmica funcional e administrativa. As despesas com salários e gratificações vinham sempre em primeiro plano, em detrimento de ações sociais destinadas à melhoria das condições de vida da população citadina, possivelmente inscritas em gastos extraordinários, para os quais quase nunca havia disponibilidade de verbas.

Embora fosse realmente significativa, a dotação aplicada no pagamento de funcionários e oficiais da administração local, principalmente se comparado ao desti-

A BAHIA NO SÉCULO XVIII   177

nado por algumas câmaras do reino à mesma finalidade,[217] o que, de certa forma, indicava os graus de importância e distinção alcançadas pela municipalidade de Salvador, pareceria ínfimo e inexpressivo se confrontado com os vencimentos percebidos por seus congêneres lisboetas.

Com efeito, um dos marcos do exercício da administração municipal em Lisboa residia nos altos vencimentos recebidos e na qualificação dos ocupantes dos principais cargos. De acordo com as informações de Fernandes, em 1754, os "vencimentos anuais dos titulares de cargos municipais eram fixados em 2000$000 réis para o presidente da vereação, 1000$000 réis para os vereadores, 550$000 réis para os procuradores da cidade, 500$000 para o escrivão da Câmara [...], além das propinas e emolumentos pagos à parte [...]".[218] Tal situação não encontrava parâmetro entre organismos idênticos em outras capitais europeias do período, a exemplo de Madri e de Paris, onde os que detinham o poder local eram parcamente remunerados ou, por vezes, não obtinham qualquer contrapartida material pelo exercício de suas funções.[219]

Fosse como fosse, no espaço colonial, a remuneração inerente ao desempenho de um alto posto no interior da administração de Salvador, a despeito de outras vantagens relacionadas à honra, *status* e prestígio social, constituía, para a nobreza local, sem sombra de dúvidas, fator complementar de atração na disputa pela ocupação de funções na Câmara, ao tempo em que, face à receita obtida, configurava-se em oneroso encargo aos cofres municipais.

Não obstante à dificuldade em precisar os gastos anuais da Câmara com a infraestrutura da cidade, um olhar mais acurado sobre os livros de *Arrematações (1665-1827)*, de *Credores do Senado da Câmara (1779-1795)*, de *Receita e Despesa do Senado (1787)* e de *Pagamentos feitos pelo Senado (1787-1828)* indica-nos que os re-

---

217   Em diversas câmaras do reino o valor recebido por juízes e vereadores não chegava, respectivamente, a 100 e 50 mil réis anuais, exceção feita à cidade do Porto, onde um juiz de fora recebia 200 mil réis. Cf. para câmaras do Minho: José Viriato Capela, *O Minho e seus municípios...*; para o Algarve: Luís Vidigal, *Câmara, nobreza e povo...*; para Figueira da Foz: Isabel Maria Simões Oliveira, *A Figueira da Foz de 1771 a 1790: poder e quotidiano municipal*, Coimbra, 1995 (dissertação de mestrado); para Montemor-o-Novo: Tereza Fonseca. *Relações de poder no Antigo Regime: a administração municipal em Montemor-o-Novo (1777-1816)*, Montemor-o-Novo: Câmara Municipal, 1995, dentre outros.

218   Paulo Jorge Fernandes, *op. cit.*, p. 52.

219   Paulo Jorge Fernandes, *op. cit.*, p. 52; M. Bordes, *L'administration provinciale et municipale en France au XVIIIe. Siècle*, Paris, SEDES, 1972, p. 116.

cursos investidos em obras e reparações ocupavam o segundo lugar no conjunto das despesas camarárias.[220]

As benfeitorias necessárias à cidade podiam ser realizadas de duas maneiras: pela empreitada, neste caso observavam-se os meios habituais vigentes nas arrematações, ou seja, o apregoamento público da obra, pelo porteiro da Câmara, devendo a municipalidade aceitar como arrematante quem se dispusesse a executar a menor custo o trabalho proposto; e através da sua administração direta, quer dizer da contratação de pessoal e pagamento de salários pela própria Câmara. Nesta alternativa, havia que ser respeitado o capitulado nas Ordenações do Reino, podendo a Câmara, assim, "mandar fazer por jornais" apenas as "obras que não passarem de mil réis".[221]

A arrematação de obras era o expediente mais utilizado, embora nem sempre fosse o mais vantajoso e econômico, pois dava margem à execução de trabalhos de má qualidade por parte do arrematante sem que a Câmara dispusesse de mecanismos capazes de fazer valer, integralmente, as obrigações estipuladas nos contratos. Exemplo singular, reside no contrato de arrendamento do conserto dos canos da fonte de Água de Meninos, em 1770, arrematado pelo mestre pedreiro, Bernardino José Ferreira, por 99 mil e 994 réis. A obra, concluída dentro do prazo previsto (um mês), uma semana depois já era motivo de queixas dos moradores à municipalidade, devido aos inúmeros vazamentos e o consequente prejuízo ao abastecimento de água à população a ela circunvizinha.[222]

Problemas desta natureza impuseram à Câmara de Salvador a criação, provavelmente em fins do século XVII, do ofício de medidor e avaliador das obras do Senado, geralmente exercido por mestre pedreiro. Inicialmente responsável apenas pela vistoria de obras públicas postas sob concessão, o ocupante de tal cargo teve, posteriormente, as suas atribuições ampliadas, tornando-se também encarregado de fiscalizar edificações particulares. Neste caso, "devia ser requisitado sempre que se pretendesse executar uma nova construção na cidade para que verificasse, emitisse parecer e procedesse à orientação devida".[223]

Ao que parece, ao longo do século XVIII, a ação fiscalizadora do medidor e avaliador do Senado, no concernente ao acompanhamento de obras públicas

---

220 Em 1721 a Câmara destinou a receita auferida naquele ano com o contrato da arrematação dos talhos, cerca de 8.000.000(oito contos de réis), para o concerto de ruas, fontes e praças públicas. Cf. AMS, *Portarias, 1710-1725*, fls. 38-39.

221 *Ordenações Filipinas*, liv. I, tit. 66 & 39.

222 AMS, *Livro de Credores do Senado da Câmara desta Cidade, 1779-1795*, fls. 111.

223 Avanete Pereira Sousa, *Poder local e cotidiano: a câmara de Salvador no século XVIII*. Salvador: UFBA, 1996 (dissertação de mestrado), p. 73.

financiadas pela municipalidade e adjudicadas a terceiros, foi quase sempre efetiva, sendo o infrator levado imediatamente à presença dos vereadores que, "em câmara", aplicavam a penalidade devida. Assim aconteceu com Sebastião Marques e Antônio Alves Viana, arrematantes das obras das calçadas das Portas de São Bento, em 1765, por 720 mil e 141 réis, e da rua da Cruz do Pascoal até a dos Marchantes, em 1777, por 1 conto 993 mil e 835 réis, respectivamente. Submetidos à vistoria do avaliador da Câmara, João Ramos Chaves, foram obrigados a pagar multa e a refazer parte do calçamento, após constatado pelo referido oficial que o mesmo não estava propício à passagem de animais e pedestres.[224]

Do conjunto das despesas camarárias com obras sobrelevavam-se, pela regularidade com que aparecem nos livros de registros das contas municipais, os gastos com o abastecimento de água à cidade.

Esse viés da política urbana local foi mais perceptível a partir da primeira década do século XVIII, quando o crescimento populacional expeliu de uma vez por todas a cidade para fora de seus muros e de suas portas, obrigando à municipalidade a ampliar o seu raio de ação também no que dizia respeito ao abastecimento de água. Assim, além de reparos das Fontes localizadas nas freguesias centrais da cidade, como a dos Padres e a do Gabriel, foram construídas ou recuperadas outras em seus arredores como a do Caminho Velho, a do Pereira, a de Água de Meninos, a dos Sapateiros, a do Gravatá, a Fonte Nova, a de Santo Antônio, a de Queimados, a de São Pedro e a das Pedras.[225] Se a construção de uma nova fonte custava aos cofres públicos mais de 2 contos de réis, a simples conservação e manutenção da rede de água também importava em gastos anuais consideráveis. Em 1761, por exemplo, os arranjos feitos nas Fontes Nova e dos Padres oneraram a Câmara em quase 900 mil réis.[226]

No interior do espaço urbano, em zonas que iam de São Bento a Santo Antônio e adjacências, bem como na parte principal da cidade-baixa, denominada Praia, o investimento privilegiado pela Câmara de Salvador dirigiu-se à pavimentação e à recuperação de ruas e calçadas, sendo que, na Praia, as obras do Cais Novo consumiram, durante vários anos, parte significativa do orçamento municipal destinado às benfeitorias gerais na cidade.[227] Mesmo assim, as intervenções da Câmara nessa esfera foram, ao longo do século XVIII, as que mais se fizeram sentir, nomeadamente,

---

224 AMS, *Termos de Alinhamento e Vistorias, 1755-1791*, sn/fls.

225 AMS, *Atas da Câmara,1731-50*, fl. 135/1750-65, fl.97/1765-76, fl.15.

226 AMS, *Livro de Credores do Senado da Câmara desta Cidade, 1779-1795*, fl. 58.

227 AMS, *Receita e Despesa do Senado, 1787*, sn/fl.

180 AVANETE PEREIRA SOUSA

nas vias de "serventia pública, por onde passam as procissões do Senado", estenden-do-se para as "ruas do Passo, do Jenipapeiro, do Trapiche do Azeite e da Boiada, para o Terreiro de Jesus e as ladeiras da Misericórdia e do Taboão".[228]

Dotações de maior vulto e, talvez por isto mesmo, pontuais, consistiam na construção de pontes e estradas no termo[229] e na realização de obras nas principais encostas da cidade, sujeitas a deslizamento a cada inverno. Geralmente, só após decorridos desastres é que se tomava providências, como no caso da edificação do paredão da Misericórdia, iniciada por volta de 1767 depois que acidente de tal natu-reza havia ocasionado perdas humanas e materiais. A obra, arrematada por Manoel de Oliveira Menezes, custara à Câmara 7 contos 594 mil e 254 réis, uma dívida que se estendera por mais de cinco anos. Menos dispendiosos, porque de menor exten-são, foram os paredões da Jequitaia e da Barroquinha, custeados pela municipalida-de por 3 contos de réis, pagos aos mestres pedreiros Sebastião Marques e Antônio Ribeiro, respectivamente.[230]

Os gastos com a conservação e a manutenção do patrimônio público envol-viam também a construção, reparações e reformas do Paço Municipal e da cadeia.[231] As despesas mais importantes nessa área foram realizadas na segunda metade do século XVIII, com as reformas interna e externa das Casas da Câmara e Cadeia. Para tanto, foi necessário recorrer também aos cofres régios e à contribuição financeira das demais câmaras da capitania.[232]

Com as disponibilidades financeiras exclusivas do município investia-se, ainda, embora de forma excepcional, na melhoria de condições de bens concelhios desti-nados ao abastecimento alimentar da população, como na ampliação do número de barracas, destinadas à comercialização de alimentos, e de açougues públicos, bem

---

228 AMS, *Atas da Camara,*1731-50, fl.132; 1776-1787, fl. 183; 1787-1801, fls. 63,110,101 e 109.

229 As pontes do rio das Tripas, do rio Camurujipe e da Leocádia, todas construídas entre 1760 e 1779, custaram à Câmara de Salvador quase 9 contos de réis. AMS, *Livro dos Credores do Senado da Câmara,*1779-1795, fls. 5, 9 e 25.

230 *Idem, ibidem*, fls. 7, 34; APEB, *Cartas ao Governo, 1783-1799 – Senado da Câmara da Bahia,* M. 201-214, doc. 33.

231 Em 1733, a Câmara escreveu ao rei, D. João V, queixando-se das despesas feitas com os reparos da cadeia pública e do quanto tais concertos pesavam aos cofres municipais. Dizia ser as despesas com a cadeia responsabilidade do alcaide-mor e, na sua falta, do carcereiro, não sendo assim justo que a Câmara tomasse para si tal ônus. AHU_ACL_CU_005, CX. 45, D. 4046.

232 Carlos Ott, *A Casa da Câmara da cidade de Salvador.* Salvador: Centro Editorial e Didático da UFBA, 1981, p. 10; APEB, *Cartas ao Governo. Caravelas, 1770.*

A BAHIA NO SÉCULO XVIII   181

como no cuidado com os currais da Câmara, sendo este último recurso decorrente da taxa cobrada sobre a venda do gado.[233]

Alusão especial deve ser feita ao dispêndio da Câmara de Salvador com os numerosos festejos, comemorações e procissões realizadas anualmente. Esses momentos expressavam, como afirmou Capela, o ápice da inserção social e política das câmaras e respectivas cidades e vilas no calendário religioso e cívico português,[234] seguido em todo o Império. Ademais, tais festividades caracterizavam-se pela exacerbação exterior da fé católica e do culto à monarquia e à família real.

Pelo disposto nas Ordenações, competia às câmaras em geral "fazer despesa", organizar e promover três procissões, denominadas procissões reais ou "del rei": a de *Corpus Christi*, a da Visitação de Nossa Senhora, em 2 de julho, e a do Anjo da Guarda, no terceiro domingo de julho. Entretanto, em Salvador, com o tempo, a estas somaram-se outras que foram instituídas em decorrência de acontecimentos que marcaram profundamente a cidade ou em função de ser estilo e costume no reino.[235]

Assim, ao longo do século XVII, além das procissões, cujas despesas assumia, a Câmara teve ainda que dispor de recursos para a realização de outras festas religiosas. Primeiro foram as festividades de São Felipe e São Tiago, introduzidas em maio de 1625 para celebrar a libertação de Salvador, que estava sob poder dos holandeses. Por volta do último quartel do século XVII, surgiu a de Santo Antônio, para relembrar a expulsão definitiva daqueles invasores do território brasileiro. Mais tarde, em 1686, os vereadores passaram, também, a realizar, anualmente, procissão em homenagem a São Francisco Xavier, eleito padroeiro da cidade, em cumprimento à promessa feita por ocasião do surto de febre amarela na cidade. Já as festas de reverência a São Sebastião e a São João Batista foram instituídas seguindo o exemplo das

---

233 O crescimento da cidade exigiu da Câmara a ampliação da rede de venda e distribuição de alimentos, sobretudo da carne e da farinha, gêneros de maior consumo. Para se ter ideia dos custos em tal área, basta notar que a abertura de uma nova *Casa de Talho* onerava a municipalidade em quase 100 mil réis, entre construção ou aluguel do espaço para funcionamento do açougue; ferramentas e instrumentos necessários à execução da atividade; e pagamento de jornais de determinados funcionários, a exemplo do repesador, que recebia em torno de meia pataca, ou 160 réis por dia. AMS, *Livro dos Credores...* fl. 27; *Provisões do Governo, 1695-1702*, fl. 13; *Atas da Câmara, 1776-87,* fl.184, 196.

234 José Viriato Capela, *O Minho...*, p. 78.

235 *Ordenações Filipinas,* liv. 1. tit. 66.

câmaras do reino.[236] No século XVIII, acrescentaram-se mais duas procissões, uma em homenagem a Nossa Senhora das Candeias e outra a Santa Isabel.[237]

Portanto, no Setecentos, a Câmara de Salvador tinha sob sua incumbência os festejos de dez procissões, numa acumulação de gastos que chegava a quase 1 conto e 500 mil réis.[238] As que mais oneravam os cofres municipais, pela pompa com que se revestiam, eram as de *Corpus Christi*,[239] São Francisco Xavier e a de Santo Antônio. Em fins do século XVIII, segundo Vilhena, a de *Corpus Christi* custava à Câmara mais de 642 mil réis; a de São Francisco Xavier saía em torno de 248 mil réis; e a de Santo Antônio ultrapassava a quantia dos 234 mil réis.[240] A Câmara ainda concorria, financeiramente, para a realização de outros festejos religiosos não diretamente sob o seu patrocínio, a exemplo, da festa de Nossa Senhora das Graças, para a qual, geralmente, destinava verbas para a cera, missas e capelas.[241] Nestas despesas não estavam incluídas as propinas relativas à participação de oficiais régios e concelhios nas festividades.

As procissões da Câmara realizavam-se sempre com suntuosidade e obedeciam a ritual que, geralmente, vinha exposto nas posturas para que todo o povo dele tomasse conhecimento. Assim, exigia-se dos moradores por onde o cortejo devia transitar "que enfeitassem o peitoril das janelas das casas com toalhas de rendas, vasos de flores e luminárias nas paredes", além da responsabilidade de varrer ruas e testadas. Dos ofícios mecânicos embandeirados requeria-se o acompanhamento do desfile, com as respectivas bandeiras hasteadas.[242] Por vezes, o próprio rei dispunha acerca da forma como o Senado da Câmara devia organi-

---

236 AMS, *Cartas do Senado, 1638-1673*, fl. 135v.

237 AMS, *Portarias, 1710-1725*. fl.3, 8.

238 Em Braga, o número de procissões sob a responsabilidade da Câmara chegava a cerca de 31. Cf. José Viriato Capela, *O Minho...*, p. 82.

239 Em Lisboa criaram-se impostos especial destinados aos gastos com os festejos de Corpus Christi. Helena Pinto Janeiro, "A procissão do Corpo de Deus na Lisboa Barroca- o espaço e o poder", In: *Arqueologia do Estado: Iªs. Jornadas sobre formas de organização e exercício dos poderes na Europa do Sul, séculos XIII-XVIII*. Lisboa: História e Crítica, 1988, vol. 1, p. 732. No Porto, também os festejos de Corpus Christi eram os mais importantes e onerosos à edilidade, seguidos pelas festas em homenagem a São Pantaleão e a São João. Francisco Ribeiro da Silva, *O Porto e o seu termo...*, p. 908.

240 Luís dos Santos Vilhena, *op. cit.*, p. 75-.77.

241 AMS, *Atas da Câmara, 1787-1801*. fl.14.

242 AMS, *Posturas, 1716-1742*, s/n fl.

zar as procissões, relembrando um ou outro detalhe a ser cumprido para que se preservasse o estilo, como a "permanência do estandarte sempre diante dos almotacés, cobrindo todo o corpo da nobreza" e a observância da disposição clero, nobreza e povo, indicando que a hierarquia econômico-social devia ser também observada nos momentos de notoriedade da fé.[243]

Todos os habitantes da cidade e de seus arredores estavam obrigados a participar das festividades da Câmara, a menos que seus locais de residência distassem mais de uma légua do lugar onde se daria a celebração.[244] Do contrário, sujeitavam-se à pena de 6 mil réis e a quarenta dias de prisão domiciliar ou na própria cadeia da Câmara, a depender do caso.[245]

Em Salvador setecentista, ao que tudo deixa transparecer, as retaliações decorrentes da ausência em atividades dessa natureza recaíram apenas sobre a nobreza local, porque dela exigia-se a afirmação de seu *status quo*, demonstração de poder e atitudes que tivessem o valor de representação social.[246] Ao mesmo tempo, a Câmara, enquanto principal instituição em nível local e instrumento de expressão da citada nobreza, não tinha como eximir-se dessas "despesas de prestígio", como lhes denominou Norbert Elias,[247] posto também não poder prescindir do significado social e político a elas inerentes.

Eram, pois, por essas e outras razões que o descaso de alguém do grupo nessa matéria resultava em severas repreensões. Exemplo revelador pode ser observado no caso do almotacé André Avelino de Azevedo, cuja ausência na procissão de Nossa Senhora das Candeias, em 1743, foi justificada pelo fato de "não ter calção preto", traje exigido aos nobres naquele ano.[248] Não obtendo a absolvição da pena de 6 mil réis de multa e de 40 dias de prisão domiciliar aplicada pela Câmara, que classificou as suas explicações como "escusas frívolas e impróprias para quem costuma andar no regimento" e não condizentes com a posição de um nobre, chegou mesmo a recorrer ao governador e às autoridades eclesiásticas, sem alcançar êxito.[249] Ora, parecia ser consenso entre os poderes central, local e eclesiástico o fato dos cidadãos

---

243 AMS, *Cartas de Sua Majestade ao Senado, 1710-1745,* fl.49.

244 *Ordenações Filipinas,* liv. 1, tit. 66.

245 AMS, *Posturas, 1716-1742,* s/nº fl. Aos oficiais mecânicos competia comparecer às festividades apresentando os elementos distintivos de suas bandeiras e santos protetores.

246 Norbert Elias, *A sociedade de corte.* Lisboa: Estampa, 1987, p. 38.

247 *Idem, ibidem.*

248 AMS, *Condenações do Senado, 1703-1805,* s/nº fl.

249 AMS, *Ofícios ao Governo, 1712-1737,* fl. 269.

184   AVANETE PEREIRA SOUSA

terem que viver *à lei da nobreza*, tendo nas comemorações cívico-religiosas um de seus momentos.

Além da comemoração de datas religiosas, a Câmara também se responsabilizava pela realização de festejos cívicos promovidos, geralmente, no mesmo estilo das demais celebrações. Assim, no século XVIII, festejavam-se na cidade de Salvador acontecimentos importantes do reino e do Império, a exemplo da realização de procissões e festividades públicas pela vitória sobre os franceses, no Rio de Janeiro; pela vitória de Mombaça, na África; pela aclamação de reis e rainhas; pelo nascimento de príncipes e princesas de Portugal, bem como exéquias e ritos fúnebres pela morte de governantes. Em cada uma destas solenidades, quer de júbilo ou de luto, a Câmara concorria com avultados subsídios, sendo sua principal ou, na maioria das vezes, exclusiva promotora.[250] Todos esses acontecimentos festivos, particularmente os de caráter cívico-reverenciais de manifestação de apoio, adesão e saudação pública à Casa Real, tinham características político-ideológicas e eram sempre comandados pelos governantes, ficando as camadas populares compelidas a emprestar estímulo e vivacidade aos eventos.[251] No caso de aclamações de reis e rainhas, a população via-se obrigada a pôr luminárias nas janelas durante três dias consecutivos.[252]

Por seu turno, a Câmara, nessas ocasiões, além de missas e procissões de ação de graças, solicitadas e pagas ao cabido, proporcionava aos cidadãos outras formas de divertimento, como comédias e óperas, levadas à cena no próprio recinto camarário[253]. Para o povo, touradas, cavalhadas e fogueiras prometiam compensar a obrigatoriedade da participação em rituais que o envolviam, mas que, no fundo, representavam apenas exteriorização e demonstração de força e poder de um grupo do qual estava excluído.

---

250 AMS, *Portarias, 1710-1725*, fl.10,39,24; *Atas da Câmara, 1776-1787*, fl. 28/*1787-1801*, fl.133. Comparativamente, em Braga, este tipo de patrocínio chegou algumas vezes a representar 10% do total das despesas camarárias. José Viriato Capela, *O Minho...*, p. 79. A falta de documentos sobre as contas municipais em Salvador não permite constatar o percentual investido, mas o valor de 65.480(sessenta e cinco mil, quatrocentos e oitenta réis) gastos com a aclamação de D. João IV indica que o montante dispensado a tais comemorações, em sua totalidade, poderia soar pesado aos cofres públicos.

251 José Viriato Capela, *O Minho...*, p. 78.

252 AMS, *Portarias, 1710-1725*, fl.24.

253 AMS, *Cartas do Senado ao Eclesiástico, 1685-1804*, fl.12; *Atas da Câmara,1776-1787*, fl. 28.

Por fim, no domínio da assistência social, a Câmara de Salvador ocupava-se do auxílio à proteção dos enjeitados, função herdada das suas congêneres metropolitanas, que se obrigavam, por lei, do cuidado e sustento de menores abandonados.[254]

A questão das crianças abandonadas remonta à Antiguidade e estende-se por toda a Idade Média. Entretanto, foi na Época Moderna, quando a pobreza se tornou onerosa ao Estado e a ideia de que o aumento populacional era importante para a riqueza das nações, que a preocupação com os menores abandonados ganhou importância.[255]

Em Lisboa, após a criação da Misericórdia, em 1498, a municipalidade passou a dividir com essa irmandade leiga a responsabilidade com os enjeitados, ficando a instituição, inclusive, encarregada da administração do Hospital de Todos os Santos, custeado pela Câmara, que abrigava tais crianças[256] Na Bahia, prevaleceu idêntica partilha de tarefas entre a Câmara de Salvador e a Misericórdia. Obedecendo ao sistema de "colocação familiar", estas instituições pagavam a amas de leite, durante três anos, para fornecer alimentação e vestuário ao enjeitado.[257] Para tal finalidade, a Câmara gastou, entre 1701 e 1736, conforme nos indica a documentação consultada, cerca de 10 mil réis anuais por criança.[258] Se, ao longo do século XVIII, este valor foi relativamente fixo e constante, no final da centúria veremos que, a partir do total de 200 mil réis destinados a essa rubrica anualmente, conforme informou Vilhena, a Câmara arcava com as despesas de vinte enjeitados junto à Misericórdia.[259]

Essa despesa, em princípio considerável, parece, entretanto não ter sido suficiente para atender às demandas da cidade nesse campo. Russel-Wood informa-nos como, gradativamente, a Misericórdia foi assumindo, quase que sozinha, a conta dos gastos com as crianças abandonadas, tendo suas despesas passado de 385.980 réis, em 1700, para 1.015.220 réis, em 1708, demonstrando a "falência oficial em cumprir esta obrigação".[260]

Dos elementos expostos é possível se chegar a algumas proposições acerca do desempenho da administração financeira de Salvador no século XVIII. Podemos supor que as despesas com a manutenção do quadro administrativo suplantaram as

---

254 A. J. R. Russel-Wood, *Fidalgos e filantropos...*, p. 233.

255 Laura de Mello e Sousa, "O Senado da Câmara e as crianças expostas", In: Mary del Priore (org.), *História das crianças no Brasil*. São Paulo: Contexto, 1991 (p. 28-43), p. 29.

256 A. J. R. Russel-Wood, *Fidalgos e filantropos...*, p. 234.

257 *Idem, ibidem*, p. 235.

258 AMS, *Enjeitados, 1701-1736*.

259 Luís dos Santos Vilhena, *op. cit.*, p. 76.

260 A. J. R. Russel-Wood, *Fidalgos e filantropos...*, p. 235-236.

aplicações nas outras áreas, tendendo a ampliar-se à medida em que o crescimento urbano impunha maior complexidade administrativa, e, consequentemente, o robustecimento da burocracia local.

De outro modo, mesmo sem esquecer que o panorama esboçado não esgota todo o conjunto das despesas camarárias, mas apenas revela formas fragmentárias de aplicação dos seus principais rendimentos, é procedente afirmar que o município possuía acentuada autonomia financeira, gerindo e administrando suas necessidades econômicas a partir de receitas provenientes da dinâmica interna concelhia, embora, de antemão, já tivesse mais ou menos determinado em que se deveria gastar. Ademais, mantinha, de forma integral, as suas atribuições no âmbito do governo econômico local, recolhendo, através de diversas receitas (*condenações, aferimentos, foros, arrendamento de talhos,* taxas sobre comercialização de produtos, dentre outras) os benefícios advindos de tal jurisdição.

Ressalve-se, no entanto, que, se por um lado, os réditos da Câmara de Salvador eram infinitamente superiores às rendas da maioria de suas congêneres metropolitanas, por outro, a tendência para o endividamento do erário local soteropolitano, ou seja, o precário equilíbrio entre receitas e despesas, foi realidade incontestável, oriunda das constantes demandas do poder central e da definição de prioridades do próprio poder municipal, face ao desenvolvimento da cidade.[261] Essa situação parece ter sido comum a todo o Império e foi proclamada por Alvará de 23 de julho de 1766, que responsabilizava os vereadores e oficiais das câmaras pelo estado precário das finanças dos concelhos e estabelecia normas mais rígidas para o registro das receitas e despesas das câmaras, bem como para a sua apuração pelo provedor.[262]

Convém lembrar que em Salvador, os gastos de natureza improdutiva, como o pagamento de salários, por exemplo, pareceram ser sempre muito mais elevados

---

261 Durante todo o século XVIII são constantes as queixas por parte dos vereadores acerca da considerada limitação orçamentária da Câmara frente às necessidades que uma cidade do porte de Salvador manifestava. Cf. AMS, *Ofícios do Governo, 1712-1822,* sn/fl. A situação de penúria parecia ser tamanha que o Senado da Câmara chegou por várias vezes a pedir ao seu procurador em Lisboa, Caetano Jacques, que solicitasse do rei isenção do pagamento das *terças,* sob a alegação de que o valor a elas correspondente seria investido na própria cidade. Tais pedidos foram negados e a cobrança das *terças* intensificada. APEB, *Cartas do Senado a Sua Majestade, 1742-1823,* fl. 2.

262 António Delgado da Silva, *Colleção da Legislação Portuguesa, 1763-1774.* Lisboa: s.n.t., 1830, p. 265-267.

que os investimentos em uma política de *defesa do bem comum*, prevista nas leis e ordens régias e frequentemente apregoada pelas sucessivas vereações. [263]

A gestão financeira do município evidencia aspectos relevantes da estrutura político-administrativa do poder local em Salvador. Em primeiro lugar, vimos que as fontes de renda da Câmara estavam diretamente relacionadas às atividades a ela atribuídas por lei e costume. Isto significa dizer que à medida em que punha em ação o seu aparelho fiscal, a Câmara exercia, ao mesmo tempo, a prerrogativa de organizar e administrar o espaço urbano, promovendo uma verdadeira simbiose entre estrutura financeira e estrutura econômico-social.

Além disso, a forma de arrecadação das principais rendas determinava a conformação fiscal do tributo ou a característica dos serviços. De maneira geral, tal como verificado, o volume das rendas cobradas através da administração direta foi relativamente pequeno. O mais comum tornou-se a recorrência ao sistema de contratação. Todavia, o recurso a contratadores e rendeiros impunha grandes obstáculos à plena soberania municipal em matéria financeira. A patrimonialização da relação agentes econômicos x agentes político-sociais incorria, nesse caso, quase sempre na dependência e hipotrofia do poder camarário nessa esfera. De outro modo, fomentava o desenvolvimento de grupo social específico cada vez mais atuante na sociedade baiana colonial a ponto de ser visto e confundido pela população local quase que como parte integrante da estrutura municipal e, pela própria Câmara, como elemento indispensável e complementar à sua administração econômico-financeira.

E, por fim, a exposição e o exame do conjunto de receitas e despesas da Câmara de Salvador sinalizam para uma relativa capacidade de organização orçamentária e financeira do município,[264] o que talvez possa ser tomado como fator de maior autonomia da Câmara, face ao poder central. Dessa forma, a municipalidade não apenas estava em condições de fazer frente às suas próprias demandas como, ainda, atender aos compromissos externos, a exemplo da satisfação da *terça régia*. Numa outra direção, a importância econômico-financeira da Câmara pode, por um lado, ter se configurado em elemento potencializador da sua função de instância intermediária, e, por outro, ter ampliado a sua capacidade de negociação com os órgãos centrais.

---

263   *Ordenações Filipinas,* liv. 1, tit. 62.

264   Embora a inconsistência e complexidade da principal fonte documental consultada, qual seja, os livros de *Arrematações das Rendas da Câmara,* não tenha possibilitado análises mais aprofundadas, nem inferências mais seguras, a existência de receitas paralelas às principais, mencionadas em *corpus documentais* esparsos e de difícil apreensão, pois não trazem informações sequenciais acerca do montante arrecadado anualmente, só reforçam esta nossa constatação.

Poder local, atividades econômicas e controle social

Em sessão da Câmara de Salvador de 8 de fevereiro de 1797, o juiz de fora Francisco Antônio Maciel Monteiro, os vereadores Antônio de Sousa e Castro, André Marques da Rocha e Queirós e Simão Álvares da Silva e o procurador, Jacinto Dias Damásio, foram surpreendidos por um grupo de pessoas que, se dizendo representante do *"povo desta cidade"*, lhes entregou requerimento em nome dos moradores. A petição, assinada por mais de 400 pessoas, expunha à Câmara o quadro de penúria por que passava o povo, na linguagem dos requerentes, "vexado e oprimido das quase contínuas faltas que experimenta dos gêneros da sua principal subsistência",[1] e chamava a atenção para a falta de um produto em especial: a carne.

Segundo os peticionários,

> [...] a origem de todos esses males não poderá jamais cessar de todo sem que se adote aquele sistema fundado na razão, justiça, e nos interesses recíprocos da sociedade sugerido pela mesma justiça, e equidade que devem guiar todas as ações dos que governam; sugerido finalmente pela mesma experiência de todos os tempos, séculos mais iluminados, e de todos os

---

1 APEB, *Cartas ao Governo- Senado da Câmara, 1783-1799*, maços, 201-214, docs. 38, 53, 59 e 71.

países onde se conhecem os verdadeiros princípios da economia; e estabelecido por escritores de todas as Nações que sobre matérias econômicas tem escrito[2].

À incisiva exposição seguia-se a proposta

> [...] de libertar o comércio das carnes de todos os obstáculos, proibições, taxas, que podem impedir, ou diminuir de alguma forma o rápido progresso da sua circulação [...] que não podem ser senão muito nocivos e prejudiciais tanto aos criadores e marchantes dos mesmos gados, como à subsistência deste povo.[3]

Os solicitantes reconheciam que este pleito, amplo e ambicioso, só teria condições de ser totalmente implementado a médio prazo. Porém, insistiram na quebra imediata do sistema de tabelamento de preços, prática considerada "causa principal, e não outra" da crise de abastecimento de carne vivenciada pela cidade nos últimos anos do século XVIII. Daí a solicitação de que a "liberdade do preço" fosse a primeira medida a ser adotada pelo Senado, visando ao "restabelecimento da abundância, suscitando a concorrência", combinando os interesses de vendedores e consumidores e neutralizando a ação dos atravessadores.[4]

Os peticionários julgavam o sistema de taxação injusto e favorável a "uma classe de indivíduos com prejuízo o mais visível e palpável da outra", além de não dar a todos "iguais direitos ao que legitimamente lhes pertence". Argumentavam que o sistema de controle para ser efetivamente eficaz exigiria sólida estrutura administrativa e institucional, de modo a exercer o poder disciplinador sobre os preços da carne, mas contemplando, igualmente, os interesses de criadores, comerciantes e consumidores. Alegavam, ainda, que a Câmara de Salvador não possuía essa condição e para que tal sucedesse seria preciso acompanhar minuciosamente o processo de comercialização do produto e "entrar nas miudezas das suas especulações",[5] procurando

---

2   *Idem, ibidem.*

3   APEB, *Cartas ao Governo- Senado da Câmara, 1783-1799*, maços, 201-214, docs. 38, 53, 59 e 71.

4   *Idem, ibidem.*

5   APEB, *Cartas ao Governo- Senado da Câmara, 1783-1799*, maços, 201-214, docs. 38, 53, 59 e 71.

A BAHIA NO SÉCULO XVIII   191

> [...] saber primeiramente porque preço se costuma pagar um boi nas próprias porteiras das Fazendas, cujo preço deve ser sempre variável por diversos incidentes morais e físicos: ou de concorrência de compradores ou de secas que costumam assolar as fazendas de gado; além disso considerar os incômodos, e perdas que sofrem nos mesmos caminhos [...]; as despesas que fazem (criadores) até fazer cortar por sua conta nos açougues desta cidade ou até quando os vendem aos marchantes e a isto acresce a imposição de cinco tostões que pagam por cabeça [...].[6]

Ademais, continuava,

> [...] seria finalmente preciso que a jurisdição desse Senado fosse tão ilimitada, que abrangesse as próprias Fazendas em que se criam os gados, e as próprias vilas e lugares circunvizinhos, para que em todos estes lugares estabelecesse e regulasse o sistema de taxa [...]" (pois), "[...] haverão marchantes e criadores que tenham a imbecilidade de desconhecer tanto os seus próprios interesses, que caiam na estúpida loucura de virem trazer o gado para a cidade e nela vender a sua carne a dois cruzados (800 réis) só pelo motivo de fornecer a mesma cidade, quando ao mesmo tempo há lugares onde a podem vender por maior preço e talvez fazendo menores despesas?[...].[7]

O pressuposto essencial do discurso do *"povo da cidade"* pretendia demonstrar o equívoco dos camaristas em continuar determinando o preço da carne, amparando-se na justificativa de defesa dos interesses públicos e sem levar em conta, no julgamento dos suplicantes, que "a mesma taxa não pode produzir, nos tempos de verdadeiras faltas, senão um preço mais excessivo".[8] Buscava, dessa forma, desconstruir, através de argumentos de natureza econômica, a ideia, até então propalada pelos edis, de que a causa principal da carência do produto era a ação de atravessadores, jogando maior peso na questão do tabelamento. Nessa linha de raciocínio, o documento fazia efusiva apologia da liberdade de preços, tomando-a como solução para "quaisquer outras causas, como as físicas, secas e enchentes, e sociais,

---

6   *Idem, ibidem.*

7   *Idem, ibidem.*

8   *Idem, ibidem.*

procedimentos danosos de agentes econômicos, que tinham como consequência a fome e penúria da maioria da população".[9] Para a solução do problema, esperavam os requerentes contar com a "sabedoria, luzes e conhecimento do presidente do Senado para fazer com que o parecer dos vereadores fosse favorável e tendente à promover a mais pronta abundância deste seu principal alimento [...]".[10]

Vilhena, observador atento desse debate, tinha outra interpretação sobre o movimento em prol da liberalização do preço da carne. Discordando da opinião dos manifestantes acerca dos motivos de sua escassez, reafirmava a necessidade de controle da municipalidade no abastecimento e na comercialização dos produtos de primeira necessidade, bem como da observância e do respeito, por parte da população, às posturas e acórdãos locais.[11] Em sua opinião, o problema derivava de ações premeditadas, de caráter monopolístico, feitas no intuito de majorar os ganhos de criadores e marchantes na comercialização da carne, e imputava ao governo da cidade o dever de regulamentar a sua efetiva distribuição. O mal, portanto, não estaria no sistema de taxação em si, mas na estratégia dos arrematantes que procuravam, na fase de circulação, driblar o controle do Estado e elevar as suas margens de lucro. No entender de Vilhena

> [...] os monopolistas, não contentes com a taxa das carnes a 600 rs. cada uma arrôba; preço por que correu até o ano de 1793, ou 1794 trabalharam até que se lhes pôs a taxa de 800 rs. por arrôba. Como ainda não enchesse esse preço ainda as suas vistas, embandeiraram um orador anônimo, e muito de supor interessado, o qual lhes formalizou um eloquente requerimento, ou proposta, em que arrota erudição com tudo o que achou em alguns dos que modernamente escreveram de polícia, e economia [...]. Com aquela oração, pois, mais comprida, que os anais de Aragão, se põem em campo, aliciam partidistas, conseguem quatrocentas e tantas assinaturas de homens todos abonados, e fazendo jogar as molas do seu artifício, conseguem a franqueza no preço das carnes, que apesar de ser um gênero de primeira necessidade em todas as partes do mundo

---

9   APEB, *Cartas ao Governo- Senado da Câmara, 1783-1799*, maços, 201-214, docs. 38.

10 APEB, *Cartas ao Governo- Senado da Câmara, 1783-1799*, maços, 201-214, docs. 38, 53, 59 e 71.

11 Luís dos Santos Vilhena, *A Bahia no século XVIII...*, p. 127-130.

policiado, se vendeu sempre por taxa, e rematou a quem mais barato o pudesse dar ao povo [...].[12]

O testemunho de Vilhena acerca dos acordos e manobras feitas por marchantes, criadores e contrabandistas não se constitui em novidade. A Câmara sempre conviveu com os conflitos e interesses contraditórios em torno de questões do abastecimento urbano e sempre agiu de modo a preservar o seu *poder regulamentador*. Assim, as questões relativas à comercialização da carne eram, para a municipalidade, da mesma ordem e natureza que as referentes ao suprimento de farinha, sal e outros produtos de subsistência. Quanto à estratégia dos criadores de comprimir a oferta de gado, como forma de elevar o preço da carne, não raras foram as vezes em que a Câmara utilizou-se do seu poder de polícia para regularizar o abastecimento, através da apreensão de rebanhos nos sertões e da distribuição compulsória da carne nos açougues da cidade. A mesma conduta interventora era empreendida no caso de outros produtos tidos como fundamentais à sobrevivência da população. O que se quer dizer com isto é que, para a Câmara, a problemática mencionada por Vilhena e, de certa forma, o teor do requerimento a ela dirigido (a questão da escassez da carne, a maior ou menor responsabilidade dos comerciantes e criadores nessa matéria, a atuação de atravessadores, as causas físicas e naturais), não lhe eram estranhas. A aparente novidade, naquele momento histórico, pelo menos localmente, residia na solução proposta pelos peticionários, ou seja, a liberdade de preços face à tradicional forma de governo camarário baseada no protecionismo econômico.[13]

A avaliação de Vilhena era procedente. Se nos atentarmos para alguns dos nomes constantes da petição, veremos que parte dos que a subscreveram poderiam estar defendendo ali exclusivamente seus próprios interesses.[14] Entretanto, o que talvez o ilustre professor de grego tenha captado, mas não levou muito em consideração, é que por trás daquela reivindicação, de cunho estritamente local e voltada para aspectos comezinhos do cotidiano da cidade, ocultava-se um ideário econômico-político muito mais geral, recepcionado por jovem elite ilustrada, que des-

---

12 Luís dos Santos Vilhena, *A Bahia no século XVIII...*, p. 128.

13 Ao dar conhecimento desse requerimento ao governador geral da capitania, Dom Fernando José de Portugal, os camaristas pareciam ter sido pegos de surpresa com a solicitação ao admitirem ser "inteiramente novo e estranho o fim a que ele (o requerimento) se encaminhava".

14 No requerimento constam assinaturas de grandes criadores e marchantes, a exemplo de Pedro Gomes Ferrão Castelo Branco, Antônio Alves Viana, Teodoro José da Silva, José Lopes Ferreira, a família D' Ávila etc.

194 AVANETE PEREIRA SOUSA

pontava em Salvador naquele final de século. Na verdade, as questões abordadas no requerimento destinado à Câmara de Salvador inserem-se num contexto mais amplo de reflexões reformistas e liberais acerca do papel do Estado, difundidas na Europa nas últimas décadas do século XVIII. Eram manifestações evidentes dos fundamentos das *luzes*, em sua versão livre-cambista, chegando ao ambiente local dos súditos coloniais da coroa portuguesa.

Essas proposições, amplamente difundidas por pensadores europeus em diversos níveis, tiveram, do ponto de vista econômico, a crítica à função protecionista do Estado como principal objeto. Sobre este aspecto, a tese central postulava que o Estado deveria atuar como simples mediador dos processos econômicos, sem intervir de forma direta no mercado, deixando-o seguir seu curso natural, regulado tão somente por obrigações contratuais firmadas entre entes particulares.[15] Contrariar o jogo livre dos interesses individuais, expressos no funcionamento dos mercados desregulados, parecia ser contrária à natureza das coisas.

Em Portugal, as primeiras manifestações do pensamento liberal, que tiveram em alguns membros da Academia das Ciências de Lisboa seus precursores, resultaram, na impossibilidade de se contestar o ordenamento econômico e político-administrativo da estrutura do Estado como um todo, em francas reações à política camarária de regulamentação econômica.[16] O acadêmico Tomás Antônio de Vila-Nova Portugal chamava a atenção para os prejuízos que a grande influência das posturas municipais, associada à ação dos almotacés, causava à estrutura econômica. Outros denunciavam ser o comércio a atividade mais susceptível e afetada pelo que classificavam de "desajustes e pluralidade da legislação local", que impunha muitos obstáculos como as licenças e as taxas de almotaçaria, penalizando e embarreirando os fazeres mercantis.[17]

---

15   Nicola Matteucci, "Liberalismo", In: Norberto Bobbio *et al.*, *Dicionário de política*, Trad. Carmen C. Varrialle *et al.* Brasília: Editora Universidade de Brasília, 1986, 2ª ed., p. 693.

16   Joaquim Romero Magalhães, "As estruturas sociais de enquadramento da economia portuguesa de Antigo Regime: os concelhos", Separata da Revista *Notas Econômicas*, nº 4, Coimbra, 1994, p. 26. Sobre a abrangência das críticas de memorialistas e projetistas portugueses acerca do funcionamento econômico do Estado absolutista, reporte-se a: José Luís Cardoso, *O pensamento econômico em Portugal nos fins do século XVIII (1784-1808)*. Lisboa: Estampa, 1989.

17   Tomás Antônio de Vila-Nova Portugal, Observações que seria útil fazerem-se para a descrição econômica da comarca de Setúbal, In: *Memórias Econômicas da Academia Real das Ciências de Lisboa*. Lisboa: Banco de Portugal, 1991, tomo 2, p. 6, tomo 3, p. 211-212; José Veríssimo Álvares da Silva, Memória histórica sobre a agricultura portuguesa considerada desde os tempos dos romanos até ao presente, 1782, In: *Memórias*

Na verdade, o que estava acontecendo naquele momento era que, como expôs Romero Magalhães, a sociedade portuguesa, arrebatada que fora pela política do marquês de Pombal, pelos ecos da Revolução Francesa e por uma elite intelectual que se supunha esclarecida e iluminada, já não podia aceitar passivamente as leis e práticas camarárias tradicionais.[18] O próprio governo compreendia a necessidade de propor reformas capazes de promover ampla reestruturação do aparelho de Estado, de modo a eliminar os privilégios de determinados segmentos, sobretudo daqueles ancorados nas câmaras municipais, que insistiam em fazer frente à execução das ordens régias.[19] Isto, contudo, não significava que esses discursos e reivindicações liberalizantes almejavam, de imediato, por em risco as bases e os fundamentos do sistema. A estratégia, então, voltava-se apenas para parte de um todo complexo avançando em elementos que faziam enfraquecer, parcial e dissimuladamente, o que ainda não se poderia combater por completo. Daí a acirrada oposição aos governos camarários, instâncias nas quais a monarquia deixara parte da legislação referente à economia, provinda daqueles que "julgavam ter consigo as luzes da razão" e tinham sido contaminados pelo liberalismo econômico.[20]

De fato, as atribuições previstas nas Ordenações tornavam as câmaras, sobretudo no que dizia respeito ao mercado urbano, instituições estatais com relativo poder normativo e de controle sobre expressivos mecanismos econômicos locais. Isto significava acompanhar a produção e a circulação de mercadorias em todas as suas etapas, estabelecendo regras, como a obrigatoriedade de licenciamento comercial; a fixação de lugares de compra e venda; o tabelamento de preços, consignados nas taxas da almotaçaria; a fiscalização da quantidade e qualidade dos gêneros disponíveis, bem como o combate à ação de intermediários. Esses e outros atributos legais, relativos ao funcionamento das atividades econômicas nos seus mais diferentes ramos, passaram a ser decodificados, por expressivos estratos sociais, como uma presença anômala e ilegítima do Estado nas relações econômicas e cotidianas. Em verdade, as críticas procediam, pois as câmaras agiam como "autarquias econômicas", conforme qualificam-nas Nuno Gonçalo Monteiro, condicionando toda

---

Económicas da Real Academia..., tomo 5, p. 194-195. *Apud*: Joaquim Romero Magalhães, "As estruturas sociais de enquadramento...", p. 27.

18   Joaquim Romero Magalhães, "As estruturas sociais de enquadramento...", p. 28.

19   Sobre a questão da reforma do Estado à luz de novos paradigmas, vide: António Manuel Hespanha, "Lei e justiça: história e prospectiva de um paradigma", In: António Manuel Hespanha (org.), *Justiça e litigiosidade: história e prospectiva*. Lisboa: Fundação Calouste Gulbenkian, 1993, p. 5-58.

20   Joaquim Romero Magalhães, "As estruturas sociais de enquadramento...", p. 28.

a vida econômica, e não apenas a circulação e o consumo. Contrapunham-se ao livre comércio e às interferências dos interesses individuais e grupais, tornando-se, assim, um dos principais símbolos de instituição do Antigo Regime e objeto privilegiado de críticas e contestações de teóricos e pensadores reformistas e liberais da Academia das Ciências de Lisboa.[21]

Esse mesmo pensamento robustecia-se, pouco a pouco, na América portuguesa, e viria a se manifestar de diversas formas.[22] Na Bahia, do ponto de vista político-social, a sedição de 1798 não deixa dúvidas sobre a influência que a Revolução Francesa tivera entre os diversos líderes e inspiradores, inclusive entre aqueles cujos interesses não se limitavam à simples reforma da ordem econômica estabelecida[23]. No plano econômico, as reflexões acerca da função do mercado e a propagação do ideário liberal livre-cambista levaram a contraposições ao papel regulador da Câmara de Salvador, de que o constante no documento citado foi um dos muitos exemplos reveladores.[24] Por aqui, também se manifestaram, entre intelectuais e autoridades, dúvidas e críticas à grande influência e ao controle camarários sobre o mercado das trocas e seus agentes. Em 1807, o desembargador João Rodrigues de Brito e outras personalidades influentes e respeitadas na cidade, solicitados pela Câmara para realizarem diagnóstico sobre o

---

21 Nuno Gonçalo Monteiro, "O espaço político e social local", In. César de Oliveira (dir.), *História dos municípios...*, p. 127.

22 Sobre a disseminação dos fundamentos de economia política no Brasil, confira: António Almodovar, "Processos de difusão e institucionalização da economia política no Brasil", In: José Luís Cardoso (coord.), *A economia política e os dilemas do Império luso-brasileiro (1790-1822)*. Lisboa: Comissão Nacional para os Descobrimentos Portugueses, 2001, p. 111-148; António Penalves Rocha, "A economia política na desagregação do Império português", In: José Luís Cardoso (coord.), *A economia política e os dilemas...*, p. 149-197.

23 Sobre a sedição de 1798, vide: Affonso Ruy, *A primeira revolução social brasileira, 1798*. Salvador: Tipografia Beneditina, 1951; Luís Henrique Dias Tavares, *História da sedição intentada na Bahia em 1798 (A Conspiração dos Alfaiates)*. São Paulo: Pioneira; Brasília: MEC, 1975; Istvan Jancsó, *Na Bahia contra o Império, história do ensaio de sedição de 1798*. São Paulo: Hucitec; Salvador: Edufba, 1996. Especificamente sobre a presença francesa no movimento sedicioso, consulte-se: Kátia M. de Queirós Mattoso, *Presença francesa no movimento democrático de 1798*. Salvador: Editora Itapuã, 1969; Istvan Jancsó, "Contrabando e ideias", In: Carlos Vasconcelos Domingues *et al.* (orgs.), *Animai-vos, povo bahiense: a Conspiração dos Alfaiates*. Salvador: Omar G. Editora, 1999, p. 59-67.

24 Vide documento referente à solicitação dos taberneiros à Câmara para que lhes fosse facultado não submeterem suas mercadorias à almotaçaria, nem seus pesos e balanças à aferição. APEB, *Cartas do Senado a Sua Majestade, 1742-1822*, fls. 161-164v.

estado da agricultura e do comércio na capitania, não se furtaram a tecer suas opiniões sobre esta matéria.[25] Abordaram questões antigas que se deflagraram nas últimas décadas do Setecentos, mas cujo desfecho se arrastaria pelos trinta primeiros anos do século XIX, e que reafirmavam o ônus da legislação econômica local, consubstanciada nas posturas e aplicada pela municipalidade.[26]

Nenhum aspecto das posturas lhes escapou e a cada referência a uma obrigação imposta seguia-se exposição contrária e direcionada a reafirmar os princípios da liberdade, facilidades e técnica como únicos elementos capazes de promover o progresso da agricultura e do comércio na capitania. Para eles,

> [...] todas as vezes em que a administração pública se intromete a prescrever aos cidadãos o emprego que eles hão de fazer de suas terras, braços e capitais, ela desarranja o equilíbrio e natural distribuição daqueles agentes da produção das riquezas, cujo uso ninguém pode melhor dirigir que o próprio dono, que é nisso o mais interessado [...].[27]

Portanto, a regulamentação e controle exercidos pela Câmara sobre os mais amplos *fazeres econômicos* configuravam-se, na opinião dessas personalidades, em "coações regulamentarias que só causam gravames", sendo que a solução para a maioria das matérias de que tratavam as posturas não poderia ser outra senão a "liberdade do comércio".[28] Assim, como os acadêmicos da Academia das Ciências de Lisboa, amparavam-se no pensamento econômico do liberalismo, já em consolidação, para, localmente, exporem, com propriedade, os mecanismos e as nuanças do mercado e defenderem a lei da oferta e da procura como única capaz de restabelecer os fluxos normais do abastecimento, atribuindo à irregularidade no provimento de gêneros de primeira necessidade o principal motivo das queixas e insurgências da população.[29] Comungavam, nesse sentido, com os mesmos sentimentos e opiniões de liberais reformistas do reino, para quem era

---

25 As crises de abastecimento por que passava a cidade naquele momento motivaram a Câmara a encomendar tal estudo.

26 Cf. João Rodrigues de Brito *et al.*, *Cartas econômico-políticas sobre a agricultura e comércio da Bahia*. Lisboa: Imprensa Nacional, 1821.

27 *Idem, ibidem,* p. 30.

28 *Idem, ibidem,* p. 35.

29 Em tal preleção citaram João Batista Say, *Tratado de economia política*; Simonde, *Riqueza commercial*; Young, *Arithmética política*; e Smith, *Riqueza das nações*. Cf. João

> [...] a concorrência dos vendedores [...], e a abundância que dela
> resulta[va], quem regula[va], e faz[ia] descer os preços; o medo
> das taxas e das consequentes condenações quem os faz[ia] levan-
> tar, afugentando os vendedores, e produzindo a escassez; que o
> alto preço [era] o mais forte atractivo das mercadorias, e desc[ia]
> sempre ao racionável, uma vez conseguida a abundância, sendo
> esta a verdadeira taxa estabelecida pela natureza das coisas, ao
> mesmo tempo que aquelas, que prov[inham] de um acto de au-
> toridade, raras vezes deixavam de produzir um efeito contrário, e
> [eram] sempre ou inúteis, ou injustas.[30]

Em termos históricos, esses discursos prenunciavam não apenas a crise do
Antigo Regime, em seus *modus operandi*, como o enfraquecimento dos fundamentos filosóficos e socioeconômicos que lhe davam sustentação ideológica. Também
continham elementos que anunciavam a necessidade de uma nova ordem. Uma
ordem liberal, cujos princípios do direito universal e de liberdade de comércio não
se compatibilizavam com os privilégios de grupos sociais ainda presentes no Estado
do Antigo Regime.

Agora, questionavam-se não apenas o protecionismo e as barreiras econômicas, mas tudo o que, no âmbito da administração municipal, se pautava pela observância dos usos e costumes tradicionais, como os critérios de habilitação aos cargos
camarários, por exemplo. A condição de *nobre*, antes exigida para a assunção do
ofício de vereador deveria ser substituída pela de *cidadão atuante*, conquistada por
outras faculdades que não a de nascimento ou mercê régia.[31] Ao ser interpelado
nesse aspecto pela Câmara de Salvador, o desembargador João Rodrigues de Brito
não hesitou em dizer que, na sua opinião, tanto os eleitores quanto os elegíveis para
os postos municipais

> [...] deveriam, por lei, prescrever-se aos graus de instrução,
> independência e moralidade [...], e não se admitir a votar [e
> ser votado] quem não tivesse alguma propriedade, e ao menos
> o primeiro grau de instrução, consistente em saber ler, escre-
> ver, e contar [...], regulamentos que conduziriam os cidadãos

Rodrigues de Brito, *et al.*, *Cartas económico-políticas...*, p. 29-30.

30 José Acúrsio das Neves, *Variedades sobre objectos relativos às artes, comércio, manufacturas, consideradas segundo os princípios da economia política*, Lisboa, 1814-1817, vol. 2,
p. 403. *Apud.*: Luís Vidigal, *O municipalismo...*, p. 71.

31 Joaquim Romero Magalhães, "As estruturas sociais de enquadramento...", p. 30.

a se instruírem, e respeitarem os princípios da justiça natural, cuja praxe é o caminho mais seguro, que eleva as Nações à opulência, e à felicidade.[32]

Entretanto, o sentido subjacente nas formulações desses discursos expressava os conflitos e tensões no interior de uma sociedade que começava a experimentar novos rumos e metamorfoses. No fundo, tais representações intentavam a adequação da sociedade portuguesa do Antigo Regime ao modelo liberal nascente, mas que implicasse apenas em reformas na gestão do Estado, como, aliás, foi nessa direção que se pautaram as primeiras reivindicações dirigidas à Câmara de Salvador.

Por todo o Império, o clima de reações e críticas à política camarária em diversos níveis e, sobretudo, em relação ao *governo econômico*, fez-se presente.[33] A Câmara de Salvador teve nas manifestações de diversos agentes econômicos, conforme mencionado, os indicativos de que o seu papel proeminente sobre a vida econômica como um todo já não tinha mais lugar. Entretanto, tradição, costume e instituições arraigadas não se transformam de uma hora para outra. As práticas seculares da Câmara só lentamente foram sendo modificadas, não obstante os clamores de grupos socioprofissionais e de uma nascente elite ilustrada.[34]

É a partir de tal perspectiva que se faz importante abordar e discutir os instrumentos e as práticas de organização e controle da vida econômica local, ao longo do século XVIII, que fizeram com que as câmaras em geral, e de maneira específica,

---

32 João Rodrigues de Brito *et al.*, *Cartas econômico-políticas...*, p. 56.

33 Joaquim Romero Magalhães, "As estruturas sociais...

34 Em 1760, a Câmara de Salvador, por Ordem Régia de sete de julho, deixou de tabelar os produtos da Companhia da Agricultura das Vinhas do Alto Douro. Em 1765, um Alvará Régio aboliu as taxas dos gêneros comestíveis em Lisboa, podendo estes a partir de então ser comercializados livremente. Na Bahia, inúmeras foram as solicitações dos comerciantes para que este Alvará fosse estendido à cidade de Salvador. Porém, apesar de diversas vezes a Câmara ter permitido a liberdade de preços de alguns produtos essenciais, só em 1799 foi-lhe exigido o cumprimento do regimento de 21 de fevereiro de 1765, aplicado em Lisboa. Ainda assim, muitos dos entraves ao livre comércio persistiram, como a determinação de pesos e medidas específicas e a sua afilação entre outras. A abolição total das taxas de almotaçaria só foi decretada pela lei de 17 de setembro de 1821. Todavia, até pouco depois da Independência, em momentos críticos, o tabelamento de certos produtos continuou a ser praticado, sempre com a justificativa de "preservação dos povos e garantia do abastecimento". Cf. APEB, *Cartas do Senado a Sua Majestade, 1742-1822*, fls. 161-163; João Rodrigues de Brito, *op. cit.*, p. 112; BNRJ, Seção de manuscritos, *Carta da Câmara da Bahia ao Rei*, 1801, II, 33,24,40; II, 31, 28, 70.

AVANETE PEREIRA SOUSA

a de Salvador, se tornassem o primeiro alvo das reações e censuras do pensamento liberal no início do século XIX.

Instrumentos e práticas de controle das atividades econômicas

A ampla bibliografia que se debruça sobre a história econômica moderna é bastante uniforme quando examina o papel do Estado na dinâmica e nos fluxos macroeconômicos. Denominado de período de transição, ou época mercantilista, os séculos XV a XVIII presenciaram a montagem de um sistema de regulamentação no qual a esfera pública estatal se projetou como um verdadeiro agente promotor e catalisador de processos produtivos, comerciais e financeiros, remodelando e redirecionando economias nacionais e internacionais.

Essa intervenção se fazia através de vários ordenamentos e práticas, jurídico-institucionais, abarcando aspectos como a fixação de monopólios, a exploração e o controle da produção de metais preciosos, a formação de estruturas marítmo-mercantil, a pilhagem e as guerras, o controle e disciplinamento da força de trabalho, entre outras modalidades de ação estatal. Ademais, o estatismo econômico estendia-se para muitas outras dimensões da vida econômica, atingindo mesmo o cotidiano dos diversos sujeitos sociais, desde que tenhamos em conta que o Estado não se restringia apenas aos aparelhos centralizadores da monarquia absolutista.

Na verdade, a lógica e a racionalidade do Estado monárquico prolongavam-se para o conjunto de instituições e espaços locais que reproduziam, em maior ou menor grau os ditames gerais do poder central. Nessa condição encontravam-se as câmaras.

As posturas municipais

A ação sobre as atividades econômicas constituía-se, como temos visto, em um dos mais importantes domínios do poder municipal e as posturas o principal instrumento de sua regulamentação.

As posturas afirmavam as diferenças locais e a prerrogativa dos concelhos de elaborarem suas próprias leis. Previstas nas Ordenações do Reino, não emanavam diretamente do rei, mas eram por ele autorizadas e feitas em acordo com o regimento camarário. Não podiam ser revogadas nem pelos Corregedores das comarcas, nem pelas Relações ou por qualquer outra autoridade régia e delas só cabia recurso diretamente à coroa. De lei geral e régia nos séculos XIII e XIV, as posturas tornaram-se sinônimo dos costumes e práticas de cada território e se integraram na hierarquia das disposições legislativas que regulamentavam um conjunto de relações sociais e diversos aspectos da vida cotidiana das localidades subordinadas à circunscrição de uma determinada câmara.[35]

Nas posturas concentrava-se quase toda a legislação econômica referente à cidade e sua circunscrição territorial. A faculdade de fazer este tipo de lei era uma das mais importantes prerrogativas das câmaras, visto que esta incidia diretamente sobre questões fundamentais da vida das comunidades, indicando o grau de autonomia do direito local face ao direito geral do reino.[36]

Para os séculos XVII e XVIII existem, no Arquivo Municipal de Salvador, três livros de códigos de posturas datados de 1696, 1716-1742 e 1650-1787. Esta última coleção arrola posturas inéditas e outras que sofreram modificações em diversos momentos. Constitui-se ainda numa espécie de repositório de posturas que datam de 1631, além de registrar as alterações ocorridas nos códigos anteriores.

Ao que parece, não houve, nesse período, revogação total de conjuntos de posturas anteriormente constituídos e sim reedições integrais de algumas delas, emendas de outras tantas e edição de novas.

No decorrer do século XVIII, vigorou a totalidade das posturas promulgadas entre 1696[37] e 1787, acrescidas e devidamente reelaboradas em 1709, 1710, 1716, 1726, 1742 e 1785.

As sucessivas reedições, emendas, reformas e a introdução promulgação de novas normas de controle sobre os mais diversos processos da vida social parecem sinalizar para certo dinamismo na função legal fiscalizadora da Câmara, embora essas intervenções ora persistissem em manter, ora em retirar, uma série de exigências relativas às condutas e regras dos comportamentos cotidianos, anteriormente, estabelecidas.

A promulgação de novas posturas, parciais ou integrais, seguia sempre o mesmo ritual. A Câmara convocava "na forma de lei os *homens bons da governança*, a nobreza e o povo da cidade" que, junto com seus oficiais, juiz, vereadores e procurador, se encarregavam de tal atribuição.[38] A presença do ouvidor geral da comarca era

---

35   Cf. Luís Vidigal, *O municipalismo em Portugal...*, p. 52-53.

36   Cf. António Manuel Hespanha, *Ás vésperas...* p. 448-492.

37   Que, por sua vez, trazia reedições de posturas de 1631, algumas delas reformadas em 1643, 1650, 1655 e 1672.

38   AMS, *Posturas, 1650-1787*, fl.116.

recomendação régia, mas sua ausência não inviabilizava o processo. Com o passar do tempo, a estas autoridades agregou-se a figura do síndico do Senado, cuja qualificação jurídica imprimia à legislação municipal a credibilidade necessária ao seu bom e satisfatório cumprimento. Uma vez aprovados em reunião camarária, especificamente destinada a essa finalidade, divulgavam-se os novos preceitos normativos pelas ruas e praças da cidade e seu termo, de modo que se tornassem conhecidos por toda a população, evitando, assim, "escusas frívolas quando da inobservância das mesmas".[39]

Zelar pelo cumprimento da legislação local constituía-se em uma das mais difíceis tarefas destinadas aos vereadores, sobretudo porque lhes faltavam condições adequadas para a sua devida execução.[40] Entretanto, a deficiência da máquina administrativa não era privativa do poder municipal. No geral, carecia ao Estado português infraestrutura e meios institucionais que satisfizessem demandas básicas para o seu efetivo funcionamento. Daí as características patrimoniais, ressaltadas por Faoro,[41] assumidas pela esfera estatal ao longo, mas não só, do período colonial, decorrentes do nível e grau de dependência de mecanismos e práticas diretamente subordinadas a setores sociais privados, cada vez mais necessários à administração pública.

Todavia, mesmo com uma burocracia limitada, a Câmara contava com um *staff* composto de funcionários especializados e agentes que se dedicavam ao exercício das funções públicas fiscalizatórias. O desafio residia no antagonismo entre se procurar conciliar a necessidade de subordinação da população local às leis municipais, posto serem as posturas o mais importante instrumento de poder camarário, e se promover a exploração do potencial arrecadatório contido na infringência dessa mesma codificação da vida cotidiana.

As posturas de Salvador abarcavam os mais importantes setores da vida econômica da cidade e seu termo: agricultura, comércio e produção artesanal. Entretanto, a maior parte delas incidia, diretamente, sobre a atividade comercial, confirmando a tão propalada vocação mercantil de Salvador e indicando as bases de sua manifestação cotidiana.

---

39   AMS, *Atas da Câmara,1690-1700*, fl. 234.

40   Eram os almotacés e os próprios vereadores, praticamente, os únicos encarregados de tal tarefa.

41   Cf. Raimundo Faoro, *Os donos do poder: formação do patronato político brasileiro*. Porto Alegre: Globo; São Paulo: Edusp, 1975, vol. 1. Sobre esse assunto ver, especificamente, o capítulo 6.

As posturas relativas às atividades agrícolas e produtivas

Sabe-se que a principal atividade agrícola da capitania da Bahia, no período colonial, concentrava-se no cultivo da cana de açúcar, gênero de maior demanda externa. O Recôncavo era o grande centro produtor, visto possuir condições naturais propícias à fabricação desse produto e situar-se em posição geopolítica estratégica, tanto em relação ao mercado regional quanto às rotas internacionais.

A cultura da cana na Bahia, desde os primórdios da ocupação portuguesa, sempre mereceu do Estado português cuidados específicos que abarcavam investimentos, facilidades e liberdades que pudessem impulsionar a produção. Ações dessa natureza foram, num primeiro momento, fundamentais para a consolidação do setor produtivo dessa cultura, pois fizeram com que a maior parte das terras férteis fossem destinadas ao cultivo da cana. À mesma sistemática estiveram submetidas, à medida que ganhavam espaço no mercado internacional, outras mercadorias, como o tabaco, o algodão e o couro. Dessa forma, pode-se dizer que a economia baiana assentou-se numa base monocultora que, ao tempo em que era importante fator de acumulação de capitais – garantindo máxima lucratividade ao Estado português e aos agentes econômicos nela inseridos, a partir de redes comerciais entre colônia-metrópole e no interior da própria colônia –, dificultava a cultura de produtos destinados ao abastecimento da população local, especialmente daquela circunscrita às áreas urbanas. A criação de vilas e o crescimento demográfico, verificado ao longo do século XVIII, só agravaram a situação.

Como se sabe, as práticas econômicas coloniais, no período moderno, quando vigorou o sistema mercantilista, se processavam sob rigoroso controle metropolitano, que envolvia inúmeros mecanismos e institutos definidores dos sistemas de produção e de comercialização dos principais bens de troca. Esses instrumentos, de natureza variada, se referiam, sobretudo, à disciplinarização e supervisão da dinâmica estrutural ou macroeconômica e eram prerrogativa do poder régio prescrevê-los, determinando-lhe, também, o grau de efetividade e eficácia.

Todavia, a prática reguladora do Estado não se restringia à macroestrutura, sendo necessárias intervenções localizadas para que mecanismos complementares pudessem ser acionados, articulando os diversos níveis da racionalidade econômica pressuposta pelo poder central. Dito de outra forma, a eficácia e a eficiência do sistema colonial requeria que, em âmbito local, os braços do Estado exercessem, também, papel controlador e disciplinador sobre aquelas dimensões e atividades que eram significativas para a reprodução sistêmica. Era, justamente, nesse particular que se dava a mediação camarária.

Em geral, a intervenção da Câmara ocorria enquanto instância estimuladora, supervisora e disciplinadora de práticas que garantissem a manutenção e reprodução da lógica econômica geral. Por isso, muitas vezes procurava agir, direta e indiretamente, sobre o sistema econômico-produtivo como um todo, particularmente, nas condições de reprodução da força de trabalho e de comercialização de produtos de consumo local, quer os provindos do exterior, quer aqueles oriundos das cercanias do Recôncavo e mesmo de outras regiões da colônia.

Nessa perspectiva, a Câmara reservava-se o direito de estabelecer, no âmbito da cidade e seu termo, medidas que, de certa forma, fossem de encontro ou, pelo menos, travassem a ação de senhores de terras e lavradores, tentados a direcionar toda a terra disponível ao cultivo de gêneros exportáveis. Com esse objetivo, a pioneira e mais importante postura promulgada pela municiplidade incorria, indistintamente, sobre todo tipo de agricultor, decerto como forma de atingir, principalmente, os que se dedicavam à plantação de cana e tabaco. A documentação consultada deixa transparecer a precocidade da legislação, aprovada em 1631 e reeditada com adendos em 1710, que exigia de "todo morador do termo da cidade, lavrador de qualquer fruto da terra que plantasse todos os anos quinhentas covas de mandioca por escravo".[42] À mesma imposição foram, pouco depois, submetidos os donos de embarcações envolvidos com o tráfico de escravos da Costa da Mina. Para estes, a ordem expressa era a de que, do carregamento de negros trazidos da África, se reservasse a quantidade necessária para

> [...] o plantio dos mantimentos de que as ditas embarcações careci[am] todos os anos para a ida e volta, por não ser justo que se tir[asse] da boca da pobreza [...] para sustento da escravaria que por culpa de seus senhorios não trabalha[va] para seu sustento [...].[43]

A fome e a miséria por que passava o povo da cidade naquele momento eram atribuídas, pelos vereadores, à grande quantidade de mercadorias da terra, sobretudo da farinha, destinadas anualmente ao comércio negreiro. A situação agravava-se à medida que a exploração da mão de obra escrava africana ia se consolidando e se ampliando para todos os setores produtivos. As leis municipais, entretanto, procuravam acompanhar o crescimento da demanda interna e o incremento do tráfico, fazen-

---

42 AMS, *Posturas, 1650-1787*, fl. 46.

43 AMS, *Posturas, 1650-1787*, fl. 48.

do-se cada vez mais rígidas e incisivas. Já não era suficiente requerer o plantio dos mantimentos, mas fazer com que essa determinação fosse efetivamente cumprida.

No código de posturas de 1716-1742 apareceu registrada a decisão dos vereadores de obrigar os donos de embarcações a, além de cultivar mantimentos para a sua viagem, lançarem

> [...] em livro particular no qual assinará um dos vereadores do Senado da Câmara com o escrivão dela e o senhorio da embarcação declarando de quem é a terra e em que termo e vila fica, com quais vizinhos confronta, quantos alqueires necessita para a navegação e quantos escravos trabalham na dita roça [44]

Aos comerciantes de escravos que, por qualquer motivo, não tivessem condições de cumprir o previsto nessa postura, que estipulava o prazo de seis meses para se iniciar uma roça, outra norma complementava as antigas facultando àqueles homens de negócios mandarem

> [...] buscar farinha e outros produtos na capitania de Porto Seguro e portos de capitanias vizinhas, deixando livres as farinhas de Ilhéus para esta parte para provimento do povo desta cidade por se achar hoje muito crescido a fim de se diminuir a falta deste mantimento e o excessivo preço.[45]

As posturas camarárias procuravam adaptar-se às seguidas orientações reais sobre o abastecimento de farinha na cidade. Um alvará de 1688, por exemplo, reafirmara a necessidade de "que todos os moradores do Recôncavo da cidade da Bahia, dez léguas ao redor dela, plantassem mandioca" à proporção de escravos que possuíssem. Indicara também que era sobre "os que lavram por engenho as canas e os que plantam tabaco" que deveria recair particularmente esta determinação.[46] Do mesmo modo, o alvará régio de 1700, que ampliava o de 1688, fruto das insistentes queixas da Câmara em torno da questão do abastecimento de farinha, deve ter sido o motivador das inúmeras reformas das leis municipais verificadas nos primeiros anos do século XVIII. Nele, o rei promulgava um conjunto de medidas que implicava em:

---

44 AMS, *Posturas, 1716-1742*, fl. 67v.

45 AMS, *Posturas, 1650-1787*, fl. 108.

46 AHU, Bahia-Catálogo Castro e Almeida, doc. 1351.

206 AVANETE PEREIRA SOUSA

• obrigar a plantar mandioca, não apenas os moradores cir-
cunscritos no âmbito de 10 léguas ao redor da Baía de todos os
santos mas em toda parte onde chegar a maré, correndo as 10
ditas léguas da margem dos rios pela terra adentro;
• proibir de plantar cana quem tivesse menos de seis
escravos;
• proibir as três capitanias do Camamu e também os lugares mais próximos à capital como "Maragogipe, Saubara,
Campinhos e Capanema de investirem na criação de gado,
e tão somente no plantio da mandioca, tendo-o apenas para
serviços;
• obrigar os homens de negócio que comerciam com sumacas
pela Costa da Mina a, tendo sítios, plantarem mandioca suficiente para o mantimento da viagem;
• penalizar com 30 dias de cadeia e 20 mil réis de multa os que
descumprissem este Alvará.[47]

Além de incluir nos códigos de postura artigos condizentes com tais orientações, de sua parte, a Câmara tomou ainda outra iniciativa: proibiu que os navios que atracassem no porto para desembarcar mercadorias, ou por outro motivo,
carregassem mantimentos da terra, sobretudo farinha. Em 1712 essa proibição foi
transformada em portaria e, depois, em postura, cuja transgressão implicava em
pena de seis mil réis e trinta dias de cadeia.[48] Ademais, os lancheiros condutores/
comerciantes de farinha no porto da cidade não estavam autorizados a venderem
às embarcações que iam para a África. Proibição que em momentos de crise de
abastecimento estendia-se a diversos outros cereais e às embarcações de qualquer
capitania no interior da colônia.[49]

A posição dos comerciantes de escravos diante das posturas camarárias que
lhes diziam respeito não foi sempre de acatamento. Ao contrário, em 1728, inconfor-
mados em verem a Câmara imiscuir-se de forma obstinada em tão lucrativa atividade, a ponto de dificultar a sua plena realização, solicitaram ao rei, D. João V, através
do desembargador da Superintendência do Tabaco, Xavier Lopes Vitela, que orde-
nasse ao "Senado da Câmara que não se intrometesse no particular das farinhas

---

47 AHU, Bahia-Catálogo Castro e Almeida, doc. 1351.

48 AMS, *Portarias, 1710-1725*, fls. 20v.

49 AMS, *Atas da Câmara, 1709-1718*, fl. 128; *1731-1750*, fl. 64. AHU_ACL_CU_005, CX. 19,
D.1678 (Carta do vice-rei, Vasco Fernandes César de Menezes, ao governador do Rio
de Janeiro, Aires de Saldanha de Albuquerque, Bahia, 11 de abril de 1724).

com as embarcações".[50] Na carta, a Câmara era acusada de abusar das ordens reais ao obrigar os senhores dos navios que navegavam para a Costa da Mina a terem suas próprias roças de mandioca. Também era enfatizada a incompatibilidade em se exercer as duas atividades simultaneamente,[51] bem como lembrado o alto valor dos impostos recolhidos à Fazenda Real com o tráfico negreiro e a importância do trabalho escravo "nos engenhos, nas fazendas de tabaco, na lavoura da farinha e, principalmente, na extração do ouro das minas".[52] Reiteradas solicitações foram feitas em 1730 e 1731 pelos próprios comerciantes e por seus representantes, mas as respostas a todas elas vieram no sentido de reafirmar as leis camarárias sobre a matéria em pauta.[53]

A constante revisão das determinações municipais referentes à produção de gêneros de primeira necessidade, sobretudo da farinha, revela as tentativas da municipalidade em potencializar a eficácia das legislações local e real face a grupos sociais que persistiam em se manter alheios à problemática relativa às estratégias de sobrevivência e de reprodução interna da população às quais competia à Câmara desincumbir-se.

Ainda como forma de estímulo à promoção dos meios legais-institucionais, capazes de reforçar e tornar eficazes os mecanismos de abastecimento e de provisão das necessidades básicas da sociedade local, as posturas também circunscreviam pré-condições que, de alguma forma, pudessem interferir nos fatores econômico-produtivos. Nessa perspectiva, a proteção e o fomento dos recursos naturais tornaram-se questões que as posturas municipais, enquanto instrumento camarário de intervenção reguladora de matérias concernentes ao *governo econômico* local, não deixaram de contemplar. Seguiram-se assim, nas diversas posturas decretadas, principalmente a partir do século XVIII, itens relativos à preservação de rios, mares e florestas, como forma de prevenir os prejuízos que o crescimento desordenado da cultura canavieira, contraditoriamente, posto representar o alicerce econômico da sociedade colonial, causava à natureza e, consequentemente, aos que dela sobreviviam.

---

50   APEB, *Ordens Régias,1723-1728,* vol. 22, doc. 81b.

51   A esta alegação a Câmara respondeu não saber onde residia a incompatibilidade mencionada, visto serem as roças de mandioca administradas por feitores, e "tendo os donos das ditas embarcações valor para arriscarem em cada uma quarenta e cinquenta mil cruzados à disposição de um mestre que vai a fazer o negócio", como não poderiam por "em uma roça trinta ou quarenta escravos" para trabalhar na produção de farinha? Cf. APEB, *Ordens Régias, 1730-1732,* vol. 27, doc. 112a.

52   AHU_ACL_ CU_ 005, cx. 42, D. 3767.

53   *Idem, ibidem,* APEB. *Ordens Régias,1730-1732,* vol. 27, docs. 112, 112a e 112b.

Não por acaso, exclusivamente aos senhores de engenho e aos lavradores de cana do termo da cidade se direcionava a maioria das disposições normativas referentes a esta temática. Uma delas orientava-os a observar

> [...] o dano que fazem a este povo em mandar botar bagaço de cana no mar e nos rios de que procedem a extinção dos mariscos e impedindo a pescaria que se faz à beira da fronteira e da terra dos mangues; antes serão obrigados a mandar botar fogo ao dito bagaço e o que assim não fizer incorrerá em pena de seis mil réis.[54]

Uma outra os impedia de retirar casca do mangue, geralmente usada como combustível, e os autorizava a cortar somente as árvores necessárias e próprias à utilização nos engenhos e serviços domésticos, resguardando as frutíferas e ornamentais.[55] Ordenava, ainda, a preservação das florestas próximas à zona urbana, destinadas à prática da caça, ao tempo em que regulamentava e punha preço à madeira de lei, comercializada dentro e fora da cidade.[56] Aos pescadores proibia-se o uso de redes miúdas, bem como a pescaria de certos tipos de peixe em períodos específicos, sob pena de pagar multa e de ter "a rede e embarcação apreendidas e queimadas, além de ser preso trinta dias na enxovia da cadeia pública da cidade".[57] Aos pescadores de Itapagipe, de modo especial, permitia-se comercializar o fruto de seu trabalho sem licença prévia da municipalidade.[58]

---

54   AMS, *Posturas, 1696*, fl. 28.

55   Esta postura baseava-se, certamente, no código de posturas de Lisboa, anteriormente citado, que previa severas penas para este tipo de procedimento, principalmente se a madeira utilizada para lenha fosse de vinhas e oliveiras. Cf. Câmara Municipal de Lisboa, *Livro das posturas antigas,*[s.n.t.], 1974, p. 250.

56   *Idem, ibidem*, sn/fls.

57   AMS, *Posturas, 1716-1742*, fl. 88. Em setembro de 1779, o Senado da Câmara de Salvador penalizou diversos pescadores de Itapagipe, ao constatar que os mesmos "em lugar de pescar com redes com bitolas determinadas pelas câmara o fazem pelo contrário", usando "redes de arrasto com as quais pescam os mais pequenos peixes pelo que causam prejuízo". Cf. AMS, *Atas da Câmara, 1776-1787,* fl. 71.

58   Fundação Gregório de Matos, *Repertório de fontes sobre a escravidão existente no Arquivo Municipal de Salvador: as posturas (1631-1889)*. Salvador: Prefeitura Municipal, 1988, p. 41.

A BAHIA NO SÉCULO XVIII   209

Voltando à questão da lavoura de subsistência, além das medidas já citadas, a Câmara reservava-lhe tratamento distinto no sentido de incrementar a oferta de mantimentos e evitar que aos entraves estruturais, inerentes à sua condição de cultura intermediária e complementar, se juntassem outros de natureza menos complexa e de fácil enquadramento e solução. Assim, enquanto todos os produtos comercializados na cidade, em vendas ou através de trabalhadores ambulantes, estavam sujeitos à almotaçaria, aos lavradores concedia-se o direito de venderem livremente os seus gêneros, em suas propriedades ou no porto de Salvador. A única condição requerida era a de que se fornecessem primeiramente ao consumidor direto, e, só depois, aos donos de casas comerciais e vendedores ambulantes.[59] O mesmo valia para a comercialização de frutas e verduras. As vendidas na fazenda deviam ser ajustadas com as partes e as negociadas na cidade obedecer a preços pré-fixados.[60]

Em relação à pecuária, diversas posturas estabeleciam normas para a criação de gado vacum, delimitando as zonas permitidas e impedindo o seu acesso a terrenos cultivados na área da cidade e de seu termo.[61] Medidas semelhantes adotaram várias câmaras do Recôncavo. Em 1776, uma ação do ouvidor geral da comarca revogando antigas leis municipais, que proibiam a criação de gado em locais próximos à lavoura de subsistência, gerou protestos dos moradores das freguesias de Campinhos e Rio Fundo, termo da vila de Santo Amaro. Recorrendo ao governador-geral, os habitantes se queixaram dos prejuízos que a não observância das posturas camarárias causavam à lavoura de mandioca, consequentemente ao abastecimento da população local e da própria cidade de Salvador. Carta de idêntico teor foi igualmente enviada, àquele governante, na mesma ocasião, pelos plantadores de mandioca da vila de Maragogipe.[62] Tratava-se, como observou Braudel no caso do provimento de Paris, de resguardar as áreas de abastecimento direto da cidade, permitindo aos pequenos lavradores o tranquilo exercício de sua atividade.[63]

---

59 AMS, *Posturas, 1650-1787*, fl. 43v.

60 Na cidade, esses produtos eram comercializados em medidas de quarteirão, ou seja, a quarta parte de cem (25) ou por unidade e pagos em moedas de vintém, tostão e réis. *Idem, ibidem*, fls. 111, 135.

61 AHU_CL_CU_005, cx. 179, D.13377.

62 AHU_CL_CU_005, cx. 180, D.13400

63 Fernand Braudel, *Civilização material, economia e capitalismo*. São Paulo: Martins Fontes, 1998, vol. 2, p. 24.

210 AVANETE PEREIRA SOUSA

Assim, pelas normas da Câmara de Salvador, do Rio Vermelho até a divisa com os muros da cidade, não se permitia qualquer atividade pecuária. No restante do termo, a objeção valia somente se fosse em locais próximos às roças.[64] A exemplo de Lisboa, no que dizia respeito ao cultivo das vinhas, oliveiras, hortas e pomares, também na Bahia, em relação ao plantio de frutos e grãos, sobretudo da mandioca, exigia-se que o gado fosse mantido bem distante das áreas produtoras.[65]

As posturas relativas às atividades comerciais

Ao longo dos séculos XVII-XVIII, a vocação mercantil de Salvador consolidara-se. De sede político-administrativa passara também a principal porto da América portuguesa, tornando-se um centro intermediador vital para a distribuição de mercadorias em nível internacional, intracolonial e local, no contexto do chamado pacto colonial.[66] A relação com o mercado externo dava-se através da metrópole, mediante a exportação de matérias primas, nomeadamente agrícolas, e a importação de produtos manufaturados e alimentícios. Essa era a vocação e o papel estratégico de Salvador, seguindo a lógica da divisão internacional do trabalho: um entreposto comercial essencial à política mercantilista.

No âmbito da colônia, as mercadorias importadas, do exterior e de outras capitanias, eram redistribuídas para as demais capitanias e para o interior da própria capitania da Bahia. Este fluxo comercial se fazia, primeiramente, pela via marítima, único meio de transporte que permitia atingir cidades e vilas litorâneas centrais, situadas ao longo da Costa, no Recôncavo e ao Sul da Bahia, de onde vinham os gêneros de subsistência consumidos na capital.

As vias terrestres eram também usadas. Seguindo os rastros das boiadas, transportadas de longínquos sertões para a cidade, as grandes casas comerciais enviavam mercadorias de diversos tipos, através de seus tropeiros e caixeiros, para as vilas, os povoados e lugarejos distantes, e de lá traziam o que se produzia de comercializável e lucrativo.

Integrada ao mercado externo e ao mercado do interior da colônia, Salvador apresentava-se, igualmente, como importante mercado local, voltado para a cidade

---

64 AMS, *Posturas, 1650-1787,* fls. 24, 37, 48.

65 Câmara Municipal de Lisboa, *Livro das posturas antigas,* p. 52-53; AMS, *Posturas, 1696,* fls. 48.

66 Sobre o papel de Salvador no comércio externo e interno, vide cap. 1 deste trabalho. Cf. também: Kátia M. de Queirós Mattoso, *Bahia: a cidade do Salvador e seu mercado no século XIX.* São Paulo: Hucitec; Salvador: Secretaria Municipal de Educação e Cultura, 1978.

A BAHIA NO SÉCULO XVIII   211

e para as freguesias do seu termo. Do ordenamento desse mercado, que girava em torno do consumo de gêneros importados e de produtos de subsistência, oriundos de diferentes lugares da capitania e de fora dela, se encarregava a Câmara, responsável pelas medidas legais e administrativas viabilizadoras do abastecimento de uma cidade em cujas adjacências rurais predominavam os cultivos da cana de açúcar e do tabaco e quase nada se produzia em termos de alimentos.

Num tipo de administração em que a Câmara superintendia múltiplas dimensões da vida cotidiana, inclusive a econômica, era também através de posturas que se dava a regulamentação das trocas locais, traduzidas nas relações inerentes à lógica de um mercado em constante evolução. A quantidade de textos normativos, a tal finalidade dedicada, correspondia a mais da metade do total das posturas dos três códigos referidos (Cf. quadro 13). Pela forma minuciosa com que dispunha sobre praticamente todos os aspectos da atividade mercantil, bem como pela persistência com que eram reeditadas e ampliadas a cada reformulação, essas cláusulas regulamentares demonstravam a potencialidade econômica e o dinamismo comerciais de Salvador, conformando um quadro de tensões sociais e interesses divergentes que requeria da municipalidade enérgicas intervenções.[67]

QUADRO 13 – Porcentagem das posturas que incidiam sobre atividades comerciais (Salvador, 1650-1787)

Natureza das Posturas	1650-1787	1696	1716-1742
Comércio ambulante	25%	22%	23%
Comércio de carne	10%	9%	8%
Comércio em lanchas	3%	2%	1%
Comércio em vendas	20%	17%	21%
Arrematações de rendas da câmara	1%	2%	-----
Total	59%	52%	54%

Fonte: AMS, *Posturas, 1650-1787;1696;1716-1742.*

Um dos mais pronunciados instrumentos de poder da administração camarária no concernente à atividade mercantil repousava na prerrogativa de fixar,

---

67   Também em Lisboa e no Porto, principais cidades mercantis do reino, para períodos um pouco diferentes, as posturas regulamentando as atividades comerciais eram maioria. Cf. Câmara Municipal de Lisboa, *Livro das posturas antigas...*; Francisco Ribeiro da Silva, *O Porto e o seu termo (1580-1640): os homens, as instituições e o poder.* Porto: Arquivo Histórico/Câmara Municipal, 1988, vol. 2, p. 900-962.

previamente, o preço de venda ao público de praticamente todos os produtos de subsistência disponíveis no mercado urbano. Esta orientação vinha expressa em postura específica que determinava que tudo que fosse vendido tinha que ser almotaçado.[68] Assim, taxava-se desde a carne e o peixe até as frutas, cereais, hortaliças, legumes e madeira. Nem mesmo produtos da confeitaria e pastelaria portuguesas ficavam de fora, pois deviam ser vendidos por preços estipulados pela Câmara.[69]

Outras posturas referiam-se ao controle da mobilidade espacial dos agentes comerciais, licenciando os lugares de venda de determinados produtos. O deslocar-se do termo da cidade para comercializar produtos em outra localidade tornava-se possível somente mediante autorização camarária. A multa aplicada em caso de infração era significativa, mas correr o risco diante da possibilidade de maiores lucros, às vezes, compensava. As constantes cartas dos moradores ao governo camarário, queixando-se da "sórdida cobiça de certos lavradores e negociantes que, usando de suborno, carregam os víveres para fora da cidade, principalmente a farinha",[70] indicam que muitos preferiam arriscar. No caso dessas ocorrências, a população não perdia a oportunidade de lembrar aos vereadores que a eles competiam "a vigilância sobre os mantimentos e a guarda dos frutos da terra como se achava [...] em muitos lugares da legislação, especialmente no livro 1 tit. 66".[71] Chamava, assim, a Câmara à responsabilidade em manter no âmbito da cidade e de seu termo os gêneros necessários à subsistência.[72]

Não apenas nessas circunstâncias necessitava-se de autorização da edilidade, mas em toda e qualquer situação que envolvesse o exercício da atividade comercial. Exigia-se licença para vendeiros, taberneiros, boticários, oficiais mecânicos, barqueiros e vendedores ambulantes, sendo obrigatória a renovação anual sem o que ficavam proibidos de comercializarem seus produtos.[73]

A maioria dos comerciantes desses segmentos precisava, ainda, expor

---

68   AMS, *Posturas, 1696,* fl. 6; *1716-1742,* fl. 3.

69   AMS, *Posturas, 1650-1787,* fl. 3v.

70   APEB, *Correspondências recebidas pelo Governo- Senado da Câmara da Bahia, 1783-1799,* maços 201-214, doc. 30.

71   *Idem, ibidem.*

72   Essa matéria era objeto de reeditadas portarias, insistentemente apregoadas pela cidade. Cf. AMS, *Portarias, 1710/1725,* fls. 20v, 28, 32ss.

73   AMS, *Posturas, 1650-1787,* fl. 40; *1696,* fl. 32; *1716-1742,* fl.50.

> [...] os escritos de suas licenças, vendas e almotaçarias pendurados na porta em um tabuleta para que o povo as leia e saiba os preços porque deve pagar os gêneros que compram e que não devem ser vendidos por mais altos preços do que os taxados nas suas almotaçarias.[74]

Os vendedores ambulantes, que não tinham como divulgar os preços de suas mercadorias, deviam "trazer consigo as taxas, apresentando-as a todos aqueles que porventura fossem comprar algum mantimento".[75]

Aos consumidores também se impunham algumas normas, como, por exemplo, "não comprar nas embarcações ou em terra superfluamente o mantimento que em sua casa não pode gastar porque há grande queixa de fome [...]".[76]

A justificativa dada para tal imposição era a de que

> [...] os moradores, a título de que o que compram lhes é preciso para suas famílias sendo muitas vezes pelo contrário, por haver mostrado a experiência, gastam em suas casas menos do que parece, e o mais mandam revender com os regatões com lastima da pobreza a quem o excesso deixou queixosa sem que o comovesse da compaixão a necessidade alheia.[77]

Entretanto, por trás de tal impedimento estava também a intenção declarada da Câmara em agir contra a ação de intermediários, fosse de que natureza fosse. O propósito era incentivar a relação direta produtor/consumidor a fim de manter a moderação nos preços dos gêneros de primeira necessidade e garantir a boa qualidade dos artigos correntes. Assim, algumas posturas proibiam às regateiras e aos regatões de atravessarem mantimentos e peixes nas embarcações antes que fossem vendidos diretamente ao povo.[78] Outras, impediam qualquer indivíduo de fazê-lo, ao prescrever que

---

74 AMS, *Posturas, 1696*, fl.47v.

75 AMS, *Posturas, 1696*, fl.47v.

76 Esta postura aparece reeditada em todos os códigos citados. AMS, *Posturas, 1650-1787*, fl. 54v; *1696*, fl. 32; *1716-1742*, fl. 58.

77 AMS, *Posturas, 1650-1787*, fl. 40.

78 AMS, *Posturas, 1696*, fl. 5.

214 AVANETE PEREIRA SOUSA

> [...] nenhuma pessoa de qualquer condição vá a bordo dos barcos, saveiros, canoas, navios, patachos, sumacas que vierem de mar afora atravessar [...] gêneros comestíveis para os revender antes de dez dias da chegada de tal embarcação nem comprem em terra os ditos gêneros no dito tempo.[79]

Por fim, ao próprio barqueiro não era permitido

> [...] vender a horas esquisitas a carga de mantimentos de suas embarcações, por haver queixa de que as ganhadeiras e os regatões os vão de noite buscar para venderem sem licença deste Senado e com detrimento da pobreza por não terem as exorbitantes quantias que os ditos atravessadores lhes pedem pelas tais coisas.[80]

Esse controle do mercado local não era privativo das áreas coloniais, regiões nas quais o Estado se fazia sentir em todos os níveis, com forte presença no sistema produtivo e comercial. Braudel revela que, nesse período, mesmo na Inglaterra, e, por extensão, em quase toda a Europa, onde o incremento das trocas favoreceu o recurso a novos canais de circulação, mais livres e mais diretos, que se contrapunham ao *open market*, isto é, ao mercado público, ainda insuficiente e rigorosamente vigiado, a prática da intermediação comercial, entre o produtor e o grande mercador e entre este e os revendedores, ainda era denunciada como fraudulenta.[81] Exemplificando tal procedimento, Braudel menciona uma correspondência do governo inglês, em 1764, que se referia a situações, na nossa compreensão, idênticas às proibidas nas posturas municipais de Salvador, acima citadas. As autoridades britânicas falavam da excessiva carestia dos gêneros alimentícios, fruto da avidez dos que se antecipavam às feiras e iam ao encontro do camponês para arrebatar-lhe os carregamentos de víveres os quais eram vendidos depois por maior preço.[82]

Em Salvador, às tentativas de direcionamento do mercado urbano para caminhos alheios aos seus domínios, a Câmara respondia com o endurecimento, às vezes em vão, da legislação municipal. Aos comerciantes em geral não fal-

---

79   AMS, *Posturas, 1696*, fl. 25.

80   AMS, *Posturas, 1716-1742*, fl. 94.

81   Fernand Braudel, *Civilização material...* vol. 2, p. 27-35.

82   *Idem, ibidem*, p. 34.

tavam disposições minuciosas quanto à sua prática e aos produtos oferecidos, preconizando condutas como as seguintes:

- Que ninguém vendesse nada que fosse de comer sem ser almotaçado;
- Quem vendesse molhados não podia vender tecidos;
- Quem vendesse vinho não podia vender peixes nem sardinhas;
- Que não se vendesse azeite em botijas mas sim em barris[83].

Em outra dimensão, o poder local tentava proteger e garantir mecanismos favoráveis aos consumidores. Em decorrência, inúmeras posturas obrigavam os comerciantes a venderem exclusivamente por pesos e medidas adequadas aos padrões da cidade, sendo proibido "vender a olho" ou "à enxerga", como se dizia na época. Esses pesos e essas medidas tinham que ser afilados duas vezes ao ano, geralmente nos meses de janeiro e julho, pelo aferidor das medidas do concelho.[84] À utilização de pesos e medidas corretas e afiladas deviam submeter-se todos, inclusive, os que comercializavam peixe. Os "pescadores de rede e saveiro" que, geralmente, vendiam o seu produto no próprio local da pescaria, tinham que utilizar a balança do pescado, mediante pagamento da taxa de 480 réis ao rendeiro que havia arrematado o serviço.[85]

A inobservância de tais determinações implicava penas severas: pela primeira transgressão, 6 mil réis de multa; pela segunda, o mesmo valor e trinta dias de cadeia e pela terceira a mesma multa, sessenta dias de cadeia e a apreensão da mercadoria que seria distribuída entre os presos mais necessitados.[86]

Vigilância e controle especiais mereciam o pão e a carne, sobre os quais incidiam inúmeras normas abarcando vários aspectos da produção e comercialização desses gêneros. A Câmara de Salvador adotava, como nas cidades do reino, para algumas profissões, aí incluídos marchantes e padeiras, o princípio do número limitado e certo de agentes. No caso do comércio de pão em Salvador, regulamentavam-

---

83   AMS, *Posturas, 1650-1787*, fls. 2v, 3, 5.

84   *Idem, ibidem*, fls. 37v.

85   Sobre o rendeiro do pescado também incorria a obrigatoriedade de trazer pesos afilados.

86   Esta era uma das poucas posturas que creditava a "qualquer pessoa que servia ou tenha servido na República" o poder de "prender a todos os que acharem quebrantando as ditas posturas e os levarão a julgar diante do doutor juiz de fora, presidente do Senado, ou almotacé das execuções". AMS, *Posturas, 1650-1787*, fls. 38; *1716-1742*, sn/fls.

se a comercialização do trigo, as condições e locais de produção, destacando-se para tal finalidade o forno situado próximo ao Maciel, a qualidade, a variedade, o peso e preço, a quantidade do produto destinado ao consumo diário, bem como o trabalho das padeiras, obrigadas a retirar licenças junto à Câmara para amassar e vender pão, o que geralmente faziam através de escravas de ganho.[87]

Em São Paulo, de acordo com Maria Odila Leite da Silva Dias, a rigidez das leis municipais relativas às padeiras não raras vezes ocasionou desobediência que resultava em multas, ameaças e mesmo prisões. A autora cita o recurso, por parte das padeiras, à greve e a recusa em fornecer o pão como reação do grupo às normas camarárias.[88] Não se tem registro de movimento semelhante em Salvador, onde as posturas municipais pareciam não ser totalmente cumpridas pelas padeiras, pois inúmeras eram as queixas da população contra a má qualidade do pão, quase sempre falsificado com misturas de farinha da terra, e a burla ao peso de 8 e 10 onças (1 onça era equivalente a 28, 349 gramas) estipulado pela Câmara.[89]

A importância estratégica do abastecimento de carne, componente essencial na dieta alimentar dos baianos, não passou despercebida pela Câmara. Para essa questão, empreendeu esforços redobrados, expedindo inúmeras posturas com o objetivo de planejar, disciplinar e controlar diferentes fases indispensáveis à oferta regular do gênero no mercado local.

Estipulava-se, através de posturas e acórdãos municipais, o número de pessoas, designadas "marchantes dos do número da cidade", autorizadas a fornecerem carne aos açougues públicos e ainda a obrigatoriedade de licença para o exercício da profissão e de fiança quando da arrematação dos talhos. Também foi fixado, a partir de 1614, com a criação da Feira de Capuame, local destinado à compra e venda do gado por criadores e marchantes. Os criadores eram obrigados a conduzir o gado até a Feira que ocorria todas as quartas-feiras, onde só então podia desfazer-se do seu bem. Os marchantes, por seu turno, estavam proibidos de vender carne fora dos açougues públicos, fosse ela de vaca, de carneiro ou de porco e por mais do preço determinado pela Câmara. Fora dos açougues, admitia-se somente a venda de miúdos a cargo das regateiras e dos regatões. Ainda assim, obedecendo-se aos

---

87   AMS, *Posturas, 1650-1787*, fls. 13v.

88   Maria Odila Leite da Silva Dias, *Quotidiano e poder em São Paulo no século XIX: Ana Gertrudes de Jesus*. São Paulo: Brasiliense, 1984, p. 45-47.

89   AMS, *Ofícios ao Governo, 1712-1737*, fl. 7. Somente em momentos de crise no fornecimento do produto o peso era flexibilizado, como em novembro de 1791 quando o peso do pão foi estabelecido em 6,5 onças devido ao aumento do preço da farinha do norte. Cf. AMS, *Atas da Câmara, 1787-1801*, fl. 92v.

preços,[90] pesos e locais pré-estabelecidos pela municipalidade, a saber, os miúdos procedentes dos currais "da parte de São Bento se venderão na Praça desta cidade e os da parte do Carmo na Praça do Terreiro de Jesus e não em outro lugar".[91] De resto, pelas leis municipais não se permitia aos marchantes empregarem soldados e escravos como cobradores dos açougues. Além disso, deviam se sujeitar à vistoria periódica dos almotacés que averiguavam a fidelidade dos pesos e a obediência ao preço estabelecido pela Câmara, semanalmente, para a venda da carne.[92]

Salvador, no século XVIII, convém relembrar, já comportava uma elástica divisão social do trabalho, exigindo especialização de ofícios e profissões de caráter artesanal, atividades responsáveis pela produção e comercialização de mercadorias e serviços diversos. Essas atividades, naturalmente, encontravam-se submetidas ao regime de controle estatal, típico das sociedades anteriores ao livre cambismo e à concorrência, além de se adequarem a regras internas, próprias às corporações de ofícios, herdadas da Idade Média e que ainda resistiam ao tempo. No caso do espaço colonial, competia à instância camarária expedir posturas sobre a organização e o funcionamento dos vários fazeres artesanais.[93]

Os ofícios mecânicos em Salvador constituíam, sem dúvida, grupo corporativo no interior da cidade, mas que também estava submetido à superintendência das autoridades municipais, expressa na legislação local. Por ela, eram obrigados, como qualquer outro profissional, a tirar licença anual junto à Câmara, sem o que lhes era vedado o direito de exercerem suas atividades. Antes, porém, era preciso que o oficial comprovasse ter sido examinado e aprovado pelo juiz e pelo escrivão do seu ofício, nomeados pela municipalidade. O preço dependia de pronunciamento dos camaristas que, em última instância, fixavam regimento nas posturas.[94]

---

90 Os miúdos e outras partes eram vendidos obedecendo ao preço e peso seguintes: cabeça de vaca, 1 tostão (cem réis); cabeça de carneiro, 4 vinténs (80 réis); cabeça de porco, 240 réis; fígado, 10 réis a libra (453,592g); línguas, 4 vinténs; coração, 4 vinténs a unidade; bofe, 1 vintém a libra; rabada, 200 réis; tripas, 5 réis a libra.

91 AMS, *Posturas, 1650-1787,* fls. 108.

92 *Idem, ibidem*, fl. 123v.

93 O Livro de Regimentos dos Oficiais Mecânicos de Lisboa, de 1572, é que estabelecia as normas gerais de atuação dos oficiais mecânicos no Brasil colonial. Cf. Maria Helena Ochi Flexor, *Oficiais mecânicos...*, p. 17.

94 O Código de Posturas de 1716-1742 taxava os produtos e serviços dos oficiais mecânicos da seguinte forma: "Que o carpinteiro o que for mestre levará de seu jornal por dia 400 réis e ao obreiro trabalhando de tudo 320 dando lhes de comer. Se o obreiro souber somente cortar com o machado e folgueirar vencerá por dia de seu jornal 320 réis; Que o carpinteiro

218   AVANETE PEREIRA SOUSA

Para obter cópia do referido regimento e, com isto, abrir tenda e comercializar suas mercadorias, o oficial mecânico arcaria com uma taxa de 600 réis, paga ao tesoureiro do Senado. Ademais, era-lhe exigido trazer sempre à porta do seu estabelecimento relação da qual constasse o valor das mercadorias ou dos serviços comercializados. As posturas prescreviam, inclusive, a localização das tendas ou lojas, devendo alguns ofícios, na primeira metade do Dezoito, arruarem-se de acordo com a seguinte indicação:

> [...] Os ferreiros e caldeireiros terão as suas tendas desde o Trapiche do Azeite até o Hospício dos padres de S. Felipe Neri [...]. Os latoeiros, funileiros, douradores e pichileiros terão as suas tendas do princípio da Ladeira das Portas do Carmo até a Cruz do Pascoal. Os mestres das tendas de barbeiro, que ensinam a tocar instrumento terão as suas tendas no princípio da Ladeira do Álvaro [...]; os tanoeiros, na rua dos Coqueiros. Os alfaiates, celeiros e sapateiros, na rua que vem das Portas de São Bento até as Portas do Carmo, seguindo por detrás de N. S. da Ajuda e do Tijolo [...].[95]

De modo geral, as posturas fixavam, ainda, sanções e penas para os que não cumprissem o regulamentado. Como forma de fiscalização, a Câmara realizava *cor-*

---

da ribeira ou do engenho sendo mestre levam por légua 640 réis e sendo obreiro 400 réis; Que os correeiros venderão os coiros de um acento de espaldar de uma cadeira por mil réis e um tamborete 400 réis; Que os ferreiros levarão dos pregos a preço de dez réis cada um, os pregos de barco pequeno oito réis e os pregos palmares dois vinténs; O alfaiate pelo feitio de uma calça de seda, um cruzado, um casaco, dois cruzados, uma capa, três cruzados; O sapateiro pelo feitio de um par de sapatos de menino de um ano até três 240 réis, de três a cinco, 320 réis, de cinco a dez,480 réis, de homem, 800 réis, de vaca, 640 réis, de mulher de três pontos, 480 réis; O tanoeiro pelo feitio de uma pipa, um cruzado, um arco de pipa, trinta réis, um ares de barril, 15 réis, 1 barril de 4 pipas, 1200 réis".

95   Maria Helena Flexor, *Oficiais mecânicos na cidade do Salvador*. Salvador: Prefeitura Municipal/Museu da Cidade, 1974, p. 35. A determinação de "espaços para comércio" às vezes atingia outras categorias socioprofissionais como vendeiros, barqueiros e até mesmo ambulantes. Em 1773, alegando querer conter os distúrbios ocasionados com a chegada simultânea de inúmeras embarcações no porto, os vereadores acharam por bem estipular locais diferentes para os barqueiros aportarem, separando-os por gêneros comercializados. Cf. AMS, *Atas da Câmara, 1765-1776*, fl. 224.

reições e *vistorias* periódicas, feitas pelos próprios vereadores e pelos almotacés das execuções, e autorizava a população a vigiar e denunciar os infratores.

Disciplinando e punindo: licenças, aferições, vistorias e correições

O poder disciplinador da Câmara sobre as condições de produção, circulação e consumo de produtos e serviços, em outras palavras, sobre a reprodução local da sociedade colonial, referenciava-se, num primeiro momento, na prerrogativa e na efetiva elaboração de posturas, enquadrando múltiplas condutas dos agentes sociais. Mas, as prescrições genéricas das posturas, como todas as normas, só ganhavam efetividade com o acionamento dos mecanismos administrativos e dos agentes do poder estatal, responsáveis pela observância da aplicação dos dispositivos legais. Para tanto, a Câmara dispunha de um *modus operandi* através do qual exercia o poder de polícia administrativa, fiscalizando, coagindo e imputando multas e penas de caráter diverso. É nessa dimensão que ganha funcionalidade os mecanismos de licenciamentos, aferições e vistorias.

No mundo dos negócios coloniais, assim como no reino, fosse em que plano fosse, a obtenção de licença para o exercício de atividades cotidianas era a primeira providência a ser tomada pelo interessado. No âmbito da cidade, para ser comerciante de "loja aberta", isto é, o que vendia no varejo produtos secos e molhados, bem como para ser vendedor ambulante, necessitava-se requerer autorização junto à Câmara. A concessão da licença consistia no único mecanismo de controle desse tipo de estabelecimento comercial pela municipalidade e, por isso mesmo, impunham-se certas condições para os que a requeriam. Em princípio, não bastava ter certo capital para iniciar um negócio, abrir loja, adquirir mercadorias e instalar-se em local adequado. Exigia-se que o produto a ser comercializado estivesse adequado aos parâmetros impostos pela Câmara. Licenças para a venda de certos gêneros submetidos a monopólio, por exemplo, só recebiam a concessão para determinado número de pessoas. Assim ocorria com o azeite de oliva e de baleia, com o vinho e a aguardente do reino.[96] O mesmo acontecia com o comércio da carne, monopólio municipal, cuja permissão legal para ser marchante capacitado a prover

---

96 A licença trazia expressa a condição, constante em posturas, de que "cada vendeiro ou dono de taberna trouxesse apenas uma pipa de aguardente, vinagre ou vinho ao torno, podendo ter uma segunda pipa alcançando licença do contratador". AMS, *Licenças, 1792-1796*, sn/fl; *Posturas, 1716-1742*, fl. 35.

os talhos públicos requeria a possibilidade, em termos quantitativos, de não ultrapassar o número comportado pela cidade.

No caso dos vendedores ambulantes o procedimento era inverso. Não havia restrições quanto ao número de permissão, mas, com o tempo, licenças já outorgadas passaram a ser limitadas quanto aos locais em que certos produtos poderiam circular para a venda. Provavelmente, tais impedimentos refletiam os reclamos e interesses de determinados ramos de comércio mais estruturado, que viam nesses agentes potenciais concorrentes.[97]

O prazo de validade da autorização para exercício de funções comerciais durava um ano, podendo ser renovado na data de vencimento. Ao escrivão da Câmara competia registar em livro específico as licenças concedidas, pelos vereadores, anotando nome do requerente, endereço de morada, local de comércio e tipo de atividade. Os licenciados deviam guardar cópia da referida licença, mantê-la à mostra em seu estabelecimento e apresentá-la aos agentes camarários quando solicitados.

Um segundo instrumento de controle das atividades comerciais se efetivava através da *aferição*, procedimento que recaia sobre as pessoas que comercializavam gêneros sujeitos à pesagem e à medição. Ocorria semestralmente, ocasião em que as autoridades e funcionários da Câmara de Salvador conferiam e cotejavam os pesos e medidas utilizados cotidianamente nos locais e pontos de vendas, tomando como referência os padrões definidos pela municipalidade (Cf. quadros 14 e 15), sendo os mesmos identificados e certificados por meio de marcas e sinais.

QUADRO 14 – Relação de Pesos e Medidas (Salvador, Século XVIII)

Denominação/Unidade	Quantidade	Menor quantidade afilada pela Câmara
Arrátel	429g	3
Quintal	4@/58.982kg	1
Arroba	32 arráteis/14.756kg	1
Salamin	2,27 L	1
Canadá	2,622 L	1
Onça	28,687g	8
Libra	380g	5
Quarta	1,136 L	2

---

97 AMS, *Ofícios ao Governo, 1712-1737*, fl. 124-125. *Atas da Câmara, 1765-1776*, fls. 164.

Alqueire	13,8 L	3
Polegada	25,40 m	----
Palmo	0,22 m	----
Vara	1,10 m	----
Côvado	66 cm	----
Moio	60 alqueires	1

Fonte: AMS, *Aferições, 1789-1800;Posturas, 1650-1787.*

QUADRO 15 – Medidas para edificação definidas e afiladas pela Câmara (Salvador, século XVIII)

Produto	Medida
Telhas	3 palmos de comprido e 1 de largura de boca
Ladrilho	Polegada e meia de grosso e palmo e meio de comprido
Tijolo	Polegada e meia de grosso e palmo e meio de comprido
Taboado	· 30 palmos de comprido, 3 dedos de grosso e palmo e meio de largo

Fonte: AMS, Posturas, 1650-1787.

A aferição de pesos e medidas, além de importante prática de disciplinarização das atividades mercantis e da relação entre vendedores e consumidores, representava significativa fonte de renda para a Câmara. Ao que parece, até final do Seiscentos, conforme nos indica Borges de Barros, esse tributo era arrecadado, a exemplo de boa parte das receitas camarárias, através do sistema de arrendamento.[98] Todavia, durante o século XVIII, tal atribuição tornou-se de responsabilidade direta da Câmara, passando a ser exercida, cumulativamente, pelo 1º porteiro, que realizava as aferições durante os meses de janeiro e julho. Trajetória semelhante pôde ser observada no Porto quando, a partir de 1605, a função, que também fora objeto de arrematação, passou a ser exercida pelo oficial maior da secretaria do Senado.[99] Seria isto um indicativo da força político-social, e talvez econômica, que tal tarefa adquiriu no decorrer do tempo, tanto lá quanto aqui, requerendo das câmaras administrarem de forma centralizada a sua execução?

---

98 Francisco Borges de Barros, *O Senado da Câmara da Bahia*. Bahia: Imprensa Oficial, 1928, p. 12.

99 Francisco Ribeiro da Silva, *O Porto e o seu termo (1580-1640). Os homens, as instituições e o poder*. Porto: Câmara Municipal, 1988, vol. 2, p. 634-635.

222   AVANETE PEREIRA SOUSA

Outra motivação possível podia residir na necessidade de melhor defender a população da ganância dos comerciantes locais que, em atitude contrária às ordens reais, insistiam no uso de "medidas falsas", fora do padrão municipal.[100] Em Salvador, este tipo de contravenção parecia ser tão comum, sobretudo entre os vendedores ambulantes e comerciantes de carne que, em 1790, o procurador do Senado sugeriu que se colocassem "balanças públicas em todos os lugares em que o público costuma vender e também no restante dos talhos para que os moradores pudessem fazer a repesagem sempre que desconfiassem terem sido lesados por aqueles que vendem".[101] As únicas balanças existentes, arrendadas sob forma de arrematação e contrato, eram as da *Praia* e da *Praça* – geralmente utilizadas em transações de médio e grande volumes – e as balanças dos pescados, situadas nos principais pontos pesqueiros. Na cidade do Porto, em Portugal, não vigorava o sistema de balanças públicas, mas havia oficiais especificamente designados para executar a tarefa de medir e pesar os produtos comercializados pelos quatro cantos da cidade e seu termo. Por isso mesmo, tinham a denominação de medidores e medideiras. Estas pessoas não chegavam a ser, propriamente, funcionários municipais, mas a Câmara detinha o direito de as escolher, determinar o seu número, fixar-lhes o jornal, a receber dos donos das mercadorias comercializadas, e, até mesmo, de as demitir, caso cometessem danos e prejuízos aos compradores.[102]

O trabalho realizado pelo aferidor era minucioso. Cabia-lhe registrar todas as aferições em livro próprio indicando dia, mês e ano em que foi feita a conferência, o objeto confrontado, se pesos, balanças ou medidas, o resultado da avaliação, a taxa cobrada pelo serviço realizado, que era de 8 réis pelo alvará e 2 por cada marca, bem como o nome e endereço do comerciante fiscalizado. O vendedor cujos pesos e medidas haviam sido submetidos à aferição recebia um alvará, que devia ser apresentado aos vereadores e almotacés quando das vistorias e correições.[103]

Os constantes protestos da população pobre contra o sistema de pesos e medidas, que só permitia a compra de produtos em grandes e médias proporções, faziam com que os vereadores promovessem a periódica revisão do padrão usado.[104] Em

---

100 AMS, *Provisões do Senado, 1699-1726*, fls. 96.

101 AMS, *Atas da Câmara, 1787-1801*, fls. 61v; *Ofícios ao Governo, 1768-1807*, fls.118-119.

102 Francisco Ribeiro da Silva, *O Porto...*, p. 636-638.

103 AMS, *Posturas, 1650-1787*, fls. 39v.

104 Aos próprios comerciantes às vezes interessava ter medidas menores. Em setembro de 1714, os taberneiros solicitaram à Câmara medida de dez réis para a venda de aguardente,

A BAHIA NO SÉCULO XVIII   223

alguns casos, e sempre que as circunstâncias o exigia, a Câmara permitia a confecção e a utilização de pesos e medidas "miúdas" e diferenciadas, ou mesmo a "venda
a olho" de determinados gêneros, considerando que

> [...] a fraude que os taberneiros poderão fazer nestas vendas
> é de tão pouca monta que não merece atenção do governo
> econômico e porque o mal se remedeia com esta providên-
> cia de poderem os pobres fazer o emprego segundo as suas
> posses e necessidades [...].[105]

Para coibir possíveis atitudes fraudulentas dos vendeiros, a Câmara de Salvador
intensificava a ação fiscalizadora, como aconteceu em 1787, permitindo que os comerciantes de vinho usassem de medidas miúdas, mas sob a condição de que as
aferissem de dois em dois meses e não apenas duas vezes ao ano.[106]

Convém notar que, no período colonial, as convenções de pesos e medidas
não possuíam o rigor da exatidão que conhecemos para outras épocas, podendo
existir diferentes padrões em cada vila e cidade. As próprias Ordenações
concediam às câmaras soberania na matéria. Entretanto, a diversidade de pesos e medidas punha obstáculos à circulação de mercadorias entre localidades mesmo circunvizinhas, pois exigia difícil e demorada conversão. Inúmeras,
por exemplo, foram as queixas das câmaras do Recôncavo quanto à proporção
preços/medidas da farinha praticada pela Câmara de Salvador.[107] Luís Vidigal
identificou queixas semelhantes entre as Câmaras de Portimão e de Monchique,
no reino, onde havia dificuldade de regular o preço dos mesmos produtos comercializados em um e outro lugar, devido ao fato de praticarem medidas diferenciadas, sendo as de Portimão menores.[108]

Assim como o critério para a fixação de taxas, a autonomia camarária para a
aferição de pesos e medidas foi também considerada como desestimuladora do livre
comércio e passou a ser criticada pelos partidários do livre-cambismo em fins do

---

pois esta era a preferida pelos negros. AMS, *Provisões do Senado, 1699-1726*, fls. 185.

105   AMS, *Atas da Câmara, 1787-1801*, fls. 120.

106   AMS, *Ofícios ao Governo, 1768-1807*, fls. 118-119.

107   Cf., a este respeito, as queixas das câmaras de Camamu, Cairu e Boipeba, principais
vilas fornecedoras de farinha para Salvador. AMS, *Cartas do Senado aos Governos das
Vilas e Capitanias, 1686-1805*, sn/fls.

108   Luís Vidigal, *O municipalismo em Portugal no século XVIII*. Lisboa: Livros Horizonte,
1989, p. 73.

século XVIII. Todavia, os entraves decorrentes desta prática subsistiram para além da revolução liberal do início do século XIX.[109]

Por fim, o acompanhamento cotidiano, que implicava em um estado de alerta constante, configurava-se na mais eficiente forma de garantia da observância da legislação municipal, na qual se incluíam, como itens primordiais, as licenças e aferições.

Um terceiro mecanismo do poder local destinado ao controle da vida econômica da cidade se processava mediante os expedientes de *correição e vistoria*, ambas voltadas para a efetiva vigilância e punição para os que infringiam os códigos de posturas. Realizadas pelos oficiais camarários, as correições tinham periodicidade semestral e envolviam um corpo maior de agentes, quais sejam juiz de fora, vereadores, procurador, almotacés, escrivão, alcaides e meirinhos. Já as vistorias traduziam-se em ações continuadas, implementadas pelos almotacés das execuções ou ainda pelo rendeiro do Ver. Para este último, apenas nos espaços e sobre os sujeitos econômicos acordados no ato de arrematação da renda.[110]

Nas freguesias que circunscreviam o núcleo central da cidade, Sé e Passo, e nas mais próximas, Praia, Santo Antônio Além do Carmo, Pilar, Santana e São Pedro Velho, as correições gerais eram efetuadas intempestivamente, de modo a não permitir que os comerciantes a serem fiscalizados dissimulassem suas transgressões, ocultando-as dos agentes camarários. No restante das freguesias urbanas e no termo da cidade, devido à sua extensão, a Câmara lançava portaria determinando data e local para que todos aqueles enquadrados nas posturas "submetessem seus papéis" (licenças, cartas de examinação, no caso dos oficiais mecânicos, e regimento/taxas de almotaçaria) aos representantes da municipalidade.

Um exemplo desta última estratégia pode ser percebido numa convocação de 1715, quando os vereadores ultimaram

> [...] todos os senhores de engenho assim declarados [...] e [a] todos os que viverem de redes de pescar [...], da praia de Água de Meninos até a freguesia da Penha, como também os que viverem de vender qualquer bebida [...], atavernados em alambiques ou casas de vendas usando de medidas e finalmente os que usam do trato de marchantaria e de ofícios mecânicos para que uns e outros se achem no dia de segunda-

---

109 *Idem, ibidem*, p. 74-75.

110 AMS, *Ofícios ao Governo, 1712-1737*, fls. 22.

feira que se conta onze do corrente do mês de novembro no Porto da Passagem, ao pé do Forte[...].[111]

Com o mesmo teor foram emitidas, no mesmo ano, outras portarias relativas aos produtores, comerciantes, pescadores e oficiais mecânicos de lugares como Brotas, Ponta de Areia, Matoim e Bonfim da Mata.[112] Da apresentação dos documentos solicitados e de instrumentos de trabalho corretos, como pesos e medidas afiladas e, no caso dos pescadores, redes adequadas, por ocasião das correições camarárias, nenhuma pessoa, nem categoria profissional estava isenta. Qualquer solicitação nesse sentido era geralmente indeferida, como aconteceu com o pedido dos carpinteiros da ilha de Itaparica, em 1725, que nem mesmo suplicando ao vice-rei a faculdade de não comparecerem ao local estipulado pela Câmara de Salvador para conferência de licenças e regimentos, sob a alegação de "estarem ocupados com a fábrica do contrato das baleias", foram atendidos. Ao contrário, o próprio vice-rei, reconhecendo a autonomia camarária nesta matéria, reafirmou a obrigatoriedade dos oficiais mecânicos de "apresentarem os seus papéis correntes à Câmara sempre que solicitados".[113]

Afora as vistorias e correições, também as denúncias de particulares eram levadas em consideração pela Câmara, que citava o suposto culpado. Os citados tinham que comparecer perante o juiz de fora e vereadores para justificar suas condutas e se defender das acusações.

Alguns tipos de faltas tornaram-se objeto de sindicâncias específicas. A comercialização de carne fora dos açougues públicos e o atravessamento de gêneros alimentícios, por exemplo, eram consideradas transgressões de tamanha gravidade que contra tal procedimento não bastavam providências ordinárias. A situação exigia devassas anuais, introduzidas a partir da década de cinquenta do século XVIII, como forma de garantir a "real colheita", ou melhor, os impostos inerentes ao consumo destes produtos, bem como o devido provimento da população. Contra a venda irregular da carne, isto é, fora dos locais apropriados, instituiu-se a "devassa janeirinha", que envolvia não apenas os membros da vereação, mas também os moradores alçados à categoria de *fiscais da municipalidade*, partícipes, inclusive, da divisão dos bens apreendidos e dos dividendos decorrentes da penalidade aplicada. O mesmo grau de abrangência ocorria na "devassa geral", promovida para conter e punir os

---

111   AMS, *Portarias, 1710-1725*, fls. 64-65.

112   AMS, *Portarias, 1710-1725*, fls. 65ss.

113   AMS, *Ofícios ao Governo, 1712-1737*, fls. 136-137.

açambarcadores e facilitar as condições para o consumo e aquisição de produtos e serviços indispensáveis à reprodução cotidiana da vida da cidade.[114]

Os principais agentes econômicos e a regulamentação camarária

Contratadores de rendas municipais

Ao contrário do que aparenta uma primeira imagem do Estado absolutista, muitas das suas prerrogativas e atribuições não eram exercidas diretamente pelas instituições político-administrativas centralizadas. A ideia do Estado Leviatã, poderoso, onipresente, cujos tentáculos alcançariam e abarcariam toda a ordem social, não se concretizou em muitos aspectos da vida cotidiana dos espaços colonizados. A concentração de poderes e o alargamento da capacidade reguladora dos entes estatais modernos não se fizeram acompanhar, na mesma proporção, da multiplicação e robustecimento do aparelho burocrático. Para cumprir suas funções, o Estado experimentou uma série de estratégias institucionais, delegando a outros agentes da sociedade certas competências que lhe eram típicas. Tal dispositivo, ao que tudo indica, se fazia ainda mais necessária para os territórios coloniais, dada a dificuldade de prover e alimentar uma burocracia que, teoricamente, deveria fazer-se presente em vários níveis das esferas estatais em diversos espaços geográficos.

O mecanismo de transferência de atributos estatais foi utilizado amplamente pela monarquia portuguesa no Brasil, principalmente em funções que exigiam o aparelhamento de serviços e a presença constante dos agentes no *locus* de ocorrência. Dessa prática se serviu igualmente o poder local- as câmaras – na sua finalidade de controlar e disciplinar a vida econômica e social urbana. Assim, em torno da contratação de rendas formou-se um grupo social e economicamente influente que se tornou peça fundamental para o funcionamento da máquina administrativa do Estado.

Também em nível municipal essa camada se fez notar. Encarregados de arrecadar, através de arrematação, parte significativa dos rendimentos camarários relativos a impostos e outras obrigações referentes ao comércio e serviços, os denominados *rendeiros da Câmara*, em Salvador, formavam um pequeno grupo, cujos integrantes compunham uma fração de privilegiados no interior dos corpos sociais da cidade. O montante e os tipos de receitas submetidos ao arrendamento implicavam divisão

---

114 AMS, *Atas da Câmara, 1776-1787*, fls. 10-11.

e seletividade interna no grupo. Isto quer dizer que determinadas rendas, nomeadamente aquelas mais elevadas, cujo arremate demandava maior recurso financeiro por parte dos interessados, eram monopolizadas por um pequeno grupo de rendeiros. Já para as demais, de menor valor, havia muitos candidatos, mas, mesmo assim, como evidenciaremos, a rotatividade dos arrematantes era insignificante.

As rendas municipais, sujeitas à arrematação e contrato, que permitem um estudo sistemático sobre as características dos arrematantes, devido à existência de documentos, são as dos Talhos; a do Ver; e as das Balanças (da Praia, do Peso Real e do Pescado).

Destes rendimentos, o que tinha menor relevância econômica era o da Balança do Pescado, tendo o seu valor oscilado entre 25 e 120 mil réis, por arrematação/ano, ao longo do século XVIII. Da receita total da Câmara com as arrematações, a Balança do Pescado representava a menor parte, 0,44%. O tempo de duração do contrato da Balança do Pescado era de um ano, devendo o rendeiro dar parte do valor no ato de assinatura do contrato e o restante em parcelas trimestrais; regra que valia para todas as rendas.

O fato de não exigir grandes investimentos e nem requisitos especiais daqueles que administraria essa concessão levava muitos interessados a concorrerem ao seu lançamento. Cada edital divulgado gerava grande burburinho na praça em torno do número de interessados e de lançadores. Entretanto, o que se percebe é que poucos foram os que efetivamente conseguiram inserir-se no grupo de arrematadores. Nas mãos de apenas três pessoas concentraram-se 50% das arrematações. Ademais, pelo menos 10 dos 15 nomes computados, para um período de 81 anos, arremataram, em algum momento, ou simultaneamente, outras rendas. Nessa condição enquadravam-se Antônio de Albuquerque, Bernardino José Pereira, Manuel Francisco Domingues e João Nunes Silva, rendeiros do Ver, e José Gomes, Francisco Teixeira, Francisco Luís Sousa, rendeiros de diversos talhos, dentre outros.[115] Ou seja, a exploração final ficava sempre entre um reduzido círculo de indivíduos que revezava entre si o exercício dessa função. Tomemos como exemplo o caso de Manuel da Mota. Tornou-se rendeiro de rendas municipais na década de 1730, quando, oferecendo mais da metade do valor lançado em praça, conseguiu alijar do processo de licitação Manuel da Silva Sousa, Pedro Gonçalves Braga e João Sampaio Ribeiro, fortes e tradicionais rendeiros, que, desde 1704, alternavam a arrematação da Renda do Ver. Uma vez incluso no grupo, nele se manteve por mais de 26 anos seguidos, na condição de rendeiro do Ver e da Balança do Pescado ao mesmo tempo. Calisto

---

115   AMS, *Arrematações de Rendas da Câmara, 1704-1809*.

Magalhães seguiu trajetória inversa. Começou como adjudicatário da Balança do Pescado, em 1771, monopolizou a renda por cerca de 10 anos e, quando já se tornara conhecido e referenciado no meio, solicitou da Câmara licença para exercer a marchantaria, passando a concorrer à arrematação de talhos menores. Mesmo não possuindo grandes recursos financeiros, Calisto Magalhães continuou como rendeiro, nomeadamente do talho de Santo Amaro de Ipitanga, o qual arrematara por 30 mil réis, até 1800, indicando que o baixo valor da renda, por si só, não garantia flexibilidade suficiente para modificar o padrão social de recrutamento dos rendeiros, continuando estes a serem selecionados no interior do próprio grupo.[116]

A arrematação das rendas dos Talhos, a do Ver, a das Balanças da Praia e do Peso Real, exigia maiores inversões iniciais dos rendeiros. Em compensação, por incidir sobre produtos e atividades fundamentais, os lucros pareciam mais seguros tornando os investimentos atraentes e com boa e rápida taxa de retorno. Por isso mesmo, os concorrentes que os disputavam situavam-se entre os mais ricos da cidade, sobretudo aqueles oriundos do mundo dos negócios ou, de algum modo, a ele vinculados. Lançar-se em tais rendas indicava não apenas uma posição econômico-financeira já consolidada, como também um posto elevado na hierarquia político-social vigente.

A receita proveniente da comercialização da carne verde tornou-se uma das mais importantes rendas da Câmara. No decorrer do Dezoito, o consumo de carne em Salvador aumentara consoante o crescimento da população, fazendo da venda do produto um atrativo negócio. Tal dinamismo pode ser constatado pelo número de açougues que se elevou de cinco, no começo do século, passou para dez, nos anos 90, e chegou a mais de vinte e cinco, por volta de 1795. Ao direito de concessão para explorar o comércio de carne verde concorriam então os marchantes mais abastados, depois de requerer e obter da Câmara licença para exercer esta atividade.[117]

Os comerciantes de gado, em geral detentores de maiores capitais, não se lançavam no arrendamento e na contratação de qualquer talho, concentrando seus interesses sobre os dois mais importantes e lucrativos: os de São Bento e do Carmo. Nestes, manifestavam-se, em certo sentido, situações de monopólio, onde um pequeno número de rendeiros permaneceu no controle da renda por longos períodos, ditando absolutamente seu preço, com prováveis prejuízos para os cofres municipais.[118]

O crescimento gradativo de Salvador fez com que a Câmara fosse descentralizando a venda da carne, através da instalação de açougues públicos em diversas freguesias

---

116   AMS, *Arrematação das Rendas da Câmara, 1704-1809*.

117   AMS, *Alvarás de Correr, 1745-1776*, fls. 9ss; *Arrematação das Rendas da Câmara, 1781-1798*.

118   AMS, *Arrematações das Rendas da Câmara, 1704-1809*.

da cidade e do termo. Essa medida, de certa forma, exigiu a ampliação do número de marchantes, dinamizou a concorrência na arrematação dos novos e antigos talhos, fomentou a renovação do grupo de rendeiros e contemplou a expectativa da população das freguesias suburbanas e do termo quanto à melhoria das condições de oferta do produto. Entretanto, não pôs fim à natural diferença entre rendeiros arrematantes dos talhos de São Bento e do Carmo e os dos demais. Ao contrário, a paulatina valorização econômica dos talhos das freguesias distantes do centro da cidade fez com que para eles se voltassem, também, os tradicionais marchantes com maior poder financeiro, chegando, por vezes, a acumular a arrematação de vários talhos, afugentando marchantes de menor poder aquisitivo e de menor inserção social. Esta passou a ser a prática regular de marchantes afortunados como Domingos Quaresma, Cristóvão Nogueira,[119] Francisco da Costa, João de Góis, Dionísio Soares e Antônio Fernandes, que, por várias vezes, arremataram os talhos do Carmo, de São Bento, da Misericórdia, dos Clérigos e também das Freguesias.[120]

Para conquistar e manter uma fatia desse concorrido mercado de carne em Salvador, até mesmo famílias de marchantes se associavam. Os Araújo Rosa e os Ribeiro, por exemplo, tornaram-se sócios e arremataram, por longo período, os talhos de Passé, Mata de São João e Santo Amaro de Ipitanga; os Ferreira e os Couto, os talhos da Penha, dos Mares, Itapagipe e Cabula; os Aragão e os Teixeira, os talhos da Vitória, Mercês, Preguiça e Soledade.[121] A ganância de poderosos marchantes, empenhados em deter o controle da maior parte possível dos talhos da cidade, principalmente daqueles em que o aumento demográfico na freguesia havia incrementado o consumo, fez com que, em 1704, a Câmara suspendesse, temporariamente, a licença do marchante Domingos de Oliveira Lopes, em decorrência dos "ajustes e coloios"

---

119 Cristóvão Soares Nogueira costumava diversificar seus investimentos, alternando a arrematação de contratos variados, mas sempre lucrativos, como o da pesca das baleias, por exemplo, em 1732. Contra a ação desse contratador insurgiram-se, em 1742, os demais marchantes, que fizeram petição à Câmara solicitando que não o permitisse arrematar todos os talhos, pois ele assim o fazia e repassava por preços excessivamente altos, prejudicando-os. Cf. AHU_ACL_CU_005, cx. 41, D. 3733 (Requerimento do contratador da pesca das baleias, Cristóvão Soares Nogueira ao rei, 18 de abril de 1732); AMS, *Atas da Câmara, 1731-1750*, fls. 247v-248.

120 AMS, *Alvarás de Correr, 1745-1776*, fls. 47-69; *Arrematação das Rendas da Câmara, 1704-1809*.

121 AMS, *Arrematação das Rendas da Câmara, 1704-1809*.

que ele fazia com outros marchantes para monopolizar a arrematação dos talhos e ditar menores preços, em prejuízo dos rendimentos municipais e da terça régia.[122]

Também na arrematação da Renda do Ver e das Balanças da Praia e do Peso Real verificou-se idêntica situação. A concorrência nos lançamentos era praticamente inexistente e a permanência, ou pouca oscilação, dos preços em determinados períodos correspondia ao predomínio de um único rendeiro ou de um mesmo grupo disputando o direito de arrendamento. Antônio José da Silveira, Manuel Francisco Domingues e Bernardino José Pereira, por exemplo, dividiram entre eles, por 15 anos consecutivos, a Renda do Ver, sendo de um ano para o outro quase insignificante a diferença de preços pela qual um deles a arrematava.[123] Ademais, os rendeiros do Ver concorriam ainda em outras rendas, sobretudo na dos talhos ou, quando não, tinham vínculos familiares com rendeiros de diversas rendas.[124]

A arrematação das rendas das Balanças do Peso Real e da Praia parecia ser igualmente ou ainda mais seletiva. Durante 33 anos uma única pessoa, Manuel José Froes, conhecido negociante de secos e molhados, monopolizou a concessão da renda do Peso Real por 12 anos seguidos; João Joaquim Silva e José Gonçalves Cruz por 11. A renda da Balança da Praia em 22 anos teve 6 rendeiros, numa média de 3,6 arrematações para cada um, sendo que duas pessoas, Alexandre de Campos Lima e José Martins Sampaio, arremataram a renda por sete vezes. A justificativa para tal concentração residia na associação entre o alto capital a ser investido e o caráter elitista de ambas as rendas, diretamente relacionadas a atividades comerciais de grande e médio portes, como às transações mercantis com açúcar, tabaco e gêneros alimentícios vendidos a atacado.

Em geral, embora riqueza e influência política não fossem requisitos oficialmente exigidos, davam garantias de sucesso na arrecadação das rendas, pois conferiam certa credibilidade ao arrematante. Este, por seu turno, aproveitava-se do

---

122 AHU, *Cartas da Bahia, 1695-1714*, nº 246; AMS, *Cartas do Senado, 1699-1710*, fls. 115-116v.

123 Em 1773, José da Silveira arrematou o Ver por 705 mil réis, no ano seguinte o maior lanço foi o de Manuel Francisco Domingues que a adjudicou por 720 mil réis. Em 1775, José da Silveira tornou a deter o direito de arrecadar a Renda do Ver por 650 mil réis, mas logo Bernardino de Sena cobrindo o lanço de 670 mil réis, oferecido por Silveira, a arremata por 700 mil réis. E essa disputa, sem grandes evoluções no preço da Renda do Ver, permaneceu por quinze anos. Nesse tempo a concorrência se deu praticamente entre os três negociantes. AMS, *Arrematação das Rendas da Câmara, 1767-1780, 1781-1798*.

124 João de Sousa Ribeiro, forte rendeiro do Ver era irmão de Antônio, Luciano e Teodósio, rendeiros de talhos e da Balança do Pescado.

fato de, aos olhos do povo, configurar-se como *um quase* agente da administração municipal para usufruir do poder indiretamente concedido, ampliando e reforçando a rede de sociabilidade.

Na caracterização do grupo dos contratadores de rendas municipais em Salvador, há ainda que se levar em conta o fato desses indivíduos, no exercício de suas funções, ancorarem-se em amplos setores mercantis, por ser deles oriundos, que lhes afiançando os negócios garantiam a continuidade e reprodução do sistema de arrematação e da intervenção dos rendeiros em diferentes níveis. Vários comerciantes de *grosso trato* foram sempre fiadores de *rendeiros da Câmara*, como José Lopes Ferreira que teve, ele próprio, em 1780, a rápida experiência de arrematar a Balança do Pescado, mas tornou-se mesmo tradicional fiador de arrematantes da renda do Ver, dos Talhos e das Balanças.[125] Outros, como Manuel Dantas Barbosa e Domingos dos Santos Pereira figuravam entre os principais fiadores de rendeiros dos Talhos e da Balança da Praia. O primeiro, administrador das dízimas reais por anos consecutivos, afiançava marchantes de peso como Cristóvão Soares Nogueira e José Álvares de Sousa. De 1746 a 1751, apresentou-se também como um dos mais importantes abonadores de Alexandre de Campos Lima, rendeiro da Balança da Praia. Já Domingos dos Santos Pereira limitou-se a afiançar grandes rendeiros do Ver, como Manuel da Mota e Francisco Machado de Oliveira.[126]

Embora determinadas concessões comerciais e de serviços apontassem para a aquisição de rendimentos compensatórios, outras, as Balança do Pescado e a exploração de talhos menores como os das freguesias rurais (Matoim, Cotegipe e Passé), por exemplo, pareciam revelar uma certa impossibilidade de retorno econômico significativo para os rendeiros. Assim sendo, o que mobilizava setores médios da sociedade a investir na arrematação deste tipo de renda? A explicação, que pode ser estendida ao conjunto dos rendeiros, residia na importância que a função foi adquirindo no decorrer dos tempos.

De fato, tanto em nível central como periférico, a deficiência da máquina administrativa no campo das finanças públicas, carente de recursos humanos e técnicos necessários para viabilizá-las, tornou sistemática a recorrência aos rendeiros e lhes conferiu força econômica própria capaz de elevar a sua importância na sociedade portuguesa do Antigo Regime.[127] Em Salvador, a dependência camarária desses agentes traduzia-se, cada vez mais, em ascensão política e social do grupo e lhe garantia

---

125 AMS, *Arrematação das Rendas da Câmara, 1781-1798; Fianças, 1789-1795;* José Antônio Caldas, *op. cit.*, p. 316-321.

126 AMS, *Arrematação das Rendas da Câmara, 1738-1750.*

127 José Viriato Capela, *O município de Braga...*, p. 132.

margens flexíveis de negociação[128]. Assim, se determinados tipos de rendas públicas municipais não facultavam a aquisição de capital econômico relevante, o capital social a elas inerente bastava para despertar o interesse de amplos setores, sobremodo do mercantil que assim podia intervir indiretamente na vida política local.

A ação organizada desses rendeiros, que controlavam funções vitais para o abastecimento da cidade, retraía o poder de intervenção da Câmara em aspectos fundamentais da vida material da população, além de limitar o potencial de arrecadação do erário público municipal, na medida em que pressionava para baixo os valores das arrematações.[129] Esse papel proeminente ocupado pelo grupo de rendeiros tornava-o influente junto ao poder local, com o qual mantinha relações sociais e políticas. Entretanto, não participava diretamente da elite política e burocrática da cidade, exercendo cargos como os de vereador, almotacé e nem mesmo procurador. Não se sabe se, a exemplo do Porto e de Braga, como demonstra Capela, esses homens chegaram ao *status* de cidadãos.[130] Concretamente, o que se pode concluir é que, por mais que a Câmara se fracionasse com esse grupo, para manter domínios significativos sobre a esfera privada, resguardava para si, para os sujeitos sociais privilegiados, espaços intransponíveis mantidos pelo costume e pela tradição do Antigo Regime.

Lojistas, vendeiros e taberneiros

O processo de circulação de produtos necessários ao conjunto da reprodução cotidiana da população abarcava ainda uma vasta gama de agentes, e de atividades mercantis, responsáveis pela distribuição de mercadorias diversas. Essas atividades compunham-se de pequenos e médios negócios e espalhavam-se por todos os recantos da cidade, conformando uma rede informal em cujos estabelecimentos, denominados de lojas, vendas e tabernas, vendiam-se de tudo um pouco, atendendo a pessoas de diversificado poder aquisitivo e de padrão de consumo.

As pessoas envolvidas nesses ramos de comércio constituíam um grupo bastante heterogêneo, de complexa designação e distinção de suas especialidades. Parte delas possuía locais apropriados, com médios e pequenos cômodos, dispersos pela

---

128 Vide caso dos marchantes que, em 1768, se negaram a apresentar fiador também para a aquisição do gado junto ao criador, como queria a municipalidade, pois já o faziam quanto à arrematação dos talhos. AMS, *Atas da Câmara, 1765-1776*, fls. 78-80.

129 BNRJ, Seção de manuscritos, *Carta da Câmara da Bahia ao Rei*, II, 33, 24, 40.

130 José Viriato Capela, *O Minho e os seus municípios: estudos econômico-administrativos sobre o município português nos horizontes da reforma liberal*. Braga: Universidade do Minho, 1995, p. 48.

cidade. Outras improvisavam instalações em suas próprias casas. De maneira geral, dedicavam-se ao comércio a retalho. Ao que parece, as *lojas* limitavam-se a vender fazendas secas, sobretudo tecidos, enquanto que, nas *vendas*, se podia encontrar quase todas as mercadorias comercializadas nas lojas, mas, principalmente, comestíveis de primeira necessidade. Dentre estas últimas, poucas tinham permissão para vender produtos submetidos a monopólio e contratos como o sal, o azeite de oliva e óleo de baleia, o vinagre e o vinho. Quando isso se sucedia decorria de prévia autorização dos próprios negociantes dos artigos referidos.[131] As tabernas, embora não fosse regra,[132] dedicavam-se ao comércio de bebidas. Para a venda a varejo exigia-se licença anual, obtida junto à Câmara, e aquisição de pesos, balanças e medidas afiladas, de acordo com os padrões camarários, exceção feita aos lojistas, cuja licença de funcionamento obtinha-se uma única vez.[133]

Alguns comerciantes de *grosso trato*, em Salvador, envolvidos com o mercado atacadista e de distribuição de mercadorias para várias partes da capitania, da colônia e mesmo de outras regiões do Império, só que tais estabelecimentos ficavam sob a direção de caixeiros. A relação de negociantes elaborada por Caldas, em 1759, assinala para mais de 15 indivíduos nessa condição. Manuel da Costa Lima exportava açúcar e tabaco para o reino e possuía loja aberta em Salvador, onde comercializava gêneros importados, como tecidos, chapéus e ferramentas. Já Florêncio Lopes, João dos Santos Horta, Caetano de Freitas de Carvalho, Antônio Gonçalves Viana e Manuel Bernardo de Castro eram correspondentes de importantes negociantes do reino, encarregando-se de distribuir mercadorias de lá procedentes para todo o Recôncavo, sertão e capitanias vizinhas, e também possuíam suas lojas, nas quais vendiam a varejo os mesmos artigos que recebiam.[134] Em Cachoeira, Miguel Ribeiro de Castro tornara-se o mais assíduo comprador do

---

131   Em 1736, ficou decidido em vereação que, por faltar azeite, as poucas pipas que vieram do Rio de Janeiro seriam vendidas "apenas pelas cinco vendas dos vendeiros costumados e estes selariam as ditas pipas e venderiam somente duas canadas para cada pessoa por vez". AMS, *Atas da Câmara, 1731-1750*, fls. 92.

132   Na capitania de Minas Gerais, segundo Cláudia Maria das Graças Chaves, as tavernas comercializavam apenas bebidas. Cf. *op. cit.*, p. 59. Em Salvador, temos indicação de que nelas se vendiam também comestíveis, inclusive importados, como queijos, presuntos e bolachas. AMS, *Termos de Visitas da Saúde, 1776-1803*, fls. 54, 102 e 115.

133   AMS, *Posturas, 1716-1742*, s/nº fl.; *Arrematação das Rendas da Câmara, 1698-1711*, s/nº fls.; BNRJ, *Carta da Câmara da Bahia ao Rei*, Sessão de manuscritos, II, 33, 24, 40.

134   José Antônio Caldas, *op. cit.*, p. 316-321; APEB, *Autos Cíveis*, 12/402/4, fl. 4.

citado Florêncio Lopes, e também, ele próprio, redistribuidor, naquela localidade, dos produtos que por aquele lhe eram enviados da capital.[135]

Os donos de lojas, ao que tudo indica, detinham mais capital e patrimônio que os proprietários de vendas e tabernas. Os dados dos inventários pesquisados por Maria José Rapassi, para o período de 1760 a 1808, parecem confirmar tal hipótese. A maioria dos lojistas por ela arrolados possuía casa própria, escravos, grandes estoques de mercadorias, fregueses certos e inúmeros credores.[136] No princípio do século XVIII, funcionavam na cidade cerca de 86 vendas de secos e molhados,[137] número que no final do século havia quadruplicado. Só em 1792, foram concedidas 426 licenças para funcionamento de vendas, tabernas e botequins.[138] Isto sem contar os estabelecimentos que funcionavam clandestinamente.

O comércio fixo, como todas as demais atividades mercantis, também era rigorosamente fiscalizado. Como acontecia em relação aos oficiais mecânicos, havia uma insistência da Câmara em estabelecer lugares determinados para o seu funcionamento. Assim, de acordo com as posturas,

> [...] os que vendem por atacado e de retalho terão suas casas e lojas desde a alfândega até a igreja do Pilar, isto na Cidade Baixa; na Cidade Alta, desde as Portas de São Bento até as Portas do Carmo, pela rua Direita e do Taboão, até a rua nova que se está fazendo [...].[139]

Estabelecer e regulamentar o comércio de determinados gêneros, fixando locais e limitando o número de licenças concedidas, fazia parte dos atos rotineiros da Câmara e obedecia à lógica e à dinâmica da expansão urbana, da distribuição espacial da população e das conjunturas econômicas que afetavam o comércio local. Além de tudo isso, as ações da Câmara exprimiam, sobretudo, um claro esforço para racionalizar e organizar o espaço urbano de maneira a facilitar o seu controle. Em 1736, por solicitação dos moradores, permitiu-se a venda da farinha em diversos bairros da cidade, no dizer dos vereadores daquela

---

135   APEB, *Autos Cíveis*, 47/167811, fl. 13. Frutuoso Guimarães tinha loja de fazendas no "sítio de Belém", abastecida pelo referido Miguel da Costa Lima. APEB, *Autos Cíveis*, 12/413/31, fl. 12.

136   Maria José Mascarenhas Rapassi, *op. cit.* Anexos I e III.

137   AMS, *Correições, 1715-1743*.

138   AMS, *Licenças, 1792-1796*.

139   AMS, *Posturas, 1650-1787*, fl. 76.

legislatura, "para provimento da pobreza que não podia prover nos barcos",[140] se obedecidas às seguintes designações: "duas vendas na freguesia da Sé, uma na de São Pedro, uma na de Santo Antônio, uma no Rosário e outra no Desterro".[141] O mesmo aconteceu com os talhos, paulatinamente deslocados do núcleo urbano central para vários outros pontos da *urbe*.[142] A punição do vendeiro Julião Afonso, que teve sua venda derrubada por estar localizada junto à fonte do Gravatá, fora dos trechos previstos nas posturas, indicava que a Câmara, mormente a dificuldade de identificar e punir aqueles que, no exercício de suas atividades, não cumpriam as posturas, inclusive no concernente ao lugar onde deviam instalar-se, em muitos momentos pode fazer cumprir severamente as suas determinações[143]. Essas medidas, que em princípio pareciam coadunar-se exclusivamente com a comodidade da população, atendiam, igualmente, à necessidade de viabilizar a eficiência da máquina fiscal e arrecadatória, potencializada e facilitada com melhor planejamento e disciplinarização das atividades econômicas conforme as potencialidades espaciais do território urbano.

Ao contrário das lojas, cuja natureza dos produtos vendidos as isentava de parte da fiscalização e controle camarários, as vendas, pelas características dos gêneros comercializados, mereciam bem mais a vigilância dos agentes burocráticos das autoridades locais.

Diferentemente de outros núcleos urbanos brasileiros, a exemplo de São Paulo, Mariana e Ouro Preto, onde a "administração de vendas constituiu-se ocupação que mais incorporava contingentes femininos pobres",[144] em Salvador, o comércio em lojas, vendas e tabernas, ao contrário do de rua, convertia-se em negócio desenvolvido quase que exclusivamente por indivíduos de cor branca e mestiça. Em relação ao sexo, estimativas seguras dão conta de que 80% dos ocupantes dessa atividade eram homens.[145]

Para disciplinar os vendeiros a Câmara agia de acordo com as Ordenações do Reino que a incumbia de "taxar tudo o que se comprarem e venderem, segundo a

---

140 AMS, *Atas da Câmara, 1731-1750*, fl. 106; *1787-1801*, fl. 100.

141 *Idem, ibidem.*

142 AMS, *Atas da Câmara, 1787-1801*, fl. 100.

143 AMS, *Condenações do Senado em Vereança,1703-1805*, fl. 64.

144 Luciano Figueiredo, *O avesso da memória: cotidiano e trabalho da mulher em Minas Gerais no século XVIII*. Rio de Janeiro: José Olympio; Brasília: Edunb, 1993, p. 43-60.

145 AMS, *Condenações do Senado em Vereança, 1703-1805*. Ver também. AMS, *Licenças, 1785-1791/1792-1796/1797-1801*.

disposição da terra e qualidade do tempo".[146] Nota-se, de resto, que esta lei não era suficientemente abrangente, pois não atingia os monopólios reais, como o sal, o trigo, o azeite, o vinho, o vinagre, além do açúcar produzido na colônia, e, a partir de 1734, em vista de Carta Régia de 9 de outubro, nem tampouco os produtos alfandegados.[147] Todavia, quando vendidos a retalho, o trigo, o vinho e o azeite, podiam ser taxados pela Câmara, se julgado necessário, conquanto "no-lo farão saber, alegando as razões que para isso houver, para provermos como for nosso serviço", concluía o parágrafo das Ordenações que versava sobre o assunto.[148]

Nessa perspectiva, visando à garantia do abastecimento da cidade, a oferta de determinados produtos sofria rígida regulação, na tentativa de se impedir especulações com o seu comércio. Certas posturas, que perduraram por todo o período colonial, preceituavam que "nenhum vendeiro ou dono de taberna traga mais que uma pipa de vinagre ou vinho ao torno. Poderá ter uma segunda pipa de vinho, alcançando licença do contratador"[149]. A mercadoria era lacrada com selos vendidos pela Câmara "no ato que se meta nelas torneiras ou esguichos para evitar que haja caldeação desses com outros ingredientes que tanto dano segue à saúde do povo"[150].

Dentre aqueles que exploravam o comércio de alimentos em vendas, tabernas e em instalações domiciliares, é importante registrar, ainda, os padeiros. A importância dessa atividade, que combinava, simultaneamente, a produção e comercialização do pão, residia no lugar destacado que esse produto ocupava nos hábitos alimentares da época. A farinha de trigo, ou farinha do reino, como comumente era denominada, matéria-prima do pão, vinha da metrópole e constituía-se em monopólio real. Assim, a forma de distribuição aos padeiros e o seu preço eram previamente estipulados mediante acordo entre a coroa e os contratadores, arrematantes do direito de comercialização do gênero.[151] Entretanto, cabia à Câmara local a responsabilidade pelo controle da venda do produto final, isto é, da venda do pão ao povo e pela estipulação do seu valor, bem como pela concessão de licenças aos padeiros. O peso do pão de vintém, devidamente taxado pela Câmara, variava conforme a abundância ou a falta da

---

146 *Ordenações Filipinas*, liv. I, tit.66.

147 APEB, *Ordens Régias, 1734*, s/nº fl.

148 *Ordenações Filipinas*, liv. I, tit.66,& 34.

149 AMS, *Posturas, 1716-1742*, fl. 36.

150 AMS, *Posturas, 1716-1742*, fl. 36.

151 AMS, *Cartas do Senado, 1738-1773*, fl. 24.

farinha no mercado. Assim, durante o período colonial, o peso do pão oscilou entre 6 e 4 onças, sendo que, em 1780, os vereadores deliberaram pela diminuição do peso, que chegou a três onças, devido à escassez de farinha do reino.[152] Uma vez sanada a falta da farinha, a população costumava reivindicar à Câmara o aumento do peso do pão, visto que os padeiros, geralmente, insistiam em continuar a vender o produto com o peso anterior e com o mesmo preço, "prejudicando o povo".[153]

Em Salvador, foram poucos os registros camarários sobre a categoria dos padeiros, o que pode indicar a falta de expressão do grupo no contexto da administração local. Em relação à composição social, nota-se, através dos livros de Licenças e de Atas, que, já para o final do século XVIII, eram homens brancos pobres a maioria dos que trabalhavam no fabrico do pão. Ao contrário do que sucedia em São Paulo, no mesmo período, onde era basicamente feminina a mão de obra envolvida na fabricação e comércio desse produto. Em geral, os fabricantes de pão possuíam de dois a quatro escravos, encarregados de vender a mercadoria de porta em porta.[154]

As relações entre os camaristas e os pequenos comerciantes não se pautavam apenas nos binômios imposição-subordinação, punição-obediência, norma-transgressão. O conflito, inerente a todo e qualquer regime calcado na existência de interesses distintos e contradições entre os diversos corpos sociais que o compõem, em alguns momentos, podia traduzir-se em atitudes que revelavam a harmonização de interesses entre uns e outros, contrapostos a terceiros. Foi o que ocorreu em 1785, quando a ação de um Comissário da Junta do Proto-medicato sobre os vendeiros de Salvador, cobrando-lhes 440 réis de licença para o funcionamento de seus estabelecimentos, atribuição que cabia por costume e por lei à Câmara, pôs em xeque o poder e a responsabilidade dos camaristas na organização, controle e fiscalização desse grupo social. Tal atitude exigiu dos vereadores resposta imediata, expressa no confronto direto com essa instituição e na confirmação de sua atribuição: diante da petição dos vendeiros, expondo a problemática e solicitando-lhes providências, or-

---

152 AMS, *Atas da Câmara, 1776-1787*, fl. 54.

153 AMS, *Atas da Câmara, 1787-1801*, fl. 123v.

154 AMS, *Licenças, 1792-1796*, fls. 56; Maria Odila Leite faz alusão à predominância feminina no fabrico e comércio do pão e retrata bem a relação entre o poder local e esse grupo de mulheres. Essas informações chegaram até a autora através dos ricos registros contidos nas Atas da Câmara de São Paulo do século XVIII. Cf. Maria Odila Leite da Silva Dias, *Quotidiano e poder em São Paulo no século XIX*. São Paulo: Brasiliense, 1984, p. 44-48.

238 AVANETE PEREIRA SOUSA

denaram aos peticionários que não pagassem a referida licença, visto já terem sido, naquele ano, licenciados pelos vereadores.[155]

A solicitação da Câmara baseava-se no fato de que, pelo regimento, não era facultado à Junta do Proto-medicato, – criada por D. Maria I, em 1782, para substituir a Fisicatura-mor –, imiscuir-se nos negócios camarários relacionados ao provimento de víveres à população, mas, apenas, fiscalizar as ações dos que exerciam a arte de curar, ou seja, cirurgiões, médicos, boticários e droguistas.[156]

Vendedores ambulantes

Um último nível do processo de circulação de bens indispensáveis à reprodução material e social dos habitantes de Salvador situava-se em unidades mercantis personalizadas e individualizadas: os vendedores ambulantes. Historicamente, eram essenciais para a rede de trocas e integravam cotidianamente a paisagem humana das cidades, espalhados pelas ruas, becos, quarteirões e praças, no dizer de Braudel, estimulando, mantendo e propagando a troca e a venda de víveres e de gêneros os mais diversos.[157]

Em Salvador, conformavam numeroso grupo, integrado, maioritariamente, por escravos, libertos e, em menor proporção, por brancos pobres. Os ambulantes andavam de porta em porta vendendo mantimentos e produtos como frutas, verduras, pão, caça, peixe, entre outros, cuja aceitação era bastante comum em todos os estratos sociais. Também conhecidos, na época, como as regateiras e os regatões e, alguns, ainda, como "vendedores de caixinha", sofriam rigorosa regulação e vigilância por parte da Câmara. Isto se dava através das posturas, das licenças e das condenações.

Durante quase todo o período colonial, a Câmara procurou estabelecer regras e normas para o exercício desse comércio. Inicialmente, os que se ocupavam de tal atividade tinham trânsito livre em todo o meio urbano e nos arredores da cidade, aliás, estratégia relativamente comum em diversos lugares.[158] A partir da década de 60 do século XVIII, foram cada vez maiores as tentativas da Câmara em destinar locais públicos específicos, nos quais os vendedores pudessem comercializar os

---

155 APEB, *Cartas do Senado, 1742-1823*, fls.192-195.

156 Roberto Machado *et al.*, *Danação da Norma: medicina social e constituição da psiquiatria no Brasil*. Rio de Janeiro: Graal, 1978, p. 35.

157 Fernand Braudel, *Civilização material, economia e capitalismo, séculos XV-XVIII: os jogos da trocas*, Trad. Telma Costa. São Paulo: Martins Fontes, 1998, vol. 2, p. 59.

158 *Idem, ibidem*, p. 58-64.

seus produtos ou mesmo construir cobertos, cabanas e quitandas que seriam alugadas "aos que andavam pelas ruas, dificultando o tráfego com a vendagem de comida". Em 1769, construíram-se várias quitandas em "uma sesmaria que a Câmara possuía saindo das Portas de São Bento para a parte da capela de N. Senhora da Barroquinha". Algum tempo depois, já em 1772, outras foram feitas pela Câmara na Baixa dos Sapateiros e na Praça do Terreiro, além de um bom número de cobertos e de cabanas na freguesia da Praia.[159]

Com esta orientação, a Câmara visava não apenas a deixar as ruas livres, mas possibilitar um maior controle sobre este segmento social no que dizia respeito ao cumprimento das leis e posturas. Não obstante às várias tentativas dos vereadores em determinarem pontos fixos de vendagem, tal medida nunca deu certo, pois os lugares indicados não satisfaziam nem aos fornecedores, isto é, as regateiras e os regatões, que ficavam privados da liberdade de ir e vir, de circular e aumentar o número de potenciais compradores de seus produtos, nem aos compradores, premidos a vencerem as dificuldades de distância e tempo para adquirir o que antes lhes vinha comodamente à porta. Ademais, quase sempre, os que alugavam quitandas e cabanas se queixavam do preço do aluguel cobrado pela Câmara, preferindo, assim, continuar a comerciar de porta em porta. Saliente-se que se arraigou na cultura urbana e ainda se faz presente, com certas características, em muitos bairros de Salvador.

A falta de acordo entre as partes resultou numa petição, em 1775, dos vendedores de rua aos vereadores daquele ano, Cristóvão da Rocha Pita, Matias Vieira de Lima e Antônio Elias Fonseca, lembrando-lhes "que no Reino é usual terem os vendilhões tendas pelas ruas" e solicitando-lhes que "na Bahia tudo seja como antes".[160] Em 1795, era tão grande o número de vendedores pelas ruas que o procurador do Senado da Câmara, Adriano de Araújo Braga, solicitou aos vereadores que tomassem providências

> [...] em relação ao embaraço em que se achava os serventes das obras da Ladeira da Misericórdia e cadeia nas conduções dos materiais para as ditas obras por terem tomado o passo público as vendeiras e regatões que ali se acham com as suas vendagens e mercadorias que nem uma só pessoa podia passar acontecendo sucessivas desordens e questões que resultavam clamor público.[161]

---

159 AMS, *Ofícios ao Governo, 1768-1807*, fls.7; *Condenações feitas pelos Almotacés, 1777-1785*, s/n fls.; *Atas da Câmara, 1776-1787*, fls. 91-97.

160 AMS, *Atas da Câmara, 1765-1776*, s/n fl.

161 AMS, *Atas da Câmara, 1787-1801*, fl. 161.

Nesta ocasião, a intenção da Câmara era fixar os regatões e as regateiras, que vendiam peixe e miúdos de porco e boi, no largo do Terreiro e na Barroquinha; os que vendiam hortaliças, no largo chamado Simeão Alves Santos, atrás da casa da ópera; e os vendedores de frutas e outros alimentos, na Cidade Baixa, "na praça do novo cais", onde se estabeleceria a quitanda geral.[162] Isto refletia também a vontade da vereança em melhor organizar o comércio da cidade, criando referências que norteassem a população no momento de aquisição de determinados gêneros alimentícios, tendência advinda das novas normas de urbanização e administração local impostas pela coroa portuguesa a seu reino e que previa melhorias econômicas e sociais para as cidades e vilas dos territórios coloniais.[163]

Além das posturas, outra forma de se tentar controlar o comércio ambulante era a exigência da licença. Todos os que pretendessem mercadejar pelas ruas tinham que ter licença anual da Câmara. No caso dos escravos, a autorização era adquirida por seus donos, que também se responsabilizavam pelo pagamento das penas, na ocorrência de alguma infração cometida pelos cativos.

Entre os comerciantes ambulantes, as mulheres ocupavam lugar de relevo, predominando, entre elas, as escravas e forras. No início do século XVIII, verificava-se, ainda, a presença de brancas pobres no exercício dessa atividade, tendência que diminuiu no decorrer do tempo, como pode ser percebido pelas licenças obtidas junto à Câmara nos anos de 1792 a 1796 (Cf. quadro 16). No período compreendido entre 1797 a 1801, essa situação se manteve e mais de 70% das licenças continuaram sendo requeridas por mulheres negras, livres ou não.[164]

---

162 AMS, *Atas da Câmara, 1765-1776*, fl.163.

163 A retomada de uma política de urbanização nas áreas coloniais, em princípios do século XVIII, ganha força no reinado de D. José I (1750-1776), em função das diretrizes norteadas pelo marquês de Pombal. A política pombalina para o Brasil visava não apenas o total controle das terras através do povoamento em larga escala, mas também, o desenvolvimento do comércio local e entre capitanias, nisso incluíam-se as relações comerciais implementadas no interior de cada cidade ou vila, assunto do qual as Câmaras locais deveriam desincumbir-se. Vide, sobre o período pombalino: Visconde de Carnaxide, *O Brasil na administração pombalina: economia e política externa.* São Paulo: Nacional, 1979; Francisco José C. Falcon, *A época pombalina: política econômica e monarquia ilustrada.* São Paulo: Ática, 1993.

164 AMS, *Licenças, 1797-1801*, sn/fl.

QUADRO 16 – Licenças concedidas pela Câmara de Salvador, segundo o sexo e situação jurídica dos beneficiados (1792-1796)

Licenças	Período: 1792-1796	
Mulheres	Negras	
	• escravas	1.987
	• libertas	1.358
	Brancas	699
Total		3.944
Homens	Negros	
	• escravos	749
	• libertos	376
	Brancos	1.683
Licenças/Total		5.627

Fonte: AMS, *Licenças, 1792-1796.*

No interior dessa camada de agentes sociais, havia os nomeados vendedores de caixinhas. Estes indivíduos comercializavam miudezas e utilidades, como linha de co-zer, agulhas, botões, alfinetes, grampos para cabelo, brincos, broches, etc., acondiciona-dos em uma pequena caixa de madeira, geralmente carregada embaixo do braço, o que lhes conferiu tal denominação. Estima-se que as pessoas que desempenhavam esse tipo de comércio eram, na quase totalidade, mulheres.[165] Um outro sub-grupo dos *camelôs coloniais*, conhecidos como *adelos,* se distinguia tanto pelos produtos comercializados – tecidos, armas de fogo, espadas, canivetes e tesouras – como pela composição dos membros, na quase totalidade portugueses pobres, recém-chegados ao Brasil.[166]

Em geral, os atos da Câmara mostravam-se sempre rígidos em relação ao comér-cio ambulante de alimentos, como demonstra a insistência em destinar lugares fixos para a sua venda. O contrário parecia se suceder em relação aos adelos, pois a estes era concedida e estimulada a liberdade de movimento, além de serem protegidos pelos vereadores sempre que as queixas dos grandes comerciantes da cidade ameaçavam o exercício de suas atividades. O antagonismo entre os grandes comerciantes e os adelos foi uma constante durante todo o período colonial, mas a década de vinte do século XVIII constituiu-se momento ímpar. Por vários anos seguidos, de 1721 a 1727, os comerciantes solicitaram ao vice-rei, Vasco Fernandes César de Menezes, conde de Sabugosa, a extinção do comércio de fazendas pelos adelos, alegando ser este pre-

165 AMS, *Licenças, 1792-1796/1797-1801*, s/nº fl.

166 AMS, *Ofícios ao Governo, 1712-1737,* fls. 124-125.

242 AVANETE PEREIRA SOUSA

judicial ao sucesso de suas lojas.[167] Consultada pelo vice-rei, a Câmara foi contra a extinção do referido comércio, alegando que "a venda de tecidos pelas ruas era costume do reino, sendo este ato muito usual em Lisboa", e que esses homens "exerciam legalmente o ofício, inclusive com licença deste Senado". As várias negativas dos camaristas não foram suficientes para conter a disputa dos grandes comerciantes, que, em 1728, conseguiram parecer favorável às suas solicitações.[168] À restrição da Câmara, os adelos respondiam com o contrabando de produtos, através das embarcações que aportavam em Salvador e com a venda ilegal pelo Recôncavo.[169]

Além de mercadorias, um sub-grupo de regatões e regateiras, ao que parece, composto, exclusivamente, por negros, se dedicava, em grande parte, à venda de serviços domésticos e artesanais. Identificados pela homogeneidade étnica e espacial, recebiam a qualificação de *negros dos cantos*. Eles se reuniam em determinados lugares da cidade e lá comercializavam produtos artesanais e alugavam sua força de trabalho para executarem tarefas como lavar, passar, cozinhar, carregar cadeirinha e carregar água. Entretanto, o *canto* não se constituía apenas em lugar de compra e venda de trabalho, sendo, igualmente, espaço de encontro e de reunião, onde "os negros conversavam sobre a terra em que estavam e recebiam notícias da terra de origem".[170] Cada um desses grupos era organizado e comandado pelo capitão-do-canto, cujo papel fazia parte "contratar serviços com clientes, designar tarefas, receber e dividir a féria, mediar conflitos porventura surgidos entre os ganhadores", entre outras atribuições.[171] São poucos os estudos e pesquisas sobre a forma de organização, a composição e a lógica interna destes *cantos*, mas, certamente, era uma prática social carregada de elementos que contribuíam para fomentar os laços de solidariedade e identidade sociocultural de significativa fração dos africanos que habitavam o meio urbano de Salvador.[172]

De concreto, o que se percebe é que este tipo de comércio emergiu por toda a colônia. Porém, em Salvador, somente em fins do século XVIII surgiu legislação

---

167 AMS, *Ofícios ao Governo, 1712-1737,* fl. 70.

168 *Idem, ibidem.*

169 *Idem, ibidem.*

170 João José Reis, "A greve negra de 1857 na Bahia". In: *Revista USP.*(18), jun-agost., São Paulo, 1993, p. 13-15.

171 João José Reis, "A greve negra de 1857 na Bahia". In: *Revista USP.*(18), jun-agost., São Paulo, 1993, p. 13-15.

172 Cf. sobre o assunto: Ana de Lourdes Ribeiro da Costa, "Espaços negros: cantos e lojas em Salvador no século XIX." In: *Suplemento Caderno CRH.* Salvador: CRH, 1991.

que o regulamentasse. Provavelmente, o processo de urbanização registrado em importantes núcleos urbanos, como o Rio de Janeiro, Recife, os da região das Minas, multiplicou as possibilidades de investimento na comercialização de serviços, obrigando o poder público local a encetar meios de salvaguardar a estrutura social vigente, mantendo o controle sobre qualquer surto diferenciador.[173]

Em Salvador, o primeiro código de posturas a se referir a esta atividade foi o de 1785, o que pode indicar que houve um aumento no número de negros nessa ocupação, despertando a atenção das autoridades locais para a importância de seus serviços e, em especial, para essa forma de união étnica. Nele, os vereadores procuraram regular o serviço dos negros e das negras dos *cantos*, estabelecendo, para cada *canto*, um capataz, forro, a quem o povo requereria os trabalhadores necessários, obedecendo-se às seguintes prescrições:

> [...] aluguel de um preto por dia inteiro para carregar cadeira ou qualquer outro carreto, 200 rs, para trabalhar em quintal ou roça, 100 rs, dando-lhe de comer, e a seco, 120 rs; saindo fora da cidade até o Senhor do Bonfim, Monserrate, Barra, Boa-Viagem, Brotas, Cabula, Rio Vermelho, ocupando o dia inteiro no carreto, 320 rs; sendo para conduzir em cadeiras e voltar logo, 120 rs e sendo caminhos que vencem léguas, se ajustarão com as partes; o aluguel de uma preta por um dia, 100 rs e daí para baixo, à convenção das partes.[174]

Durante todo o período colonial foi constante a presença de vendedores de rua em Salvador. A sua incidência foi ainda mais forte nos séculos XVIII e XIX, momento em que o crescimento populacional exigia medidas que favorecessem o provimento da cidade de gêneros alimentícios e outros necessários à sobrevivência da

---

173 Sobre as atividades comerciais desenvolvidas por negros e libertos em algumas partes do Brasil colonial, em: Emanuel Araújo, *O teatro dos vícios: transgressão e transigência na sociedade urbana colonial*. Rio de Janeiro: José Olympio, 1993; Julita Scarano, *Cotidiano e solidariedade: vida diária da gente de cor em Minas Gerais-século XVIII*. São Paulo: Brasiliense, 1994. Sobre o comércio feminino, confira: Luciano Figueiredo, *O avesso da memória: cotidiano e trabalho da mulher em Minas Gerais no século XVIII*. Rio de Janeiro: José Olympio; Brasília: Edunb, 1993; Maria Odila Leite da Silva Dias, *op. cit.,*. Esta última obra, embora centrada no século XIX, traz aspectos relevantes sobre o tema no século XVIII.

174 S. Campos, "A Bahia de outros tempos: as posturas do Senado da Câmara em 1785". In: *Revista do Instituto Histórico e Geográfico da Bahia*. Salvador: Tip. e Encadernações Empresa Ed., 1897, vol. 7, p. 64-65.

população. Decerto, isto implicou maior esforço dos camaristas e de sua equipe fiscalizadora. Conquanto o comércio de rua tenha sido, em parte, coibido e regulamentado, a normatização de determinados serviços, como os realizados pelos negros dos cantos, só se tornou uma preocupação dos edis em fins do século XVIII, quando o comércio ambulante, de maneira geral, passou a ser realidade cada vez mais proeminente na sociedade local.

De qualquer sorte, o que se percebe é um esforço da Câmara em intervir na organização e disciplinarização da vida citadina de acordo com os novos preceitos vigentes no centro do Império português. A orientação do rei, no que dizia respeito à organização e controle da sociedade brasileira era a de "seguir o estilo praticado no reino", que, por sua vez, principalmente com o governo Pombal, procurava seguir o estilo praticado em toda a "Europa iluminada".[175] No seio da população, as normas estabelecidas pela Câmara se revestiram em atitudes e práticas cotidianas, no modo da população prover a sua sobrevivência, manifestar a sua religiosidade, nas formas de lazer, na política de saúde pública, na regulamentação do trabalho e nas condições gerais de vida.

Nesse sentido, as ações mais vigorosas, por parte da Câmara de Vereadores, incidiram na regulamentação do comércio ambulante, tarefa desmesurada e de difícil execução, principalmente porque, não obstante às várias tentativas, até então não se tinha conseguido criar um sistema eficaz de feiras e mercados públicos capazes de direcionar e facilitar tal empreendimento. O que na Europa já era realidade e nas cidades e vilas de colonização espanhola quase sempre existiu, no Brasil afigurava-se em simples embrião que nunca evoluíra. Daí a importância da função social desempenhada pelos vendedores ambulantes no espaço citadino.[176]

Todavia, o comércio ambulante, em suas várias tipificações, mantinha uma relação de permanente tensão com as autoridades locais e com estratos situados em posições mais elevadas na hierarquia social. Isso era reflexo das contradições que comandavam os interesses divergentes do mundo dos negócios; das oportunidades desiguais de ganho e reprodução das grandes e pequenas fortunas; e das estratégias utilizadas por diferentes sujeitos sociais para se inserirem e se reproduzirem numa estrutura econômico-social escravista, mas cuja sustentação não abdicava desses agentes.

---

175 AMS, *Atas da Câmara, 1765-1776*, fls. 233-234.

176 Ver sobre o sistema de feiras e mercados no Brasil colonial, reporte-se a: Luís R. B. Mott, "Subsídios à história do pequeno comércio no Brasil. In: *Revista de História*.(53), São Paulo, jan/mar., nº. 105, 1976, p. 88-91.

A BAHIA NO SÉCULO XVIII   245

Oficiais Mecânicos

Se o setor mercantil era essencial à manutenção das condições gerais de abastecimento cotidiano da cidade, porque garantia os meios imediatos à sobrevivência da população e, mediatamente, propiciava certa base material para a reprodução da sociedade, essa requeria, ainda, outras ocupações e fazeres necessários ao seu regular funcionamento. Com efeito, a sociedade colonial escravista sempre comportou uma divisão social do trabalho que englobava ocupações necessárias e socialmente valorizadas. Este é o caso dos ofícios mecânicos. Também denominados de mesteirais, artistas, artesãos e artífices eram, em geral, produtores, trabalhando, diretamente, na produção de bens manufaturados. Algumas profissões ligadas à prestação de serviços, como os barbeiros e cabeleireiros, tinham também esta nomenclatura.

Os oficiais mecânicos em Salvador guiavam-se pelas mesmas normas estabelecidas no Livro de Regimentos dos Oficiais Mecânicos de Lisboa, de 1572, reformado, em 1771, pelo Marquês de Pombal. Nele, baseavam-se as posturas camarárias quanto à prática do ofício em aspectos que iam da eleição de representantes, junto às corporações de ofício, às condições gerais de trabalho.[177] Ao oficial mecânico apto a inserir-se no mercado de trabalho, o que significava ter se submetido ao exame e aprovação do juiz e escrivão de seu ofício, era necessária a aquisição de licença junto à Câmara. De resto, o oficial deveria, ainda, pagar uma taxa de 600 réis para retirar da Câmara a lista de preços de seus produtos ou serviços, a qual era estabelecida pelos camaristas, através de posturas. Só então poderia exercer o seu ofício.[178]

Outro aspecto importante da regulamentação dos fazeres manufatureiros consistia nas disposições sobre a localização das tendas ou lojas. Aos oficiais era vedado instalarem suas tendas onde lhes conviessem, pois cabia à Câmara, enquanto responsável pela organização do espaço social urbano, determinar a rua na qual deveriam ser fixadas. Assim, de acordo com os códigos de posturas lançados pelos camaristas durante os séculos XVII e, especialmente, XVIII, alguns ofícios deviam arruar-se da seguinte forma:

> [...] Os ferreiros e Caldeireiros terão as suas tendas desde o
> Trapiche do Azeite até o Hospício dos padres de S. Felipe Neri

---

177 Maria Helena O. Flexor, *Oficiais mecânicos na cidade do Salvador*. Salvador: Prefeitura Municipal/Museu da Cidade, 1974, p. 17.

178 AMS, *Posturas, 1716-1742*, s/nº fl.

> [...] Os latoeiros, funileiros, douradores e pichileiros, terão as suas tendas do princípio da Ladeira das Portas do Carmo até a Cruz do Pascoal. Os mestres das tendas de barbeiro, que ensinam a tocar instrumento terão as suas tendas no princípio da Ladeira do Álvaro [...]; os tanoeiros, na rua dos Coqueiros. os alfaiates, celeiros e sapateiros na rua que vem das Portas de São Bento, até as Portas do Carmo, seguindo por detrás de N. S. da Ajuda e do Tijolo.[179]

Nesse período, as formas de controle e organização desse grupo profissional pela Câmara continuaram praticamente as mesmas. A única tentativa de mudança ocorreu na primeira década do século XVIII, quando os vereadores passaram a exigir que os oficiais mecânicos solicitassem, junto à Câmara, não apenas a licença para o exercício das suas atividades, mas também provisão, passada pelos próprios camaristas, concedendo autorização para o exercício de ofícios.[180] Entretanto, como esse procedimento "não era costume nem estilo no reino", alegação feita por Manuel Prudêncio Pereira, "procurador dos juízes e escrivães de todos os ofícios mecânicos da cidade", não pôde ser implantado, permanecendo apenas a expedição de carta de exame e a concessão da licença.[181]

Em Salvador, no que diz respeito ao trabalho dos oficiais mecânicos, a mudança substancial deu-se não no concernente à forma de regulamentação dos serviços, mas na variedade e no número de ofícios que foram surgindo. O aumento da população e o avanço do dinamismo econômico estimularam a urbanização da cidade e geraram necessidades até então inexistentes, proporcionando crescente divisão social do trabalho.[182]

Os livros de registros de cartas de examinações de oficiais, no século XVIII, evidenciam o quanto cresceu o número de artífices em Salvador neste período. Entre 1690 e 1725, cerca de seiscentos e cinquenta e três aprendizes prestaram exame junto aos juízes dos ofícios. Por volta da segunda metade do século, entre 1741 e 1770, mais de mil e duzentas cartas de exame foram expedidas, demonstrando a

---

179 AMS, *posturas, 1650-1787*, fls. 66-67; Maria Helena O. Flexor, *Oficiais mecânicos...*, p. 35.

180 AMS, *Atas da Câmara,1700-1718*, fls. 71.

181 AMS, *Atas da Câmara,1700-1718*, fls. 71.

182 Sobre a economia baiana no período, ver: Pinto de Aguiar (Ed.), *Aspectos da economia colonial*. Salvador: Progresso, 1957; Kátia M. de Q. Mattoso, *Bahia: século XIX: uma província no império*. Rio de Janeiro: Nova Fronteira, 1992.

continuidade do crescimento das artes mecânicas.[183] As licenças para abrir tenda pública, concedidas pela Câmara entre 1785-1801, confirmam o desenvolvimento das profissões mecânicas no decorrer do século XVIII. Nesse período, cerca de mil e quinhentas licenças foram solicitadas por oficiais e outorgadas pelos vereadores (Cf. quadro 17).[184]

Além de aumentar quantitativamente, as profissões experimentaram metamorfoses qualitativas, decorrentes do crescimento populacional, bem como da constante diversificação dos fazeres artesanais que, ao tempo em que suprimia determinados serviços, considerados não mais necessários, fazia emergir outros, que satisfaziam às exigências inerentes às novas demandas da sociedade urbana. Assim, nos três primeiros quartéis do século XVIII, surgiram ofícios como coronheiro, armeiro, fundidor, cerieiro, violeiro, sombreiro, dourador, boticário e tintureiro.[185] Entre os que perderam a relevância ou desapareceram dos registros oficiais estavam os ofícios de enxamblador, espadeiro, palmilhador e pichileiro.[186]

No contexto desse dinamismo e de relativa complexificação da divisão social do trabalho, as ocupações se diversificaram e algumas se projetaram sobre outras. Dos ofícios existentes, no final do século XVII e primeira metade do XVIII, o que mais se expandiu foi o de sapateiro. Entre 1690 e 1725, o número de oficiais de sapateiro alcançou o total de cento e sessenta. Nas décadas seguintes, essa tendência se manteve ascendente, chegando, em 1770, a duzentos e dezessete oficiais licenciados para o exercício deste ofício. Isto foi motivado, por um lado, pelo aumento da população livre, consumidora de produtos manufaturados provenientes dessa atividade e, por outro, pelo fato de ser a Bahia, nesse período, uma das principais produtoras do couro, ou seja, da matéria-prima essencial na confecção de sapatos. Cabe acrescentar, ainda, que houve um aumento do número de todos os ofícios que tinham o couro como insumo para as atividades manufatureiras, a exemplo dos de chapeleiro, seleiro e correeiro.[187]

---

183 AMS, *Registro de Cartas de Examinações de Oficiais, 1690-1712\ 1712-725 \ 1741-1770.*

184 AMS, *Licenças, 1785-1791\ 1792-96\1797-1801.*

185 AMS, *Atas da Câmara, 1700-1750,* fls. 23, 76.

186 AMS, *Licenças, 1785-1791\ 1792-96\1797-1801.*

187 Pinto de Aguiar (ed.), *op. cit.,* p. 15-20.

QUADRO 17 – Licenças para funcionamento de tendas expedidas pela Câmara, segundo os ofícios (Salvador,1785-1791)

Ofícios licenciados	Total de licenciamentos
Alfaiate	150
Barbeiro	55
Caldeireiro	30
Carpinteiro	40
Cerieiro	22
Chapeleiro	18
Correeiro	7
Dourador	25
Ferreiro	66
Funileiro	160
Latoeiro	112
Marceneiro	65
Sangrador	147
Sapateiro	150
Seleiro	62
Serralheiro	85
Tanoeiro	145
Torneiro	130
Tintureiro	100
Total Geral	1500

Fonte: AMS, *Licenças Expedidas pela Câmara, 1785-1791.*

Apesar da relevância das profissões mecânicas, o *status* social dos seus praticantes parecia relativamente secundário, não compondo lugares de prestígio na estrutura social da época. Inicialmente, ou seja, nos dois primeiros séculos da colonização portuguesa no Brasil, o mercado de oferta de mão de obra especializada em serviços mecânicos, na Bahia, era escasso e praticamente inexistente. Isto se verificava devido à própria organização socioeconômica do regime colonial, em grande parte voltada para a agroindústria exportadora. Assim, o recrutamento de oficiais especializados, tanto para cumprir a demanda exigida nos engenhos quanto para

A BAHIA NO SÉCULO XVIII   249

executar trabalhos requeridos pela população urbana e pela indústria de construção naval, era feito no reino, através da seleção de indivíduos brancos e livres.[188]

No decorrer do século XVIII, essa situação foi se modificando e, nos engenhos, à medida que o sistema escravista se desenvolvia, diminuía o número de artífices assalariados, sendo estes substituídos por escravos adestrados para o exercício de ofícios qualificados.[189] Na cidade, aumentou consideravelmente o contingente de escravos negros exercendo ofícios mecânicos, principalmente nas profissões de sangrador e parteira que foram, em sua maioria, ocupadas por escravos e libertos.[190] Na verdade, esse processo em gestação anunciava o deslocamento dos lugares sociais e maior abertura do mercado de trabalho livre, que continuou crescendo, até o início do século XIX, sob o controle da Câmara.

Ainda assim, foram homens livres (brancos e negros libertos) que, em Salvador, durante quase todo o período colonial, se ocuparam da maioria das atividades artesanais e manufatureiras, como indica a documentação pesquisada.[191] A condição social desses artífices variava. Alguns artesãos possuíam muitos bens, outros, poucos, e a maioria quase nada possuía, como por exemplo os escravos de aluguel, cujos rendimentos destinavam-se aos seus senhores. Segundo Flexor e Casal Rey, "havia até soldados graduados exercendo ofícios mecânicos, como o alferes Manuel de Souza Ribeiro, de origem portuguesa, o capitão Alberto Coelho Pereira, o capitão Lourenço Julião dos Reis e o tenente Pedro Teixeira de Magalhães", estes três últimos como oficiais de marceneiro.[192]

Entretanto, se essa camada social for tomada em seu conjunto e se for observada a intrincada teia de relações sociais que compõe o universo de valores da sociedade colonial, pode-se concluir que, embora existissem artesãos de muitas posses, principalmente os de origem portuguesa, a grande maioria, em Salvador setecentista, detinha apenas os seus instrumentos de trabalho, com os quais angariava o necessário à sua sobrevivência, num padrão de vida relativamente baixo. De concreto, pode-se dizer que o grupo social integrado por oficiais mecânicos estava à margem da rede de hierarquias de poder na qual se estruturava a socie-

---

188 José Roberto do Amaral Lapa, *A Bahia e a carreira da Índia*. São Paulo: Nacional,1968, p. 111.

189 Jacob Gorender, *O escravismo colonial*. São Paulo: Ática,1985, p. 288.

190 AMS, *Cartas de Examinações, 1741-1770*, sn/fls.

191 AMS, *Registro de Cartas de Examinações de Oficiais, 1690-1712/1712-25/1741-1770*.

192 Maria Helena O. Flexor, *Oficiais mecânicos...*, p. 37; Maria das Graças Leal Casal Rey, *As artes sacras no centro histórico de Salvador*, Salvador, 1984 (mimeo) p. 3.

dade baiana colonial, cujos estratos prestigiados e abonados provinham da riqueza material dos senhores de terras e escravos, da burocracia estatal e religiosa e dos grandes comerciantes contratadores. Mas, por certo, numa sociedade cujo topo era constituído por senhores de terras, burocratas e clérigos, composições legitimadas e reverenciadas, e o pólo subalterno integrado por escravos, cujos trabalho e *status* jurídico eram considerados degradantes, os estatutos de artífice e de homem livre configuravam um quadro intermediário, visto que esses atributos não se enquadravam em uma posição totalmente desqualificada.

Dessa forma, apesar de sofrer restrições, as artes mecânicas eram portadoras de prestígio e tradição seculares, projetados de um passado que remontava à Idade Média portuguesa, quando exercer ofício manual significava ter reconhecimento e valor garantidos.[193] Sob esta ótica, pode-se dizer que não era do poder material que vinha o seu *status*. A importância do artesão na sociedade baiana colonial estava dada em outro plano: no simbólico e cultural. Isto lhe conferia certo respeito e facilitava o acesso a determinados círculos sociais, como a algumas irmandades e mesmo a aproximação com o poder camarário, onde podia exercer o cargo de almotacé da limpeza e de quadrilheiro.[194] No final do século XVII e meados do XVIII, alguns artesãos chegaram a integrar o quadro de membros da Santa Casa da Misericórdia, como os ourives Vicente de Souza Pereira, Pedro Soares Ferreira e Inácio Correia Ramos e, ainda que raramente, a mesa desta, a exemplo do marceneiro Antônio Soares Teixeira.[195] Todavia, importa salientar que nem todos os ofícios concediam prestígio aos seus membros, principalmente os que tinham qualquer tipo de relação com sangue, como o de sangrador, barbeiro, parteira e cirurgião-prático, os quais eram desempenhados quase que exclusivamente por mestiços, escravos e forros.

Durante o período colonial, a Câmara sempre tentou exercer o seu papel de controle sobre os oficiais mecânicos. Submeter o aprendiz ao exame de aptidão feito pelo juiz do ofício, conforme regra expressa no regimento de oficiais, como um item remanescente dos tempos em que a própria corporação regulamentava todo o processo de ingresso e exercício das profissões artesanais, tinha a finalidade de delimitar o perfil do grupo, preservando a importância da associação. Isto, por si só, já se constituía numa fonte de poder e controle. No entanto, nas posturas se positivava a parte mais expressiva do referido domínio. O código de posturas esmiuçava todos

---

193 Luís Antônio Cunha, "Aspectos sociais da aprendizagem de ofícios manufatureiros no Brasil colônia", *Fórum*, Rio de Janeiro, 2 (4):31-65, out./dez., 1978, p. 32.

194 AMS, *Atas da Câmara, 1700-1750*, fls. 7, 35.

195 Maria das Graças Leal Casal Rey, *op. cit.*, p. 4-23.

os itens do regimento de oficiais e fazia ainda acréscimos importantes, como prescrever as arruações e taxar os produtos e serviços dos diferentes fazeres.

Em Salvador, os oficiais da Câmara sempre agiram com rigor e cumpriram à
risca esta matéria. Assim, todos os códigos de posturas traziam explícita a questão. Além do tabelamento de preços, da demarcação das arruações, do aval nas
cartas de examinações, uma outra forma, encontrada pelos camaristas, para exercer o controle sobre os oficiais era fixar, nas próprias posturas, as sanções e penas
para os que não cumprissem o regulamentado. Para os artesãos que ocultassem
do povo o regimento de preços fixados pela Câmara a multa era de 4 mil réis. Pena
mais severa era aplicada àqueles que cobrassem por sua obra mais que o estipulado no Regimento. Estes, além de pagarem 6 mil réis, teriam cassada a licença
para praticar o ofício com tenda aberta. Uma pena de 20 mil réis seria também
cobrada aos ofícios embandeirados que não comparecessem às procissões e festas
de Sua Majestade.[196]

No plano político-administrativo, a Câmara de Salvador sempre lutou para
ser reconhecida "como uma das principais do Império", igualando-se às Câmaras
do Porto, de Évora e de Lisboa. Isto significava possuir os mesmos privilégios e
a prerrogativa para incluir, em seu quadro funcional, os cargos existentes naquelas.[197] Um dos resultados dessa luta consistiu, em 1581, na autorização, por parte da
coroa, para que a Câmara da Bahia tivesse, como integrante da mesa, um representante dos oficiais mecânicos, tendo em vista a necessidade, cada vez mais premente, de organizar e controlar de perto uma categoria cujo crescimento superava
as expectativas dos camaristas.[198]

Com o passar dos tempos, o aumento e a diversificação dos ofícios e o processo de urbanização tornaram insuficiente a participação de apenas um representante desse grupo social nas sessões da Câmara de Salvador. Assim, os vereadores do ano de 1641 solicitaram da coroa portuguesa o direito de ter, em seu
quadro, representantes dos oficiais mecânicos e, de certa forma, de todo o povo,
"como era costume nas cidades e vilas notáveis de Portugal", visto "se não poder
acudir a tudo e fazer cessar a queixa que o povo tinha de andar esta República tão
mal governada sem que os almotacés pudessem conter os vendeiros que em tanta
soltura não davam cumprimento às portarias da Câmara".[199]

---

196 AMS, *Posturas, 1716-1742*, s/no. fls.

197 AMS, *Atas da Câmara, 1641-1749*, fls.36.

198 Affonso Ruy, *História da Câmara...*, p. 31.

199 AMS, *Atas da Câmara, 1641-1649*, fls.23.

Após concessão real, os camaristas decidiram que o número de mesteres seria de doze, escolhidos pelos oficiais mecânicos da cidade e dentre estes se elegeria um juiz do povo e um escrivão, por um período de três anos.[200] Embora fossem eleitos pelos oficiais mecânicos, os mesteres e o juiz do povo não se limitavam a defender e atuar apenas em assuntos relacionados a este grupo social. Passaram a imiscuir-se cada vez mais em questões que, teoricamente, estavam fora de suas alçadas e a incentivar a participação do povo em geral nas sessões da Câmara. Isto fez com que a Câmara emitisse portaria, estabelecendo que àqueles competia apenas votar e discutir assuntos ligados aos seus interesses, excluindo-os de interferir nas reuniões ordinárias da instituição.[201]

Em 1710, após movimento de contestação na cidade, encabeçado pelo juiz do povo, no qual a população reivindicava da Câmara o fim do comércio de produtos importados, considerado prejudicial ao comércio local, os vereadores, além de ignorar a solicitação, decidiram proibir a presença dos mesteres e do juiz do povo nas vereações e facultaram-lhes "requerer, através de petição, apenas aquilo que entendessem ser útil ao povo" e "que não assistissem nas vereações por ouvirem as resoluções de negócio e segredos que só deviam ouvir os vereadores".[202]

Por fim, após a revolta popular de 1711, quando o juiz do povo foi responsabilizado pelo levante contra o aumento do imposto sobre o sal, a pedido dos vereadores, a coroa resolveu, por Carta Régia de 25 de fevereiro de 1713, extinguir os cargos de juiz do povo e mesteres.[203] Alguns anos mais tarde, a própria Câmara, reconhecendo a importância e necessidade de representação popular nas sessões camarárias, suplicou ao rei a volta do ofício, no que não foi atendida.[204]

Com a independência e a nova organização jurídico-política instituída com a Constituição de 1824, as corporações de ofício são extintas. A partir de 1828, o controle e a organização dos ofícios saíram da alçada administrativa da Câmara e passaram a ser objeto dos próprios artesãos. Com isto, extinguiu-se todo o processo de disciplinarização do profissional mecânico, inaugurando-se outra lógica

---

200 AMS, *Atas da Câmara, 1641-1649*, fls.23.

201 Maria Helena O. Flexor, *Oficiais mecânicos...*, p. 11-2.

202 Maria Helena O. Flexor, *Oficiais mecânicos...*, p. 11-12.

203 AMS, *Atas da Câmara, 1700-1718*, fls. 57. Para mais detalhes sobre o papel do juiz do povo, vide: Maria Helena O. Flexor, *Oficiais mecânicos...*, p. 11-12 e Affonso Ruy, *História da Câmara...*, p. 173-175. Sobre esta revolta, denominada do Maneta, cf.: Luciano Raposo de Almeida Figueiredo, *Revoltas fiscais...*

204 AMS, *Atas da Câmara, 1700-1718*, fls.418.

na ordenação das atividades e dos fazeres artesanais especializados.[205] A partir de então, inaugurou-se uma outra racionalidade na conformação dos detentores de saberes e profissões manuais mecânicas.

Infrações e infratores

Como se pôde observar, a intervenção do Estado monárquico – em âmbito central e local – atingia, praticamente, todos os níveis da produção, circulação e consumo de bens materiais e serviços, bem como da comercialização das mercadorias importadas da metrópole. Tal ação implicava na capacidade de definição de regras legais de controle e fiscalização junto aos agentes sociais para os quais eram destinadas. Nessas fases, os poderes estatais se manifestavam enquanto força constritora de condutas, buscando padronizar a ação dos diferentes grupos sociais que, de uma forma ou de outra, tomavam parte no processo de reprodução da sociedade. Todavia, isto não garantia que os comportamentos prescritos fossem traduzidos em comportamentos *standartizados* e conformados. Pelo contrário, as transgressões já estavam pressupostas, exatamente porque para o não cumprimento das normas estipulavam-se sanções legais. No caso das posturas sobre as condições gerais da vida urbana em Salvador colonial não poderia ser diferente.

As posturas municipais, como constatado, dispunham acerca de diversos aspectos da vida cotidiana e, por isso mesmo, incidiam, indistintamente, sobre todos os habitantes da urbe e de seu termo. Todavia, as mais contundentes ações de vigilância e controle da Câmara se manifestavam, nomeadamente, sobre os que exerciam atividades produtivas e comerciais, seja porque repercutiam no conjunto da ordem social, seja porque a conduta ilegal era fonte de renda para o erário público, daí a natureza das punições. De fato, as penas para os que desregrassem os códigos do esquadrinhamento da vida urbana atingiam sempre aspectos materiais e pecuniários, implicando tal caráter em significativas perdas econômicas para os desviantes. Nesse caso, a defesa do bem comum contra as usurpações particulares, que fundamentava o *direito de punir*, por parte do soberano ou de seus legítimos representantes, tornava-se contraditória, posto que, como qualificou Beccaria, eram situações em que os "delitos dos homens [transformavam-se em] patrimônio do príncipe".[206] Se isto era verdadeiro tomando-se a macroestrutura do Estado monárquico, também em âmbito local os oficiais camarários

---

205 Luís Antônio Cunha, *op. cit.*, p 36.

206 Cesare Beccaria, *Dos delitos e das penas*, Trad. Lucia Guidicini. São Paulo: Martins Fontes, 1998, p. 42, 76-77.

sobrelevavam, através da maximização e rigidez na elaboração das leis, o papel de defensores do seu próprio sistema fiscal e arrecadador, amparados pelo também dever de resguardar e garantir os direitos da população.

A violação das posturas relativas à circulação e ao comércio de mercadorias superou, durante o século XVIII, as transgressões às normas sobre edificação, higiene e saúde públicas e manifestação religiosa, representando quase 60% do total das contravenções averiguadas (Cf. gráfico 10). Tal fato, até certo ponto, refletia e reafirmava a vocação mercantil de Salvador, importante porto da América portuguesa e centro receptor, redistribuidor e consumidor de produtos diversos. Expressava, ainda, o dinamismo do comércio local, bem como, se observadas as características e o perfil dos infratores, aspectos menos visíveis, porém determinantes, de uma profunda resistência socioeconômica, manifesta cotidianamente no ato de vender e comprar e na relação entre os sujeitos nele envolvidos. São, justamente, os delitos verificados em função da inobservância da legislação relativa aos padrões de comportamento econômico definidos pela Câmara, enquanto gestora do *governo econômico* da cidade que, particularmente, nos interessam neste tópico. Ressalve-se que as infrações aqui abordadas são tão somente àquelas percebidas e penalizadas pela municipalidade. As transgressões punidas por rendeiros, que arrematavam a denominada Renda do Ver[207] e, por isso, dividiam com a Câmara o direito de fiscalizar o cumprimento das posturas, especialmente no que se referia às atividades de vendeiros e taberneiros, bem como as multas por eles aplicadas, são, por falta de registro, desconhecidas, não podendo sobre elas se tecer conjecturas.

O exame das informações contidas na documentação, existente no Arquivo Municipal de Salvador, quais sejam os livros de *Condenações do Senado em Vereança (1703-1805);* de *Citações (1742-1769)* e de *Correições (1715-1804)*, possibilitou-nos traçar panorama dos mais recorrentes delitos contra a economia urbana: os principais agentes transgressores, o tipo, a incidência e a origem das penalidades atribuídas. De outro modo, esclareceu-nos ainda a rotina e o ritual do controle, bem como a sinuosidade dos seus limites e flexibilidade.

---

207 Sobre a renda do Ver, vide cap. 2.

GRÁFICO 10: Tipo e incidência de infrações às posturas (Salvador, 1703-1805)

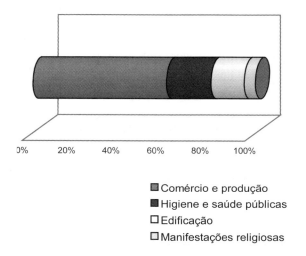

■ Comércio e produção
■ Higiene e saúde públicas
□ Edificação
□ Manifestações religiosas

Fonte: AMS, *Condenações do Senado em Vereança, 1703-1805*.

Numa sociedade extremamente vigiada em que, do ponto de vista da administração urbana, a Câmara tinha ampla ingerência sobre diversos setores das atividades mercantis desenvolvidas no interior da cidade e de seu termo, e, às vezes, até mesmo em áreas geograficamente próximas, sobretudo quando se tratava do abastecimento da população local, a própria natureza da vida cotidiana levava os indivíduos a transgredir os seus códigos de regulamentação. Se no imaginário da população estava inscrita a gramática da obediência, da disciplina, do respeito às autoridades constituídas e instituições cívicas e religiosas, que garantiam os valores ideológicos para a reprodução da ordem vigente, na prática havia espaço para a manifestação de descontentamentos e conflitos marcados pelos interesses imediatos e materiais. É neste plano que deve ser compreendida a permanente tensão e rejeição, por parte de inúmeros sujeitos anônimos, individuais e coletivos, com representações formais ou não, contra o conjunto de ordenações, e, nesse aspecto, particularmente, as oriundas do poder municipal, que procuravam definir lugares e comportamentos em torno da vida material.

Vender por maior preço que o estipulado pela municipalidade configurava-se, no contexto acima delineado, na contravenção de maior incidência. Esta infringência motivava 55% das condenações (Cf. gráfico 11). De tal prática nenhum indivíduo que exercesse qualquer ramo de atividade comercial sujeito à almotaçaria queria escapar. Ao contrário, "vender por mais da taxa", como era denominada na época, pelos índices de recidiva e não obstante a punição, demonstrava que o ganho auferido com a infração compensava o risco e o ônus da efetivação da pena. A multa, ou a condenação, refletia a constância e persistência da prática, sendo esta, sem sombra de dúvidas, mais regular que aquela. Os marchantes, seguidos dos taberneiros[208] e dos vendeiros, encabeçavam a lista dos contraventores desta postura, fato explicável em decorrência de que tais atividades estavam diretamente envolvidas com a comercialização de gêneros de grande demanda, quer mantimentos da terra, quer produtos importados (Cf. quadro 18).

GRÁFICO 11: Incidência das principais infrações (Salvador, 1703-1805)

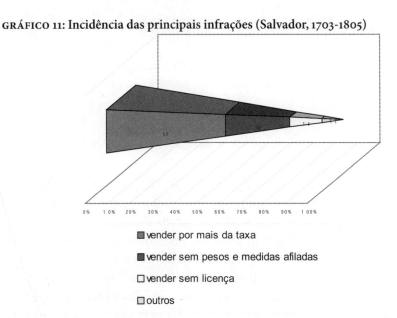

Fonte: AMS, *Condenações do Senado em Vereança,1703-1805; Citações, 1742-1769.*

O contrabando de farinha e a retirada de produtos do mercado, com a finalidade de forçar aumento de preço, configuravam-se transgressões gravíssimas e,

---

208 Em 1765, os taverneiros solicitaram à Câmara de Salvador que os isentassem da almotaçaria de comestíveis e bebidas, a exemplo da concessão régia feita à cidade de Lisboa quando do terremoto de novembro de 1755, no que não foram atendidos sob a alegação de que a Câmara taxava os produtos em estreita "obediência às leis do reino". Foi-lhes lembrado ainda que apenas sobre "os gêneros da Companhia do Alto Douro, desde 1760, e aos homens de negócio que despacharem na alfândega em grosso" não incorria a postura relativa à taxação de preços. APEB, *Cartas do Senado a Sua Majestade, 1742-1822,* fls. 161-162v.

geralmente, cumulavam a totalidade das penas possíveis de serem aplicadas pelas posturas.[209] Talvez por isso mesmo fossem menos incidentes que outras, ou quem sabe de mais difícil apreensão por parte dos oficiais municipais. Nesses delitos incorriam, principalmente, agentes do tráfico negreiro, donos de embarcações ou seus subordinados e criadores e comerciantes de gado.

QUADRO 18 – Relação de infrações e infratores dos códigos de posturas (Salvador: 1703-1805)

Tipo de Infração	Infratores
Vender por mais da taxa	Marchantes, taberneiros, vendeiros, vendedores ambulantes, oficiais mecânicos
Vender sem pesos e medidas/ marcas afiladas	Vendeiros, marchantes, cobradores de açougue, oficiais mecânicos, vendedores ambulantes, boticários
Vender sem licença	Vendedores ambulantes, vendeiros, taberneiros, marchantes, barqueiros, donos de trapiches
Vender fora do local estipulado	Vendedores ambulantes, marchantes, vendeiros
Atravessar produtos	Soldados, vendedores ambulantes, marchantes, vendeiros
Vender com portas abertas fora de hora	Taberneiros, vendeiros
Não usar redes adequadas	Pescadores
Retirar produtos do mercado para forçar aumento de preços	Marchantes, vendeiros e taberneiros
Contrabando de farinha	Comerciantes de escravos, vendedores ambulantes
Não ter livros rubricados pela câmara	Donos de Trapiches
Por não se submeter à Correição	Taberneiros, vendedores ambulantes, oficiais mecânicos
Vender produtos estragados	Taberneiros, vendeiros
Vender produtos sem almotaçaria	Vendedores ambulantes, taberneiros e vendeiros
Por não ter regimento à porta	Vendeiros, taberneiros, oficiais mecânicos

209 AMS, *Atas da Câmara, 1731-1750*, fls. 79, 79v, 329v.

Usar licença e regimento alheios	Vendedores ambulantes
Vender vinagre, vinho, azeite e aguardente sem selo	Taberneiros
Vender em vasilhas proibidas	Taberneiros

Fonte: AMS, *Condenações do Senado em Vereança, 1703-1805*; *Citações, 1742-1769*; *Correições, 1715-1743, 1743-1804.*

Além dessas, de forma dispersa, foram apuradas treze outras maneiras de desregramento das posturas, compondo um grande mosaico das pequenas violações dos códigos de conduta, opondo vendedores e consumidores de gêneros diversos.

A desobediência à legislação sobre a obrigatoriedade do uso de pesos e medidas afiladas e de licença[210] para o exercício de atividades comerciais e artesanais vinham em segundo e terceiro lugares, com incidência de 30 e 15%, respectivamente. A insistência em não obedecer à determinação geoespacial dos "pontos de vendagem", colocava-se em quarto lugar na ordem de principais infrações (Cf. quadro 18).

Apesar de diluída entre tantas outras desobediências de menor frequência, era o atravessamento de mercadorias que acirrava o debate nas sessões camarárias e dava vazão, em assuntos de economia urbana, à maioria dos requerimentos do Senado ao governador-geral e ao próprio rei.[211] Neles, os vereadores queixavam-se das ações dos soldados e artilheiros que, "proibidos de serem cobradores dos açougues públicos, arrematadores das rendas do Senado e de terem vendas, tavernas e tendas públicas", porque desrespeitavam as posturas "sob o pretexto de seus privilégios", passaram a usar da sua condição e autoridade para atravessarem mantimentos e repassá-los aos vendedores ambulantes e vendeiros, que, sorrateiramente, os vendia por mais da taxa, repartindo os lucros auferidos.[212]

---

210 Eram sobretudo os comerciantes de molhados (comestíveis) os principais transgressores dessa postura. Cf. AHU_CL_CU_005, cx. 40, D.3658.

211 Punir os atravessadores era orientação prevista e estimulada pelo próprio rei. Confira-se a ordem real, de 26 de março de 1765, que estabelece severas punições para o crime de travessia. Cf. José Roberto Monteiro de Campos Coelho e Sousa, *Sistema ou coleção dos Regimentos Reais*. Lisboa: Oficina de Simão Thadeo Ferreira, 1885, t. 4, p. 244.

212 AMS, *Atas da Câmara, 1731-1750*, fl. 102-102v. Há que se lembrar que as posturas determinavam prioridade ao povo na compra dos víveres comercializados pelos lancheiros, definindo, inclusive, que apenas depois de certo horário é que os revendedores podiam adquirir, junto aos produtores/lancheiros, os frutos de sua revenda.

No que a documentação deixa entrever, o açambarcamento de víveres estava, até princípios do século XVIII, quase que exclusivamente circunscrito a pequenos vendeiros e regateiros[213]. A própria condição social desses indivíduos tornava mais fácil a ação da Câmara que não hesitava em puni-los devidamente, inclusive com pena de prisão. O mesmo não acontecia no caso de soldados e militares, que, sobretudo depois da já citada proibição de 1735, passaram a comandar a prática de tal delito, "sendo os mais frequentes nesse gênero de travessia", conforme qualificação dos camaristas de 1792.[214] Para os vereadores, esses indivíduos, "por obrigarem violentamente os que conduzem víveres para esta cidade por mar e terra a lhes venderem por preços que eles mesmos querem, e até arrancando as mercadorias das mãos dos ditos vendedores", deviam ser "escarmentados" (castigados) não apenas pela Câmara mas pelos seus respectivos chefes e, se ainda assim persistissem no erro, pelo próprio governador geral.[215] Essa atitude, um tanto quanto desesperada por parte dos edis, tinha, de certa forma, a sua razão de ser, pois nos *crimes contra o governo econômico* cometidos por soldados as posturas locais só podiam ser parcialmente aplicadas, necessitando de prévia autorização do governador-geral para que à pena pecuniária fosse acrescida pena de reclusão.[216]

E nem sempre, nessa e noutras matérias, havia comunhão de interesses entre estas duas instâncias da administração colonial. Ao contrário, a ambiguidade de jurisdição, marco da política portuguesa em nível periférico, fazia com que em assuntos reputados como de exclusiva competência camarária acorressem outros agentes de órgãos centrais. No caso da participação de soldados em ações econômicas condenadas pela Câmara, como o atravessamento de gêneros, por exemplo, não raras foram as vezes em que Câmara e governo-geral divergiram quanto à conotação e gravidade do fato. Por conta disso, as medidas solicitadas pelos vereadores, à autoridade máxima da capitania, ocasionalmente, não eram levadas em consideração e, em momentos outros, foram, inclusive, interpretadas como atitudes "irreverentes e ofensivas" à sua posição, causando incidente de difícil desfecho e que requeria intervenção régia.[217]

---

213 AMS, *Atas da Câmara, 1700-1708*, fls. 163-164.

214 APEB, *Cartas ao Governo, 1783-1799*, M.201-214, doc. 24.

215 APEB, *Cartas ao Governo, 1783-1799*, M.201-214, doc. 58.

216 AMS, *Ofícios ao Governo, 1768-1807*, fls. 67, 148.

217 Em 1749, uma autorização do governo geral para que os sargentos acompanhassem a distribuição/comercialização da farinha no porto, contrariando o costume de ser tal prática comandada apenas pelos almotacés, foi motivo de sério conflito entre a

Aos soldados seguiam-se as ganhadeiras, vendeiros e marchantes no atravessamento de mercadorias. Estes últimos adquiriam o produto diretamente dos criadores, quando era a Feira de Capuame o local estabelecido para comercialização do gado, e vendia a carne fora dos açougues públicos e por maior preço, cometendo três infrações a um só tempo.[218]

Dentre outras contravenções computadas (Cf. quadro 18), cabe ainda destacar três modalidades oriundas de grupos específicos: os pescadores, por não usar redes de pesca adequadas; os vendedores e taberneiros, por vender com portas abertas fora de hora; os donos de trapiches, por não ter livros rubricados pela Câmara.[219]

Embora não se verificasse de forma mecânica, havia, notadamente, uma clara correlação entre infrações e infratores. Ou seja, o caráter das punições já denunciava quem rompia com os códigos de conduta, pois balizavam certas atividades comuns que atingiam sujeitos sociais vinculados a distintas funções mercantis. As informações contidas nos *Livros de Condenações da Câmara* nos permitiram visualizar os perfis dos agentes econômicos que infringiam as regras das posturas, bem como a natureza dos delitos, conforme se pode observar no gráfico 12.

Os marchantes compunham, com 37%, o primeiro grupo de infratores, seguindo-se dos ambulantes, 20% e dos vendeiros e taberneiros, em terceiro lugar, com 15% das condenações verificadas. Em menor proporção, seguiam-se oficiais mecânicos, 10%, barqueiros e três outros grupos, pescadores, proprietários de trapiches e traficantes de escravos, somando 18%, conjuntamente. Esses dados, em si mesmos, sugerem algumas observações que, mesmo evidentes, convém serem retidas.

Câmara e o governador Luís Pedro Peregrino de Carvalho Menezes de Ataíde, conde de Atouguia. O alerta de alguns vereadores ao governante sobre o comportamento transgressor dos soldados nessas ocasiões, bem como a solicitação de medidas contentoras, foi tomado como abusivo e desrespeitoso, mas os edis conseguiram, junto ao rei, confirmar a prerrogativa da Câmara nesta matéria. AHU_ACL_CU_005, cx. 99, D. 7836 (Representação dos oficiais da Câmara da Bahia ao rei, Bahia, 01 de outubro de 1749).

218 APEB, *Cartas ao Governo, 1783-1779*, maços, 201-214, doc. 25.

219 Nos livros dos trapiches, obrigatoriamente rubricados pela Câmara, registravam-se a entrada e a saída das caixas e feixes de açúcar, rolos de tabaco e outros gêneros. Cf. AMS, *Condenações do Senado em Vereança, 1705-1803*, fl. 43.

GRÁFICO 12: Estatuto sócio-profissional dos infratores (Salvador, 1703-1805)

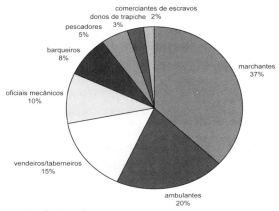

Fonte: AMS, *Condenações do Senado em Vereança, 1703-1805.*

As desregradas condutas de marchantes, vendedores ambulantes e donos de vendas podem ser explicadas a partir da forma e do conteúdo dos seus negócios. Responsáveis pelo abastecimento da cidade, as reações que manifestavam à rígida imposição regulamentar do comércio local pela Câmara expressava a tentativa, inconsciente ou não, de desobstrução, pela burla, das vias de acesso ao livre exercício de suas atividades e de maximização dos rendimentos e lucros delas auferidos. Não é à toa que sobre o tabelamento de preços e pesos e medidas estipulados concentrava-se o maior número de contravenções e, em sua maioria, praticadas, justamente, por marchantes e vendeiros. Também representativo é o fato de, em fins do século XVIII, ter esses dois grupos socioprofissionais se tornado os mais ávidos defensores e partícipes dos movimentos em prol do livre comércio e principais críticos das posturas camarárias relativas à taxação de mercadorias.[220] Ou seja, visavam sempre seus próprios interesses, indo de encontro a qualquer mecanismo de controle e de adaptação à ordem do poder.

Quanto aos vendedores ambulantes, convém lembrar que parte significativa deles era composta por negros livres e escravos de ganho, que viviam do comércio de víveres e quinquilharias de pouco valor. Pela peculiaridade de seu fazer cotidiano e pelo tipo de mercadoria comercializada, o que lhes requeria maior mobilidade, as posturas relativas à necessidade de alvará de licença, à determinação de locais de venda e à almotaçaria dos gêneros vendidos eram as mais infringidas pelo grupo.

---

220 APEB, *Cartas do Senado a Sua Majestade, 1742-1822*, fls. 161v, 162.

262 AVANETE PEREIRA SOUSA

Os delitos praticados pelos oficiais mecânicos se referiam, essencialmente, às vendas de produtos fora do padrão estabelecido e pela cobrança de preços acima dos tabelados pelos edis e funcionários da Câmara. Para os barqueiros, ou lancheiros, as contravenções referiam-se sempre à falta de alvará de licença, por ser esta a obrigação que lhes era imposta pelas posturas. Também aos pescadores, a única exigência feita era costumeiramente desconsiderada, sendo o uso de redes não adequadas à pesca o delito responsável por situá-los tão bem entre os principais transgressores.

Nas sociedades do Antigo Regime, o cumprimento das leis, mesmo a mais insignificante, impunha-se mediante ação radicalmente exemplificadora, repressiva e penalizadora. A regulação da vida em seus mais diferentes aspectos visava à subordinação dos indivíduos aos arranjos societais estabelecidos pelo Estado, através da punição dos infratores.

Em Salvador, dos condenados por violar as posturas apenas 3% foram absolvidos, sendo que a interdependência entre o ato regulamentar e as finanças públicas municipais fazia com que as penalidades fossem de natureza pecuniária. O tipo de delito qualificava a multa: com ou sem prisão/com ou sem a apreensão do produto comercializado indevidamente. A pena exclusivamente pecuniária representou 70% das condenações, mas em alguns casos (17%), além do pagamento da taxa, o infrator teve ainda o produto comercializado apreendido.[221]

Dos transgressores, 7% foram multados e ainda presos, como o dono de navio, Antônio dos Santos, pelo contrabando de farinha, e os marchantes João Rodrigues e Antônio Ferreira de Avelar, que cometeram, simultaneamente, três contravenções: venderam por mais da taxa, sem pesos e medidas afilados e ainda fora dos açougues públicos.[222] Menos comum foi a aplicação conjunta da totalidade das penas (3%), mas os ourives Manuel Rodrigues da Costa, José Coelho e Ângelo Berlinque estavam entre os poucos punidos com tal rigor.[223] Muitas vezes, a depender da reação do infrator e das justificativas por ele apresentadas, isentava-se-lhe da prisão, mas, raramente, da pena pecuniária.

Ao longo do século XVIII, foram raros os casos como o do taberneiro João de Sousa Nunes que, depois de condenado por se recusar a vender o azeite que possuía em sua venda, foi absolvido pelos vereadores, ao ser constatado, pelo alcaide, responsável pela apreensão do produto, "que se tratava de um pobre homem e não ter

---

221 Foi o caso de pães e farinha confiscados, em 1717 e 1756, por estarem sendo comercializados fora dos pesos estipulados e sem licença, respectivamente. Cf. AMS, *Condenações do Senado em Vereança, 1703-1805*, fl. 83.

222 AMS, *Condenações do Senado em Vereança, 1703-1805*, fl. 99.

223 *Idem, ibidem*, fls. 140.

mais que umas poucas canadas de azeite em um barril".[224] As mercadorias apreendidas tinham destino bem menos fiscalistas que o das multas, pois eram distribuídas entre os presos da cadeia e os enfermos do hospital da Misericórdia.[225] Quando previsto em postura, também o denunciante levava sua cota.

Se condenado, o réu podia recorrer à própria Câmara e, em última instância, apelar ao Tribunal da Relação, sendo a sentença deste remetida à municipalidade que, se a julgasse procedente, a fazia cumprir, do contrário, nova argumentação era feita e, se necessário, havia a interpelação ao próprio monarca.[226]

A maioria dessas condenações (45%), foram feitas pelos almotacés. Quantidade não menos significativa (35%) foi ocasionada por denúncias de terceiros, ou seja, de pessoas do povo e de oficiais de outras instâncias administrativas locais, e, em menor intensidade (20%), pelos oficiais camarários nos momentos de correição. A ação judicativa da Câmara finalizava com o pagamento/cumprimento da pena pelo réu ou com a sua absolvição.

---

224 Mesmo contra a posição do juiz de fora, que justificava ter sido a condenação feita de forma legítima, resguardando os direitos do concelho e de sua Majestade, ou seja, a Terça Régia, a absolvição foi mantida. Este fato é indicativo do caráter mediador do poder municipal, que situava-se entre os interesses metropolitanos e os da população local, numa ambiguidade singular de papéis. AMS, *Condenações do Senado em Vereança, 1703-1805*, fl. 99.

225 AMS, *Condenações do Senado em Vereança, 1703-1805*, fl. 83.

226 *Idem, ibidem*, sn/fls.

Considerações finais

Ao longo da exposição do nosso estudo, procuramos descrever e analisar o papel estratégico desempenhado pela cidade de Salvador no contexto da sociedade colonial. Cidade-fortaleza nos primeiros tempos da conquista, em fins do século XVII já havia se transformado no mais importante centro urbano da América portuguesa, com funções políticas e mercantis essenciais para a consolidação e reprodução do processo colonizador.

O século XVIII assinalou o amadurecimento político, social e econômico de Salvador no contexto da ordem colonial escravista. A cidade desenvolveu-se em suas funções mercantil e política, ao tempo em que o espaço físico também se ampliava, impulsionado pelas mudanças socioeconômicas e pelo crescimento demográfico. A perda da condição de sede político-administrativa, em 1763, não diminuiu a preocupação da monarquia portuguesa com a administração e controle do território e nem significou, de imediato, a perda da proeminência econômica, se comparada às principais cidades da colônia. Na última década do Setecentos, Salvador ainda ostentava o *status* de abrigar o mais importante porto comercial do Império e havia alcançado posição privilegiada em relação aos grandes fluxos da economia mundial.

Em se tratando da racionalidade e das formas operativas do *governo econômico* da cidade, sobressaía-se o papel desempenhado pelo poder local, representado pelo Senado da Câmara. Composta por um corpo de oficiais e funcionários, com a capacidade de ingerência em diversos aspectos da vida cotidiana, em suas dimensões privadas e, sobretudo, coletivas, a Câmara constituía-se em um dos principais pilares em que se estruturava o poder político da coroa na cidade.

A partir dessas configurações, partimos do princípio de que Salvador, enquanto *locus* do controle político-administrativo, mas, principalmente, núcleo articulador de uma dinâmica econômica – com relações locais e regionais da capitania, intercâmbio com a metrópole, com outras capitanias e outros lugares do Império –, tornara-se espaço complexo e multideterminado. Os reflexos de tamanha complexidade atingiam, diretamente, a competência da Câmara, enquanto a mais importante instância local de decisão, ampliando o seu campo de ação, sobretudo no que dizia respeito à organização da vida econômica, à gestão da vida cotidiana, em suas variadas manifestações.

Esses pressupostos conduziram nossa pesquisa para a compreensão das dimensões estruturais da lógica e dos mecanismos operantes do poder local camarário em Salvador, tomando-o no conjunto das relações econômico-mercantis e das práticas sociais urbanas. Nessa perspectiva, descortinava-nos a ideia de que a Câmara, ao exercer a prerrogativa de *governar a cidade e seus moradores*, detinha grande responsabilidade funcional de manter e reproduzir a ordem econômico-social vigente, sem, contudo, deixar de assimilar e expressar contradições inerentes à própria sociedade colonial, portadora que era de interesses múltiplos oriundos dos diferentes estratos sociais presentes e ativos nas conjunturas específicas.

De fato, como deixam transparecer os códigos legais provindos das instâncias superiores da monarquia portuguesa, a exemplo das Ordenações do Reino, bem como as disposições supletivas e complementares, o poder da Câmara estava direcionado, essencialmente, para a disciplinarização da vida coletiva e, portanto, pública. As atribuições dos seus cargos, em sua maioria, voltavam-se para o esquadrinhamento da organização e relações econômico-socias. Daí a preponderância das funções fiscalizadoras, disciplinadoras, reguladoras, orientadoras e, em certos casos, coercitivas e penalizadoras, outorgadas aos seus ocupantes.

Se era largo o campo de ação e intervenção do poder local sobre o cotidiano da cidade, a possibilidade de exercício dessa competência limitava-se a um seleto grupo de indivíduos. Essa proposição levou-nos a procurar caracterizar o perfil socioeconômico dos ocupantes dos postos municipais, como um dos possíveis percursos a serem trilhados para se compreender o sentido do conjunto de ações do governo local na gestão política, e, principalmente, econômico-financeira do município, dimensão privilegiada de nossos estudos, bem como a natureza das relações mantidas com órgãos representantes diretos do poder central.

Assim, a análise da composição da Câmara de Salvador, ao longo do século XVIII, demonstrou que o poder local encontrava-se nas mãos de grupos familiares fechados e tradicionais, selecionados a partir de suas origens nobiliárquicas, posições na estratificação social, decorrentes da riqueza e linhagem familiar, conforme critérios constantes das sucessivas regulamentações régias, como também nos estabelecidos pelo próprio núcleo dirigente local. Esses grupos, formados por pessoas identificadas como *principais da terra*, monopolizavam as instituições políticas locais, conformando uma *elite camarária* que ocupava, rotativamente, o conjunto dos cargos públicos municipais, criando barreiras ao acesso de outros segmentos sociais ao poder decisório sobre a *coisa pública*.

Do ponto de vista das origens econômico-sociais, o que marcava essa *nobreza camarária* era certa heterogeneidade, mas que obedecia aos limites e padrões estamentais da época, sobressaindo-se a base fundiária, quase sempre aliada a expressivo componente mercantil e burocrático e sem clara definição de primazia de função. Tal configuração é indicativa de que, em se tratando da caracterização do estatuto social dos oficiais da Câmara de Salvador, durante o período citado, a realidade social apresentava-se muito mais complexa e rica, impossível de ser enquadrada em tipologias generalizantes e definitivas.

De qualquer sorte, podemos concluir que a oligarquia local presente na Câmara desfrutava de condição econômico-social privilegiada: detinha cabedais econômicos, morais e socioculturais, cujos pesos variavam a depender das circunstâncias, dos sujeitos e do momento histórico. Certamente, ocupar os principais ofícios camarários era forma de ascensão ao *status* de *nobreza* ou, pelo menos, de afirmação da *condição de nobre*. Mas não se resumia nisso. O movimento que se processava no interior da municipalidade era dinâmico e contraditório. Ao mesmo tempo em que *nobilitava*, a Câmara também se *distinguia*, ou seja, tornava-se forte e distinta à medida do poder, honrarias e qualificativos de seus membros.

Esse conjunto de *qualificativos* fazia da Câmara de Salvador uma instituição legitimada e socialmente capaz de articular e influenciar os parâmetros e os níveis de relação com outras instâncias e organismos da sociedade local, principalmente como os concebemos, enquanto poderes centrais periféricos, ou seja, representantes diretos da coroa portuguesa na cidade, designados para, dentre outras coisas, auxiliar e supervisionar a atividade dos edis. A nosso ver, também nesses elementos residia certa *autonomia de ação* que permeou, com maior ou menor visibilidade em determinados momentos, a trajetória da Câmara de Salvador ao longo do Setecentos.

O quadro apresentado indica que as relações da Câmara com os agentes "*superiores*" do Estado monárquico processavam-se com relativa autonomia entre si.

268 AVANETE PEREIRA SOUSA

Esse convívio inter-institucional reflete a ação desses organismos sobre a municipalidade, bem como seu processo de interação/integração à realidade colonial. Em Salvador, os conflitos e as divergências – entre as esferas local e central do Estado monárquico português – davam-se muito mais em dimensões cotidianas e muito menos em plano macroestrutural, ou em assuntos de natureza política. Isto por ter a Câmara permanecido, ela própria, uma forte representante do poder régio na cidade, para além dos momentos iniciais da colonização, quando a um aparelho de Estado embrionário convinha a existência de veículos de intermediação entre o rei, distante, e os súditos coloniais.

Nessa linha, a Câmara de Salvador integrou-se organicamente e foi instituição estratégica para o processo de conquista e consolidação do poder metropolitano. Isso traduziu-se em um alinhamento, não necessariamente imposto e cada vez mais fortalecido, entre poder central e poder local, motivado pela busca, por parte dos oficiais camarários, de um nivelamento do *status* e da representação dos padrões políticos dos núcleos de poder mais projetados dentro do Império. Dito de outra forma, a elite camarária buscava espelhar-se nas instituições congêneres próximas do centro da monarquia buscando erigir-se, mesmo estando localizada no espaço colonial, enquanto segmento dirigente, identificado, de alguma forma, com a nobreza reinol.

Nessa perspectiva, uma possível autonomia camarária não significaria, necessariamente, auto-governo. A *autonomia de ação*, por nós identificada, dava-se no interior do sistema e não divergia dos ditames monárquicos. Ao contrário, a Câmara atuava de forma a fazer com que as diretrizes régias confluíssem para o horizonte dos seus próprios interesses. Se havia disputas, entre os diversos órgãos instalados na cidade, pela primazia da representação do poder régio, a Câmara de Salvador sempre se projetava, concorrentemente, para afirmar seu pleito de tornar-se, localmente, o *símbolo* da presença real.

Os procedimentos práticos do poder local calcavam-se em *autonomia de ação*, que, como vimos, era delegada, permitida e, em muitos casos, até mesmo incentivada, o que explica, por vezes, a *interiorização* da intervenção da Câmara de Salvador para além de seus limites jurisdicionais. A preeminência que a municipalidade de Salvador exerceu, não raras vezes, sobre diversas outras câmaras da capitania, não obstante a legislação prescrever a limitação das administrações camarárias à abrangência das respectivas áreas urbanas e seus termos, é reflexo da importância e peculiaridade da cidade de Salvador, ou seja, da sua posição política e econômica no interior da capitania, da colônia e do Império.

Embora tivesse superfície territorial claramente delimitada, a sua abrangência econômica extrapolava o termo. A dependência de Salvador em relação à produção de zonas pertencentes a outras jurisdições, fazia com que a Câmara buscasse meios de interferir na gestão desses espaços econômicos, talvez como forma de garantir o devido provimento da sede da capitania.

Esse é apenas um aspecto de uma situação que parece ser bem mais instigante e, por isso mesmo, merecedora de estudos ulteriores. De qualquer sorte, podemos ainda lembrar que a estrutura administrativa da Câmara de Salvador, infinitamente superior à das pequenas câmaras das vilas circunvizinhas, colocava o órgão em posição privilegiada junto ao poder régio. Muitas vezes a coroa apoiou-se na Câmara para fazer cumprir, nessas localidades, suas determinações, sobretudo no que dizia respeito à área fiscal. Nesse caso, a ingerência e a superioridade da Câmara, embora fossem questionadas e contestadas, por ter o consentimento tácito da coroa, culminavam numa espécie de jurisdição outorgada ilegalmente, porém chancelada pela tolerância e cumplicidade das autoridades régias.

Mas não apenas a habilidade e estrutura administrativas da Câmara de Salvador proporcionaram-lhe vantagens em relação às demais câmaras da capitania. Também – de forma não desprezível – o seu vigor econômico-financeiro abriu caminhos para a ampliação de seu poder de intervenção, no âmbito da capitania, sobre *corpus administrativos* "inferiores". Assim, em posição periférica do ponto de vista político, administrativo e econômico, as câmaras menores não tinham fôlego para resistir às investidas, legais ou não, do Senado da capital sobre suas jurisdições e nem mesmo para impor condições menos desfavoráveis nas relações políticas e comerciais.

De fato, a análise da organização e da gestão financeiras do município demonstrou que os níveis de renda da Câmara de Salvador eram relativamente elevados e significativos, embora quase nunca parecessem suficientes para fazer face a todas as despesas. As finanças municipais garantiam, porém, o andamento da máquina administrativa e proporcionavam ao poder local maior flexibilidade e poder de negociação junto aos órgãos centrais da monarquia. Todavia, mais do que simples formas de captar recursos para responder às demandas correntes, a configuração do aparelho fiscal-arrecadatório determinava e condicionava o cotidiano da administração camarária no concernente à organização do *espaço econômico*. Desse modo, promovia-se a associação entre a estrutura econômico-financeira e as mais importantes atribuições da municipalidade, a partir de políticas definidas exclusivamente para esse fim.

A prática política adotada pela Câmara de Salvador em matéria de *governo econômico da cidade* consistia em um tipo de intervenção que, mesmo mediatizada pelos fundamentos da política mercantilista, pautava-se, na maioria das vezes, em elementos de raiz medieval. Nesse particular, inseria-se, sobretudo, a política de abastecimento, através da taxação e do controle efetivo de gêneros de subsistência; da imposição a determinados agentes econômicos para que fornecessem mercadorias essenciais ao provimento da cidade; da obrigatoriedade da licença camarária para o exercício do comércio e de ofícios e profissões; da contenção dos arremessos de açambarcadores, bem como da exploração, de forma coercitiva, de diversas zonas produtoras, dentro e, às vezes, fora do termo e arrabaldes.

Ao nosso ver, esse tipo de ação conformava modalidade de regulamentação econômica que impunha certas restrições ao lucro da atividade mercantil, em benefício dos consumidores. A procura era o elemento privilegiado, sendo a oferta e seus agentes, quanto à produção e disponibilização de produtos no mercado, sujeitos ao controle camarário.

Para a administração municipal, importava que não houvesse falta de gêneros de primeira necessidade no mercado. Nessa perspectiva, ao concentrar em si o monopólio e exclusivismo de bens e serviços, bem como a prerrogativa de tabelamento de preços, determinava, no âmbito da cidade, dentre outras coisas, a *medida do lucro* dos agentes econômicos, fossem eles comerciantes, vendedores ou artesãos, tendo sempre como justificativa a *"defesa do bem comum"*.

Essa foi a linha de governo da Câmara de Salvador, no decurso do século XVIII, e que procuramos demarcar no terceiro capítulo desta tese. As contraposições quanto à sua forma de administrar davam-se no plano da resistência cotidiana dos sujeitos econômicos, manifesta na burla renitente às posturas municipais e em expedientes outros que, silenciosamente, minavam o controle camarário.

De alguma forma, essa política municipal reproduzia e harmonizava, em âmbito local, máximas das orientações econômicas gerais do Estado português. Constituía-se no elo de ligação, no plano das práticas econômicas, entre o centro e a periferia, reflexo de um mesmo processo. E, enquanto tal, esse modelo camarário, ao sabor e ritmo das conjunturas, foi, aos poucos, se desagregando.

O passo mais visível da mudança de paradigma veio na última década do Setecentos, com o questionamento das ações da Câmara sobre o mercado urbano por parte de agentes econômicos que antes se contentavam apenas em infringir as normas municipais. O interessante é que esta oposição fez-se mais veemente entre grupos *tidos e havidos* como privilegiados, do ponto de vista comercial, por usufruírem de monopólios e serviços estatais. Eram, porém, os mais afetados pela *atrofia* da vida econômica, derivada da inflexibilidade da superintendência municipal nessa esfera, sendo, portanto, os primeiros a reivindicar novas diretrizes no padrão de relacionamento com a Câmara. Alegavam que, enquanto instância local responsável pela promoção do interesse social coletivo, a municipalidade não poderia preterir determinados sujeitos econômicos, mas dar a cada indivíduo *direitos iguais sobre o que legitimamente lhes pertencia*. Ressalte-se que, nesse momento, a oposição não era ainda à prerrogativa camarária de intervenção/regulamentação geral sobre as atividades econômicas, o que gradativamente foi se configurando, mas apenas à um viés específico dessa política: o relativo ao tabelamento de preços.

Fosse como fosse, essas inquietações não traduziam apenas o esgotamento da dinâmica interna camarária, realçando o seu anacronismo e ameaçando a autoridade da Câmara quanto à administração da vida econômica da cidade, a partir de um de seus mais importantes instrumentos de controle. Ao contrário, apontam para processos mais amplos e para o advento de um período em que, no plano econômico, estava em causa o próprio sistema mercantilista, ocorrendo o que poderíamos designar de sua *desnaturalização* e revelando ideias de um esquema alternativo baseado, essencialmente, na livre iniciativa, em detrimento da intervenção direta do Estado. A municipalidade de Salvador, ao seu modo e à sua proporção, não ficou imune a tais processos, e as reações, mesmo que ainda tímidas e parciais, à sua política intervencionista, pressupunham a existência de setores significativos da sociedade receptivos ao progresso e à inovação.

A Câmara de Salvador resistiu o quanto pôde a um novo ordenamento econômico local, tido por ela como *estranho e inconveniente,* e só lentamente foi adotando medidas mais flexíveis, mas que ainda não tocavam profundamente no modelo de gestão até então em curso. A *crise* resultaria da própria forma de regulação e estava instalada e se estendia para além do vetor econômico. Até quando, sob quais circunstâncias e em que grau persistiram as intervenções camarárias sobre o que, ao longo deste trabalho, consideramos como *cotidiano econômico* da cidade, estão fora do nosso objetivo e análise e só estudos monográficos posteriores podem ajudar a revelar.

Fontes e bibliografia

Fontes Manuscritas

Salvador

Arquivo Municipal da Cidade de Salvador (AMS):

– Acordãos, 1711-1828.

– Aferições, 1789-1800/1801-1810

– Atas da Câmara, 1625-1641/1644-1649/1669-1684/1690-1700/1700-1708/1709- 1718/1718-1731/1731-1750/1750-1765/1765-1776/1776-1787/1787-1801.

– Alvarás de Correr, 1745-1776

– Arrematação das Rendas da Câmara, 1665-1671/1689-1704/1698-1711/1704-1727/1738-1750/1754-1784/1767-1780/1775-1808/1781-1798/1798-1809.

– Autos de Denúncia, 1766-1789.

– Cartas do Senado ao Eclesiástico, 1685-1804.

– Cartas do Senado a Sua Majestade, 1638-1673/1673-1684/1684-1692/1693-1698/1699-1710/1710-1730.

– Cartas de Sua Majestade ao Senado, 1710-1745.

– Cartas do Senado aos Governos das Vilas e Capitanias, 1686-1805.

– Citações, 1742-1769.

– Condenações do Senado em Vereança, 1703-1805.

– Condenações feitas pelos Almotacés, 1777-1785.

– Correições, 1715-1743/1743-1804.

– Enjeitados, 1701-1736.

– Fianças, 1705-59/1732-59/1736-38/1759-63/1767-69/1784-89/1789-1795/1793-1808/1795-1802

– Licenças, 1792-1796/1785-1791/1797-1801.

– Livro de Registro da Renda e Despesa do Matadouro, 1791-1811.

– Livro de Credores do Senado da Câmara, 1779-1795.

– Ofícios ao Governo, 1712-1737/1717-1725/1761-1775/1768-1807.

– Portarias, 1710-1725.

– Provisões do Senado, 1699-1726.

– Provisões do Governo, 1695-1702

– Provisões Reais, 1699-1726/1761-1780/1788-1798.

– Provimento dos Corregedores, 1696-1738

– Provimento do Provedor da Comarca, 1739-1826.

– Posturas, 1650-1787/1696/1716-42.

– Receita e Despesa do Senado, 1787.

– Registro de Cartas de Examinações de Oficiais, 1690-1712/1712-1725/1741-1770

– Rendas do Senado, 1742-1770.

– Terça de Sua Majestade, 1788-1811.

– Termos de Visitas da Saúde, 1776-1742.

– Termos de Alinhamentos e Vistorias, 1724-1746/1755-1791.

Arquivo Público do Estado da Bahia (APEB):

– Autos Cíveis, 9/310/13, fl. 23; 10/342/3, fl. 65; 47/167811; 12/413/31.

– Cartas ao Governo – Senado da Câmara, 1783-1799, M. 201-214, docs. 27, 38, 53, 59, 71.

– Cartas do Senado a Sua Majestade, 1731-1742/1742-1823

– Correspondências recebidas pelo Governo da Bahia- Senado da Câmara, 1733-1750/1783-1799, Maço, 201-214, docs. 24, 25, 30, 53.

– Escrituras, L. 82, sn/fl; L. 83, fl. 235; L. 117, fl. 45; L. 113, sn/fl; L. 152, fl. 102; L. 154, fl. 100.

– Inventários e Testamentos e Inventários. 03/1022/1491/08 (Custódio da Costa Braga); 04/1575/2044/02 (Domingos da Costa Braga); 7/3257/055 (Inácio Alves Abreu); 04/1599/2063/02 (João Machado de Aguiar); 03/1272/1741/1 (Manoel Álvares); 1/97/141/2 (José Pires de Carvalho e Albuquerque); 04/1797/2267/06 (Simão Mendes Barreto); 4/1761/2231/7 (João de Goes Barros); 03/1089/1558/05 (Pedro Moniz Barreto de Vasconcelos); 122/302 (Domingos Costa Ferrreira); 5/1685/2155 (Antônio José Ferreira); 01/88-A (Pedro Barbosa Leal).

- Livros de Notas – nºs 39, 41, 46, 50, 52, 57, 58. Registro de cargas de embarcações.
- Ordens Régias, 1702-1714, vol. 8.
- Ordens Régias, 1711, vol. 15.
- Ordens Régias, 1721-1726, doc. 56b e 56c/1734/1743-1746.
- Ouvidoria Geral do Cível, 1766-1781, Maço, 178.
- Provisões, vol. 56, fl. 127. Provisão do vice-rei Vasco Fernandes César de Menezes sobre o comércio no Brasil.
- Registros de Patentes, 1723-1784.

Arquivo da Irmandade de Santana (AIS):

- Livro de Irmãos. 1781-1823.

Rio de Janeiro

Arquivo Nacional (ANRJ)

ANRJ, Alfândega da Bahia, códices, 18, 13, 2, 86.

ANRJ, Alfândega da Bahia, doc. 14.

Biblioteca Nacional (BNRJ)

DH, vol. 87, 216-217. Carta do vice –rei, Vasco Fernandes César de Menezes para o juiz de fora da Câmara de Salvador. Bahia, 1726.

DH, vol. 87, p. 12. Ordem para o juiz de fora da Câmara de Salvador. Bahia, 1698.

DH, vol. 87, p. 106. Portaria para os oficiais da Câmara de Salvador sobre a cobrança do donativo real das câmaras vizinhas. Bahia, 1713.

DH, vol. 88, p. 182-183. Carta do governador-geral para a Câmara da Bahia sobre a farinha para São Paulo. Bahia, 1670.

DH, vol. 88, p. 236-237. Carta do governador-geral para a Câmara da Bahia sobre a falta de farinha. Bahia, 1684.

DH, vol. 95, p. 260. Portaria para os oficiais da Câmara de Salvador sobre a cobrança do donativo real das câmaras vizinhas. Bahia, 1715.

DH, vol. 40, p. 129. Carta de D. Rodrigo da Costa para o capitão-mor Manuel Dantas Cerqueira e para o capitão-mor da Vila de Penedo do Rio São Francisco sobre mandar farinha e legumes para Salvador. Bahia, 1704.

DH, vol. 42, p. 223-224. Carta do governador-geral, Pedro Antônio de Noronha, marques de Angeja, para o capitão-mor de Sergipe sobre o envio de farinha e outros gêneros para a Bahia. Bahia 1705.

DH, vol. 41, p. 47. Carta de D. Rodrigo da Costa para o sargento-mores das Câmaras de Camamu e Cairu, sobre não enviar farinha para o Rio de Janeiro. Bahia, 1705.

DH, vol. 54, p. 71 – Informação do Desembargador Ouvidor Geral do Crime, Caetano Fagundes, sobre lanchas pesqueiras. Bahia, 1715.

DH, vol. 16, p. 39. Sobre o estanco do sal no Brasil. Lisboa, 1631.

BNRJ, Sessão de Manuscritos, II, 33, 24, 40. Carta da Câmara da Bahia ao rei, 1801.

BNRJ, Sessão de manuscritos, II, 33, 21, 91. Lista das lanchas que fizeram viagem para o porto da Bahia. Camamu, 23 de abril de 1786.

BNRJ, Sesão de Manuscritos, II, 33,29,60. Carta de D. Rodrigo de Sousa Coutinho a D. Fernando José de Portugal, governador da Bahia, sobre a importação de produtos do reino e a exportação de gêneros da terra. Lisboa, 24 de julho de 1797.

BNRJ, Sessão de Manuscritos, II 33, 29, 54. Carta de D. Rodrigo de Sousa Coutinho a D. Fernando José de Portugal, governador da Bahia, sobre o comércio com o Rio Grande de São Pedro do Sul. Lisboa, 1797.

BNRJ, Sessão de Manuscritos, II, 33, 21, 64. Lista das guias de farinha transportadas para Salvador. Jaguaripe, 2 de agosto de 1788.

BNRJ, Sessão de Manuscritos, Códice, 18, 13, 2, 86. Alfândega da Bahia, [c.a] 1790.

BNRJ, Sessão de Manuscritos, II, 34, 6, 21. Representação dos lancheiros de Camamu, Cairu, Boipeba e Rio de Contas, que conduzem mantimentos para Salvador, ao governador da capitania. Abril, 1798.

BNRJ, Sessão de Manuscritos, II, 31, 28, 70. Representação dos vivandeiros, condutores e mais povo à Câmara sobre a abolição da taxa dos víveres. 20 de junho de 1799.

BNRJ, sessão de Manuscritos, II, 34, 4, 47. Receita e despesa da Câmara da Bahia.

Lisboa

Arquivo Histórico Ultramarino (AHU)

AHU, Série Castro e Almeida, docs. 2320-2321. Mapa geral da carga transportada para o reino pelos navios da frota. Bahia, 11 de setembro de 1756.

AHU, Série Castro e Almeida, docs. 13037-13059. Mapa de exportação de mercadorias. Bahia, 9 de setembro de 1788.

AHU, Série Castro e Almeida, doc. 13829. Ofício da Mesa de Inspeção para o governador geral sobre exportações. 14 de julho de 1790.

AHU, Série Castro e Almeida, docs. 9724-9725. Mapa das cargas dos navios que partiram da Bahia para o Porto e Lisboa. Bahia, 18 de maio de 1778.

AHU, Série Castro e Almeida, docs. 18296-18315. Mapas de importação e exportação da cidade da Bahia. Bahia, 10 de maio de 1798.

A BAHIA NO SÉCULO XVIII   277

AHU, Série Castro e Almeida, doc. 10907. Carta de José da Silva Lisboa a Domingos Vandelli. Bahia 18 de outubro de 1781.

AHU, Série Castro e Almeida, doc. 1351. Alvará régio sobre a observação da lei de 15 de fevereiro de 1688 obrigando os habitantes da capitania da Bahia a plantarem mandioca. Lisboa, 27 de fevereiro de 1701.

AHU, Série Castro e Almeida, docs. 20521-20526. Mapas de importação e exportação da cidade da Bahia. Bahia, 12 de maio de 1800.

AHU_ACL_CU_005, cx. 94, D.7544. Carta da Câmara de Salvador ao rei sobre o pagamento do donativo real,[s.d].

AHU_ACL_CU_005, cx. 31, D. 2778. Carta da Câmara de Salvador ao rei sobre o pagamento do donativo real. Bahia, [ant.] 22 de agosto de 1727.

AHU_ACL_CU_005, cx. 89, D. 7285. Representação dos oficiais da Câmara [da Bahia] ao rei solicitando declaração de que as pessoas que servem na mesma Câmara logram nobreza pública e civil. 6 de junho de 1747.

AHU_ACL_CU_005, cx. 48, D.4304. Aviso do Secretário de Estado Diogo de Mendonça Corte Real ao Conselho Ultramarino sobre a carta dos oficiais da Câmara da Bahia relativa à eleição para almotacés. Lisboa, 16 de setembro de 1734.

AHU_ACL_CU_005, cx. 41, D. 3733. Requerimento do contratador da pesca das baleias na Bahia ao rei solicitando providências quanto à interferência, de oficiais e almotacés da Câmara, no contrato. Bahia, [ant.] 18 de abril de 1732.

AHU_ACL_CU_005, cx. 7, D. 617. Carta do governador geral do Brasil, Pedro de Vasconcelos, ao rei, D. João V, em resposta à provisão régia referente ao comércio do sal. Bahia, 4 de maio de 1712.

AHU_ACL_CU_005, cx. 25, D. 2263. Requerimento do administrador geral do contrato do sal, Manuel Bernardes, ao rei, D. João V, solicitando providências quanto à interferência do governador geral e da Câmara da Bahia no referido contrato. Bahia, [ant.] 21 janeiro de 1726.

AHU_ACL_CU_005, cx. 32, D. 2898. Provisão do rei, D. João V, aos oficiais da Câmara da Bahia sobre o tombamento das terras pertencentes ao Senado. Lisboa, 18 de maio de 1728.

AHU_ACL_CU_005, cx. 144, D. 1103. Carta da Câmara da Bahia ao rei sobre a taxação do gado. Bahia, 1760.

AHU_ACL_CU_005, cx. 206, D. 14742. Carta dos habitantes da Bahia à rainha em que se queixam do estado de abandono da cidade. Bahia, julho de 1797.

AHU_ACL_CU_005, cx. 32, D. 2887. Provisão do rei, D. João V, ordenando ao provedor a cobrança das terças régias do Senado da Câmara da Bahia. Bahia, 19 de abril de 1728.

AHU_ACL_CU_005, cx. 45, D. 4046. Carta dos oficiais da Câmara da Bahia ao rei, D. João V, queixando-se dos gastos com a cadeia. Bahia, 09 de maio de 1733.

AHU_ACL_CU_005, cx. 42, D. 3767. Consulta do Conselho Ultramarino ao rei sobre a representação dos deputados da Mesa de Comércio da Bahia em que pedem ordene ao Senado da Câmara a não obrigar os homens de negócio a plantarem mandioca. Lisboa, 21 de maio de 1732.

278 AVANETE PEREIRA SOUSA

AHU_ACL_CU_005, cx. 119, D. 13377. Representação do povo das freguesias dos Campinhos e Rio Fundo, termo da vila da Santo Amaro, ao governador da Bahia, Afonso Miguel de Portugal e Castro, sobre as posturas relativas à criação de gado. [ant.] 9 de setembro de 1780.

AHU_ACL_CU_005, cx. 180, D. 13400. Representação dos moradores das roças do Recôncavo e distrito da vila de Maragogipe, ao governador da Bahia, sobre os criadores de gado. [ant. 9 de setembro de 1780.

AHU_ACL_CU_005, cx. 40, D. 3658. Carta dos oficiais da Câmara da Bahia, ao rei, sobre a condenação do vendeiro Francisco da Mata Valverde, por vender azeite de peixe com medidas falsas, que estava sendo contestada pela provedor. Bahia, 5 de dezembro de 1731.

AHU_ACL_CU_005, cx. 19, D.1678. Carta do vice-rei, Vasco Fernandes César de Menezes, ao governador do Rio de Janeiro, Aires de Saldanha de Albuquerque, Bahia, 11 de abril de 1724.

AHU_ACL_CU_005, cx. 82, D. 6792. Carta do juiz de fora, Manuel Ferreira de Oliveira, ao rei, D. João V, sobre os ordenados dos ofícios de porteiro e guarda livros e do ofício de aferidor de medidas do Senado da Câmara da Bahia. Bahia, 22 de maio de 1745.

AHU, códice 504, fls. 83v.

AHU, Cartas da Bahia, 1695-1714, códice, 246.

Arquivos Nacionais Torre do Tombo (ANTT)

ANTT, Manuscritos do Brasil, L.8, fl. 32.

ANTT, Papéis Avulsos 1, doc. 4.

Fontes Impressas

Anônimo. *Aspectos da economia colonial.* Introdução de Pinto Aguiar. Salvador: Progresso, 1957.

ANTONIL, André João. *Cultura e opulência do Brasil.* São Paulo: Melhoramentos; Brasília: INL, 1976.

BRANDÃO, Ambrósio Fernandes. *Diálogo das grandezas do Brasil.* São Paulo: Melhoramentos; Brasília: INL, 1977.

BRITO, João Rodrigues de. *Cartas econômico-políticas: sobre a agricultura e comércio da Bahia.* Lisboa, Imprensa Nacional; Bahia: Imprensa Official do Estado, 1924.

CALDAS, José Antonio. *Notícia geral de toda esta capitania da Bahia desde o seu descobrimento até o presente ano de 1759.* Salvador: Beneditina, 1951.

Câmara Municipal de Lisboa. *Livro das posturas antigas.* Lisboa, 1974.

CARDIM, Fernão. *Tratados da terra e gente do Brasil.* São Paulo, Imprensa Nacional; Brasília: INL, 1978.

Colecção Chronológica de Leis Extravagantes. Coimbra: Real Imprensa da Universidade, 1819. 6 v.

COUTINHO, J. J. da Cunha de Azeredo. *Obras econômicas.* São Paulo: Nacional, 1966.

A BAHIA NO SÉCULO XVIII   279

FROGER, François. *Relation d'un voyage fait en 1695, 1696 e 1697 aux Côtes d'Afrique, Détroit de Magellan, Brezil, Cayenne et Isles Antilles, par une Escadre des Vaisseaux du Roy, comandé par Monsieur de Gennes...* Paris: Chez Nicolas le Gras, 1699.

Fundação Calouste Gulbenkian. *Ordenações Filipinas.* Fac-simile da edição feita por Cândido Mendes de Almeida, Rio de Janeiro, 1870; Lisboa:, 1985.

Fundação Gregório De Matos. *Repertório de fontes sobre a escravidão existente no Arquivo Municipal de Salvador: as posturas (1631-1889).* Salvador, 1988.

GANDAVO, Pero de Magalhães. *História da Província de Santa Cruz.* Belo Horizonte: Itatiaia; São Paulo: Edusp, 1980.

LAVAL, Pyrard de. *Viagem de Pyrard de Laval.* Porto: Livraria Civilização, 1944.

LINDLEY, Thomas. *Narrativa de uma viagem ao Brasil.* São Paulo: Companhia Editora Nacional, 1969.

LISANTI, Luis. *Negócios coloniais: uma correspondência comercial do século XVIII.* Brasília: Ministério da Fazenda; São Paulo: Visão Editorial, 1973. 5 v.

MANESCAL, Antonio. *Sistema ou coleção dos regimentos reais.* Lisboa: [s.n], 1718-1724, 2 t.

MORENO, Diogo de Campos. *Livro que dá razão ao Estado do Brasil.* Rio de Janeiro: Instituto Nacional do Livro, 1968. (Edição fac-similar).

PITA, Sebastião da Rocha. *História da América portuguesa.* Belo Horizonte: Itatiaia; São Paulo: Edusp, 1976.

PORTUGAL, Tomás Antônio de Vila-Nova. Observações que seria útil fazerem-se para a descrição econômica da comarca de Setúbal. *Memórias Económicas da Academia Real das Ciências de Lisboa.* Lisboa: Banco de Portugal, t. II e III. 1991

Privilégios dos cidadãos da cidade do Porto. Introdução de Armando de Castro. Lisboa: Imprensa Nacional – Casa da Moeda, 1987.

SALVADOR, Frei Vicente do. *História do Brasil: 1500-162.* São Paulo: Melhoramentos; Brasília: INL, 1975.

SILVA, António de Morais. *Dicionário da língua portuguesa* (Fac-símile da 2ª ed. de 1813). Rio de Janeiro: Officinas da Litho-Typografia Fluminense, 1922.

SILVA, António Delgado da. *Colleção da Legislação Portuguesa, 1763-1774.* Lisboa: [s.n.], 1830.

SILVA, Ignácio Accioli de Cerqueira. *Memórias históricas e políticas da Bahia.* Salvador: Imprensa Official do Estado, 1919/1940. 6 v.

SOUSA, Gabriel Soares de. *Tratado descritivo do Brasil em 1587.* São Paulo: Companhia Editora Nacional/Edusp, [1971].

SOUSA, José Roberto Monteiro de Campos Coelho e. *Sistema ou Collecção dos Regimentos Reais.* Lisboa: Imprensa Oficina de Francisco Borges de Soisa, 1883. 6 v.

TOLLENARE, L. F. de. *Notas dominicais tomadas durante uma viagem em Portugal e no Brasil em 1816,1817 e 1818.* Salvador: Livraria Progresso Editora, 1956.

VIDE, Sebastião Monteiro da. *Constituições Primeiras do Arcebispado da Bahia.* São Paulo: Typografia Dois de Dezembro, de Antônio Louzada Antunes, 1853.

280 AVANETE PEREIRA SOUSA

VILHENA, Luís dos Santos. *A Bahia no século XVIII*. Salvador: Itapuã, 1969, 3 v.

Bibliografia

ALDEN, Dauril. *Royal government in colonial Brazil, with special reference to the administration of the Marquis of Lavradio, Viceroy, 1769-1779*. Berkeley/Los Angeles: University of California Press, 1968.

ALENCASTRO, Luís Felipe de. *O trato dos viventes: formação do Brasil no Atlântico Sul, séculos XVI e XVII*. São Paulo: Companhia das Letras, 2000.

ALVES, Odair Rodrigues. *O município dos romanos à nova república*. São Paulo: Nacional, 1986.

AMARAL, Ilídio do. "Cidades coloniais portuguesas: notas preliminares para uma geografia histórica". *Povos e Culturas*, Lisboa, nº 2, p. 193-214,1987.

AMED, Fernando José; NEGREIROS, Plínio José Labriola de Campos. *História dos tributos no Brasil*. São Paulo: Edições SINAFRESP, 2000.

ANDERSON, Perry. *Linhagens do Estado absolutista*. Tradução Telma Costa. Porto: Edições Afrontamento, 1984.

ANDRADE, Amélia Aguiar. Composição social e gestão municipal: o exemplo de Ponte de Lima na Baixa Idade Média. *Ler História*, Lisboa, nº 10, p. 3-13, 1987.

ARAÚJO, Emanuel. *O teatro dos vícios: transgressão e transigência na sociedade urbana colonial*. Rio de Janeiro: José Olympio, 1993.

ARAÚJO, Renata. *As cidades da Amazônia no século XVIII: Belém, Macapá e Mazagão*. Tese (doutorado) – Universidade Nova de Lisboa, Lisboa, 1992.

ARRUDA, José Jobson de A. *O Brasil no comércio colonial*. São Paulo: Ática, 1980.

AUGEL, Moema Parente. *Visitantes estrangeiros na Bahia oitocentista*. São Paulo: Cultix, 1980.

AZEVEDO, João Lúcio de. *Épocas de Portugal econômico: esboço de história*. Lisboa: LCE, 1973.

AZEVEDO, Thales de. *Povoamento da cidade do Salvador*. 3ª ed. Salvador: Itapuã, 1969.

BAIÃO, António. "O comércio do pau-brasil", In: DIAS, Carlos Malheiros (coord.). *História da colonização portuguesa no Brasil*. Porto: Litografia Nacional, 1921/1924. v 3.

BANDECCHI, Brasil. "O município no Brasil e sua função política". *Revista de História*, São Paulo, vol. 44, nº 90, p. 495-530, abr-jun. 1972.

BANDEIRA, Luiz Alberto Moniz. *O feudo: a Casa da Torre de Garcia d'Ávila, da conquista dos sertões à independência do Brasil*. Rio de Janeiro: Civilização Brasileira, 2000.

BARICKMAN, B. J. *Um contraponto baiano: açúcar, fumo, mandioca e escravidão no Recôncavo, 1780-1860*. Trad. Maria Luiza X. de A. Borges. Rio de Janeiro: Civilização Brasileira, 2003.

BARROS, Francisco Borges de. *O Senado da Câmara da Bahia no século XVII*. Salvador: Imprensa Oficial do Estado, 1928.

BARROS, Henrique da Gama. *História da administração pública em Portugal nos séculos XII a XV*. Lisboa: Sá da Costa, [s.d.]. 2 v.

BECCARIA, Cesare. *Dos delitos e das penas.* Tradução Lucia Guidicini e Alessandro Berti Contessa. São Paulo: Martins Fontes, 1998.

BERCÉ, Yves-Marie. *La naissance dramatique de l' absolutisme (1598-1661).* Paris: Du Seuil, 1992.

BICALHO, Maria Fernanda Baptista. "As câmaras municipais no Império português: o exemplo do Rio de Janeiro". *Revista Brasileira de História,* São Paulo, vol. 18 (36), p. 251-280, 1998.

_____ *et al.* "Uma leitura do Brasil colonial: bases da materialidade e da governabilidade no Império". *Penélope. Fazer e Desfazer a História,* Lisboa, nº 23, p. 67-88, 2000.

_____. A cidade e o império: o Rio de Janeiro na dinâmica colonial portuguesa, séculos XVII e XVIII. 459 f. Tese (doutorado) – Faculdade de Filosofia, Letras e Ciências Humanas, Universidade de São Paulo, São Paulo, 1997.

BLAJ, Ilana. A trama das tensões: o processo de mercantilização de São Paulo colonial (1681-1721). 366 f. Tese (doutorado) – Faculdade de Filosofia, Letras e Ciências Humanas, Universidade de São Paulo, São Paulo, 1995.

BORDES, M. *L' administration provinciale e municipale en France au XVIIIe siècle.* Paris: SEDES, 1972.

BORREGO, Maria Aparecida de Menezes. Códigos e práticas: o processo de constituição urbana de Vila Rica colonial (1702-1748). Dissertação (mestrado) – Faculdade de Filosofia, Letras e Ciências Humanas, Universidade de São Paulo, São Paulo, 1999.

BOTÃO, Maria de Fátima. Os Concelhos e as cortes – Santarém, 1331. In: Jornadas Sobre O Município na Península Ibérica (Séc. XII a XIX). *Actas...* Santo Tirso: Câmara Municipal, 1988, p. 159-168.

BOXER, C. R. *O império marítimo português, 1415-1825.* Lisboa: Edições 70, 1992.

_____. Portuguese society in the tropics: the municipal councils of Goa, Macao, Bahia and Luanda, 1510-1800. Madison: University of Wisconsin Press, 1965.

_____. A idade de ouro do Brasil: dores de crescimento de uma sociedade colonial. Tradução Nair de Lacerda. Rio de Janeiro: Nova Fronteira, 2000.

BRAUDEL, Fernand. *Civilização material, economia e capitalismo – séculos XV-XVIII.* Tradução Telma Costa. São Paulo: Martins Fontes, 1998. 3 v.

BRITO, Manoel. "Poetas bahianos: Gonçalo Soares da França; Sebastião da Rocha Pita". *Revista do Instituto Histórico e Geográfico da Bahia.* Salvador: Typografia e Encadernações Empresa Editora, vol. 7, p. 315-487,1897.

CAETANO, Marcelo. *A administração municipal de Lisboa durante a 1.ª dinastia (1179-1383).* Lisboa: Livros Horizonte, 1990.

_____. O conselho ultramarino: esboço de sua história. Lisboa: [s.n.], 1967.

CALMON, Pedro. *História da fundação da Bahia.* Salvador: Museu do Estado da Bahia, 1949.

_____. Introdução e notas ao catálogo genealógico das principais famílias de Frei Jaboatão. Salvador: Empresa Gráfica da Bahia, 1985. 2 v.

282   AVANETE PEREIRA SOUSA

CÂMARA, Marcos P. de Arruda. Conceição e Pilar: freguesias seculares do centro econômico e do porto de Salvador no século XIX. Dissertação (mestrado) – Faculdade de Arquitetura e Urbanismo, Universidade Federal da Bahia, Salvador, 1988.

CAPELA, José Viriato. Braga, um município fidalgo – as lutas pelo controlo da Câmara entre 1750 e 1834. *Noroeste: Cadernos Interdisciplinares*. Braga: Universidade do Minho, vol. 2, p. 301-346, 1989.

_____. "O Concelho de Barcelos do Antigo Regime à Primeira República". *Revista Barcellos*, Barcelos, vol. I, nº 2, p. 204-268, 1983.

_____. *O Minho e os seus municípios: estudos económico-administrativos sobre o município português nos horizontes da reforma liberal*. Braga: Universidade do Minho, 1995.

_____. *O município de Braga de 1750 a 1834: o governo e a administração econômica e financeira*. Braga: Câmara Municipal, 1991.

CARDOSO, José Luís. *O pensamento económico em Portugal nos finais do século XVIII (1780- 1808)*. Lisboa: Editorial Estampa, 1989.

_____. (coord.). *A economia política e os dilemas do Império luso-brasileiro (1790-1822)*. Lisboa: Comissão Nacional para as Comemorações dos Descobrimentos Portugueses, 2001.

CARNEIRO, Maria L. Tucci. *Preconceito racial no Brasil Colônia*. São Paulo: Brasiliense, 1983.

CARVALHO, Sérgio Luís. *Cidades medievais portuguesas. Uma introdução ao seu estudo*. Lisboa: Livros Horizonte, 1989.

CASAL REY, Maria das Graças Leal. *As artes sacras no centro histórico de Salvador*. Salvador, 1984. *(mimeo)*.

CASTRO, Armando de. "Fazenda Pública". In: SERRÃO, Joel (dir.). *Dicionário de História de Portugal*. Porto: Livraria Figueirinhas, [19--], vol. 2, p. 533-538.

CASTRO, Augusto Olympio Viveiros de. *História tributária do Brasil*. Brasília: ESAF, 1989.

CHAVES, Cláudia Maria das Graças. *Perfeitos negociantes: mercadores das minas setecentistas*. São Paulo: Annablume, 1999.

COELHO, António Borges. Algumas notas para a história dos Concelhos na Idade Média e na época dos descobrimentos. In: Seminário internacional sobre poder local. *Comunicações...* Lisboa: FIL, 1993, p. 43-48.

COELHO, Maria Helena da Cruz; MAGALHÃES, Joaquim Romero. *O poder concelhio: das origens às cortes constituintes. Notas da história social*. Coimbra: Edição do Centro de Estudos e Formação Autárquica, 1986.

COELHO, Maria Virgínia. Perfil de um poder concelhio: Santarém durante o reinado de D. José. Tese (doutorado) – Universidade Nova de Lisboa, Lisboa, 1990.

COELHO, Virgínia Aníbal. "Autonomias e despotismos: a Câmara e a vila de Santarém no reinado de D. José". *Cadernos culturais*, Santarém: Câmara Municipal, Div. de Cultura e Desportos e Tempos Livres, nº 4, março de 1993.

CORREIA, José E. Horta. Vila Real de Santo António. Urbanismo e poder na política pombalina. Tese (doutorado) – Universidade Nova de Lisboa, Lisboa, 1984.

COSTA, Adelaide Milan da. "Uma fonte, um universo: vereações e mundo urbano". *Penélope: Fazer e Desfazer a História*. Lisboa: Cosmos, n° 7, p. 35-47,1992.

COSTA, Afonso Costa. Sebastião da Rocha Pita visto a olho nu. *Revista do Instituto Histórico e Geográfico da Bahia*. Salvador: Typografia e Encadernações Empresa Editora, vol. 76, p. 5-9, 1950-1951.

COSTA, Ana de Lourdes Ribeiro da. Espaços negros: "cantos" e "lojas" em Salvador no século XIX. *Suplemento Caderno CRH*. Salvador: CRH, 1991.

COSTA, Cleonir Xavier de Albuquerque da Graça e. Receita e despesa do Estado do Brasil no período Filipino: aspectos fiscais da administração colonial. Dissertação (mestrado) – Universidade Federal de Pernambuco, Recife, 1985.

COSTA, Jurandir Freire. *Ordem médica e norma familiar*. Rio de Janeiro: Graal, 1979.

COSTA, Luís Monteiro. *Na Bahia colonial. Apontamentos para a história militar da cidade do Salvador*. Bahia: Livraria Progresso Editora, [19--].

COSTA, Mário Júlio de Almeida. Enfiteuse, In: SERRÃO, Joel (dir.). *Dicionário de História de Portugal*. Porto: Livraria Figueirinhas, [19--], vol. 2, p. 379-383.

CRUZ, António. "Reflexões sobre a evolução do regime municipal no termo do Porto". In: Jornadas Sobre O Município Na Península Ibérica (Séc. XII a XIX). *Actas...* Santo Tirso: Câmara Municipal, 1988, p. 39-61.

CUNHA, Alexandre Mendes. Vila Rica – São João Del Rey: as voltas da cultura e os caminhos do urbano entre o século XVIII e o XIX. Dissertação (mestrado) – Universidade Federal Fluminense, Niterói, 2001.

CUNHA, Luís Antônio. "Aspectos sociais da aprendizagem de ofícios manufatureiros no Brasil colônia. *Forum*, Rio de Janeiro, vol. 2 (4), p. 31-65, out/dez 1978.

DELSON, Roberta Marx. *Novas vilas para o Brasil-colônia: planejamento espacial e social no século XVIII*. Brasília: Editora Alva/CIORD, 1997.

DIAS, Carlos Malheiro (coord.). *História da colonização portuguesa do Brasil*. Porto: Litografia Nacional, 1926. 3 v.

DIAS, Maria Odila Leite da Silva. *Quotidiano e poder em São Paulo no século XIX*. São Paulo: Brasiliense, 1984.

DURAND, George. *États et institutions XVIe – XVIIIe siècle*. Paris: Armand Colin, 1974.

ELIAS, Norberto. *A sociedade de corte*. Tradução Ana Maria Alves. Lisboa: Estampa, 1987.

ELLIS, Míriam. *A baleia no Brasil colonial*. São Paulo: Melhoramentos, 1969.

_____. Comerciantes e contratadores no passado colonial: uma hipótese de trabalho. *Revista do IEB*, São Paulo, n° 24, 1982.

_____. *O monopólio do sal no Estado do Brasil (1631-1801): contribuição ao estudo do monopólio comercial português no Brasil durante o período colonial*. São Paulo: Faculdade de Filosofia Ciências e Letras, USP, 1955. Boletim 197.

FALCÃO, Edgard de Cerqueira. *Fortes coloniais da cidade do Salvador*. São Paulo: Livraria Martins, 1942.

FALCON, Francisco José Calazans. *A época pombalina: política econômica e monarquia ilustrada.* São Paulo: Ática, 1993.

FALCON, Francisco. *Mercantilismo e transição.* São Paulo: Brasiliense, 1981.

FAORO, Raimundo. *Os donos do poder: formação do patronato político brasileiro.* Porto Alegre: Globo; São Paulo: Edusp, 1975. 1 v.

FERLINI, Vera Lucia Amaral. *Açúcar e colonização da América portuguesa ao Brasil: ensaios de interpretação.* Tese (Livre Docência) – Faculdade de Filosofia, Letras e Ciências Humanas, Universidade de São Paulo, São Paulo, 2000.

_____. *Terra, trabalho e poder: o mundo dos engenhos no nordeste colonial.* São Paulo: Brasiliense, 1988.

FERNANDES, António Teixeira. Poder autárquico e poderes difusos. Separata de: *Revista da Faculdade de Letras,* Coimbra, vol. III, p. 7-33, 1993.

FERNANDES, Florestan. *Circuito fechado.* São Paulo: Hucitec, 1977.

FERNANDES, Paulo Jorge. *As faces de Proteu: elites urbanas e o poder municipal em Lisboa de finais do século XVIII a 1851.* Lisboa: Arte e História, 1999.

FIGUEIREDO, Luciano Raposo de Almeida. *Revoltas, fiscalidade e identidade colonial na América Portuguesa: Rio de Janeiro, Bahia e Minas Gerais, 1640-1761.* 554 f. Tese (doutorado) – Faculdade de Filosofia, Letras e Ciências Humanas, Universidade de São Paulo, São Paulo, 1996.

FIGUEIREDO, Luciano Raposo de Almeida. Tributação, sociedade e a administração fazendária em Minas no século XVIII. *Anuário do Museu da Inconfidência,* Ouro Preto, vol. 9, p. 111-120, 1993.

FIGUEIREDO, Luciano. *O avesso da memória: cotidiano e trabalho da mulher em Minas Gerais no século XVIII.* Rio de Janeiro: José Olympio; Brasília: Edunb, 1993.

FLEIUSS, Max. *História administrativa do Brasil.* São Paulo: Melhoramentos, s/d.

FLEXOR, Maria Helena Ochi. A rede urbana brasileira setecentista: a afirmação da vila regular. In: A construção do Brasil urbano. *Curso...* Arrábida, Portugal, 2000.

_____. Cidades e vilas pombalinas no Brasil do século XVIII. In: CARITA, Helder; ARAÚJO, Renata (coord.). *Universo urbanístico português (1415-1822).* Lisboa: Comissão Nacional para as Comemorações dos Descobrimentos Portugueses, 1998.

_____. *Oficiais mecânicos na cidade de Salvador.* Salvador: Museu da Cidade, 1974.

_____. *Os núcleos urbanos planejados do século XVIII: Porto Seguro e São Paulo.* Salvador: Centro de Estudos Baianos da UFBA, 1989.

FLORY, Rae Jean Dell. *Bahia Society in the Mid Colonial Period: The Sugar Planters, Tobacco Growers, Merchantes, and Artisans of Salvador and the Recôncavo, 1680-1725.* Thesis (Ph.D) – University of Texas at Austin, Texas, 1978.

FONSECA, Cláudia Damasceno. O espaço urbano de Mariana: sua formação e suas representações. LPH – *Revista de História,* Mariana, n° 7, p. 67-107, 1997.

A BAHIA NO SÉCULO XVIII 285

_____. Pouvoir et espace urbain: Le Minas Gerais du "cycle de l`or" (Brésil, xviiie siècle). *Cahiers du Centre de Recherches Historiques*, nº 17, p. 57-63, octobre, 1996.

FONSECA, Tereza. *Absolutismo e municipalismo: Évora, 1750-1820*. Lisboa: Edições Colibri, 2002.

_____. *Relações de poder no Antigo Regime: a administração municipal em Montemor-o-Novo (1777-1816)*. Montemor-o-Novo: Câmara Municipal, 1995.

FRAGOSO, João et al. (orgs.). *O Antigo Regime nos trópicos: a dinâmica imperial portuguesa (séculos XVI-XVIII)*. Rio de Janeiro: Civilização Brasileira, 2001.

_____. A nobreza da República: notas sobre a formação da primeira elite senhorial do Rio de Janeiro (sécs. XVI e XVII). *Topoi. Revista de História*. Rio de Janeiro: UFRJ, nº 1, p. 45-122, 2000.

_____. Afogando em nomes: temas e experiências em história econômica. *Topoi. Revista de História*. Rio de Janeiro: UFRJ, nº 5, p 41-70, 2002.

FRANÇA, José Augusto. *Lisboa pombalina e o iluminismo*. Lisboa: Bertrand, 1987.

FREITAS, Avelino de. *Os Açores nas encruzilhadas de setecentos (1740-1770)*. Ponta Delgada: Universidade dos Açores, 1993. v 1.

FURTADO, Celso. *Formação econômica do Brasil*. São Paulo: Editora Nacional, 1976.

FURTADO, Júnia Ferreira. *Homens de negócio: a interiorização da metrópole e do comércio nas Minas setecentistas*. São Paulo: Hucitec, 1999.

GARCIA, Rodolfo Augusto de Amorim. *Ensaio sobre a história política e administrativa do Brasil – 1500-1810*. 2ª ed. Rio de Janeiro: J. Olympio; Brasília: INL, 1975.

GLEZER, Raquel. *"Chão de terra": um estudo sobre São Paulo colonial*. 184 f. Tese (Livre-Docência) – Faculdade de Filosofia Letras e Ciências Humanas, Universidade de São Paulo, São Paulo, 1992.

GODINHO, Vitorino Magalhães. *A estrutura da antiga sociedade portuguesa*. Lisboa: Arcadia, 1971.

_____. Finanças públicas e estrutura do Estado. In: SERRÃO, Joel (dir.). *Dicionário de História de Portugal*. Porto: Livraria Figueirinhas, [19--], vol. 2.

_____. *Os descobrimentos portugueses e a economia mundial*. Lisboa: Editorial Presença, 1991. 4 v.

GODOY, José Eduardo Pimentel de; MEDEIROS, Tarcízio Dinoá. *Tributos, obrigações e penalidades pecuniárias de Portugal antigo*. Brasília: ESAF, 1983.

GONÇALVES, Iria. Posturas municipais e vida urbana na baixa Idade Média: o exemplo de Lisboa. *Estudos Medievais*, Porto, nº 7, p. 155-172, 1986.

GORENDER, Jacob. *O escravismo colonial*. São Paulo: Ática, 1985.

GOUVÊA, Maria de Fátima Silva. Poder, autoridade e o Senado da Câmara do Rio de Janeiro, ca. 1780-1820. *Tempo* (Dossiê de Política e administração no mundo luso-brasileiro). Rio de Janeiro: Sette Letras, vol. 7, nº 13, p. 111-155, julho 2002.

_____. Redes de poder na América portuguesa – o caso dos homens bons do Rio de Janeiro, ca. 1790-1822. *Revista Brasileira de História*, São Paulo, vol. 18 (36), p. 297-330, 1998.

286 AVANETE PEREIRA SOUSA

GRAIÑO, Cristina Segura. Los municipios del reino de Granada tras su conquista por los reyes católicos. In: Jornadas sobre o município na Península Ibérica (Sécs. XII a XIX). *Actas...* Santo Tirso: Câmara Municipal, 1988, p. 339-354.

GURFIELD, Mitchel. *Estrutura das classes e poder político no Brasil colonial.* João Pessoa: UFPB, 1983.

HESPANHA, António Manuel (org.). *Justiça e litigiosidade: história e prospectiva.* Lisboa: Fundação Calouste Gulbenkian, 1993.

_____. *Poder e instituições na Europa do Antigo Regime.* Lisboa: Fundação Calouste Gulbenkian, 1984.

_____. *As vésperas do Leviathan. Instituições e poder político, Portugal, séc. XVII.* Coimbra: Almedina, 1994.

_____. Centro e periferia nas estruturas administrativas do Antigo Regime. *Ler História,* Lisboa, nº 8, p. 35-60, 1986.

_____. *História das instituições. Épocas medieval e moderna.* Coimbra: Almedina, 1982.

_____. Sábios e Rústicos: a violência doce da razão jurídica. *Revista Crítica de Ciências Sociais,* Coimbra, nº 25/26, p. 31-60, dez. 1988.

HOLANDA. Sérgio Buarque de (org.). *História geral da civilização brasileira: a época colonial.* 5ª ed. São Paulo: DIFEL, 1973-1976. vol. 1 e 2.

_____. *Raízes do Brasil.* 18ª ed. Rio de Janeiro: José Olympio, 1984.

JANCSÓ, Istvan. Contrabando e ideias. In: DEMINGUES, Carlos Vasconcelos *et al.* (orgs.). *Animai-vos, povo bahiense: a Conspiração dos Alfaiates.* Salvador: Omar G. Editora, 1999.

_____. *Na Bahia contra o Império – História do ensaio de sedição de 1798.* São Paulo: Hucitec; Salvador: Edufba, 1996.

JANEIRO, Helena Pinto. A procissão do Corpo de Deus na Lisboa Barroca – o espaço e o poder. In: *Jornadas sobre formas de organização e exercício dos poderes na Europa do sul, séculos XIII-XVIII, Iªs. Actas...* Lisboa: História e Crítica, vol. 1, p. 710 732, 1988.

KANTOR, Iris. *De esquecidos e renascidos: historiografia acadêmica luso-americana (1724-1759).* 275 f. Tese (doutorado) – Faculdade de Filosofia Letras e Ciências Humanas, Universidade de São Paulo, São Paulo, 2002.

KANTOROWICZ, Ernest H. *Os dois corpos do rei: um estudo sobre teologia política medieval.* Tradução Cid Knipel Moreira. São Paulo: Companhia das Letras, 1998.

LADURIE, Emanuel Le Roy. *O Estado monárquico, França: 1460-1610.* Tradução Maria Lúcia Machado. São Paulo: Companhia das Letras, 1994.

LAMEGO, Alberto. Os motins do Maneta na Bahia. *Revista do Instituto Geográfico e Histórico da Bahia.* Salvador: Tipografia e Encadernações Empresa Editora, vol. 45, p. 359-366, 1929.

LAPA, José Roberto do Amaral. *A Bahia e a carreira da Índia.* São Paulo: Nacional, 1968.

LEÓN, Pablo Sánchez. La integración política en el programa reformador ilustrado y sus límites: la experiencia de los Alcades de Barrio en Madrid en los reinados de Carlos III y Carlos IV

(1768-1808). In: JORNADAS SOBRE FORMAS DE ORGANIZAR E EXERCICIO DOS PODERES DA EUROPA DO SUL, SÉC. XVII-XVIII, 1ª^{s}. Lisboa: História e Crítica, 1988, p. 155-170.

LEVY, Maria Bárbara. *História financeira do Brasil colonial*. Rio de Janeiro: IBMEC, 1979.

LIEHR, Reinhard. *Ayuntamiento y oligarquía en Puebla, 1787-1810*. México: Sep Setentas, 1976. 2 v.

LINHARES, Maria Yedda Leite. *O problema do abastecimento numa perspectiva histórica*. Brasília: BINAGRI, 1979.

LOBO, Eulália Maria Lahmeyer. *Processo administrativo ibero-americano*. Rio de Janeiro: Biblioteca do Exército, 1962.

LUGAR, Catherine. *The merchant community of Salvador, Bahia, 1780-1830*. Ann Arbor: [s.n.], 1980.

MACEDO, Jorge Borges de. Absolutismo. In: SERRÃO, Joel (dir.). *Dicionário de História de Portugal*. Porto: Livraria Figueirinhas, [19--], vol. 1, p. 8-14.

MACHADO, Brasil Pinheiro. Problemática da cidade colonial brasileira. *História: Questões e Debates,* Curitiba, vol. 6 (10), jun. 1985.

MACHADO, Roberto *et al. Danação da norma: medicina social e constituição da psiquiatria no Brasil*. Rio de Janeiro: Graal, 1978.

MADEIRA, Mauro de Albuquerque. *Letrados, fidalgos e contratadores de tributos no Brasil colonial*. Brasília: Coopermídia, Unafisco/Sindifisco, 1993.

MAGALHÃES, Joaquim Romero (coord.). *História de Portugal. No alvorecer da modernidade (1480-1620)*. Lisboa: Editorial Estampa, 1997. 3 v.

_____. Algumas notas sobre o poder municipal no Império português durante o século XVI. *Revista Crítica de Ciências Sociais,* Coimbra, nº 25/26, p. 21-29, dez. 1988.

_____. As estruturas sociais de enquadramento da economia portuguesa de Antigo Regime: os concelhos. *Notas Económicas,* Coimbra, nº 4, p. 23-34, 1994.

_____. *O Algarve económico, 1600-1773*. Lisboa: Editorial Estampa, 1988.

_____. "Reflexões sobre a estrutura municipal portuguesa e a sociedade colonial brasileira". *Revista de História Económica e Social,* Coimbra, nº 16, p. 17-29, jul-dez. 1985.

MARAVAL, J. A. *Poder, honor y elites en el siglo XVII*. Madrid: Siglo Veintiuno, 1979.

MARAVALL, Pasqual. *Los Ayuntamientos: ¿Qué eran? ¿Qué son?* Barcelona: Ediciones Destino, 1997.

MAROCCI, Gina Vieira Pinheiro. Salvador, século XVIII: a convergência de novos padrões urbanísticos. 256 f. Dissertação (mestrado). Salvador: Universidade Federal da Bahia/Secretaria de Arquivo e Urbanismo, 1996.

MARQUES, A. H. de Oliveira. As cidades portuguesas nos finais da Idade Média, *Penélope: Fazer e Desfazer a História*. Lisboa: Cosmos, nº 7, p. 27-33, 1992.

_____. *História de Portugal: das origens ao renascimento*. Lisboa: Editorial Presença, 1997. 2 v.

MARX, Murilo. *Cidade brasileira*. São Paulo: Melhoramentos/Edusp, 1980.

_____. *Nosso chão: do sagrado ao profano*. São Paulo: Edusp, 1988.

288   AVANETE PEREIRA SOUSA

MASCARENHAS, Maria José Rapassi. Fortunas coloniais: elite e riqueza em Salvador, 1760-1808. 267 f. Tese (doutorado) – Faculdade de Filosofia, Letras e Ciências Humanas, Universidade de São Paulo, São Paulo, 1998.

MATTEDI, Maria Raquel Mattoso *et al. Salvador: o processo de urbanização.* Salvador: Fundação de Pesquisas – CPE, 1979.

MATTOSO, José. Da comunidade primitiva ao município: o exemplo de Alfaiates. In: Jornadas sobre o município na Península Ibérica (séc. XII a XIX). *Actas...* Santo Tirso: Câmara Municipal, 1988, p. 155-174.

MATTOSO, K. M. de Queirós. *Bahia, século XIX: uma província no império.* Rio de Janeiro: Nova Fronteira, 1992.

_____. *Bahia: a cidade do Salvador e seu mercado no século XIX.* São Paulo: Hucitec; Salvador: Secretaria Municipal de Educação e Cultura, 1978.

_____. *Presença francesa no movimento democrático de 1798.* Salvador: Editora Itapuã, 1969.

MAURO, Frédéric. *Nova história e novo mundo.* São Paulo: Edusp, 1963. (Perspectiva).

_____. *Portugal, o Brasil e o Atlântico, 1570-1670.* Tradução Manuela Barreto. Lisboa: Editorial Estampa, 1989.

MAXWELL, K. *A devassa da devassa: a Inconfidência Mineira, Brasil-Portugal, 1750-1808.* Rio de Janeiro: Paz e Terra, 1978.

_____. *Marquês de Pombal: paradoxo do iluminismo.* Tradução: Antônio de Pádua. Rio de Janeiro: Paz e Terra, 1996.

MELLO, Evaldo Cabral de. *A fronda dos Mazombos: nobres contra mascates, Pernambuco (1666-1715).* São Paulo: Companhia das Letras, 1995.

MELLO, Sylvio C. Bandeira de. *Urbanização e metropolização no Estado da Bahia: evolução e dinâmica.* Salvador: Centro Editorial e Didático da UFBA, 1989.

MESGRAVIS, Laima. "Aspectos estamentais da estrutura social no Brasil colônia". *Estudos Econômicos.* São Paulo: IPE, vol. 13, 1983.

MONTEIRO, Nuno Gonçalo Freitas. *O crepúsculo dos grandes: a casa e o patrimônio da aristocracia em Portugal (1750-1832).* Lisboa: Imprensa Nacional Casa da Moeda, 1998.

_____. "As ordenanças". In: OLIVEIRA, César (dir.). *História dos municípios e do poder local: dos finais da Idade Média à União Europeia.* Lisboa: Círculo de Leitores, 1996.

_____. "Elites locais e mobilidade social em Portugal nos fins do Antigo Regime". *Análise Social,* Lisboa, vol. 32 (141), p. 335-368, 1997.

_____. Os concelhos e as comunidades. In: HESPANHA, António Manuel (coord.). *História de Portugal.* Lisboa: Círculo de Leitores, 1993, vol. 4.

MORENO, Humberto Baquero. "O poder central e o poder local: modos de convergência e de conflito nos séculos XIV e XV". *Revista de História,* Porto, vol. VIII, p. 53-67, 1988.

MORTON, F. W. O. *The conservative revolution of independence: economy, society and politics in Bahia (1790-1840).* 1974. 411 f. Thesis (Ph.D) – University of Oxford, Oxford, 1974.

MOTT, Luís R. B. "Subsídios à história do pequeno comércio no Brasil". *Revista de História,* São Paulo, vol. 53, nº 105, jan/mar, p. 81-105, 1976.

NASCIMENTO, Ana Amélia Vieira. *Letras de risco e carregações no comércio colonial da Bahia, 1660-1730.* Salvador: Centro de Estudos Baianos/UFBA, 1977.

_____. *Dez freguesias da cidade do Salvador: aspectos sociais e urbanos do século XIX.* Salvador: Fundação Cultural do Estado da Bahia, 1986.

NETO, Victor. "Iberismo e municipalismo em J. F. Henriques Nogueira". Separata de: *Revista de História das Ideias,* vol. 10. Coimbra: Faculdade de Letras, 1988.

NEVES, José Acúrsio das. *Variedades sobre objectos relativos às artes, comércio, manufacturas, consideradas segundo os princípios da economia política.* Lisboa: [s.n.], 1814-817. 2 v.

NOVAIS, Fernando A. *Portugal e Brasil na crise do Antigo Sistema colonial (1777-1808).* São Paulo: Hucitec, 1979.

NUNES, Ana Sílvia Albuquerque de Oliveira. *História social da administração do Porto (1700-1750).* Porto: Universidade Portucalense, 1999.

OLIVEIRA MARQUES, A. H. *A sociedade medieval portuguesa.* 4ª ed. Lisboa: Sá da Costa, 1981

OLIVEIRA, António de. "Movimentos sociais e poder no século XVII. In: Cursos Internacionais de Verão de Cascais", 2. *Actas...* Cascais: Câmara Municipal, 1996, vol. 2, p. 79-102.

OLIVEIRA, António Resende de. "Poder e sociedade: a legislação pombalina e a antiga sociedade portuguesa". Separata de: *Revista de História das Ideias.* Coimbra: Faculdade de Letras,1982, p. 51-90.

OLIVEIRA, Aurélio de Araújo. "Aristocracias locais e poder central: o exemplo bracarense (1750-1809)". *Revista de História,* Porto, vol. VIII, p. 43-52, 1988.

_____. Municipalismo e integração económica: Braga e Guimarães na primeira metade de seiscentos. Jornadas Sobre O Município Na Península Ibérica (Sécs. XII a XIX). *Actas...* Santo Tirso: Câmara Municipal, 1988, p. 247-280.

OLIVEIRA, César (dir.). *História dos municípios e do poder local: dos finais da Idade Média à União Europeia.* Lisboa: Círculo de Leitores, 1996.

OLIVEIRA, D. Oscar de. *Os dízimos eclesiásticos do Brasil: na colônia e no império.* Belo Horizonte: UFMG, 1964.

OLIVEIRA, Isabel Maria Simões. *A Figueira da Foz de 1771 a 1790: poder e quotidiano municipal.* 125 f. Dissertação (mestrado) – Universidade de Coimbra, Coimbra, 1995.

OMEGNA, Nelson. *A cidade colonial.* Rio de Janeiro: José Olympio, 1961.

ORTIZ, António Domingues. *Sociedad y Estado en el siglo XVIII español.* Barcelona: [s.n.], 1976.

OTT, Carlos. *A Casa da Câmara da cidade de Salvador.* Salvador: Centro Editorial e Didático da UFBA, 1981.

PANTOJA, Selma; SARAIVA, José Flávio (orgs.). *Angola e Brasil nas rotas do Atlântico Sul.* Rio de Janeiro: Bertrand Brasil, 1999.

PEDREIRA, Jorge Miguel de Melo Viana. Os homens de negócio da praça de Lisboa de Pombal ao vintismo (1755-1822): diferenciação, reprodução e identificação de um grupo social. 615

290 AVANETE PEREIRA SOUSA

f. Tese (doutorado em Sociologia e Economia Históricas) – Universidade Nova de Lisboa, Lisboa, 1995.

PENROSE, Boies. *Goa – Rainha Do Oriente*. Lisboa: Edição Comemorativa do v Centenário do Infante D. Henrique, 1960.

PEREIRA, Magnus Roberto de Mello. "Almuthasib – Considerações sobre o direito de almotaçaria nas cidades de Portugal e suas colônias". *Revista Brasileira de História*, São Paulo, vol. 21, n° 42, p. 365-395, 2001.

PINHO, Wanderlei de Araújo. *História de um engenho no Recôncavo: Matoim, Novo Caboto, Freguesia (1552-1944)*. São Paulo: Nacional; Brasília: INL,1982.

PINHO, Wanderley. *História social da cidade de Salvador*. Salvador: Prefeitura Municipal, 1968.

PRADO JR. Caio. *Formação do Brasil contemporâneo*. 21ª ed. São Paulo: Brasiliense, 1989.

PRADO, J. F. de Almeida. *A idade de ouro da Bahia*. São Paulo: Nacional, 1950.

RAMINELLI, Ronald. "Simbolismos do espaço urbano colonial". In: VAINFAS, Ronaldo (org.). *América em tempo de conquista*. Rio de Janeiro: Zahar, 1992. p 163-175.

RAU, Virgínia. *Estudos sobre a história do sal português*. Lisboa: Editorial Presença, 1984.

REIS FILHO, Nestor Goulart. *Contribuição ao estudo da evolução urbana do Brasil (1500-1720)*. São Paulo: Livraria Pioneira Editora/Edusp, 1968.

_____. *Imagens de vilas e cidades do Brasil colonial*. São Paulo: Edusp/Imprensa Oficial do Estado/Fapesp, 2000.

REIS, João José. A greve negra de 1857 na Bahia. *Revista USP*, São Paulo, vol. 18, jun-agosto 1993.

REZENDE, Fernando. A tributação em Minas Gerais no século XVIII. In: Seminário Sobre A Economia Mineira – História Econômica De Minas Gerais/A Economia Mineira Dos Anos Oitenta, II. Diamantina: UFMG, 1983.

RIBEIRO, Ellen Melo dos Santos. Abastecimento de farinha da cidade de Salvador: aspectos históricos. Dissertação (mestrado) – Faculdade de Filosofia e Ciências Humanas, Universidade Federal da Bahia, Salvador, 1982.

RIBEIRO, Orlando. Cidades. In: SERRÃO, Joel (dir.). *Dicionário de história de Portugal*. Porto: Livraria Figueirinhas, s/d, p. 60-66, v.

RODRIGUES, José Damião. *O governo municipal nos arquipélagos portugueses do Atlântico (1425-1750): análise comparativa das oligarquias insulares*. Ponta Delgada: Universidade dos Açores, 1992.

_____. *Poder municipal e oligarquias urbanas: Ponta Delgada no século XVII*. Ponta Delgada: Instituto Cultural, 1994.

RODRIGUES, Luís Nuno. "Um século de finanças municipais: Caldas da Rainha (1720-1820)". *Penélope: Fazer e Desfazer a História*. Lisboa: Cosmos, n° 7, p. 49-69, 1992.

RODRIGUES, Tereza Ferreira. As estruturas populacionais. In: MAGALHÃES, Joaquim Romero (coord.). *História de Portugal (No alvorecer da modernidade, 1480-1620)*. Lisboa: Editorial Estampa, 1997, vol. 3.

RODRIGUEZ, Salvador Claramunt. "Origenes y evolucion general del municipio catalan". In: Jornadas sobre o município na Península Ibérica (sécs. XII a XIX). *Actas...* Santo Tirso: Câmara Municipal, 1988, p. 169-192.

ROSSA, Walter. *Cidades indo-portuguesas: contribuições para o estudo do urbanismo português no Hindustão Ocidental.* Lisboa: Comissão Nacional para as Comemorações dos Descobrimentos Portugueses, 1997.

RUANO, Eloy Benito. "Origen y evolucion medieval del municipio Castellano-leones". In: Jornadas sobre o município na Península Ibérica (sécs. XII a XIX). *Actas...* Santo Tirso: Câmara Municipal,1988, p. 63-73.

RUSSEL-WOOD, Anthony John R. "A projeção da Bahia no império ultramarino português". In: Congresso de História da Bahia, IV. *Anais...* Salvador: Instituto Geográfico e Histórico da Bahia; Fundação Gregório de Matos, 2001, p. 81-122.

_____. O governo local na América portuguesa: um estudo de divergência cultural. *Revista de História*, São Paulo, vol. 55, n° 109, p. 25-79, jan/mar 1977.

_____. *Um mundo em movimento: os portugueses na África, Ásia e América (1415-1808).* Tradução Vanda Anastácio. Lisboa: Difel, 1998.

_____. *Fidalgos e filantropos: a Santa Casa da Misericórdia da Bahia,1550-1755.* Tradução Ségio Duarte. Brasília: UNB, 1981.

_____. "A dinâmica da Presença brasileira no Índico e no Oriente. Século XVI-XIX. *topoi. Revista de História*. Rio de Janeiro: UFRJ, n° 3, p. 9-40, set. 2001.

RUY, Affonso. *História da Câmara Municipal da cidade do Salvador.* Salvador: Câmara Municipal, 1996.

_____. *História política e administrativa da cidade do Salvador.* Salvador: Tipografia Beneditina, 1949.

SÁ, Isabel dos G. *Quando o rico se faz pobre: misericórdias, caridade e poder no Império português (1500-1800).* Lisboa: Comissão Nacional para as Comemorações dos Descobrimentos Portugueses, 1997.

SÁ, José Antônio de. "Memória dos abusos praticados na comarca de Moncorvo (1790)". Edição de F. de Sousa. Separata de: *Revista da Faculdade de Letras da Universidade do Porto,* Porto, 1974, vol. IV. (Série História).

SALGADO, Graça (org.). *Fiscais e meirinhos: a administração no Brasil colonial.* Rio de Janeiro: Nova Fronteira, 1985.

SAMPAIO, Teodoro. *História da fundação da cidade de Salvador.* Salvador: Tipografia Beneditina, 1949.

SANTOS, Corcino Medeiros dos. *Relações comerciais do Rio de Janeiro com Lisboa (1763-1808).* Rio de Janeiro: Tempo Brasileiro, 1980.

SANTOS, José de Almeida. *Luanda e o municipalismo português: das origens dos municípios aos primeiros tempos da Câmara de Luanda.* Luanda: Centro de Informação e Turismo, 1965.

SANTOS, Rui. Senhores da terra, senhores da vila: elites e poderes locais em Mértola no século XVIII. *Análise Social,* [Coimbra], vol. 28 (121), p. 345-369, 1993.

SCARANO, Julita. *Cotidiano e solidariedade: vida diária da gente de cor em Minas Gerais-século XVIII.* São Paulo: Brasiliense, 1994.

292 AVANETE PEREIRA SOUSA

SCHWARTZ, Stuart B. *Burocracia e sociedade no Brasil colonial: a suprema corte da Bahia e seus juízes, 1609-1751.* Tradução Maria Helena Pires Martins. São Paulo: Perspectiva, 1979.

_____. "Gente da terra braziliense da nasção: pensando o Brasil – a construção de um povo". In: MOTA, Carlos Guilherme (org.). *Viagem incompleta: a experiência brasileira (1500-2000).* São Paulo: Senac, 2000.

_____. "O povo: ausente e presente na história da Bahia e do Brasil". In: Congresso de História da Bahia, IV., *Anais...* Salvador: Instituto Geográfico e Histórico da Bahia/Fundação Gregório de Matos, 2001, p. 263-281.

_____. *Segredos internos: engenhos e escravos na sociedade colonial.* Tradução Laura Teixeira Mota. São Paulo: Companhia das Letras, 1988.

SERRÃO, Joel (dir.). *Dicionário de História de Portugal.* Porto: Livraria Figueirinhas, [19--). 6 v.

SILVA, Francisco Carlos Teixeira da. A morfologia da escassez: crises de subsistência e política econômica no Brasil colônia (Salvador e Rio de Janeiro, 1680-1790). 411 f. Tese (doutorado) – Universidade Federal Fluminense, Niterói, 1990.

SILVA, Francisco Ribeiro da. "Autonomia municipal e centralização do poder durante a União Ibérica – o exemplo do Porto". In: Jornadas sobre o município na Península Ibérica (sécs. XII a XIX). *Actas...* Santo Tirso: Câmara Municipal, 1988, p. 355-373.

_____. *O Porto e o seu termo (1580-1640): os homens, as instituições e o poder.* Porto: Câmara Municipal, 1988. 2 v.

SILVA, Janice Theodoro da. *São Paulo: 1554-1880: discurso ideológico e organização espacial.* São Paulo, Editora Moderna, 1984.

SILVA, Maria Beatriz Nizza da (coord.). *Nova história da expansão portuguesa: o império luso-brasileiro, 1750-1822.* Lisboa: Estampa, 1986.

_____. *Vida privada e quotidiano no Brasil na época de D. Maria I e D. João VI.* Lisboa: Editorial Estampa, 1996.

SILVA, Maria Fernanda Espinosa Gomes da. Mineração. In: SERRÃO, Joel (dir.), *Dicionário de História de Portugal.* Porto: Livraria Figueirinhas, [19--]. vol. 4, p. 309 -311.

SILVA, Sylvio C. Bandeira de Mello *et al. Urbanização e metropolização no Estado da Bahia: evolução e dinâmica.* Salvador: Centro Editorial e Didático da UFBA,1989.

SIMONSEN, Roberto C. *História econômica do Brasil (1500-1820).* São Paulo: Editora Nacional, 1978.

SINGER, Paul. *Desenvolvimento econômico e evolução urbana: análise de evolução econômica de São Paulo, Blumenau, Porto Alegre, Belo Horizonte e Recife.* São Paulo: Nacional, 1974.

SMITH, David Grant. *The mercantile class of Portugal and Brasil in the seventeenth century: a socio-economic study of the merchants of Lisboa and Bahia, 1620-1690.* 439 f. Thesis (Ph.D.) – University of Texas at Austin, Texas, 1975.

SMITH, Robert. Arquitetura colonial. In: Prefeitura Municipal de Salvador. *História das artes na Cidade do Salvador.* Salvador, 1967.

SOARES, Sérgio Cunha. "Aspectos da política municipal Pombalina. A Câmara de Viseu no Reinado de D. José". *Revista Portuguesa de História,* Coimbra, vol. XXI, p. 21-117, 1984.

_____. "Nobreza conimbricense e modos de governo político: um ensaio municipal (1640-1777)". *Revista Portuguesa de História*, Coimbra, vol. I, t. XXXI, p. 555-573, 1996.

SODRÉ, Nelson Werneck. *Formação histórica do Brasil*. São Paulo: Brasiliense, 1973.

SOUSA, Ana Madalena Trigo de. "Os municípios do Funchal e do Machico e as reformas pombalinas: que consequências na sua administração?" In: Seminário Internacional: O Município no mundo português. Funchal: Centro de Estudos de História do Atlântico/Secretaria Regional do Turismo e Cultura, 1998, p. 310-325.

SOUSA, Avanete Pereira. Poder local e cotidiano: a Câmara de Salvador no século XVIII. 217 f. Dissertação (mestrado). Faculdade de Filosofia e Ciências Humanas, Universidade Federal da Bahia, Salvador, 1996.

SOUSA, Carlos Pegado e. "A tradição dos municípios no Estado português da Índia e a sua importância à data da invasão indiana". In: *Colóquio Nacional dos Municípios*, I., Luanda, 1963.

SOUSA, Laura de Mello e. "O Senado da Câmara e as crianças expostas". In: PRIORE, Mary del (org.). *História das crianças no Brasil*. São Paulo: Contexto, 1991.

SUBRAHMANYAM, Sanjay. *O império asiático português, 1500-1700: uma história política e econômica*. Tradução Paulo Jorge Sousa Pinto. Lisboa: Difel, 1995.

Superintendência de Estudos Econômicos e Sociais da Bahia. *Evolução territorial e administrativa do Estado da Bahia: um breve histórico*. Salvador: SEI, 2001.

TAVARES, Luís Henrique Dias. *História da sedição intentada na Bahia em 1798 (A Conspiração dos Alfaiates)*. São Paulo: Pioneira; Brasília: MEC, 1975.

THOMAZ, Luís Filipe F. R. *De Ceuta a Timor*. Lisboa: Difel, 1994.

TORRES, Rui Abreu. "Juízes de fora". In: SERRÃO, Joel (dir.). *Dicionário De História de Portugal*. Porto: Livraria Figueirinhas, [19--], vol. 2.

_____. "Vereadores". In: SERRÃO, Joel (dir.). *Dicionário de História de Portugal*. Porto: Livraria Figueirinhas, [19--], vol. 4.

_____. "Contratação". In: SERRÃO, Joel (dir.). *Dicionário de História de Portugal*. Porto: Livraria Figueirinhas, [19--], VOL. 2.

Universidade Federal da Bahia. *Evolução física da cidade de Salvador*. Salvador: Faculdade de Arquitetura da UFBA/Fundação Gregório de Matos, 1998.

VALE, A. de Lucena e. "História e municipalidade". Separata de: *Revista Beira Alta*, Viseu, 1967, p. 1-55.

VARNHAGEN, Francisco Adolfo de. *História geral do Brasil*. São Paulo: Melhoramentos, 1978.

VASCONCELOS, Albertina Lima. Ouro: Conquistas, tensões, poder – mineração e escravidão na Bahia do século XVIII. 339 f. Dissertação (mestrado). Instituto de Filosofia e Ciências Humanas. Universidade Estadual de Campinas, Campinas, 1998.

VENÂNCIO, José Carlos. Espaço e dinâmica populacional em Luanda no século XVIII. *Revista de História Econômica e Social*, Lisboa, nº 14, p. 67-87, jul/dez 1984.

VERGER, Pierre. *Fluxo e refluxo: do tráfico de escravos entre o Golfo do Benin e a Bahia de Todos os Santos (dos séculos XVI a XIX)*. Tradução Tasso Gadzanis. São Paulo: Corrupio, 1987.

VIDIGAL, Luís. *Câmara, nobreza e povo: poder e sociedade em Vila Nova de Portimão (1735-1834)*. Portimão: Câmara Municipal, 1993.

_____. *O municipalismo em Portugal no século XVIII*. Lisboa: Livros Horizonte, 1989.

VIEIRA, Alberto; RODRIGUES, Victor Luís Gaspar. A administração do município do Funchal (1470-1489). In: Colóquio Internacional de História da Madeira, II., 1989. *Actas...* Lisboa: Instituto de Investigação Científica Tropical, 1990, p. 3-23.

WEBER, Max. *Economía y sociedad: esbozo de sociología comprensiva*. México: Fondo de Cultura Económica, 1997.

WEHLING, Arno & Maria José C. de. *Formação do Brasil colonial*. Rio de Janeiro: Nova Fronteira, 1994.

XAVIER, Angela Barreto; HESPANHA, António Manuel. "A representação da sociedade e do poder". In: HESPANHA, António Manuel (coord.). *História de Portugal*. Lisboa: Círculo de Leitores, 1993, vol. 4.

ZEMELA, Mafalda P. *O abastecimento da capitania das minas gerais no século XVIII*. São Paulo: Hucitec, 1990.

ZENHA, Edmundo. *O município no Brasil: 1532-1700*. São Paulo: Progresso, 1948.

Esta obra foi impressa em Santa Catarina no verão de
2012 pela Nova Letra Gráfica & Editora. No texto foi
utilizada a fonte Minion Pro, em corpo 10,5 e entreli-
nha de 14,5 pontos.